museumsmagazin
Aus Museen und Sammlungen in Baden-Württemberg 2

Herausgegeben von der Landesstelle für Museumsbetreuung
Baden-Württemberg – Württembergisches Landesmuseum Stuttgart
in Verbindung mit dem Badischen Landesmuseum Karlsruhe –
in Zusammenarbeit
mit dem Museumsverband Baden-Württemberg e. V.

Konrad Theiss Verlag Stuttgart

D1746488

Freilichtmuseen in Baden-Württemberg

1. Teil	5
Aufgaben, Ziele, Möglichkeiten	5
Adelhart Zippelius **Freilichtmuseen – Versuch einer Einstimmung in das Thema**	5
Konrad Bedal **Hausforschung und Freilichtmuseum**	19
Christoph Borcherdt **Freilichtmuseen und Geographie**	22
Karl Rabold **Entwicklungen der Landwirtschaft und ihre Darstellung im Freilandmuseum**	26
Friedrich Weller **Ökologie als Thema im Freilichtmuseum**	31
Freilichtmuseum und Praxis	36
Heinrich Mehl **Gedanken und Erfahrungen aus der Aufbaupraxis eines regionalen Freilichtmuseums**	36
Hermann Dettmer **Feldforschung und Inventarisation Bestandserhebung vor Ort und im Museum**	42
Christel Köhle-Hezinger **Zur Problematik der Inneneinrichtung**	46
Albrecht Bedal **Die Bedeutung der wissenschaftlichen Bauaufnahme für die Arbeit im Freilichtmuseum**	52
Günter Eckstein **Photogrammetrie und Photographie im Dienst des Freilichtmuseums**	60
Johannes Gromer **Abtragung und Rekonstruktion von historischen Gebäuden für das Freilichtmuseum**	67
Regionale Freilichtmuseen in Baden-Württemberg Eine Dokumentation	74
Eduard M. Neuffer **Freilichtmuseen in Baden-Württemberg**	74
Dieter Kauß **Das Schwarzwälder Freilichtmuseum »Vogtsbauernhof« in Gutach**	77
Martin Gerber **Über die Anfänge des Kreisfreilichtmuseums Kürnbach**	83
Willi Riedlinger **Freilichtmuseum Neuhausen ob Eck**	87
Heinrich Mehl **Das Hohenloher Freilandmuseum Schwäbisch Hall-Wackershofen**	92
Martin Kapitzke **Das Bauernhaus-Museum Wolfegg**	106
Petra Sachs **Die »Bauernhausstraße« im Bodenseekreis**	112
Thomas Naumann **Die Museumsstraße im Naturpark Neckartal-Odenwald**	118

Museumsbetreuung in Baden-Württemberg	120
Eduard M. Neuffer *Landesstelle für Museumsbetreuung Baden-Württemberg – Württembergisches Landesmuseum Stuttgart in Verbindung mit dem Badischen Landesmuseum Karlsruhe*	120
Thomas Scheuffelen *Arbeitsstelle für literarische Museen, Archive und Gedenkstätten in Baden-Württemberg – Schiller-Nationalmuseum Marbach a. N.*	125
Mitteilungen des Museumsverbandes Baden-Württemberg e. V.	128
Rudolf Kleeberg **Die derzeitige steuerliche Situation der sogenannten Besichtigungsbetriebe**	128
Manfred Tripps **Diplom-Aufbaustudiengang Museumspädagogik an der Pädagogischen Hochschule Ludwigsburg**	129
Buchbesprechung	129
Personalia	130
Museumsberichte	130

museumsmagazin – Aus Museen und Sammlungen in Baden-Württemberg **2**
© 1985 Landesstelle für Museumsbetreuung Baden-Württemberg – Württembergisches Landesmuseum Stuttgart in Verbindung mit dem Badischen Landesmuseum Karlsruhe. Anschrift: Neckarhalde 30 A, 7400 Tübingen.
Kommissionsverlag: Konrad Theiss Verlag, Villastraße 11, Stuttgart.
Redaktionsbeirat: Dr. K. D. Adam, Ludwigsburg; M. Akermann, Heidenheim; J. Baldenhofer, Stuttgart; G. Biegel, Freiburg; W. Dürr, Schwäbisch Gmünd; Dr. V. Himmelein, Karlsruhe; Dr. H. Hofstätter, Freiburg; Dr. H. Mehl, Schwäbisch Hall; Dr. E. Neuffer, Tübingen; Dr. S. Rietschel, Karlsruhe; Dr. H.-U. Roller, Stuttgart; Dr. Th. Scheuffelen, Marbach a.N.; Dr. C. Zoege von Manteuffel, Stuttgart.
Redaktion: Museumsverband Baden-Württemberg e.V. (Geschäftsstelle: Städtisches Museum, Johannisplatz 3, 7070 Schwäbisch Gmünd): Dr. H. Mehl in Zusammenarbeit mit Dr. H. Dettmer und Dr. D. Kauß (Freilichtmuseen in Baden-Württemberg, S. 5–119); W. Dürr (S. 120–158).
Druck: Gulde-Druck GmbH, Tübingen; *Reproduktionen:* reprostudio 16 GmbH, Dußlingen

Zum Thema

»Was lange währt, wird endlich gut«. Diese alte Erkenntnis hat sich auch beim vorliegenden Band des *museumsmagazins* wieder einmal bewahrheitet. Ein hochinteressanter Band, für den allen Beteiligten sehr zu danken ist, ist entstanden. Er dokumentiert nicht nur den Stand der vorhandenen bzw. im Aufbau befindlichen Freilichtmuseen in Baden-Württemberg, sondern enthält zugleich eine Reihe Beiträge zu der Thematik der Freilichtmuseen im allgemeinen.

Der Aufbau der regionalen bäuerlichen Freilichtmuseen in Baden-Württemberg war ja von mancherlei Schwierigkeiten gekennzeichnet und ist noch lange nicht abgeschlossen. Inzwischen besteht weitgehende Übereinstimmung darüber, daß der eingeschlagene Weg richtig ist. Die Suche nach weiteren Standorten steht vor dem Abschluß. Die ursprüngliche Konzeption, nach der das Land in 6 Einzugsbereiche gegliedert war, konnte auf Grund der faktischen Verhältnisse nicht ganz aufrechterhalten werden. So sind heute neben dem Doppelstandort Kürnbach-Wolfegg, Neuhausen ob Eck, Gutach, Walldürn und Schwäbisch Hall-Wackershofen noch zwei weitere Standorte für den nordbadischen Bereich südlich des Odenwaldes und für den mittleren Nekkarraum vorgesehen.

Bezüglich des nordbadischen Bereiches hat der Enzkreis ein hervorragend geeignetes Gelände bei Sternenfels vorgeschlagen. Ein Beschluß des Kreistages über die Trägerschaft steht noch aus. Für den mittleren Neckarraum wird angestrebt, alte Pläne, die der Rezession zum Opfer fielen, zu reaktivieren. So könnte 1985 die Suche nach Standorten für die »weißen Flächen« im Lande, die zeitweise nicht undramatisch verlief, zu Ende gehen und die ganze Kraft auf den Ausbau der Freilichtmuseen konzentriert werden. Das Land Baden-Württemberg hat von 1980 bis 1984 rund 20 Millionen DM an Haushaltsmitteln für die Freilichtmuseen zur Verfügung gestellt und wird sich auch in Zukunft als verläßlicher Partner der Träger der Freilichtmuseen erweisen. Die Sicherung der Zeugnisse der bäuerlichen Kultur erscheint der Landesregierung als eine wichtige Aufgabe, zumal diese Zeugnisse auch in den landwirtschaftlich ausgerichteten Regionen in Baden-Württemberg im Schwinden sind. Eine wichtige Aufgabe beim Ausbau der bäuerlichen Museen wird es sein, nicht nur die architektonischen Besonderheiten der bäuerlichen Kultur zu erhalten, sondern auch möglichst viel von der sozialen Wirklichkeit des bäuerlichen und unterbäuerlichen Lebens in den Museen zum Ausdruck zu bringen. Dieses Problemfeld wird noch nicht überall ausreichend bestellt, könnte aber für die Attraktivität der bäuerlichen Freilichtmuseen mittel- und langfristig von großer Bedeutung sein. Möge dieser und der folgenden Band des *museumsmagazins* eine große Verbreitung erreichen und dem Gedanken der regionalen bäuerlichen Freilichtmuseen neue Freunde gewinnen.

Ralf Jandl
Ministerium für Wissenschaft und Kunst

Die Idee, den 2. Band des *museumsmagazins* dem Thema »Freilichtmuseen in Baden-Württemberg« zu widmen, ist im Beirat des Museumsverbandes geboren worden. Als sich darauf das Württembergische Landesmuseum und die Landesstelle für Museumsbetreuung an die im Aufbau befindlichen Freilichtmuseen mit der Bitte um Redaktionsübernahme wandten, wurde dies dort als willkommene Gelegenheit der Selbstdarstellung begrüßt. Zugleich aber war man sich der besonderen Problematik bewußt: Entstehung und Erscheinungstermin des Magazins fielen in eine Phase sehr rascher Entwicklung der einzelnen Museumsstandorte. So gab es neben den schon etablierten Namen (Gutach, Wolfegg) einige Museen in frühem Aufbaustadium (Wackershofen, Tuttlingen) oder in der Gründungsphase (Neuhausen ob Eck); Standorte für die Hauslandschaften Alb-Neckar und Nordschwarzwald waren noch gar nicht gefunden. Verstärkt wurde diese Schwierigkeit durch den sehr langen Entstehungsprozeß des Magazins, der sich aus der Vielzahl der Autoren sowie aus der Tatsache ergab, daß die Redaktionsarbeit ehrenamtlich geleistet werden muß, demnach auch nicht immer Zeit für die umgehende Bearbeitung (Bildauswahl, Umbruch, Korrekturen etc.) zur Verfügung stand.

So ist letztendlich eine Art Zwischenbilanz entstanden, die sich auf den Stand des Museumsaufbaus bei Redaktionsschluß (Ende 1983) bezieht. Bis zum Erscheinungstermin ist es zu manchen Planungen und Entwicklungen gekommen, die nun nicht mehr erfaßt werden konnten. Trotz aller Unwägbarkeiten haben namhafte Autoren, darunter eine ganze Reihe von Hochschulprofessoren, ihre Mitarbeit zugesagt und wahrgenommen. Es ist damit gelungen, das Thema »Freilichtmuseen in Baden-Württemberg« aus der geschlossenen Runde von Museumspraktikern herauszuführen und weiterzielenden Betrachtungsweisen unterzuordnen. Vor allem erklärten sich Wissenschaftler zur Zusammenarbeit bereit, die der Entwicklung in Baden-Württemberg bisher höchst skeptisch gegenüberstanden.

Die Fülle des eingegangenen Materials hat eine Zweiteilung notwendig gemacht. Dankbar haben wir deshalb das Angebot angenommen, mit dem Thema »Freilichtmuseen« auch gleich den nächsten Band des *museumsmagazins* zu bestreiten. So war es möglich, das von der Fachredaktion entwickelte Konzept in all seinen vier Teilen zu verwirklichen: Neben den grundsätzlichen Aufsätzen zum Thema stehen Berichte zur Museumspraxis sowie eine reich illustrierte Dokumentation über Planung und Aufbau der regionalen Freilichtmuseen in Baden-Württemberg.

Der vierte, besonders gewichtige Teil mit Beiträgen zur Hausforschung in Baden-Württemberg ergibt den unmittelbar folgenden Band 3 des *museumsmagazins*. Schon jetzt sei auf die darin enthaltenen Arbeiten über Hof-, Haus- und Bauformen in Oberschwaben und im Allgäu, auf der Schwäbischen Alb, im Schwarzwald und in Hohenlohe hingewiesen (vgl. Seite 35).

Neben der Betreuung eines aufstrebenden Freilichtmuseums Redaktionsarbeit in solchem Umfang zu leisten, war nicht einfach. Die Aufgabe wurde erleichtert durch die kollegiale Mitarbeit der Museumsleiter Dr. Hermann Dettmer (Wolfegg) und Dr. Dieter Kauß (Gutach). Mein Dank gilt ihnen, gilt aber auch dem Württembergischen Landesmuseum und der Landesstelle für Museumsbetreuung für das große Interesse an unserer Arbeit, dem Ministerium für Wissenschaft und Kunst, das wieder die Mittel für den Druck zur Verfügung stellte, und dem Vorsitzenden des Museumsverbandes Baden-Württemberg, Walter Dürr, der den vorliegenden Band gestaltete und mit dem zusammenzuarbeiten eine Freude war.

Heinrich Mehl
Hohenloher Freilandmuseum
Schwäbisch Hall-Wackershofen

Freilichtmuseen in Baden-Württemberg – 1. Teil

Aufgaben, Ziele, Möglichkeiten

Adelhart Zippelius
Freilichtmuseen – Versuch einer Einstimmung in das Thema

Als ich gebeten wurde, die Thematik dieses Heftes mit einigen Bemerkungen über Aufgaben und Probleme der Freilichtmuseen einzuleiten, habe ich mich im Einvernehmen mit der Redaktion entschlossen, auf meine Einleitung zum »Handbuch der europäischen Freilichtmuseen« zurückzugreifen[1]. Das Handbuch ist längst vergriffen, und schon daraus läßt sich gewiß eine Rechtfertigung für die Wiederholung des schon Gesagten ableiten. Mehr noch hat mich dazu die Tatsache ermutigt, daß der damalige erste Versuch einer Klassifizierung der Freilichtmuseen sowie einer Übersicht über deren Aufbauprinzipien und Darstellungsmöglichkeiten und schließlich auch ihres geschichtlichen Werdegangs selbst aus der Distanz des seither verstrichenen Jahrzehnts im großen und ganzen nicht an Aktualität eingebüßt hat. Die seit den 50er Jahren weltweit einsetzende stürmische Entwicklung der Freilichtmuseen (man darf von einer II. Gründerzeit sprechen) hat naturgemäß mit der gesellschaftlichen Entwicklung Schritt gehalten, so unterschiedlich diese in den einzelnen Ländern verlief. So verwundert es nicht, daß gerade im Verlaufe des letzten Jahrzehnts auch eine ganze Reihe von neuen Fragestellungen, aber auch manche Schwerpunktverlagerungen im Aufgabenkatalog der Freilichtmuseen registriert werden können. Auf sie in extenso hier einzugehen, verbietet sich schon aus Platzgründen. Ich ziehe es daher vor, auf die wichtigsten neueren Arbeiten zum Thema hinzuweisen[2], einiges dazu wird auch in den Fußnoten anklingen. In einer Hinsicht allerdings ist das Handbuch heute nach 10 Jahren hoffnungslos veraltet: durch die große Zahl der in der Zwischenzeit hinzugekommenen Freilichtmuseen vor allem in den mittel- und osteuropäischen Staaten[3]. Im folgenden wird die Einleitung zum Handbuch in leicht gekürzter Form wiedergegeben.

Freilichtmuseen werden eingerichtet, um Baudenkmale vor der Zerstörung zu bewahren und der Nachwelt zu erhalten. Die in musealen Schutz gestellten Bauten können dem ländlichen oder dem städtischen Milieu entstammen, sie können profanen oder religiösen, privaten oder öffentlichen Charakter tragen.

In allen Freilichtmuseen werden die übernommenen Bauten mit der zugehörigen Einrichtung (Mobiliar, Geräte, Maschinen usw.) ausgestattet. Jedes einzelne Gebäude spiegelt solcherweise den Mikrokosmos der von ihm repräsentierten Lebens- und Wirtschaftseinheit wider; an ihn kann ein geographischer, ein chronologischer und ein sozialer Maßstab angelegt werden. Wodurch sich ein Freilichtmuseum von jedem anderen Museum unterscheidet: Ein jedes Ding, ein jeder Gegenstand steht an *seinem* Platz und damit im ursprünglichen Zusammenhang mit den anderen Dingen. Alles ist zum Ganzen geordnet und bildet auch eine Ganzheit. Sie bezieht sich (sollte es jedenfalls) auch auf die umgebende Kultur- und Naturlandschaft[4].

Mit diesen vorangestellten Bemerkungen sollte versucht werden, die wesentlichen Merkmale eines Freilichtmuseums zunächst ganz allgemein zu bestimmen. Wir finden uns dabei in Übereinstimmung mit der ICOM-Deklaration (Ziffer V) von 1957, in der auch eine Definition des Begriffes »Freilichtmuseum« gegeben wurde. Sehr nüchtern ist dort von einer »Sammlung von Baudenkmalen« die Rede, und man sollte dies auch sehr wörtlich verstehen: Denn die »Sammlungs«-Gegenstände eines Freilichtmuseums sind in der Tat in erster Linie Baudenkmale[5]. Sie geben dieser Museumsgattung ihr unverwechselbares Gepräge. Etwas abweichend von der ICOM-Deklaration, im übrigen aber ebenso allgemein gehalten, ist eine Definition, die der »Verband europäischer Freilichtmuseen« 1972 in seine Satzungen aufnahm: »Unter Freilichtmuseen werden wissenschaftlich geführte oder unter wissenschaftlicher Aufsicht stehende Sammlungen ganzheitlich dargestellter Siedlungs-, Bau-, Wohn- und Wirtschaftsformen in freiem Gelände verstanden.«[6] Hier liegt der Schwerpunkt der Definition einmal auf der »ganzheitlichen« Darstellung, zum anderen auf der Forderung der wissenschaftlichen Leitung bzw. Betreuung. Diese Forderung – für Museen eigentlich selbstverständlich – läßt schon anklingen, daß anscheinend nicht alle mit der Bezeichnung »Freilichtmuseum« etikettierten Einrichtungen als ein solches gelten können.

Definitionen haftet immer der Nachteil eines gewissen Maßes an Willkür an. Um den Preis sehr allgemeiner, aber auch ebenso nüchterner Formulierungen, verdecken sie überdies in unserem Falle die vielen Farben eines bunten Fächers, als welcher die Freilichtmuseen in ihrer Gesamtheit in Wahrheit gesehen werden müssen.

Um die Vielfalt der Erscheinungsformen der europäischen Freilichtmuseen überblicken und gleichzeitig in eine Art Ordnung bringen zu können, wird man um den Versuch einer Systematisierung – wenigstens als Hilfsmittel – nicht herumkommen. Dabei bieten sich die folgenden Möglichkeiten einer Einteilung an:

1. nach dem Einzugsbereich,
2. nach den Aufbauprinzipien,
3. nach den Darstellungsprinzipien,
4. nach den Denkmal-Gattungen.

I

Eine weithin geläufige Einteilung nach dem *Einzugsbereich* führt zu folgenden Unterscheidungen:

a) zentrale Freilichtmuseen,
b) regionale Freilichtmuseen,
c) lokale Freilichtmuseen.

Als zentral wird man ein Freilichtmuseum bezeichnen, wenn es als zentrale Sammelstätte für ein ganzes Land eingerichtet ist, wie dies für Stockholm-Skansen, Oslo-Bygdøy, Helsinki-Seurasaari, Lyngby, Arnhem, Stübing, Szentendre und Bukarest gilt. Etwas schwieriger wird die Zuordnung nach dem Merkmal »regional«. In den skandinavischen Ländern wird man die für das Gebiet einer Provinz (norweg. Fylke, schwed. Län) zuständigen Freilichtmuseen, in der Bundesrepublik Deutschland und Österreich die für ein Bundesland, in Polen die für den Bereich einer Woiwodschaft und in der UdSSR die für das Gebiet einer Sowjetrepublik eingerichteten Freilichtmuseen als regionale Museen bezeichnen, um nur einige Beispiele nebeneinanderzustellen. Hier wird schon angesichts der Größenunterschiede der genannten Verwaltungseinheiten die Brauchbarkeit des Begriffes »regional« als Einteilungsmöglichkeit fraglich. So erscheint es wohl richtiger, Freilichtmuseen wie Tallinn, Riga, Rumšiškes, Kizhi, Bokrijk, Martin, Kiel, Detmold, Cloppenburg, Neu-Anspach und Kommern als »zentrale« Freilichtmuseen aufzufassen.

Hinzu kommt, daß es nicht nur Verwaltungsgrenzen sind, die eine Zuordnung zu den regionalen Freilichtmuseen rechtfertigen. Es gibt auch landschaftlich-geographische oder historisch-geographische »Regionen«, zum Beispiel »Weald and Downland« für das Freilichtmuseum in Singleton, »Schwarzwald« für Gutach, »Siebenbürgen« für Cluj. Auch ethnische Abgrenzungen können die Grenzen von »Regionen« bilden. Ich erinnere an das »Flämische« Freilichtmuseum in Bokrijk; von Flandern aus gesehen ist es ein zentrales Freilichtmuseum, von Belgien her wäre es ein regionales Museum. Andererseits gibt es zum Beispiel in den skandinavischen Ländern (dies gilt aber auch etwa für das Bundesland Bayern) auch Verwaltungseinheiten, in denen zwei gleichrangige regionale Freilichtmuseen bestehen.

Schwieriger noch wird eine Zuweisung zu den »lokalen« Freilichtmuseen. Im allgemeinen wird man hierzu alle sog. »Bauernhausmuseen« und »Denkmalhöfe« (soweit sie unter musealer Betreuung stehen) rechnen können. Als Verwaltungseinheit und gleichzeitig als Einzugsbereich steht hinter derartigen Museen in der Regel eine Gemeinde. Aber es wäre wohl auch gerechtfertigt, jene zahlreichen und in allen Ländern vertretenen »Gebäude, die mit der Erinnerung an große Persönlichkeiten und bedeutende Ereignisse verbunden sind«[7] hierher zu stellen, jedenfalls soweit sie museal verwaltet werden. Hier wird besonders deutlich, wie fließend die Grenzen sind und auch wohl sein müssen, um jeder Spielart Raum zur Entfaltung zu geben.

So kommen wir rasch zu dem Ergebnis, daß eine Einteilung in zentrale, regionale und lokale Freilichtmuseen zwar durchaus brauchbare – vorwiegend quantitativ bestimmte – Merkmale der Größenordnung und des Wirkungsfeldes liefert, daß aber diese Begriffe von Land zu Land verschieden gehandhabt werden sollten und infolgedessen auch immer die örtlichen Verhältnisse zu berücksichtigen sind. Sie führen jedenfalls zwangsläufig zu einer Relativierung schematischer Größenordnungen.

Hinter dieser Einteilung nach dem jeweiligen Einzugsbereich stehen allerdings, und dies sollte man nicht vergessen, eine Reihe von theoretischen Fragen, man könnte heute auch sagen ein Stück Theoriegeschichte der Freilichtmuseen. Bei vielen Neugründungen größerer Freilichtmuseen in den letzten Jahrzehnten entzündete sich die Diskussion immer wieder an der Frage, ob es überhaupt vertretbar sei, Gebäude aus verschiedenen und oft sehr unterschiedlichen Landschaften in ein zentrales oder ein größeres regionales Freilichtmuseum zusammenzuführen; ob es nicht richtiger sei, statt eines zentralen mehrere kleinere, jeweils stark landschaftsbezogene Freilichtmuseen einzurichten; aus gegensätzlichen Landschaften an zentraler Stelle zusammengetragen, gingen bei den Baudenkmalen zuviel landschaftliche Eigenheiten verloren. Wenn wir jetzt einmal die emotionalen und auch vielfach romantisch verklärten Akzente dieser Diskussion beiseite lassen, so läßt sich das Problem vielleicht so präzisieren: Bei einem zentralen Freilichtmuseum hat die pädagogische Aufgabe ein größeres Gewicht gegenüber anderen Aufgaben; denn die hier gegebene Möglichkeit einer vergleichenden Darstellung und Betrachtung bietet eine unschätzbare und durch nichts ersetzbare Hilfestellung bei allen pädagogischen Bemühungen. Bei Freilichtmuseen mit begrenzterem Einzugsbereich spielen demgegenüber denkmalpflegerische Gesichtspunkte und die Dokumentation spezifisch landschaftsgebundener Merkmale eine größere Rolle. Hierbei sollten wir auch nicht vergessen, daß Freilichtmuseen gerade auch in ihrer kleinsten Erscheinungsform auf die kulturelle Wertigkeit einer Landschaft, vor allem auch auf das kulturelle Bewußtsein in einer Landschaft in einem sehr positiven Sinne zurückwirken können.

Man wird sagen dürfen, daß diese, oft mit starken Emotionen aufgeladene Phase in der Diskussion um die Freilichtmuseen heute hinter uns liegt[8]. An die Stelle eines Entweder-Oder ist das Sowohl-Als-Auch getreten, und für diese nüchterne, an den jeweiligen Gegebenheiten orientierte Einstellung war sicher auch der Blick auf die skandinavischen Länder besonders förderlich. Denn bei ihnen, ebenso wie in Finnland, wurden ja schon längst alle Spielarten der Freilichtmuseen verwirklicht, und dies zunächst ohne ein tieferes Eindringen in theoretische Diskussionen, in denen die Entwicklung möglicherweise erstickt wäre.

II

Wenn eine Untergliederung nach den »*Aufbauprinzipien*« vorgeschlagen wird, so ist anzumerken, daß es sich auf der Suche nach einem brauchbaren Oberbegriff hierbei nur um eine Verlegenheitslösung handeln kann. Was darunter zu verstehen ist, erhellt aus den hierher gehörenden unterscheidenden Merkmalen:

a) Freilichtmuseen mit in situ (= am ursprünglichen Standort) verbliebenen Baudenkmalen;
b) Freilichtmuseen mit translozierten Baudenkmalen;
c) Freilichtmuseen mit rekonstruierten Bauten.

Es wird deutlich, daß die hier angeführten Merkmale eine ungleich tiefgründigere Einteilung ermöglichen. Es geht hier wirklich um »Prinzipien«, und ein umso größeres Gewicht wird hier auch den theoretischen Überlegungen zuzumessen sein.

Man kann sagen, daß die Translozierung von Baudenkmalen die für Freilichtmuseen »klassische« Lösung darstellt. Und so gingen auch die ersten großen Freilichtmuseen in Nordeuropa (Stockholm, Oslo, Lillehammer, Lyngby usw.) von dem Prinzip der Translozierung aus. Darin folgten ihnen alle zentralen und auch alle größeren regionalen Freilichtmuseen bis zu den letzten Neugründungen in den anderen europäischen Ländern. Je mehr wir uns jedoch den kleineren (lokalen) Freilichtmuseen, sowie den Bauernhausmuseen und schließlich auch den Denkmalhöfen nähern, um so zahlreicher begegnen wir den in situ verbliebenen Denkmalen, die an Ort und Stelle unter musealen Schutz gestellt wurden. Dabei durchlaufen wir eine ganze Skala verschiedenster Varianten, von Freilichtmuseen, die ausschließlich aus in situ verbliebenen Baudenkmalen bestehen (»in situ-Museen«), bis zu solchen, deren Kern oder Kristallisationspunkt zwar ein am ursprünglichen Standort verbliebenes Gebäude oder eine Gebäudegruppe bildet, die im Laufe der weiteren Entwicklung aber in einem mehr oder weniger großen Umfang durch translozierte Bauten ergänzt wurden.

Als eines der klassischen »in situ-Museen« für den bäuerlichen Bereich kann Cregneash (Isle of Man) bezeichnet werden, als Gegenstück für den handwerklich-städtischen Bereich wäre vor allem Turku (Finnland) und – in kleinerem Maßstab – auch Eskilstuna-Rademachersmedjorna (Schweden) zu nennen. Zu den besonders eindrucksvollen und typischen Anlagen dieser Art gehören auch Hankasalmi in Finnland und vor allem auch Lund (Kulturens Östarp), wo der Gründer des Kulturhistorischen Museums in Lund, Georg Karlin, schon 1924 einen großen Bauernhof mitsamt dem zugehörigen Grundbesitz von ca. 75 ha Größe für das Museum erwerben und auch als Freilichtmuseum einrichten konnte. Von den weiteren Museen dieses Typus sollen wenigstens Valtimo in Finnland und Auchindrain in Schottland noch genannt werden; auch ein großer Teil der zahlreichen Bauernhausmuseen wäre natürlich hier aufzuführen.

Ähnlich wie in Lund liegen die Verhältnisse auch in Härnösand, wo dem großen Freilichtmuseum Murberget mit translozierten Bauten noch als Außenstelle eine ca. 140 km entfernte Hofanlage in Myckelgensjö angeschlossen wurde, die aus 27 Einzelbauten besteht. Die Freilichtmuseen in Härnösand und Lund leiten damit zu einer Gruppe von »in situ-Museen« über, die aus mehreren, zum Teil weit auseinanderliegenden Außenstellen (mit in situ verbliebenen Baudenkmalen) bestehen. Diese sind in der Regel einem größeren Regionalmuseum verwaltungsmäßig angeschlossen und werden von diesem auch museal betreut. Die meines Wissens ältesten und wohl auch eindrucksvollsten Beispiele finden sich in Stavanger und Stord in Norwegen.

Viel zahlreicher sind naturgemäß die Freilichtmuseen, deren Kern zwar aus einem in situ belassenen Baudenkmal besteht, die jedoch durch translozierte Bauten erweitert wurden. Für einige Freilichtmuseen in Großbritannien und Irland ist ein Adelssitz als Ausgangspunkt besonders charakteristisch (Beamish, Holywood, St. Fagans, Bunratty Castle). In Skien in Norwegen sind es einige Herrenhäuser und auch Bürger- und Handwerkerhäuser in situ, an die sich eine Reihe von translozierten Bauten anlehnt. In Kizhi (Karelien) bildet das aus zwei berühmten Holzkirchen bestehende »Kizhi-Ensemble« den Kern des Freilichtmuseums und auch in Perejaslaw-Chmelnizki (Ukraine) ist es eine in situ gebliebene Kirche, um die sich die hierher translozierten Bauten gruppieren. Ähnlich liegen die Verhältnisse auch in anderen russischen Freilichtmuseen, bei denen eine Klosteranlage den Ausgangspunkt für eine Ansammlung von translozierten Bauten bildet: Nowgorod, Kostroma und Bielozersk.

In der Mehrzahl der Fälle wurde jedoch ein am ursprünglichen Standort belassener Bauernhof zum eigentlichen Kristallisationspunkt eines Freilichtmuseums. Gutach im Schwarzwald, Reykjavik auf Island, Luhanka und Rovaniemi in Finnland, Alt-Schwerin in der DDR und Zubrzyca Górna in Polen seien als beispielhafte Vertreter dieses Museumstypus genannt. Zwischen diesem Typus wiederum und den oben beschriebenen in situ-Museen steht das Unternehmen in Ironbridge (England), wo zwar die Mehrzahl der in den musealen Bereich einbezogenen technischen Anlagen in situ betreut werden, wo in einem besonderen Areal (Blists Hill Open Air Museum) aber doch auch eine Reihe von translozierten Denkmalen aufgenommen werden.

Entsprechend der ICOM-Deklaration von 1957 kann die Bezeichnung Freilichtmuseum einem Museum nicht verweigert werden, »dessen Gebäude – ganz oder zum Teil – als Kopien oder maßstabgerechte Rekonstruktionen nach originalen Vorbildern aufgebaut« werden, vorausgesetzt allerdings, daß entsprechende Originale nicht mehr zur Verfügung stehen, und vorausgesetzt auch, daß nach den »strengsten wissenschaftlichen Methoden« gearbeitet wird. Man wird gut daran tun, sich nach dem hier geforderten strengen Maßstab zu orientieren, denn mit dem Aufbau von Kopien wächst ohne Zweifel der Appetit, in die Gefahrenzone zwischen einer echten musealen Dokumentation und einer gewissen Art von Disneyland einzudringen. Es ist dies auch der Grund, warum im Handbuch auf die Aufnahme des bekannten »Pueblo Español«, das während der Weltausstellung 1929 in Barcelona begründet wurde, verzichtet wurde. Ein Rückblick auf die hier aufgeführten Aufbauprinzipien macht deutlich, daß Rekonstruktionen heute Ausnahmeerscheinungen sind und, wie hinzugefügt werden kann, wohl auch bleiben sollten. Eine Gegenüberstellung der beiden anderen Möglichkeiten – Translozierung oder Verbleiben in situ – führt stärker in grundsätzliche theoretische Erörterungen, zeigt aber gleichzeitig auch eine Verschränkung des Problems mit den im vorigen Abschnitt genannten mehr quantitativen Merkmalen des jeweiligen Einzugsbereiches der Freilichtmuseen: Je gewichtiger die pädagogische Aufgabe gesehen wird, umso stärker macht sich auch die Tendenz zu größeren Freilichtmuseen (zentral oder regional) mit ihrer Möglichkeit einer vergleichenden Gegenüberstellung der Baudenkmale und damit gleichzeitig auch zur Bejahung des Prinzips der Translozierung der Bauten bemerkbar; je mehr hingegen allgemein denkmalpflegerische, zum Teil auch ökologische Gesichtspunkte im Vordergrund stehen, umso spürbarer wird der Zug zum in situ-Museum, damit aber zwangsläufig auch zum kleineren (lokalen, dezentralisierten) Freilichtmuseum sein. Die ganze Fragestellung wird freilich noch vielschichtiger durch ganz andere Gesichtspunkte. So verweist Aurél Vajkai mit Recht auf die simple Tatsache, daß Holzbauten viel leichter abgetragen und transloziert werden können als Steinbauten[9], und daß daher in den Steinbaugebieten die in situ-Museen schon aus diesem Grunde vorzuziehen seien. Dies erscheint durchaus einleuchtend, und vielleicht liegt hier einer der Gründe dafür, daß eben in Portugal, Spanien, Italien und Griechenland die Entwicklung der Freilichtmuseen so auffallend zurückgeblieben ist. Eine abschließende Antwort auf die Frage, ob prinzipiell eine Translozierung oder die Erhaltung in situ vorzuziehen ist, kann nach dem Gesagten im Sinne einer eindeutigen Empfehlung nicht gegeben werden. Wieder stehen die Unterschiede der jeweiligen örtlichen Verhältnisse, aber auch die verschieden liegenden Schwerpunkte im Aufgabenkatalog der Museen einer einseitigen Wertung entgegen. Der Idealform werden wir uns mit der Anerkennung des Sowohl-Als-Auch nähern, ganz abgesehen von den zahlreichen Möglichkeiten, die auch hier zwischen einem Entweder-Oder liegen.

III

Eine Klassifizierung der Freilichtmuseen nach den *Darstellungsprinzipien* betrifft im wesentlichen die Verteilung und die Gruppierung der in das Museumsgelände translozierten Baudenkmale. Man unterscheidet hierbei im allgemeinen die »Park«-Museen gegenüber den »Dorf«-Museen.

Anders als bei den in den vorangegangenen Abschnitten behandelten Merkmalen handelt es sich hier weniger um zwei konkurrierende Möglichkeiten, als vielmehr um Entwicklungsstufen in der Geschichte der Freilichtmuseen. So wurden die ersten großen zentralen Freilichtmuseen, allen voran Stockholm-Skansen und Oslo-Bygdøy als Park-Museen angelegt, und sie wurden als solche zunächst auch zum Vorbild weiterer Neugründungen bis hin zum 1936 gegründeten Muzeul satului in Bukarest. Die in der Literatur eingebürgerte Bezeichnung »Park«-Museum will ausdrücken, daß das Museumsgelände einen parkartigen Charakter hat und daß die Anordnung der hierher translozierten Bauten zwar in der Regel geographischen Gesichtspunkten folgt, aber doch eine klare und auch für den Besucher deutliche Gruppierung und gegenseitige Abgrenzung dieser Gruppen entsprechend den einzelnen Landschaften ihrer Herkunft vermissen läßt.

Hinzu kommt, daß anfangs ein zu großer Wert auf die Translozierung repräsentativer Einzelgebäude gelegt wurde, und daß die Bedeutung ganzer Ensembles (zum Beispiel Hofeinheiten) zunächst unterschätzt wurde. Bengt Bengtsson schilderte diese Anfangsphase am Beispiel von Skansen und erinnerte daran, daß Hazelius zwar schon beim ersten Aufkommen der Idee »Freilichtmuseum« auch schon von »Gehöften« sprach, «aber es dauerte lange, bis dieser Gedanke konkrete Folgen bekommen konnte. Es waren in erster Linie die Wohnungen der Menschen, die Skansen zeigte, die Nebengebäude für Tiere und Vorräte ließen auf sich warten»[10].

Ein gutes Beispiel für die innere Weiterentwicklung eines Freilichtmuseums bietet Maihaugen in Lillehammer. Die älteste Abteilung (»Baugeschichtliche Abteilung«) besteht aus nach Herkunft und Funktion sehr verschiedenartigen Bauten, die ohne eine bestimmte Ordnung nebeneinandergestellt wurden. In ihrer ganzen Erscheinung erinnern sie noch heute an ein kleines Park-Museum. Aber schon die zweite Aufbauphase führte zum Wiederaufbau jener für das Gudbrandstal so charakteristischen großen Einzelhöfe mit allen ihren zahllosen Nebengebäuden und auch in einer dem ursprünglichen Standort angenäherten Gesamtsituation. Damit war der Schritt von einer Überbetonung der Einzelbauten zur Darstellung auch der Siedlungsform vollzogen. Anders Sandvig, der Schöpfer von Lillehammer, ging jedoch noch einen Schritt weiter, als er schließlich mit dem Aufbau der Abteilung Almwirtschaft begann. Man kann sagen, daß der von Georges Henri Rivière geprägte und propagierte Begriff des »musée écologique de plein air« (ökologisches Freilichtmuseum) hier schon sehr viel früher vorweggenommen und realisiert wurde[11].

Lillehammer sollte hier paradigmatisch für die innere Entwicklung auch anderer größerer Freilichtmuseen stehen. Hatte sich erst einmal das Prinzip einer konsequenten ethno-geographischen Anordnung der Bauten durchgesetzt, so war es nur noch ein folgerichtiger Schritt weiter, um auch zu der Darstellung der Siedlungsformen (Einzelhöfe, geschlossenes Dorf, Stadtviertel usw.) und gleichzeitig auch zur deutlicheren gegenseitigen Abgrenzung der einzelnen Baugruppen zu kommen. Auf eine kurze Formel gebracht, kann man sagen, daß die Entwicklung von einem Nebeneinander besonders hervorgehobener Einzelbauten zur Übernahme und zum Wiederaufbau ganzer Hofanlagen mit allen Nebengebäuden und schließlich zum Aufbau ganzer Siedlungseinheiten führte. Vom einzelnen Baudenkmal als kleinster architektonischer Einheit führte der Weg über immer größere Einheiten zu »ganzheitlich dargestellten Siedlungs-, Bau-, Wohn- und Wirtschaftsformen«[12].

Es gilt dies natürlich nicht nur für die großen zentralen Freilichtmuseen. Man kann vielleicht sogar sagen, daß gerade auch die regionalen und lokalen Freilichtmuseen in einem starken Maße als stimulierende Schrittmacher der Entwicklung wirkten. Bei ihnen jedenfalls scheint sich die Bezeichnung »Dorf«-Museum oder »Museumsdorf« auch zuerst durchgesetzt zu haben, wie sie auch in der Namengebung einiger Museen Ausdruck findet, wie zum Beispiel »Museumsdorf Cloppenburg« oder »Den fynske Landsby« in Odense (Dänemark).

Während der Begriff »Park«-Museum einigermaßen deutlich aussagt, was damit gemeint ist, erscheint mir die Bezeichnung »Dorf«-Museum oder »Museumsdorf« zu ungenau, um ein bestimmtes Darstellungsprinzip ausdrücken zu können. Rekapitulieren wir, was darunter zu verstehen ist: Alle in das Museum translozierten Baudenkmale werden bestimmten Gruppierungen (Siedlungseinheiten) zugeordnet und diesen auch untergeordnet. Man kann diese Gruppierungen entsprechend tatsächlichen Verhältnissen in vielen Fällen gewiß als »Dörfer« bezeichnen, aber verallgemeinernd ergäbe dies schon die ersten Mißverständnisse bei Einzelhofsiedlungen, und völlig unbrauchbar wird der Begriff »Dorf«-Museum bei Freilichtmuseen mit Bürgerhausgruppen oder solchen mit technisch-handwerklichem Schwerpunkt. Je mehr man sich von den für die Parkmuseen geltenden Merkmalen entfernte, umso intensiver bemühte man sich, auch die jeweils zugehörigen kultur- und naturlandschaftlichen Gegebenheiten in die museale Darstellung der Siedlungsgruppen miteinzubeziehen. Nicht nur wurde eine immer größere Sorgfalt auf die Anlage der zu Haus und Hof gehörenden Gärten (Kräuter-, Gemüse-, Obstgärten) gelegt, man begann auch in immer stärkerem Maße durch bewirtschaftete Felder und eine begrenzte Tierhaltung die einzelnen Baugruppen in eine ihnen gemäße Kulturlandschaft einzubetten und von dieser aus auch den Übergang zur Naturlandschaft zu demonstrieren. Diese Einbindung der Baudenkmale in eine ihrem ursprünglichen Standort angenäherte Kultur- und Naturlandschaft ist gemeint, wenn von einer »Ganzheit« der musealen Darstellung gesprochen wird[13].

Wenn überhaupt, so ist es von diesem Stadium der Entwicklung der Freilichtmuseen nur noch ein kleiner Schritt zu dem, was G. H. Rivière als »ökologisches Freilichtmuseum« (musée écologique de plein air) bezeichnet hat und worunter er – zunächst sehr allgemein – die museale Darstellung der Strukturen und der Entwicklung der naturräumlichen Umgebung, mit anderen Worten der Beziehungen des Menschen zu seiner natürlichen Umgebung versteht[14].

In den Zusammenhang mit den Darstellungsprinzipien gehört auch die Frage der »Belebung« der Freilichtmuseen. Von der Pflege gärtnerischer Anlagen, von der Möglichkeit auch einer begrenzten Tierhaltung und von der Anlage von Feldern, Weiden und Wiesen war schon die Rede. Alle derartigen Anlagen und Einrichtungen gehören – in vielfacher Weise nach den örtlichen Verhältnissen modifiziert – schon längst zum festen Bestandteil nahezu aller Freilichtmuseen. Und in der Tat tragen sie in ihrem jahreszeitlichen Wechsel und natürlichen Rhythmus zu einem sehr wesentlichen Teil zur Verlebendigung der Freilichtmuseen bei. Dies gilt umso mehr, je naturferner die Lebensführung weiter Bevölkerungskreise (zwangsläufig) wird. In gleicher Weise und durchaus positiv ist auch die Tatsache zu beurteilen, daß in vielen Freilichtmuseen die alten Handwerksarten in den dafür eingerichteten Räumlichkeiten zeitweise noch fachgerecht betrieben werden. Derartige Demonstrationen sind geeignet, vieles sonst Unverständliche anschaulich zu erläutern und gleichzeitig zur Verlebendigung des Museums beizutragen. Bengt Bengtsson hat eindringlich geschildert, wie schon Artur Hazelius, der Begründer von Stockholm-Skansen, fasziniert war von der Idee des »lebendigen Museums«, von der Vorstellung, in einem Freilichtmuseum das »Volksleben in lebendigen Zügen darstellen« zu können[15]. Nicht nur sollten Menschen in Volkstrachten die Museumsbauten bevölkern, auch die großen Feste im Jahresbrauchtum sollten vor der Kulisse der alten Gebäude stattfinden, und Hazelius sah »Prozessionen von Mönchen und Nonnen, bewaffnete Reiter, die auf den Wegen daherjagen, die Knechte der Wasakönige und die Trabanten Karls des Zwölften, er sieht Rokokotänze, die zur Musik aus der Zeit Bellmans aufgeführt werden«.

Vorstellungen dieser Art sind natürlich nur aus dem Zeitgeist jener zweiten Hälfte des vorigen Jahrhunderts verständlich, und auch in Skansen selbst ist man natürlich längst von Derartigem abgerückt. Wir denken heute sehr viel nüchterner in den damit aufgeworfenen sehr diffizilen Fragen einer weiteren Belebung der Museen[16]. Die folgenden Anmerkungen zu diesem Thema erheben zwar nicht den Anspruch, eine opinio communis wiederzugeben, vertreten aber doch wohl die heute in der weitaus überwiegenden Mehrzahl der Freilichtmuseen geltende Einstellung. So wird nichts dagegen sprechen, die großen Feste im Jahresbrauchtum auch im Freilichtmuseum zu feiern, sofern sie in der Tat auch noch als »lebendiges« Brauchtum existent und im Bewußtsein weiter Bevölkerungskreise gegenwärtig sind. Das gleiche dürfte auch für die Volkstrachten gelten, wenn zum Beispiel in einigen Freilichtmuseen das Aufsichtspersonal in der landesüblichen Tracht seinen Dienst versieht. Wo diese Trachten tatsächlich noch »leben«, wird man es als selbstverständlich hinnehmen, wenn sie auch in Freilichtmuseen Verwendung finden. Wo dies aber nicht mehr der Fall ist, wo sie nur noch in Trachtenschauen auftreten und wo ein Brauchtum nur noch Thema einer folkloristischen Vergnügungsindustrie ist, gehören solche Dinge nicht in ein Freilichtmuseum. Anstatt einen ernstzunehmenden Beitrag zum »lebenden« Museum zu leisten, können solche Vorführungen sehr leicht »zum schlechten Theater entarten und ein Gelächter über das ernste Ziel des Freilichtmuseums hervorrufen«[17].

Man wird sich in jedem Einzelfalle sehr genau dessen bewußt sein müssen, daß die Grenze zum Theater und zum Disneyland in der Regel nur ein sehr schmaler Grat ist, und es gibt einige Beispiele, die als Warnungstafeln vor dieser Grenze stehen. So wurde das Freilichtmuseum in Karlstad (Schweden) in einen Vergnügungspark integriert, und der Prospekt spricht heute von dem »pittoresken Bild des alten Värmland im Freilichtmuseum«; in aufschlußreicher Parallelität fordert die ICOM-Deklaration von 1957 »toujours se garder d'un pittoresque de mauvais aloi«[18].

In ähnlicher Weise gab das Freilichtmuseum in Sisak (Jugoslawien) seine Existenz als Museum auf: seine Gebäude werden den Touristen als Wohnungen zur Verfügung gestellt. Ich befürchte, daß künftig immer häufiger ein Anlaß dazu bestehen wird, darauf zu verweisen, daß Freilichtmuseen nichts anderes sind, als eine sehr nüchterne und sehr verantwortungsvolle Dokumentation bestimmter Bereiche unserer Vergangenheit und daß die sich hieraus ergebende Arbeit als Bildungsinstitution einzig und allein im pädagogischen Bereich zu suchen ist. Schon die Besinnung auf diese Aufgabe sollte verhindern können, daß Freilichtmuseen zum Tummelplatz eines nostalgischen Kultur-»Betriebes« gemacht werden.

IV

Wenn schließlich noch eine Klassifizierung der Freilichtmuseen nach ihrem *Inhalt*, das heißt nach der Art der in ihnen vertretenen Denkmale versucht werden soll, empfiehlt sich zunächst eine (weitmaschige) Unterteilung in ländliche und städtische Denkmale. Der Unschärfe, die in einer Gegenüberstellung »Land–Stadt« liegt, bin ich mir dabei bewußt, doch wird es sich zeigen, daß die etwas heterogenen Begriffe als Gegensatzpaar durchaus verwendbar sind.

Die überwiegende Mehrzahl der europäischen Freilichtmuseen besteht aus ländlichen Denkmalen, wobei »ländlich« nicht zu eng als nur »bäuerlich«, jedenfalls nicht als spezifisch bäuerlich verstanden werden soll. So gehören naturgemäß in vielen Fällen auch religiöse Baudenkmale, wie Kirchen, Kapellen, Bildstöcke, Friedhöfe mit alten Grabkreuzen usw. als Bestandteile ländlichen Gemeinschaftslebens hinzu. Auch profane Bauten öffentlichen Charakters, wie Schulen, Rathäuser, Zollhäuser, Spritzenhäuser, Gasthäuser u. a., werden im allgemeinen berücksichtigt. In aller Regel werden als zum ländlichen Bereich gehörig auch eine Reihe von technischen Kulturdenkmalen, so zum Beispiel insbesondere Wasser- und Windmühlen (verschiedenster Funktion), miteinbezogen. Das gleiche gilt für handwerklich-technische Anlagen, soweit sie dem bäuerlichen Leben und Wirtschaften integriert waren; so finden sich in sehr zahlreichen Freilichtmuseen mit ländlichem Schwerpunkt neben oder in den bäuerlichen Hofanlagen auch die Werkstätten der Schmiede, Stellmacher, Schuhmacher, Böttcher, Töpfer und vieler anderer Handwerker. Aber auch Gutshöfe, Herrenhäuser und Adelssitze können im ländlichen Bereich beheimatet sein und sind dementsprechend auch in einer ganzen Reihe von Freilichtmuseen mit durchaus bäuerlichem Schwerpunkt vertreten. Mit ihnen werden mancherorts auch die Lebensverhältnisse der Landarbeiter berücksichtigt, eindrucksvolle Beispiele bieten Alt-Schwerin (DDR) und Rokiškis (Litauische SSR), auch Luhanka (Finnland) kann in diesem Zusammenhang genannt werden.

Seit den 60er Jahren haben sich einige Freilichtmuseen herausgebildet, die sich die Sammlung und Darstellung von speziellen Teilbereichen ländlicher Wirtschaftsformen zur Aufgabe gemacht haben. Hier sind vor allem Sibiu (Rumänien, 1962) als »Museum der volkstümlichen Technik« und Goleşti (Rumänien, 1966) als Freilichtmuseum für den Weinbau und die Weinwirtschaft zu nennen.

Je nach den örtlichen Verhältnissen müssen dem »ländlichen« Bereich aber auch einige andere Gruppen, zum Teil mit eigenständigen Lebens- und Wirtschaftsformen zugerechnet werden: Hirten, Jäger, Fischer. Auch deren Bau- und Wohnverhältnisse werden vielfach berücksichtigt, sofern ihnen im Gesamtbild einige Bedeutung zukommt.

So wurde speziell für das Hirtenwesen das Freilichtmuseum in Bugac (Ungarn) eingerichtet, während die Wohn- und Lebensverhältnisse zum Beispiel der Lappen vor allem in Inari (Finnland), Kiruna, Härnösand und Umeå in Schweden und Trondheim in Norwegen, aber auch in einem Museum wie Stockholm-Skansen zur Geltung kommen. Auch Zeugnisse der Waldwirtschaft und die Baulichkeiten der Waldarbeiter sowie deren technische Anlagen finden sich in zahlreichen Freilichtmuseen ländlichen Charakters. Besondere Abteilungen für Waldarbeit und Waldwirtschaft wurden in Lieksa (Finnland) und Hjerl Hede (Dänemark) angelegt. Die Fischerei und auch die Lebensweise der Fischer werden verständlicherweise sehr eingehend in Norwegen (zum Beispiel in Stavanger-Varhaug, Fagernes, Gåseid, Kaupanger, Molde), aber auch in Finnland (Ruovesi), Schweden (Härnösand, Bunge), Großbritannien (Cregneash), den Niederlanden (Arnhem, Enkhuizen) und der UdSSR (Ventspils) dokumentiert.

In vielfältigem Zusammenhang mit der Fischerei steht natürlich auch die Schiffahrt. Noch stärker als in anderen Bereichen verwischen sich hier die Grenzen zwischen Land und Stadt, und so finden wir die Zeugnisse für die Entwicklung der Schiffahrt, aber auch für die Lebensweise der Schiffer einmal in den durchaus ländlich bestimmten Freilichtmuseen wie Arendal, Gåseid und Sandane in Norwegen, oder den mehr zwischen Stadt und Land stehenden Freilichtmuseen in Enkhuizen und Zaandam in den Niederlanden, zum anderen in dem speziell für die Entwicklung der Schiffahrt eingerichteten und ganz dem städtischen Bereich zugehörigen Schiffahrtsmuseum in Bremerhaven.

Einer großen Zahl von Freilichtmuseen mit »rein« ländlichen Denkmalen stehen nur wenige mit »rein« städtischem Charakter gegenüber. Hier sind die sog. »Bürgerhausmuseen« zu nennen, allen voran Aarhus in

Dänemark, dann aber auch Bergen (Norwegen), Turku und Jyväskylä in Finnland, Örebro-Wadköping, Linköping, Eskilstuna-Rademachersmedjorna in Schweden, Etera in Bulgarien und schließlich auch Zaandam in den Niederlanden. Hiervon gehören einige Freilichtmuseen freilich schon eher zu »Spezial«-Museen, denn Turku, Jyväskylä, Eskilstuna-Rademachersmedjorna und Etera sind auf handwerklich-technische Anlagen und auf die Bau- und Wohnverhältnisse der Handwerker spezialisiert. Der Gegensatz Stadt–Land kann hier als Einteilungsmöglichkeit nicht konsequent durchgehalten werden.

So wenig zahlreich die »rein« städtisch orientierten Freilichtmuseen sind, um so größer ist die Zahl der Museen, deren Schwerpunkt zwar im ländlichen Bereich liegt, bei denen aber auch die bürgerliche Bau- und Wohnkultur durch ein kleines »Stadtviertel« oder wenigstens eine mehr oder weniger große Gruppe von Bürgerhäusern repräsentiert wird. Außer an die großen zentralen Freilichtmuseen in Stockholm-Skansen, Oslo-Bygdøy und Arnhem ist hier vor allem an Kristiansand, Skien und Trondheim in Norwegen, Hälsingborg, Härnösand, Lund, Södertälje und Västerås in Schweden, Beamish in England und auch Bokrijk in Belgien zu erinnern.

Wenn in den ersten Gründerjahren der Freilichtmuseen nahezu ausschließlich die bäuerliche Welt den Hintergrund musealer Sammeltätigkeit bildete und wenn vor allem seit der Gründung von »Den gamle By« in Aarhus (1914) auch die bürgerliche Kultur und mit ihr auch das Handwerkertum in immer stärkerem Maße berücksichtigt wurde, so setzt seit den 50er Jahren mit merklicher Wirkung auch das Interesse an den technischen Denkmalen der frühindustriellen Zeit und mit ihnen an den Lebensverhältnissen der Arbeiter ein. Dabei ist es nicht so, als ob diese vorher gänzlich unberücksichtigt geblieben seien. Ich erinnere zum Beispiel an die Dokumentation bergmännischen Bauens und Wohnens in den Freilichtmuseen in Västerås und Örebro (»Siggebohyttans hembygdsgård«) in Schweden. Aber – wie es nun einmal die Regel für museales Sammeln ist –, es mußte erst ein gewisser zeitlicher Abstand zur frühindustriellen Zeit erreicht sein und gleichzeitig deren Denkmale in eine akute Gefahrenzone geraten, ehe man sich entschließen konnte, auch sie in Freilichtmuseen unter musealen Schutz zu stellen. Die Gründungen der großen Freilichtmuseen 1960 in Hagen (Bundesrepublik Deutschland) und 1968 in Ironbridge (England), in kleinerem Umfang 1952 in Ravne na Koroškem (Jugoslawien), 1957 in Valkeakoski (Finnland) und 1970 in Beamish (England) sind die signifikantesten Beispiele für diese neuerliche Entwicklung.

V

Um eine leichtere Orientierung über die zahlreichen Spielarten der Freilichtmuseen und deren kennzeichnende Merkmale zu ermöglichen, wurde in den vorigen Abschnitten der Versuch einer Systematisierung nach jeweils verschiedenen Gesichtspunkten unternommen. Zwangsläufig klangen dabei hier und da schon einige Momente der geschichtlichen Entwicklung der Freilichtmuseen an.

Wenn wir den Schwerpunkt auf den zweiten Teil des Kompositums Freilicht-Museum legen, also die wesentlichen Eigenschaften eines Museums im Auge behalten wollen, so ist chronologisch der entscheidende Ausgangspunkt zur Entwicklung der Freilichtmuseen das Jahr 1873, in dem Artur Hazelius das Nordische Museum in Stockholm als erstes wissenschaftlich geführtes Volkskundemuseum gründete. 18 Jahre später, 1891, wurde als Abteilung dieses Museums das erste Freilichtmuseum auf Skansen eröffnet. In diesem Zeitraum von 18 Jahren liegt – muß liegen – die Entwicklung von einem Museum herkömmlicher Art zu dem, was wir bis heute unter einem Freilichtmuseum zu verstehen gewohnt sind.

In der Tat hat man in diesem Zeitraum verschiedene »Etappen einer logischen Entwicklung« zum Freilichtmuseum zu erkennen geglaubt[19]. Dabei durchdrangen sich ideelle mit neuen ausstellungstechnischen Vorstellungen. Eine erste Stufe kann in der von Hazelius entwickelten und sehr stark geförderten musealen Darstellung ganzer Interieurs von Bauernstuben gesehen werden. Die Inneneinrichtung von Bauernhäusern wurde – dies ist dabei der entscheidende Fortschritt – nicht in ausgesuchten, nebeneinandergestellten Einzelstücken, sondern als ganzes Ensemble vorgeführt. Die vielfach hineingestellten lebensgroßen Trachtenfiguren deuten an, daß (bewußt oder unbewußt) auch die damals sehr beliebten Panoptika und Wachsfigurenkabinette bei der Entwicklung solcher Ausstellungstechnik nicht ganz unbeteiligt waren[20]. Besonderen Erfolg hatte Hazelius mit seinen Interieurs in der schwedischen Abteilung der Weltausstellung 1878 in Paris. Während diese Bauernstuben von Hazelius freilich nur auf drei Seiten geschlossen und an der offenen Seite durch Absperrungen gegen den Zutritt der Besucher abgeschirmt waren, gingen die Holländer auf der gleichen Ausstellung noch einen, zwar zunächst unscheinbaren, aber doch folgerichtigen Schritt weiter bei der Darstellung einer Wohnstube aus Hindeloopen. Sie war bereits mit vier Wänden geschlossen und konnte von den Besuchern auch wie eine echte Stube betreten werden. Das damit erstmals vermittelte unmittelbare Erlebnis des Raumeindrucks im Verein mit der Darstellung ganzer Interieurs, – hier kündigen sich in der Tat bereits wesentliche Merkmale des Freilichtmuseums an. Das Interieur als museale Darbietungspraxis breitete sich von Stockholm aus rasch in zahlreiche andere Länder aus. Mit ihm wurde bei zahllosen Museen die »Stubenperiode«[21] eingeleitet, die bis in die Gegenwart hinein (vor allem bei kleineren Heimatmuseen) eine nicht unwesentliche Rolle spielt[22].

Bengt Bengtsson führte in seinem Überblick über die Geschichte der Freilichtmuseen als eine zweite Entwicklungsstufe die Zurschaustellung einer Lappenhütte in natürlicher Größe im Nordischen Museum an: »So stellte Hazelius schon um 1874 in einem Schaukasten eine Lappenhütte aus, in deren Inneres man hineinblikken konnte und wo man realistisch ausgeführte und angezogene Trachtenpuppen mit verschiedener Arbeit beschäftigt sah«[23]. In der Tat wurde damit erstmals eine ganze architektonische Einheit als Ausstellungsstück in einem Museum gezeigt, wenngleich es sich natürlich nur um ein kleines und verhältnismäßig einfaches Exponat handelte.

Noch immer fehlte jedoch ein entscheidendes Merkmal des »Freilicht«-Museums, eben die Aufstellung architektonischer Denkmale im Freien. Wenn wir Bengtsson folgen dürfen, so entwickelte und formulierte Hazelius ein »Skansen-Programm« aber schon gegen Ende der 70er Jahre und veranlaßte seit 1880 die ersten wissenschaftlichen Recherchen nach repräsentativen und für eine Translozierung geeigneten ländlichen Bauten im ganzen Lande. 1885 wurde das nachmals berühmte Wohnhaus des Mora-Hofes (»Morastugan från Östnor«) in Dalecarlien als erstes Gebäude von Hazelius für das Museum angekauft und 1891 auf Skansen (auf der Insel Djurgården) bei Stockholm wiederaufgebaut. Am 11. Oktober des gleichen Jahres wurde hier das erste Freilichtmuseum offiziell eröffnet.

Die geschilderte, sich ganz in Schweden abspielende und auf die Initiative einer einzigen Persönlichkeit rückführbare Entwicklung scheint auf den ersten Blick sehr geradlinig und folgerichtig verlaufen zu sein. Bei näherem Zusehen aber wird man gewahr, daß in diesen entscheidenden 70er und 80er Jahren des vorigen Jahrhunderts die Entwicklung zunächst doch in mehreren Bahnen zu verlaufen schien. Im Jahre 1873 wurde nicht nur das Nordische Museum gegründet, im gleichen Jahre fand auch die seinerzeit allenthalben sehr stark beachtete Weltausstellung in Wien statt, auf der erstmals im Prater eine Gruppe von Bauernhäusern aus verschiedenen europäischen Regionen (zum Beispiel Elsaß, Siebenbürgen, Rußland) in natürlicher Größe als Ausstellungsobjekte aufgebaut wurden. Mit dieser Ausstellung wurde die Reihe der »ethnographischen Dörfer« eingeleitet, wie sie in den folgenden Jahren und Jahrzehnten bis in unsere Gegenwart hinein auf zahlreichen Welt-, Landes- oder Jubiläumsausstellungen vorgeführt wurden. Die Gebäude dieser kleinen Ausstellungsdörfer wurden in der Regel mit originalen Einrichtungsgegenständen ausgestattet, die in einigen Fällen auch den Grundstock für anschließende Museumsneugründungen bildeten. Für unsere Frage ist festzuhalten, daß seit 1873 ganze architektonische Einheiten aus verschiedenen Regionen zu vergleichender Betrachtung nebeneinandergestellt wurden, so wie seit 1878 (Weltausstellung in Paris) Interieurs aus verschiedenen Landesteilen gezeigt wurden. Es ist dabei zunächst weniger bedeutsam, daß die »ethnographischen Dörfer« in der Regel aus Kopien in natürlicher Größe nach originalen Vorbildern bestanden; doch soll nicht vergessen werden, daß zum Beispiel auf der Kolonialausstellung 1883 in Amsterdam und auf der Jubiläumsausstellung 1894 in Lemberg auch originale, translozierte Gebäude gezeigt wurden.

Liegt in der 1873 in Wien vorgeführten Gebäudegruppe nicht ein deutlicherer Ansatz für eine potentielle Entwicklung zum Freilichtmuseum, als dies für die 1873 zunächst nach konventionellen Gesichtspunkten erfolgte Museumsgründung in Stockholm gelten darf? Bei der Abwägung von Prioritäten dürfen gerade in diesem Falle die grundsätzlichen Unterschiede zwischen einem Museum und derartigen Ausstellungen nicht aus den Augen verloren werden: Ein Museum ist nicht wie jene eine nur temporäre, sondern eine permanente Einrichtung und ihm obliegt in erster Linie der Schutz und die Erhaltung der ihm anvertrauten Objekte, während ihm kommerzielle Gesichtspunkte von Hause aus fremd sind. Von hier aus gesehen wird man also bei der Frage nach einem direkten entwicklungsgeschichtlichen Zusammenhang doch wieder auf Stockholms Nordisches Museum zurückverwiesen. Dies wird auch schon dadurch bestätigt, daß keines der ethnographischen Dörfer, weder in Wien oder Budapest, noch in Prag, Lemberg oder Riga, in ein Freilichtmuseum einmündete, wie man dies bei einer stärkeren Kohäsion mit dem musealen Aufgabenkatalog doch wohl hätte erwarten können. Auf der anderen Seite aber steht es ganz sicher außer Frage, daß eine so weltoffene Persönlichkeit wie Hazelius durch die Weltausstellungen der Jahre 1873 und 1878 eine Reihe von Anregungen erhielt, die auf seine museale Zielsetzung einwirkten, so wie er ja in Paris bei der Ausgestaltung der schwedischen Interieurs selbst beteiligt war. Man wird darum sagen dürfen, daß von den ethnographischen Dörfern und den Interieurs der großen Ausstellungen doch zumindest starke Impulse in die Entwicklung zum Freilichtmuseum einflossen.

VI

Mit der Eröffnung von Skansen, 1891, begann die erste große Gründerzeit der europäischen Freilichtmuseen. Noch im gleichen Jahr wurde das Freilichtmuseum in Lund gegründet, 1894 folgte Oslo, 1901 Lyngby in Dänemark, 1904 Lillehammer in Norwegen, 1906 Turku und Kemiö in Finnland, 1909 Seurasaari in Finnland, 1912 Arnhem in den Niederlanden und 1914 Aarhus in Dänemark, um nur die wichtigsten Neugründungen zu nennen. Gleichzeitig mit ihnen entwickelte sich in allen nordeuropäischen Staaten, wenig später auch in Deutschland und Polen, eine ganze Reihe kleinerer Freilichtmuseen und Bauernhausmuseen.

Im vorigen Abschnitt wurde deutlich, wie die Idee »Freilichtmuseum« aus sehr verschiedenen ideellen Wurzeln gespeist wurde. Angesichts der seit den 90er Jahren in schneller Folge einsetzenden Neugründungen scheint es so, als ob die Zeit nun eben einfach reif geworden war für die Verwirklichung dieser Idee. Dabei muß bedacht werden, daß es natürlich sicher kein Zufall war, daß diese Gründerzeit mit dem Höhepunkt der ersten industriellen Revolution zusammenfiel. Tiefgreifende Wandlungen in allen Lebensbereichen zerbrachen alte Traditionen, und es wurde Zeit, neue Möglichkeiten zur Bewahrung des Erhaltenswerten zu erschließen. Wenn ich sagte, die Zeit sei reif geworden für die Entwicklung der Freilichtmuseen, so soll damit ganz gewiß nicht der Anteil jener Persönlichkeiten geschmälert werden, die hinter diesen Neugründungen standen. Statt von einer Gründerzeit könnten wir vielleicht besser von einer Pionierzeit sprechen. Sie ist mit den Namen von Artur Hazlius und Georg Karlin in Schweden, Hans J. Aall und Anders Sandvig in Norwegen, Bernhard Olsen und Peter Holm in Dänemark, Axel Olai Heikel in Finnland, Frederic Adolphe Hoefer in den Niederlanden verbunden.

Wie bei den Wissenschaften, so kommt auch im Museumswesen nach längeren Perioden erfolgreicher Ausdehnung der Zeitpunkt, wo mit einem Rückblick auf das Erreichte auch die Besinnung auf den gegenwärtigen Standort und damit auch dessen genauere Analyse geraten erscheint. Beides, Rückblick und Standortanalyse, ermöglichen auch im Falle der Freilichtmuseen die immer wieder neu zu fordernde Überprüfung sowohl der gestellten Aufgaben, wie auch der Möglichkeiten und Methoden zu ihrer Verwirklichung. Diese Phase setzte, wie es scheint spontan, von verschiedenen Richtungen her zu Anfang der 50er Jahre ein. So erschien 1953 aus der Feder von Gotthard Gustafsson[24] eine bedeutsame Arbeit über Fragen der Konservierung und Restaurierung (exemplifiziert am Beispiel von Skansen), und in die 50er Jahre fallen auch die methodisch stark nachwirkenden Arbeiten von Kai Uldall[25]. Es waren dann vor allem Jubiläumsschriften, Festschriften und eine Reihe von Einzelmonographien, in denen in zunehmendem Maße nicht nur über die geschichtliche Entwicklung der Museen, sondern auch über aktuelle methodische Fragen reflektiert wurde[26]. 1956 schließlich beauftragte die 4. Generalkonferenz von ICOM (International Council of Museums) eine Gruppe von Experten mit der Ausarbeitung einer Deklaration, in der die besondere Bedeutung und der Aufgabenkatalog der Freilichtmuseen herausgestellt, aber auch einige methodische Fragen abgeklärt werden sollten. Die Bedeutung der 1958 publizierten Deklaration kann kaum überschätzt werden – man könnte sie als »Charta der Freilichtmuseen« bezeichnen.

Eine erste und die bislang einzige Übersicht über die europäischen Freilichtmuseen erschien wenig später von Robert Wildhaber[27]. Seine Arbeit wurde in der Folgezeit teils von ihm selbst, jedenfalls aber auf seine Anregungen hin noch mehrfach ergänzt[28]. Für die osteuropäischen Staaten sind vor allem die in den »Ethnographica« (Brno) erschienenen, Ludvík Kunz zu verdankenden, Zusammenstellungen zu erwähnen[29].

Neben einer Reihe von weiteren Übersichten über die Freilichtmuseen in einzelnen Ländern begannen seit den 60er Jahren auch die ersten umfänglicheren Bibliographien zum Thema »Freilichtmuseen« zu erscheinen[30]. Alle diese Arbeiten trugen natürlich auch in einem hohen Maße dazu bei, allmählich eine lebhaftere Kommunikation und Zirkulation unter den Freilichtmuseen selbst in Gang zu setzen. Sie wiederum warf auch alsbald die Frage eines organisatorischen Zusammenschlusses der Freilichtmuseen auf, und hier brachte das Jahr 1966 die entscheidenden Anstöße. Während sich im April dieses Jahres in Bokrijk zum erstenmal die »Arbeitsgemeinschaft europäischer Freilichtmuseen« zusammenfand, aus der 1972 der »Verband europäischer Freilichtmuseen« hervorging[31], fand im September 1966 in Bukarest das Symposium »L'organisation du musée ethnographique en plein air – principes et méthodes« statt[32]. Es war der bisher größte Kongreß der Freilichtmuseen; außer den rumänischen Kollegen nahmen an ihm 65 Vertreter aus 23 Ländern teil.

Die Publikationen der letzten Jahrzehnte, die Aktivitäten von ICOM und die nunmehr regelmäßig stattfindenden Arbeitstagungen trugen und tragen wesentlich zu einer wachsenden internationalen Zusammenarbeit bei. Sie ist heute notwendiger denn je, um die den Freilichtmuseen gestellten Aufgaben besser und wirkungsvoller bewältigen zu können. Freilichtmuseen sollten nicht nur von den Fachkollegen, sondern auch von Außenstehenden und vor allem auch vom großen Publikum nicht als die isolierten Inseln einer romantisch verklärten Welt, als die Inseln einer künstlich bewahrten Vergangenheit, nicht als die isolierten Inseln nationalen Stolzes gesehen werden. Mitten im Strom und in den Strömungen unserer Zeit stehend sind sie nichts anderes als die Dokumentation von einem Stück der Geschichte, die allen europäischen Völkern gemeinsam ist.

Fartein Valen-Sendstad, Direktor von Maihaugen in Lillehammer, sprach von der »Aussicht in Raum und Zeit«, die die Freilichtmuseen zu vermitteln imstande sind[33]. Mit seinen Worten möchte ich dies einleitende Kapitel abschließen: »Zeiten und Gesichtspunkte wechseln. Maihaugen hat seinen Platz in unserem Nationalbewußtsein beibehalten, aber auf Grund neuer Voraussetzungen. Nicht mehr die Nationalromantik bildet die Grundlage, sondern viel besser als früher verstehen wir heute, wie eng trotz allem unsere Verbindung mit Europa gewesen ist. Wir betrachten unsere Bauernkultur nicht mehr als eine isolierte Erscheinung, sondern als ein Glied in einem universalen Kulturkreis. Nun ja, vielleicht sieht nur der Fachmann es so. Was am stärksten wohl das große Publikum ergreift, ist augenscheinlich gerade das Erlebnis des Intimen, Übersichtlichen, des Menschlichen, also all das, was in so starkem Gegensatz zu sehr vielem steht, was wir in unserer eigenen Zeit erleben, wo alle Dimensionen und Maße zu groß – oder klein zu werden scheinen.« Vom Ausdruck eines nationalen Selbstbewußtseins hin zum »Erlebnis des Menschlichen«, – damit ist die Spannweite einer nahezu 100jährigen Entwicklung der europäischen Freilichtmuseen umschrieben.

Die ICOM – Deklaration von 1957

Im folgenden soll der Wortlaut (in freier Übersetzung aus dem französischen und englischen Text) einer Erklärung wiedergegeben werden, die von 24 Fachleuten auf einer von ICOM einberufenen Fachkonferenz verfaßt wurde[34]. Wenn wir heute auch über einige der darin vertretenen Auffassungen verschiedener Meinung sein können, so kommt dieser Erklärung doch eine grundsätzliche Bedeutung zu. Denn man darf wohl sagen, daß hier eine ganze Reihe von Maßstäben gesetzt wurde, die auch weiterhin ihre Gültigkeit behalten. In jedem Falle aber ist die Deklaration eine exakte Ortsbestimmung für die zum Zeitpunkt ihrer Niederschrift geltenden Auffassungen über die Bedeutung und die Aufgaben der Freilichtmuseen, wie auch über die Methoden für deren Realisierung.

Zur Vorgeschichte muß man wissen, daß die 4. Generalkonferenz von ICOM in Genf am 9. 7. 1956 den folgenden Antrag annahm:

»Aus der Überlegung heraus,

1. daß den Freilichtmuseen die Aufgabe zufällt, Baudenkmale auszuwählen, abzubrechen und abzutransportieren, um sie in einem hierfür vorgesehenen Gelände wiederaufzubauen, instandzuhalten und mit der zugehörigen Einrichtung auszustatten, – Baudenkmale, die für die Lebensformen, die Wohnverhältnisse, sowie für die bäuerlichen und handwerklichen Tätigkeiten einer vom Untergang bedrohten Kultur charakteristisch sind;

2. daß derartige Museen, wenn sie nach bewährten Methoden realisiert sind, von wissenschaftlichem, pädagogischem und öffentlichem Interesse erster Ordnung sind und die Erhaltung eines Teiles des wertvollsten Erbes der Völker sicherstellen;

3. daß dieser Museumstyp, dessen Begründung man den skandinavischen Ländern schuldet, in zahlreichen Ländern noch zu wenig bekannt ist;

faßt ICOM die Entschließung,
in einem oder mehreren skandinavischen Ländern nach Möglichkeit 1957 eine Zusammenkunft zu organisieren, zu der Museumsfachleute auch aus den Ländern eingeladen werden, in denen die Einrichtung von Freilichtmuseen zu erwarten und möglich ist. ICOM gibt dem Wunsch Ausdruck,
daß die UNESCO dies Projekt der Aufmerksamkeit der internationalen UNESCO-Kommission für Baudenkmale empfiehlt und die Entwicklung durch finanzielle und technische Mittel unterstützt.«

Diese Zusammenkunft fand in der Zeit vom 5.–9. Juli 1957 in Dänemark und Schweden statt; an ihr nahmen 24 Vertreter aus Schweden, Norwegen, Dänemark, Großbritannien, den Niederlanden, der Bundesrepublik Deutschland, der Schweiz, Frankreich, Spanien, Polen, Jugoslawien, der Türkei, Israel und Indonesien teil. Als Ergebnis dieser Konferenz wurde die folgende Deklaration einstimmig verabschiedet und an ICOM mit der Empfehlung weitergeleitet, sie soweit wie möglich zu verbreiten.

I.

»Gebäude, die mit der Erinnerung an große Persönlichkeiten und bedeutende Ereignisse verbunden sind, gehören ebenso wie die besten Baudenkmale der klassischen und volkstümlichen Architektur dem gemeinsamen Erbe der Menschheit an und verdienen geschützt und erhalten zu werden.

II.

Bei aller Sorge, die sich die Völker in immer stärkerem Maße um die Erhaltung ihrer Baudenkmale machen, ist es doch gerade die volkstümliche Architektur, die weithin am geringsten eingeschätzt wird. Wo der Denkmalschutz schon seit langem betrieben wird, steht sie nur zu oft im Schatten des Glanzes der großen Monumente. Gegenüber dem Prestigewert des Maschinenzeitalters haftet ihr in manchen Ländern der Geruch des Altmodischen an.

Je zahlreicher sie in allen Ländern gegenüber den Monumenten der großen Architektur vertreten ist, umso weniger erhaltenswert erscheinen die Denkmale der volkstümlichen Architektur.

Aber die Bedeutung der volkstümlichen Architektur ist außerordentlich hoch einzuschätzen. In besonderem Maße geeignet, die regionalen Unterschiede im kulturellen Habitus und der Lebensführung und vor allem auch die alten handwerklichen Bauweisen zu verdeutlichen, steht sie in Harmonie mit ihrer Umwelt, aus der sie ihre Baustoffe bezieht. Gerade deshalb leidet sie am stärksten unter den Veränderungen der industriellen Revolution.

Darum ist rasches Handeln in diesem Bereich eine dringende Forderung, und sie gilt in jedem Falle, wie immer sich die Situation im einzelnen auch darstellt. Wenn ein bestimmter Typus schon selten geworden ist, sollte man sich beeilen, die wenigen Denkmale zu erhalten. Wenn er noch zahlreicher vertreten ist und auch die für Renovierungsarbeiten geeigneten Handwerker noch vorhanden sind, ist eine Erhaltung leichter und erfolgreicher.

Vorausschauend haben sich einige Länder sehr intensiv mit der Erhaltung von Denkmalen der volkstümlichen Architektur beschäftigt. Ihre Erfahrungen werden wegweisend sein.

III.

Die Erhaltung eines Denkmals der Volksarchitektur an seinem Standort (in situ) ist aus historischer und künstlerischer Sicht die beste Lösung. Ihr sollte vor allen anderen Möglichkeiten immer die Priorität eingeräumt werden. Aber einer solchen Erhaltung in situ können sich Hindernisse entgegenstellen:

1. Auch in isolierter Lage wird ein hervorragendes Denkmal der großen Architektur selbstverständlich überwacht und instandgehalten. Und wenn seine Bedeutung bekannt genug ist, so wird auch die Zahl seiner Besucher durch die Entfernung oder die isolierte Lage nicht vermindert werden.

Die Volksarchitektur hat in der Regel nicht die gleichen Chancen. Wenn ein bemerkenswerter Bauernhof, der erhaltenswert ist, weitab irgendwo im freien Feld liegt, dann werden die verantwortlichen Behörden es sich zweimal überlegen, einen Experten für die Erstellung eines Gutachtens dorthin zu schicken und Arbeiter mit der Restaurierung zu beauftragen. Und auch das

Publikum wird zögern, einen langen Ausflug dorthin für die Besichtigung in Kauf zu nehmen.

2. Wenn es sich um Monumente der großen Architektur handelt, kommt die Tatsache, daß in vielen Fällen die ursprüngliche Funktion des Bauwerks beibehalten werden kann, der denkmalpflegerischen Aufgabe entgegen, und auch ein Besuch wird hierdurch nur noch interessanter und instruktiver. Dies gilt z. B. für große, noch bewohnte historische Bauten und für Kirchen, die noch zum Gottesdienst benutzt werden.

Aber auch bei noch bewohnten, »lebenden« Gebäuden kann eine Erhaltung an Ort und Stelle sehr problematisch und von Zufällen abhängig werden, und dies gilt vor allem für Denkmale der volkstümlichen Architektur. Wenn, wie dies zunehmend der Fall ist, die Gemeinschaft, der diese Denkmale angehören, vom Fortschritt der industriellen Revolution fasziniert ist, – wie sollen diese dem Druck dieser Gemeinschaft widerstehen? Man kann zwar, das ist wahr, sich darauf beschränken, nur die interessantesten Teile eines Gebäudes, vor allem die Fassade und Teile des äußeren und inneren Dekors zu erhalten. Solche Maßnahmen erlauben, das traditionelle Baugesicht eines Dorfes oder eines Stadtteils zu bewahren. Aber sie können eben nicht alle Forderungen der Situation erfüllen. Denn der historische und ethnographische Wert von Baudenkmalen dieser Art besteht aus einer Vielzahl von Einzelerscheinungen: dem Baumaterial, der Bautechnik und Konstruktion vom Fundament bis zum Dach, der Raumgliederung, der Verteilung des Mobiliars in der Wohnung, den Nebengebäuden und ihrer Einrichtung im Zusammenhang mit der ganzen Lebens- und Wirtschaftsführung. Wie kann man ein Gebäude in einem Zustand erhalten, in dem alle diese Gesichtspunkte noch sichtbar wären? Muß man dann die Bewohner nicht zu einer sozialen und wirtschaftlichen Stagnation verurteilen? Aber auch wenn man sich nicht scheuen würde, einen menschlichen »Zoo« dieser Art zu realisieren, wie lange könnte man ihn aufzwingen?

3. Man kann versuchen, ein »lebendes« Beispiel der Volksarchitektur auszusuchen, um es in situ zu erhalten und einem zentralen Museum anzugliedern. Wenn es jedoch isoliert steht, kennt man die Schwierigkeiten, die mit solcher Lage verbunden sind. Wenn andererseits das Gebäude noch Teil eines Ensembles ist, so werden sich die umliegenden Gebäude weiterentwickeln. Ein ärgerlicher Kontrast ist die Folge, und auch die Proportionen des geschützten Gebäudes mit seiner Umgebung würden zerstört. Wie immer die Lage auch wäre, man müßte die Belastung eines Museums in Kauf nehmen, ohne eines Erfolges sicher zu sein.

4. Wird man sich damit aufhalten können, mit den Kräften eines Museums ein bereits verlassenes Gebäude in situ zu erhalten? Die Nachteile und Unannehmlichkeiten bleiben dieselben und außerdem wird es doch in den meisten Fällen notwendig sein, das Mobiliar und die Einrichtung zu ergänzen.

IV.

Wenn sich die klassische Lösung einer Erhaltung an Ort und Stelle als unzureichend erweist, wird man um eine Translozierung des Gebäudes, das man retten will, nicht herumkommen. Hier bieten sich mehrere Möglichkeiten an. Die erste, die erwähnt werden soll, betrifft vor allem die für die Denkmalpflege verantwortlichen Organisationen. Bei den anderen Möglichkeiten wird es auf eine enge Zusammenarbeit der Denkmalpflege mit den Museen ankommen.

1. Das Gebäude wird auf einen anderen Platz übertragen, ohne unter museale Verwaltung gestellt zu werden. Es gibt für diese Lösung eine Reihe von guten Beispielen, sehr häufig tritt jedoch zu den schon erwähnten Nachteilen noch die Tatsache einer Entwurzelung.

2. Es wird in ein Museum überführt und im Magazin eingelagert. Der Schutz ist damit sichergestellt, aber jede sinnvolle Wirkung unmöglich, solange dieser Zustand anhält.

3. Es wird in den Ausstellungsraum eines Museums gebracht, eine Lösung, die natürlich nur bei Gebäuden sehr geringer Dimension möglich ist oder wenn es sich um zum Teil zerbrechliches oder vergängliches Material handelt.

4. Es wird in ein Freilichtmuseum übertragen. Dieser Museumstyp wurde gegen Ende des 19. Jh. von Hazelius begründet und vor den Toren Stockholms realisiert. Er ist hauptsächlich in Nordeuropa verbreitet, aber in vielen Ländern der alten und neuen Welt noch viel zu wenig bekannt. Wenn das wissenschaftliche und technische Niveau einen entsprechenden Stand aufweist, kann das Freilichtmuseum am besten auf alle Forderungen der Situation antworten.

V.

Nach allgemeiner Übereinkunft kann ein Freilichtmuseum definiert werden als eine Sammlung von Baudenkmalen,

1. die für den Besuch öffentlich zugänglich sind;

2. die in der Regel der volkstümlichen und vorindustriellen Architektur angehören: Wohngebäude von Bauern, Hirten, Fischern, Handwerkern, Geschäftsleuten, Arbeitern sowie deren Neben- und Wirtschaftsgebäude (Scheunen, Ställe usw.), Werkstätten und gewerbliche Bauten (Mühlen, Töpfereien usw.), Kaufläden und ganz allgemein alle Bestandteile der ländlichen oder städtischen, der profanen oder religiösen, der privaten oder öffentlichen Architektur dieser Art;

3. der auch angehören können: Baudenkmale der »Hocharchitektur« (Gutshöfe, Kapellen, historische Gebäude usw.), soweit eine Erhaltung an Ort und Stelle nicht möglich ist, und Baudenkmale auch aus dem industriellen Zeitalter.

Diese Bauten werden mit dem Mobiliar und der zugehörigen Einrichtung präsentiert. Die ganze Anlage wird vervollständigt durch pädagogische und andere Einrichtungen für den Besucher-Service, wie z. B. einem Raum, in dem eine Einführung in das Programm des Museums gegeben wird (grundsätzliche Thematik, audiovisuelle Hilfsmittel), einer Freilichtbühne für folkloristische Veranstaltungen, einem Restaurant usw.

VI.

Man kann die Bezeichnung Freilichtmuseum einem Museum nicht verweigern, dessen Gebäude – ganz oder zum Teil – als Kopien oder maßstabsgerechte Rekonstruktionen nach originalen Vorbildern aufgebaut und auch entsprechend eingerichtet und der Öffentlichkeit zugänglich gemacht sind.

Dieses Zugeständnis gilt nur unter der Bedingung, daß

1. originale Baudenkmale der ausgestellten Typen nicht mehr zur Verfügung stehen,
2. die Kopien oder Rekonstruktionen nach den strengsten wissenschaftlichen Methoden hergestellt werden.

VII.

Es ist zu empfehlen, in jedem Land ein zentrales Freilichtmuseum einzurichten, das mit den notwendigen wissenschaftlichen, technischen und finanziellen Mitteln auszustatten ist. Es sollte zur wichtigsten Verbindungsstelle für eine internationale Zusammenarbeit auf diesem Gebiet werden.

Es wird vorteilhaft sein, das zentrale Freilichtmuseum mit dem ethnographischen Landesmuseum zu kombinieren. Man wird so einen doppelten Einsatz sowohl im personellen, wissenschaftlichen und technischen Bereich, wie auch hinsichtlich der Sammlungen und der Dokumentation vermeiden können.

Diese Empfehlungen sollen, dies gilt vor allem für Länder mit sehr differenzierten ethno-geographischen Verhältnissen, die Entwicklung auch regionaler Freilichtmuseen nicht ausschließen. Man wird sich jedoch gegen ein zu großes Überhandnehmen kleiner lokaler Freilichtmuseen aussprechen müssen, denn deren Verwaltung wirft unlösbare wissenschaftliche, technische und finanzielle Probleme auf.

VIII.

Dem Aufbau eines Freilichtmuseums muß eine sehr eingehende wissenschaftliche Untersuchung über die Baudenkmale, die für eine Translozierung in Frage kommen, vorausgehen, – angefangen mit dem Studium der schriftlichen und bildlichen Quellen und weitergeführt bis zur Feldarbeit.

Die Aufnahme von Baudenkmalen, die mit der Erinnerung an bedeutende Persönlichkeiten oder historische Ereignisse verbunden sind, wird eine Ausnahme bleiben. Die aufzunehmenden Baudenkmale sollen vielmehr als Ergebnis vergleichender Untersuchungen mit ethnologischen Methoden nach den Kriterien von Typus und Funktion ausgesucht werden.

Bei der Planung ebenso wie im Stadium der Realisierung ist es empfehlenswert, sich des Rates von kompetenten Wissenschaftlern, Technikern und Verwaltungsfachleuten sowohl aus dem Lande selbst wie auch von außerhalb zu versichern. Man wird dabei nicht vergessen, daß die skandinavischen Länder am Anfang der Entwicklung dieses Museumstypus standen und dementsprechend über die größten Erfahrungen auf diesem Gebiet verfügen. Wenn notwendig, kann auch ICOM die erwünschten Kontakte vermitteln. Im Rahmen der Zusammenarbeit bei den Aktivitäten der Mitgliedstaaten kann auch die UNESCO, angeregt durch die Vermittlung der jeweiligen Regierungen, finanzielle Hilfe leisten und geeignete Experten zur Verfügung stellen, um bei der Organisation von Freilichtmuseen Hilfe zu leisten.

IX.

Die Verteilung der Gebäude im Gelände eines Freilichtmuseums wirft eine Reihe von Problemen auf. Im allgemeinen ist eine ethno-geographische Anordnung gegenüber einer Zusammenstellung nach dem Alter oder nach der Funktion der Gebäude vorzuziehen. Die natürliche Beschaffenheit und das Relief des Geländes, boden- und wasserkundliche, auch vegetationskundliche Überlegungen spielen bei der jeweiligen Auswahl des Platzes eine wichtige Rolle. Bei Museen mit einem begrenzten ethno-geographischen Programm bieten sich bessere Möglichkeiten, das Gelände und die Vegetation dem ursprünglichen Standort anzugleichen. Je ausgedehnter das Programm ist, um so geringer werden die Möglichkeiten solcher Vorteile und um so mehr wird man sich mit wohlüberlegten Kompromissen begnügen müssen. Im übrigen soll betont sein, daß ein Freilichtmuseum eine Sammlung von Baudenkmalen darstellt, und man wird jeden malerischen Effekt mit zweifelhaftem Beigeschmack vermeiden müssen.

Einige weitere Hinweise sind vielleicht noch nützlich. Wenn einige Gebäude gegenseitig abgeschirmt werden sollen durch natürlichen Bewuchs, so sollte man auf die Pflanzen zurückgreifen, die am ursprünglichen Standort beheimatet sind. In der Regel wird man in der Nähe der Gebäude auch Gemüsegärten und andere kleine Gärten anlegen, und man wird bei den Wirtschaftsgebäuden oder im Hof eines bäuerlichen Anwesens einige Haustiere zeigen, soweit sie in Übereinstimmung mit der alten Wirtschaftsweise stehen. Wenn der für den Wiederaufbau ausgewählte Platz nicht der durch das Gebäude selbst vorgegebenen Situation entspricht (wenn beispielsweise eine Hanglage erforderlich ist), muß das Gelände entsprechend hergerichtet werden.

Die Verteilung der Gebäude erfordert eine sehr frühzeitige und sorgfältige Planung, wobei die verschiedenen Gebäudetypen berücksichtigt werden müssen, auch wenn die entsprechenden Gebäude noch nicht alle ausgesucht sind. Wenn einige Bauten wegen der zugehörigen Siedlungsform nicht allzu nahe beieinander stehen dürfen, so wird man etwas mehr Platz als zunächst notwendig freilassen für unvorhergesehene

Möglichkeiten. Dies darf freilich nicht übertrieben werden, denn zu lange Wege ermüden die Besucher.

X.

Es wäre ideal, über Gebäude mit einer kompletten ortsfesten und beweglichen Einrichtung aus der vorindustriellen Zeit zu verfügen. Aber diese Möglichkeit wird immer seltener. Unbrauchbar gewordene Dinge sind längst verschwunden, andere Einrichtungsgegenstände wurden nach der jeweiligen Mode der Zeit restauriert und schließlich drangen natürlich auch neue Dinge mit den Kennzeichen der industriellen Zivilisation ein. So wird man die fehlenden Gegenstände ersetzen müssen: vorzugsweise durch Originale aus dem gleichen kulturellen Milieu; wenn nicht anders möglich auch durch sorgfältig hergestellte Rekonstruktionen (möglichst von einheimischen Handwerkern hergestellt). Es empfiehlt sich, bei den Gebäuden und ihrer Einrichtung eventuelle industrielle Zutaten aus der letzten Phase ihrer Existenz zu entfernen. Andererseits wird man sich davor hüten müssen, zurückliegende konstruktive und andere Veränderungen zu eliminieren, soweit sie Zeugnisse für den Verlauf einer Entwicklung sind. Die Spezialisten in der Denkmalpflege sind schon lange von dem einmal zeitweise geltenden Purismus abgerückt.

Die besondere Aufmerksamkeit wird man der Entwicklung in den sog. unterentwickelten Ländern widmen müssen. Leichter als anderswo, wird man dort noch typische Beispiele der vorindustriellen volkstümlichen Architektur auffinden.

XI.

Der Abbruch, der Transport, der Wiederaufbau und die Instandhaltung der Objekte eines Freilichtmuseums erfordern eine besondere Sorgfalt hinsichtlich ihres dokumentarischen Wertes. Die Hilfe eines im ethnographischen Bereich geschulten Architekten wird notwendig um: a) vor dem Transport exakte Zeichnungen und Pläne anzufertigen und sehr genau die Einzelheiten von Konstruktion und Bautechnik aufzunehmen; b) auch nach dem Wiederaufbau die Instandhaltung und Reparaturen zu kontrollieren. Selbstverständlich sind auch bei vielen Gelegenheiten Handwerker erforderlich, die mit den alten Techniken vertraut sind. Die Mitarbeit von Physikern und Chemikern wird notwendig bei den Maßnahmen zur Konservierung der Materialien gegen Witterungseinflüsse und Schädlinge. Man wird z. B. auch geeignete Weber für den Ersatz von Textilien suchen müssen.

XII.

Der Aufbau eines Freilichtmuseums erfordert Opfer. Die Gemeinden, die Förderer und die Museumsleute selbst sollten sich dadurch nicht entmutigen lassen. Auf die Bedeutung der Freilichtmuseen für das Interesse an der Geschichte und für die Erhaltung des kulturellen Erbes wurde schon hingewiesen. Sie spielen aber auch eine außerordentlich wichtige Rolle im pädagogischen Bereich, für die Freizeitgestaltung und für den Tourismus. Nur ein Beispiel sei hier angeführt, es stammt aus dem Geburtsland der Freilichtmuseen: Das zentrale Freilichtmuseum Schwedens in Skansen bei Stockholm zählt jährlich im Durchschnitt 2,3 Millionen Besucher. Und dies bei einer Bevölkerungszahl Schwedens von etwa 7 Millionen.

Zwei Jahre später, im Juli 1959 beschäftigte sich die 5. Generalkonferenz von ICOM in Stockholm auch mit dieser Deklaration und faßte zu dem Thema einige Entschließungen, von denen die zwei wichtigsten im folgenden wiederum im vollen Wortlaut wiedergegeben werden sollen[35].

»Definition der Freilichtmuseen.

Aus der Überlegung heraus,
1. daß die Freilichtmuseen entsprechend der Definition, wie sie in der Deklaration von 1957 festgelegt wurde, aus einer Ansammlung von Gebäuden von historischem Wert bestehen, die mit der zugehörigen Einrichtung ausgestattet sind;
2. daß dieser Definition allgemein zugestimmt wurde;
3. daß die Gewohnheit sich ausbreitet, auch permanente oder temporäre Ausstellungen von Skulpturen im Freien zu veranstalten;
4. daß die Bezeichnung solcher Ensembles unter der Etikette von Freilichtmuseen sowohl in der öffentlichen Meinung wie auch unter Spezialisten zu bedauerlichen Verwechslungen führen kann;
5. daß die ICOM-Kommission für Freilichtmuseen Empfehlungen überreicht hat, denen das beratende Komitee zugestimmt hat;
wird dem Wunsch Ausdruck gegeben,
1. daß die Bezeichnung »Freilichtmuseum« reserviert wird für Sammlungen von Gebäuden entsprechend obiger Ziffer 1;
2. daß die Experten und verantwortlichen Organisationen für die Ausstellungen von Sklupturen im Freien es im Geiste einer gegenseitigen Verständigung vermeiden möchten, diese als Freilichtmuseen zu bezeichnen;
3. daß besagte Experten und Organisationen sich an die Kommission von ICOM für die Freilichtmuseen wenden mögen, sofern sie technische Ratschläge bei Problemen von gemeinsamem Interesse für nützlich halten.«

»Erhaltung von Denkmalen der ländlichen vorindustriellen Architektur.

Aus der Überlegung heraus,
1. daß die Freilichtmuseen die Möglichkeit haben, beispielhafte Baudenkmale der ländlichen vorindustriellen Architektur unter den besten Bedingungen (wie sie in der Deklaration von 1957 festgelegt wurden) zu erhalten und ihnen auch Geltung zu verschaffen;
2. daß solche Museen natürlich nur eine beschränkte Zahl von Gebäuden aufnehmen können;

3. daß die ICOM-Kommission für Freilichtmuseen Empfehlungen zu diesem Problem gegeben hat, denen das beratende Komitee zugestimmt hat;
wird die Empfehlung ausgesprochen,

1. daß Freilichtmuseen auch in den Ländern gegründet werden mögen, in denen solche Museen noch nicht bestehen;

2. daß in allen Ländern eine Aktion unternommen werden möge, um eine möglichst große Zahl von Denkmalen der ländlichen vorindustriellen Architektur in situ zu erhalten, nach Möglichkeit mitsamt ihrer Einrichtung;

3. daß bei diesen Unternehmungen von den Erfahrungen der Freilichtmuseen Gebrauch gemacht wird;

4. daß da, wo Freilichtmuseen existieren, diese mit der Durchführung dieses Programms in ihrem Bereich, und nach der Realisierung auch mit der Verwaltung der Objekte beauftragt werden mögen.«

Anmerkungen und Literatur

[1] Adelhart Zippelius, Handbuch der europäischen Freilichtmuseen, Köln 1974 (= Führer und Schriften des Rheinischen Freilichtmuseums und Landesmuseums in Kommern Nr. 7).

[2] Lenz Kriss-Rettenbeck, Gesichtspunkte und Grundsätze für Freilichtmuseen, in: »Freilichtmuseum und Hausforschung« (= Kleine Schriften des Fränkischen Freilandmuseums, Heft 2), Bad Windsheim 1981, S. 11 ff.; Torsten Gebhard, Probleme der Freilichtmuseumsplanung, am Beispiel des Oberbayerischen Freilichtmuseums an der Glentleiten, in: Freundeskreisblätter Freilichtmuseum Südbayern Nr. 10, 1979, S. 9 ff.; Gottfried Korff, Zur Dokumentationspraxis im Freilichtmuseum, in: Die Alltagskultur der letzten 100 Jahre (= Bericht über die 4. Arbeitstagung der Arbeitsgruppe ›Kulturgeschichtliche Museen‹ in der Deutschen Gesellschaft für Volkskunde 1978 in Berlin) Berlin 1980, S. 69 ff.; Adelhart Zippelius, Zur notwendigen Selbstkritik der Freilichtmuseen, in: Volkskunde, 79. Jg., Antwerpen 1978, S. 119 ff. (= Sonderheft ›25 Jaar Bokrijk‹, auch erschienen als Bokrijkse Berichten XV); Ders., Über die Wahrheit der Freilichtmuseen, in: Vriedenboek voor A. J. Bernet Kempers, Arnhem 1971, S. 148 ff.; Kulturgeschichte und Sozialgeschichte im Freilichtmuseum, historische Realität im Museum = Bericht über die 6. Arbeitstagung der Arbeitsgruppe ›Kulturgeschichtliche Museen‹ in der Deutschen Gesellschaft für Volkskunde 1982 in Cloppenburg, hrsg. von Helmut Ottenjann und Hermann Kaiser, Cloppenburg 1984; vgl. auch die Berichte über die Tagungen des Verbandes europäischer Freilichtmuseen 1966–1972, 1974, 1976, 1978 in: Führer und Schriften des Rheinischen Freilichtmuseums und Landesmuseums für Volkskunde in Kommern Nr. 6, 8, 9, 18 (Köln 1973, 1976, 1978) und über die Tagung 1980 (Oslo 1982).

[3] Einen Überblick über den gegenwärtigen Stand in beiden Teilen Deutschlands gibt: A. Zippelius, Freilichtmuseen in Deutschland, HB-Bildatlas Spezial Nr. 6, Hamburg 1982.

[4] Zu den hier behandelten Fragen sind vor allem heranzuziehen: K. Uldall, Les musées de plein air, in: Museum, Vol. X, Paris 1957, S. 84 ff.; A. J. Bernet Kempers, Vijftig Jaar Nederlands Openluchtmuseum, Arnhem 1962; P. Michelsen, Frilands Museet, the Danish Museum Village at Sorgenfri, København 1973; Le Symposium »L'organisation du musée ethnographique en plein air – principes et méthodes«, Rapports, 2 Bände, Bukarest 1966; ICOM-Deklaration über Freilichtmuseen, in: ICOM News (Nouvelles de l'ICOM), Vol. 11, Nr. 1, Paris 1958, S. 8 ff. und S. 22 ff., vgl. auch ebd. Vol. 12, Nr. 6, Paris 1959, S. 23 f. und S. 57.

[5] Man sollte dessen ungeachtet Freilichtmuseen aber nicht als »Architekturmuseen« bezeichnen. Denn die in ein Museum übertragenen Baudenkmale sind eben doch nur Teile – wenngleich für eine ganzheitliche Darstellung unverzichtbare Teile – in einem viel weiter gefaßten kulturgeschichtlichen Rahmen.

[6] Die Definition findet sich in den Satzungen des Verbandes Ziff. 1, vgl. »Tagungsberichte 1966–1972« des Verbandes europäischer Freilichtmuseen, Köln 1973, S. 107 (= Führer und Schriften des Rheinischen Freilichtmuseums und Landesmuseums für Volkskunde in Kommern, Nr. 6).

[7] Vgl. Ziffer I der ICOM-Deklaration.

[8] Wenn in der Argumentation gegen zentrale Freilichtmuseen vielfach darauf hingewiesen wird, daß man nicht Bauten aus sehr unterschiedlichen Landschaften zusammenführen könne, weil dies »ein Herausreißen aus dem natürlichen Umfeld« und damit eine »Verfremdung« bedeute, so wird dabei der Charakter des Freilichtmuseums als *Museum* verkannt. Wie bei allen Museen – gleich welcher Art – gehen naturgemäß die Museumsgegenstände mit der Aufnahme in das Museum ihrer ursprünglichen Umgebung ebenso wie ihrer Funktion verlustig. Sie treten mit dem Einzug in das Museum sozusagen »in eine neue Nachbarschaftlichkeit« in ein »zweites Dasein« (vgl. T. Gebhard a.a.O., S. 11); im übrigen sollte man nicht darüber hinwegsehen, daß die in ein Freilichtmuseum überführten Baudenkmale in aller Regel schon am ursprünglichen Standort längst ihrer angestammten Umgebung und ihrer Funktion entkleidet und darum »verfremdet« waren, und »oft fehlen alle Bezugspunkte, wenn das Haus schließlich zwischen Tankstelle, Supermarkt und Kfz-Werkstatt steht« (Michael Petzet, Freilichtmuseum und Denkmalschutz, in: Denkmalpflege Informationen, Ausg. A, Nr. 8, Okt. 1976, München). Die (zentralen) Freilichtmuseen in Detmold und Kommern konnten zeigen, daß die Aufnahme von Bauten aus sehr unterschiedlichen Landschaften (niederdeutsche Ebene und Mittelgebirge) in durchaus befriedigender Weise gelöst werden kann.

[9] Aurél Vajkai in der Einleitung zu den Museumsführern für das Freilichtmuseum in Veszprém S. 6 (Szabadtéri néprajzi múzeumok Veszprém megyében, Veszprém 1970).

[10] Bengt Bengtsson, Ursprung und Idee des europäischen Freilichtmuseums, in: Berichte aus dem Schleswig-Holsteinischen Freilichtmuseum, Heft 3–4, Neumünster 1967, S. 6 f.

[11] Zur Entwicklung von Maihaugen in Lillehammer: Fartein Valen-Sendstad. Die Sandvigschen Sammlungen, Gjøvik 1968.

[12] Vgl. die Definition S. 5.

[13] Zusammenhängend mit Fragen des Naturschutzes wuchs hier in den letzten Jahren den Freilichtmuseen eine neue und sehr ernst zu nehmende Aufgabe zu: Maßnahmen zur »Erhaltung gefährdeter dörflicher Pflanzengesellschaften und historischer Nutzpflanzenkulturen«. Unter diesem Thema fand im Rheinischen Freilichtmuseum in Kommern im Juni 1981 ein internationales Symposium statt, über das in Heft 3 der Schriftenreihe »Aus Liebe zur Natur« der »Stiftung zum Schutze gefährdeter Pflanzen« berichtet wird (Bonn 1983, Selbstverlag).

[14] Gottfried Korff, Die Ecomusées in Frankreich, eine neue Art, die Alltagsgeschichte einzuholen, in: Die Zukunft beginnt in der Vergangenheit – Museumsgeschichte und Geschichtsmuseum (= Schriften des historischen Museums Frankfurt a. Main, Nr. XVI) Gießen 1982, S. 78 ff.

[15] Bengt Bengtsson, a.a.O. (Siehe Anm. 10), S. 8.

[16] In diesem Punkt hat mir die Entwicklung in den letzten Jahren seit Erscheinen des Handbuchs nicht recht gegeben. Die Forderungen mancher Kulturpolitiker führten zu übertriebenen Vorstellungen über die Notwendigkeit von künstlichen und gekünstelten Belebungsversuchen, gepaart mit kommerziellen, auf Profit gerichteten Bestrebungen. Einige Freilichtmuseen stehen hier vor der Gefahr, sich mit reinen Unterhaltungs- und Vergnügensbetrieben wie den Freizeitparks zu verwechseln und so ihre eigentlichen Aufgaben als Bewahrer und Treuhänder unseres kulturellen Erbes aus den Augen zu verlieren. Hierzu: A. Zippelius, Das Rheinische Freilichtmuseum und Landesmuseum für Volkskunde in Kommern – Geschichte und Ausblick (= Führer und Schriften des Rheinischen Freilichtmuseums Nr. 21), Köln 1981, S. 83 ff., 95 ff. Vgl. auch: D. Kramer, Museen und Freizeit: Zwischen Besucherfreundlichkeit und Kommerz, in: Die Zukunft beginnt in der Vergangenheit – Museumsgeschichte und Geschichtsmuseum (= Schriften des historischen Mus. Frankf. am Main, Nr. XVI) Gießen 1982, S. 89 ff.

[17] Bengt Bengtsson, a.a.O., S. 12.

[18] »Réunion de l'ICOM sur les problèmes des musées de plein air«, in: Nouvelles de l'ICOM, Vol. 11, Nr. 1, Paris 1958, S. 11.

[19] Bengt Bengtsson, a.a.O. (siehe Anm. 10), S. 3 ff.
[20] Dies wird besonders deutlich spürbar bei Bernhard Olsen, dem Begründer des Freilichtmuseums in Lyngby. Vgl. P. Michelsen, a.a.O. (siehe Anm. 4), S. 12.
[21] R. Wildhaber, Der derzeitige Stand der Freilichtmuseen in Europa und in USA, in: Bayerisches Jahrbuch für Volkskunde, München 1959, S. 1.
[22] B. Deneke, Die Darstellung von Wohnräumen in kulturgeschichtlichen Museen, in: »Wohnen-Realität und museale Präsentation«, Bericht über die 1. Arbeitstagung der Arbeitsgruppe ›Kulturgeschichtliche Museen‹ in der Deutschen Gesellschaft für Volkskunde in Hannover, Braunschweig 1972, S. 78 ff., dort auch weitere Literatur.
[23] Bengt Bengtsson, a.a.O. (siehe Anm. 10), S. 4.
[24] G. Gustafsson, Skansens Handbok i vården av gamla byggnader, Stockholm 1953, 2. Aufl. 1972.
[25] K. Uldall, Les musées de plein air, in: Museum, Vol. X, Paris 1957, S. 84 ff.; Ders., Frilandsmuseet, in: Nationalmuseets Arbejdsmark, København 1958, S. 93 ff.
[26] P. Michelsen, a.a.O. (siehe Anm. 4); A. J. Bernet Kempers, a.a.O. (siehe Anm. 4); P. J. Meertens u. H. W. M. Plettenburg, Vriendenbock voor A. J. Bernet Kempers, Arnhem 1971 (darin wichtig vor allem der Beitrag von H. Rasmussen); P. Michelsen, Die Darstellung des Wohnens in einem Freilichtmuseum, in: »Wohnen-Realität und museale Präsentation« (siehe Anm. 22), S. 78 ff.
[27] R. Wildhaber, Der derzeitige Stand der Freilichtmuseen in Europa und den USA, in: Bayerisches Jahrbuch für Volkskunde, München 1959, S. 1 ff.; im gleichen Jahr gab A. Lühning einen Überblick über »Freilichtmuseen in den USA«, in: Beiträge zur deutschen Volks- und Altertumskunde 4, Hamburg 1959, S. 67 ff. Vgl. auch P. Michelsen, Nordamerikanske Frilandsmuseer, in: Budstikken, København 1964, S. 27 ff.
[28] R. Wildhaber, Neuere Freilichtmuseen in Europa, in: Schweizerisches Archiv für Volkskunde 63, Basel 1967, S. 1 ff. (Beiträge von T. Bănățeanu, P.-H. Stahl, V. Butură, C. Irimie, B. Zderciuc, M. V. Draškić, D. Drljača, D. St. Pavlović, V. H. Pöttler, H. Schilli). Ergänzt wird die Übersicht noch durch: R. Wildhaber, Das Bulgarische Freilichtmuseum in Etera, ebenda 66, 1970, S. 212 ff.
[29] »Ethnographica« 5–6, Brno 1963 – 1964, S. 96 ff. (Beiträge von St. Brzostowski, I. Puškár, R. O. Korzjukov, H. Strods, K. Čerbulénas, M. I. Žam, P.-H. Stahl, B. Božikov, D. Drljača, J. Beneš).
[30] Index Ethnographicus, a néprajzimúzeum Könyvtári tájékoztatója XI.: Kovács, Szabadtéri néprajzi múzeumok, Budapest 1968; A. Pytlińska-Spiss, Preglad wybranej literatury z zakresu muzealnictwa skansenowskiego, Rzeszów 1970.
[31] »Tagungsberichte 1966–1972« des Verbandes europäischer Freilichtmuseen, Köln 1973 (vgl. Anm. 2).
[32] Le Symposium »L'organisation du musée ethnographique en plein air – principes et méthodes«, Rapports, 2 Bände, Bukarest 1966.
[33] F. Valen-Sendstad, Die Sandvigschen Sammlungen, Gjøvik 1968, S. 11.
[34] ICOM News (Nouvelles de l'ICOM), Vol. 11, Nr. 1, Paris 1958, S. 8 ff. und S. 22 ff.
[35] ICOM News (Nouvelles de l'ICOM), Vol. 12, Nr. 6, Paris 1959, S. 24 f. und S. 57.

Konrad Bedal
Hausforschung und Freilichtmuseum

Fragt man nach einer »Grundwissenschaft«, einer wissenschaftlichen Disziplin, auf die sich die konkrete Arbeit im Freilichtmuseum stützen kann, so muß sicher an erster Stelle die Hausforschung genannt werden. Dabei ist Hausforschung selbst keine eigenständige, festumschriebene Fachrichtung, schon gar nicht mit eigenen Lehrstühlen an Universitäten vertreten, sondern ein je nach Interessenlage und wissenschaftlicher Herkunft der Forschenden sehr vielschichtiges Fach, das zwischen Architekturgeschichte und Volkskunde, zwischen Sozialgeschichte und Wirtschaftsgeographie – um nur einige Fächer zu nennen – angesiedelt ist[1]. Hausforschung ist eine vorrangig am konkreten Objekt arbeitende, vorwiegend historisch ausgerichtete Wissenschaft; sie »untersucht vor allem die bauliche und räumliche Erscheinung der Häuser und fragt nach ihrer funktionalen und sozialen Bedeutung«[2].

Schon aus dieser auf knappen Nenner gebrachten Umschreibung von Aufgabe und Ziel der Hausforschung läßt sich erkennen, wie eng sich ihre Aufgabenstellung mit der des Freilichtmuseums als regionalem Sammelpunkt historischer Häuser verbinden läßt. Kein Freilichtmuseum von Bedeutung kommt ohne historische Hausforschung aus; aber auch Hausforschung ist heutzutage kaum mehr ohne die Freilichtmuseen denkbar und machbar.

Diese enge Verknüpfung von Hausforschung und Freilichtmuseum zieht sich von Anfang an durch die Geschichte des Freilichtmuseumswesens[3]. Wohl nicht zufällig sind gerade da schon relativ früh und auf breiter Linie Freilichtmuseen entstanden – wie in Skandinavien, Norddeutschland, Osteuropa –, wo auch die Hausforschung, zuerst im Rahmen ethnographischer bzw. volkskundlicher Unternehmungen, einen festen und allgemein anerkannten Stellenwert besaß. Das zeigt sich etwa deutlich im bis vor nicht allzu langer Zeit geltenden »Nord-Süd-Gefälle« innerhalb Mitteleuropas. Frühzeitig erregte das niederdeutsche Hallenhaus das Interesse der Forscher, kaum eine Hausform wurde schon im vorigen Jahrhundert mit so viel Intensität auf ihre Bedeutung und Ursprünge hin untersucht. Daß dabei ein gewisser nationaler, um nicht zu sagen chauvinistischer Effekt die Forschung zusätzlich antrieb, soll nicht verschwiegen werden; das niederdeutsche Hallenhaus galt unter dem Begriff »Niedersachsenhaus« oder gar »Altsachsenhaus« als die Verkörperung des germanischen Hauses schlechthin, dessen Kontinuität bis in die germanischen Zeiten um 1900 kaum angezweifelt, nach 1930 fast schon wie bewiesen schien. Wie auch immer, diese starke, fast emotionale Bedeutung, die dem bäuerlichen Haus in Niederdeutschland allgemein zukam, die ihm auch mit Hilfe der Forschung gleichsam Identifikationswert verlieh, es zum regionalen Symbol werden ließ, hat letztlich wohl entscheidenden Anteil daran, daß gerade in Norddeutschland schon vor dem 1. Weltkrieg die ersten Gründungen von Freilichtmuseen einsetzen, die dann im Museumsdorf Cloppenburg, (gegründet 1934, jetzt niedersächsisches Freilichtmuseum) gipfeln. So konnten schon 1942 in einer Zusammenstellung norddeutscher »Bauernhofmuseen« über 20 Museen aufgeführt werden[4], die meisten freilich nur aus einem Hof bestehend, so wie sie nach dem 2. Weltkrieg auch in Süddeutschland den eigentlichen Freilichtmuseen vorausgingen. Aktive Forschung und Aufbau von (bäuerlichen) Freilichtmuseen gingen hier in Norddeutschland eine enge Verbindung ein. Das gleiche forderte Oskar Brenner schon 1906 vergeblich für Süddeutschland, genauer für Bayern, angesichts der Erfolge der skandinavischen Freilichtmuseen[5]. Wohlgemerkt: Freilichtmuseen sollten Anschauungsobjekte der nationalen (teil-nationalen) Architektur umfassen, für Forschung, Lehre und – auch dieser Aspekt ist für frühe Hausforschung wie Freilichtmuseen bezeichnend – als Vorbild für die zeitgenössische Architektur; Tourismus und Folklore werden noch kaum als Movens gesehen.

Auch nach dem 2. Weltkrieg bleibt die norddeutsche Hausforschung für ganz Mitteleuropa führend: Namen wie Gustav Wolf, Gerhard Eitzen, Josef Schepers, Karl Baumgarten können hier nur die Breite der Forschung andeuten, die nun endgültig von nationalen Impetus hin zu konkreten, einzelnen Bauuntersuchungen gelangt, bei der die historischen Schichten der Bauten freigelegt und eingeordnet werden, wofür sich im Holzbau der Begriff Gefügeforschung[6] eingebürgert hat. Und es ist gerade Norddeutschland, das um 1960 mit einer breiten Welle von neugegründeten, großzügig konzipierten Freilichtmuseen beginnt: etwa Kommern 1958, Detmold, Hagen und Kiel 1960[7]. Es versteht sich fast von selbst, daß bei den Initiatoren, späteren Museumsleitern und Museumsmitarbeitern wieder die Namen anerkannter Hausforscher auftauchen, wie Josef Schepers, Gerhard Eitzen und Adelhart Zippelius.

Bis um 1970 kann sich Süddeutschland – Bayern, Baden-Württemberg, Hessen, Rheinland-Pfalz – weder an Intensität der Forschung noch an der Zahl der Bauernhof- oder gar Freilichtmuseen (von der Zahl der im Museum aufgebauten Objekte ganz abgesehen) mit den norddeutschen Gebieten messen. Sicher, es gibt Ausnahmen wie Hermann Schilli, der, ebenfalls zunächst mehr Hausforscher[8], seine wissenschaftlichen Erkenntnisse schließlich im Schwarzwälder Freilichtmuseum Vogtsbauernhof umsetzen kann, das als eines der wenigen in Süddeutschland schon in den 60er Jahren von Bedeutung ist.

Erst nach 1970 werden die Rahmenbedingungen für die – auch hier schon seit Jahrzehnten geforderten – Freilichtmuseen günstiger. Umgekehrt aber als in Norddeutschland (und dem Ausnahmefall Schwarzwald), wo zumeist intensive regionale Hausforschung die Ausgangsbasis für den Aufbau eines Freilichtmuseums bildete, müssen die nun in rascher Folge gegründeten Freilichtmuseen Süddeutschlands (1972 Glentleiten, 1973 Sobernheim, 1974 Hessenpark, 1977 Bad Windsheim, 1978 Wackershofen) vielfach fast beim Punkt Null, was die Forschung betrifft, beginnen. Dafür wird nun durch die Freilichtmuseen selbst erstmals ganz zwangsläufig intensive, bisher hier kaum gekannte Hausforschung in Gang gesetzt. Damit stehen die Museen aber unter doppelter Belastung: aufbauen, zugleich forschen.

Es ist wohl nicht zufällig, daß der deutlich spürbare Aufschwung in Sachen Freilichtmuseen und die vielleicht noch fulminantere Entwicklung der historischen Hausforschung im letzten Jahrzehnt zeitlich zusammenfallen. Neben der direkten und unmittelbaren Verknüpfung von Freilichtmuseum und Hausforschung ist dies vor allem auf eine ganz andere gesellschaftliche Einschätzung der überlieferten Bausubstanz gegenüber zurückzuführen. Das Gefühl des Untergangs einer einstigen Kultur, den wir im Zuge der Museumsarbeit ja tagtäglich schmerzhaft miterleben (sonst bräuchte es andererseits das Museum ja nicht) und des so drohenden Verlustes hat ja auch der Denkmalpflege »Rückenwind« gegeben. Denn auch sie nimmt sich nun nicht nur gelegentlich den einfacheren Bauten in der Stadt und auf dem Land an, einem im Unterschied zu herrschaftlichen und kirchlichen Bauten rapide abnehmenden Denkmälerbestand, der nun wenigstens ausschnittweise z. T. ähnlich aufwendig untersucht und damit der kunsthistorisch ausgerichteten Bauforschung erschlossen wird[9]. Zwangsläufig bekommt damit die Qualität – aber auch die Quantität – der Baudokumentation im Rahmen der Hausforschung einen anderen, höheren Stellenwert als früher, als man Baudokumentation meist (ungeprüft) Architekten bzw. Architekturschülern überließ, während sie sich nun stärker archäologischen Grabungsdokumentationen nähern, damit personell wesentlich aufwendiger werden.

Jedenfalls hat sich durch die Erfordernisse von Denkmalpflege und Freilichtmuseum auch der Charakter der Hausforschung in den letzten beiden Jahrzehnten stark verändert. Die schon durch die Gefügeforschung eingeleitete stärkere Hinwendung auf das einzelne Objekt, auf seine geschichtliche Durchdringung (Aufschlüsselung von Bauphasen und damit zusammenhängend Datierungsfragen) hat sich weiter verstärkt und bildet inzwischen den Schwerpunkt der Forschungsarbeit.

Allgemein gesehen hat dieser intensivere (bau-)historisch ausgerichtete Aspekt deutlicher die an sich selbstverständliche Tatsache bewußt gemacht, daß Um-, An- und Ausbauten ein entscheidendes Merkmal des (alten) Bauwesens sind und genauso wichtig wie der Neubau für die Forschung sind[10]. Damit wird natürlich auch der »reine Haustyp« noch mehr als manchmal zwar hilfreiches, aber kaum je vorhandenes »Konstrukt« der Hausforschung deutlich. Damit zusammenhängend hat sich außerdem gezeigt, daß unsere bäuerlichen und bürgerlichen Wohnhäuser im Kern – hinter Um- und Anbauten versteckt – häufig älter sind, als man von außen her meinte. Das hat natürlich auch eine Bedeutung für den Museumsaufbau, der nun weniger als früher idealtypisch ausgerichtet ist und auch spätere Verbindungen berücksichtigt.

In zwei Punkten hat sich in der Hausforschung in den letzten beiden Jahrzehnten besonders viel getan, sind laufend neue Einzelerkenntnisse, manchmal sich fast überstürzende neue Funde gemacht worden: in der Datierung mittelalterlicher Bauten mit Hilfe der Dendrochronologie und in der Untersuchung der »Oberfläche«, von Farbe und Putz. Die Dendrochronologie, die erstmals in den 60er Jahren für die Hausforschung nutzbar gemacht wurde, aber erst nach 1970 auf breiterer Basis angewandt wurde[11], hat eine Fülle mittelalterlicher und frühneuzeitlicher Bausubstanz geoffenbart, die früher kaum für möglich gehalten wurde[12]. In vorbildlicher Zusammenarbeit mit den Holzbiologen ist es inzwischen gelungen, für fast alle Regionen und Holzarten Standardkurven zu erarbeiten, so daß eine Datierung der meisten Objekte möglich erscheint – und damit auch der für das Freilichtmuseum so wichtigen einfacheren Bauten auf die historische Abfolge der stilistisch zeitlich einzuordnenden Merkmale[13]. Die Dendrochronologie ist aus der Hausforschung, aber auch aus der Arbeit des Freilichtmuseums, nicht mehr wegzudenken.

Eine andere, ebenfalls baugeschichtlich nutzbare Methode, die Putz- und Farbuntersuchung, ist noch später ins Blickfeld der Hausforschung getreten, denn eigentlich wird systematisch erst seit 1980 auch bei einfacheren Bauten auf die historische Abfolge der »Farbigkeit« außen wie innen geachtet, von herausragenden und offenliegenden Beispielen, die schon früher die Aufmerksamkeit der Forschung erregten, einmal abgesehen. Inzwischen ist zumindest im Freilichtmuseum eine begleitende restauratorische Untersuchung selbstverständlich, wie sie vor nur wenigen Jahren nur für hochschichtliche Bauten im Rahmen von Bauforschung und Denkmalpflege gefordert wurde. Dabei ergeben sich durch die Beobachtung von Farbschichten und Putzarten nicht nur technologische Erkenntnisse zum historischen Bauwesen, sondern durchaus auch Aufschlüsse über Baugeschichte, Baunutzung und das ästhetische Empfinden der Bewohner[14].

Gerade dieses letztere Beispiel zeigt, wie aufwendig – personell und finanziell gesehen –, aber auch wie detailbesessen inzwischen Hausforschung betrieben wird. Jetzt zieht nicht mehr der »Einzelforscher«, allein auf weiter Flur, sich Notizen machend und zeichnend oder fotografierend durch Stadt und Dörfer, sondern es ist schon fast ein Stab von Spezialisten, vom aufmessenden, besonders ausgebildeten Architekten über den Restaurator bis hin zum Dendrochronologen. Hausforschung dieser Art bedarf zwangsläufig der festeren Institutionalisierung – und hier bieten sich die Freilichtmuseen geradezu an. Sie benötigen unumstritten einerseits möglichst genaue Untersuchungen der Objekte, die abgebaut und im Museum wieder aufgebaut werden sollen, sowie von weiteren Vergleichsbeispielen; andererseits sind sie bei entsprechender politischer Unterstützung in der Lage, die finanziellen und personellen Voraussetzungen für eine oben angedeutete breitere Basis, über die direkten Museumsbelange hinaus, zu schaffen. Hausforschung kann sich eben nicht mehr nur auf »ehrenamtliche« Mitarbeiter verlassen, die auch immer weniger bereit stehen. So gesehen, braucht nicht nur das Freilichtmuseum die Hausforschung, sondern die Hausforschung braucht das Freilichtmuseum – nicht so sehr wegen der »Anschauungsobjekte« über historischen Hausbau, die im Museum entstehen, sondern wegen der hauskundlichen Möglichkeiten, die sich durch das Freilichtmuseum ergeben. Das gilt nicht nur im materiellen Sinn der personellen und finanziellen Basis, sondern mehr noch von den möglichen Erkenntnissen her. Denn erst durch den (sorgfältigen) Abbau eines Hauses wird ja der Blick auf alle Details des Baues möglich, werden alle noch erhaltenen Merkmale der verschiedensten Zeiten offengelegt – eine Chance, die Geschichte eines einzelnen Hauses bis ins letzte »ausloten« zu können, wie sie selbst bei denkmalpflegerischen Instandsetzungen nur sehr selten gegeben ist[15].

In dieser deutlich aufs Einzelobjekt ausgerichteten Forschungsarbeit am Freilichtmuseum besteht aber auch die Gefahr der Vereinzelung der Forschungsergebnisse, der fehlenden Zusammenschau. Übergreifende Fragestellungen – seien sie zeit- oder raumgebunden bzw. erkenntnistheoretisch ausgerichtet – und kreative Arbeitshypothesen geraten in den Hintergrund, sind aber für eine lebendige Forschung unablässig. Hausforschung darf nicht nur zu einer rein pragmatischen Hilfswissenschaft für Freilichtmuseen absinken, sondern muß den Blick auf auch darüber hinausgehende Erkenntnisziele und Probleme bewahren.

Die wissenschaftlichen Aufgaben und Ansprüche, die an die Hausforschung nicht zuletzt von den Freilichtmuseen gestellt werden – wir haben hier bisher ja nur Teilaspekte behandelt und etwa die archivalische sowie die empirische Wohnforschung ganz beiseite gelassen – sind in den letzten Jahren immer mehr gewachsen, selten aber erfüllt worden. Letztlich wird wohl jedes Freilichtmuseum, wenn es seine Aufgabe ernst nimmt und (wie wohl meist) nicht bereits an erarbeiteten Forschungsergebnissen oder anderen Forschungsunternehmungen partizipieren kann, selbst die Forschung in die Hand nehmen müssen. Am Freilichtmuseum kann auch wie kaum woanders die theoretische und praktische Ausbildung von »Hausforschern« in Zusammenarbeit mit den Universitäten erfolgen. Dazu ist eine intensivere Zusammenarbeit als bisher nötig, sind Forschungsarbeiten und -aufträge auch an Freilichtmuseen einzurichten: »Das Freilichtmuseum ist für seinen Aufgabenbereich ein Forschungszentrum«[16] – und welcher Aufgabenbereich liegt einem Freilichtmuseum näher als die Hausforschung?

Anmerkungen und Literatur

[1] Zur Hausforschung allgemein: Vgl. Konrad Bedal, Historische Hausforschung. Eine Einführung in Arbeitsweise, Begriffe und Literatur, Münster 1978, ²1982, mit weiter führenden Literaturangaben.

[2] Konrad Bedal, wie Anm. 1, S. 1.

[3] Vgl. allgemein Adelhart Zippelius, Handbuch der europäischen Freilichtmuseen, Köln 1974, bes. S. 9–30, 60–62; dgl. Freilichtmuseen, HB-Bildatlas, 1982.

[4] Albert Schröder, Bauernhaus-Museum in Niederdeutschland, Hildesheim 1942.

[5] Oskar Brenner, Reine und angewandte Volkskunde in: Mitteilungen und Umfragen zur Bayerischen Volkskunde 10, 1904, Nr. 2, S. 3.

[6] Vgl. dazu Konrad Bedal, wie Anm. 1, S. 10 mit weiteren Literaturhinweisen.

[7] Vgl. Adelhart Zippelius, wie Anm. 3, S. 60–82.

[8] Zu Hermann Schilli als Hausforscher vgl. u. a. den Nachruf von Josef Schepers in: Jahrbuch für Hausforschung 32, 1982, S. 391–93.

[9] Gert Thomas Mader, Angewandte Bauforschung als Planungshilfe bei der Denkmalinstandsetzung in: Erfassung und Dokumentieren im Denkmalschutz (Schriftenreihe d. deutsch. Nationalkomitees für Denkmalschutz, 16, 19?2, 37–53).

[10] Konrad Bedal, Umbau, Ausbau, Neubau – Bedürfniswandel

und Anpassung im »Umgang« mit Häusern, in: Konrad Köstlin (Hrsg.), Umgang mit Sachen. Zur Kulturgeschichte des Dinggebrauchs. 23. Deutscher Volkskunde-Kongreß in Regensburg, Regensburg 1983, S. 49–61.

[11] Vgl. dazu Konrad Bedal, wie Anm. 1, S. 22–25 mit weiteren Literaturangaben.

[12] Vgl. dazu die Beiträge in: Hausbau im Mittelalter. Jahrbuch für Hausforschung 33, 1983.

[13] Im Fränkischen Freilandmuseum Bad Windsheim wurden bisher alle Gebäude – soweit nicht inschriftlich einwandfrei datierbar – dendrochronologisch untersucht. Vgl. dazu: Häuser aus Franken, Museumsführer Fränkisches Freilandmuseum, München und Bad Windsheim 1982.

[14] Über diese Thematik wurde 1983 ein Symposion im Fränkischen Freilandmuseum Bad Windsheim veranstaltet, dessen Referate unter dem Titel »Das farbige Haus« z. Z. in Druck sind.

[15] Vgl. dazu die Beiträge in: Freilichtmuseum und Hausforschung, Symposion 1981 im Fränkischen Freilandmuseum Bad Windsheim, Hrsg. von Konrad Bedal und Kilian Kreilinger, Bad Windsheim 1982; außerdem schon Konrad Bedal, Aufgaben historischer Hausforschung in: Günther Wiegelmann (Hrsg.) Geschichte der Alltagskultur, Münster 1980, S. 127–137.

[16] Lenz Kriß-Rettenbeck, Gesichtspunkte und Grundsätze für Freilichtmuseen, in: Freilichtmuseum und Hausforschung, s. Anm. 15, S. 13.

Christoph Borcherdt
Freilichtmuseen und Geographie

Im Rahmen der Grundlagenforschung, die vom Landkreis Tuttlingen zur Erarbeitung einer wissenschaftlichen Interpretation der gegenständlichen Darbietungen im Freilichtmuseum Neuhausen ob Eck und zur Darstellung der Verbindungen mit dem räumlichen Muster der Siedlungs- und Wirtschaftsstruktur in Gang gesetzt worden ist, fällt es dem Geographen zu, einen thematisch weitgespannten Bogen an raumstrukturellen Hintergrundinformationen aufzuzeigen. Dieses Unternehmen hat erst vor relativ kurzer Zeit begonnen, es steckt also gewissermaßen noch »in den Kinderschuhen«, und so ist es fast vermessen, ohne ein solides Fundament an ausgearbeiteten Ergebnissen und ohne die sichere Gewißheit, daß sich das angekurbelte Forschungsvorhaben auch so entwickelt, wie man es programmiert hat, schon heute mit einem fachspezifischen Grundsatzbeitrag aufzuwarten. Aber die Redaktion hat ihre Termine, und dem Verfasser dieser Zeilen wurde angeraten, die eigenen Skrupel zu überwinden und eben das Programm zu skizzieren, das er zusammen mit seinen Mitarbeitern am Geographischen Institut der Universität Stuttgart zur Ausführung bringen möchte.

Was verbindet der Geograph mit einem Freilichtmuseum? Standortfragen? Einzugsgebiete? Diese Fragen mußten wir uns – als die erste Voranfrage kam, ob wir mitarbeiten wollen – zunächst selbst beantworten. Für den Fachfremden, den wenig oder gar nichts mit der Geographie verbindet, sollten zu seiner Information hier wohl zweckmäßigerweise ein paar Vorbemerkungen über diese Wissenschaft eingefügt werden.

Die Geographie befaßt sich mit »Erd-Räumen« aller nur erdenklicher Größenordnungen, vom Gefüge innerhalb eines Dorfes oder einer Stadt bis hin zu den Kontinenten und zur Erde als ganzes. Sie analysiert und interpretiert das Zusammenwirken von naturräumlichen und kulturräumlichen Gestaltungselementen und Kräften unter ganz unterschiedlichen Fragestellungen und Zielsetzungen. Im Rahmen der Landeskunde Baden-Württembergs liegt ihr Aufgabenfeld vornehmlich in der Darstellung und Erklärung von Gesetzmäßigkeiten und individuellen Besonderheiten in den Strukturmustern der einzelnen Landschaftsräume sowie der sich darin abspielenden Wandlungen und Funktionsveränderungen auf den Gebieten von Bevölkerung, Siedlung und Wirtschaft oder der ökologischen Zusammenhänge. In ihrer Breitenwirkung will die Geographie Verständnis wecken zunächst einmal für das Sehen und Erkennen aller eine Landschaft prägenden Charakteristika, zum anderen will sie die Fähigkeiten vermitteln, diese Charakteristika wenigstens in ihren elementarsten Zusammenhängen zu begreifen. Dazu gehören nicht nur die in der »Landschaft« sichtbaren gegenständlichen Sachverhalte, sondern auch die funktionalen räumlichen »Interaktionen« (Pendelwanderung, Gütertransporte, Energieversorgung, Kommunikationsnetze, Einkaufsbeziehungen, Verwertung und Vermarktung landwirtschaftlicher Erzeugnisse u.a.m.), oder auch jene Bestandteile feinmaschiger Strukturen, die man nicht gleich auf Anhieb im Bild einer Landschaft erkennen kann, z.B. kleinräumige Unterschiede im Geländeklima, Mengen abfließenden Wassers, Wasserqualität, Bodengüten, die Größen der landwirtschaftlichen Betriebe, Typen gewerblicher Betriebe, Altersaufbau, Sozial- und Erwerbsstruktur einer Bevölkerung, Privatheit und Öffentlichkeit des Lebensraumes, historische Vorprägungen einer Raumstruktur und vieles andere mehr. Es ist ein weitgespannter Bogen möglicher, örtlich aber immer wieder anderer Kombinationen der Einzelfaktoren.

In ihren speziellen Forschungen sind die Themen der Geographie enger zugeschnitten und auf sehr konkrete Fragestellungen ausgerichtet. Hauptsächliches Anliegen der Geographie ist es dabei, Erkenntnisse vor allem über sich abspielende Veränderungen in Hinblick auf künftige Entwicklung zu vermitteln. Was wir im Augenblick in einem Landschaftsraum sehen und erfassen, ist immer nur das Gegenwartsstadium einer ständigen Veränderung. So weit die kurze Vorbemerkung über einige wesentliche – natürlich bei weitem nicht alle – Themenstellungen und Ziele der Geographie.

Hier jetzt im konkreten Fall der Grundlagenforschung für das Freilichtmuseum Neuhausen ob Eck kommt es dem Geographen zunächst einmal zu, mit Hilfe einer kartographischen Darstellung ein Bild von der räumlichen Verteilung der verschiedenen Siedlungsformen und Siedlungstypen in der Zeit des ausgehenden 19. Jahrhunderts – sagen wir um 1880, was später noch zu begründen sein wird – zu entwerfen. Als Siedlungsformen sind hier zu verstehen: Einzelhof, Weiler, Dorf, Waldarbeitersiedlung, Fabrik mit Arbeitersiedlung, Mühle, Eisenhütte, Hammerwerk, Marktflecken, Kleinstadt usw. Aus den in Archiven lagernden Meßtischblättern 1 : 25 000 aus jener Zeit lassen sich solche Siedlungsformen in ihrer damaligen Größenaus-

Die Frage nach dem Zeitraum, auf welchen sich die geographischen Rahmeninformationen beziehen sollen, läßt sich jedenfalls nicht vorrangig aus den Bauten des Freilichtmuseums beantworten. Es wird sich aber die Verbreitungskarte der früheren Siedlungsformen oder Siedlungstypen – sofern die Kartensymbole nicht Gründungszeiten oder Entwicklungsphasen, also die zeitliche Dimension als solche wiedergeben sollen – auf eine enggefaßte Zeitspanne beziehen müssen. Die Wahl dieser Zeitspanne ist in erster Linie davon abhängig, für welche Jahre so viel auswertbares Material zur Verfügung steht, daß sich aus dem Zusammenfügen verschiedener Quellen ein möglichst anschauliches Bild der früheren Siedlungsstruktur ergibt. Das ist in unserem Falle für die Zeit um 1880 möglich, weil sich für diese Zeit die Ortsgrundrisse aus alten topographischen Karten gewinnen lassen. Damit ist zunächst einmal die Verbreitung der verschiedenen Siedlungsformen für diesen Zeitpunkt kartographisch darstellbar. Nachdem die Karten auch Angaben über die Funktion bzw. den amtlichen Status mancher Siedlungen enthalten, käme man auch dem Wunsch nach einer Erfassung der komplexeren früheren Siedlungstypen schon näher. Topographisch-statistische Beschreibungen, in welchen auf jedes kleine Dorf Bezug genommen wird, sind für die Zeit um 1880 allerdings nur für Württemberg vorhanden, für Baden gibt es nur sehr lückenhaftes Material. Es bietet sich aber ein durchaus denkbarer früherer zeitlicher Querschnitt um 1840 an, weil aus dieser Zeit für beide Länder kurze Ortskennzeichnungen vorliegen. Vorteilhafter wäre dennoch die Zeit um 1880, denn für 1880 gibt es eben auch die gemeindeweisen Daten aus der Volkszählung. Beim gegenwärtigen Stand unserer Untersuchungen läßt sich noch nicht sagen, welcher Zeitabschnitt sich für die Verwirklichung der uns vorschwebenden Siedlungstypisierung besser eignet. Bezüglich der Hohenzollerischen Lande besteht in jedem Fall der Nachteil, daß vergleichbare Daten zur Kennzeichnung der einzelnen Ortschaften nicht vorhanden sind.

Eine Siedlungstypisierung für die Zeit um 1880 hätte den großen Vorteil, daß die größeren Veränderungen auf dem Gebiet der Bevölkerungs- und Wirtschaftsstruktur erst gegen Ende des 19. Jahrhunderts erfolgten, während das beginnende Eisenbahnzeitalter – von einigen ortsgebundenen Veränderungen abgesehen – in den ersten Jahrzehnten noch keinen nennenswerten Wandel ausgelöst hat. Für die folgende Zeit aber stehen uns recht brauchbare Daten aus verschiedenen statistischen Erhebungen zur Verfügung, mit denen sich Veränderungen auf den Gebieten der landwirtschaftlichen Betriebsgrößenstruktur, der landwirtschaftlichen Bodennutzung sowie der Viehhaltung gemeindeweise nachweisen lassen.

Es sind diese gemeindeweisen Daten aus verschiedenen Zähljahren zwischen 1880 und 1980 zwar zum großen Teil nicht veröffentlicht, von uns aber schon – dank großzügiger Unterstützung durch die Robert-Bosch-Stiftung – im Rahmen anderer historisch-geographischer Untersuchungen verwendet worden. Es kann daher gesagt werden, daß sich einige brauchbare Kartenserien für das Einzugsgebiet des Freilichtmuseums Neuhausen ob Eck entwickeln lassen, mit deren Hilfe sich die Veränderungen in der Bevölkerungsstruktur und der landwirtschaftlichen Betriebsgrößenverhältnisse, ferner die Wandlungen auf dem Gebiet der Bodennutzung und die Veränderungen der Viehbestände gemeindeweise darstellen lassen.

Uns erscheint gerade die Dokumentation der Veränderungen bis hin zur Gegenwart wichtig, um damit raum-zeitliche Verbindungen zwischen den Einzelbestandteilen des Freilichtmuseums, den Strukturen und Wandlungen im Umkreis des Museumsstandortes und dem gegenwärtigen Wahrnehmungsbereich des Museumsbesuchers herstellen zu können. Mit einigen Kartenserien zu Bevölkerung und Wirtschaft sollte das möglich sein.

Nun sollen ja die Strukturen und die Veränderungen nicht nur dokumentiert, sondern zumindest in ihren wesentlichen Grundzügen auch interpretiert werden. Dies wird dergestalt erfolgen, daß wir z.B. die naturräumlichen Unterschiede innerhalb des Museums-Einzugsgebietes oder lokale Besonderheiten der naturräumlichen Ausstattung daraufhin überprüfen, wie weit sich hieraus Erklärungsansätze für Gegensätze in der Verbreitung der verschiedenen Siedlungstypen, in der landwirtschaftlichen Betriebsgrößenstruktur, in der Bodennutzung oder in der Viehhaltung, in der Gruppierung von Gewerben oder im Auftreten von Verarbeitungsbetrieben heimischer Rohstoffe ergeben. Bei den Siedlungen ist beispielsweise zu erkennen, daß allein schon Besonderheiten des Reliefs – ein schmales Tal, eine Terrassenkante, Quellaustritte, Hochwassergefährdung usw. – den Ortsgrundriß sowie die Richtung jüngerer Ausbautätigkeit bestimmt haben. Daß Mühlen einst an Bachläufen lagen, versteht sich wohl von selbst. Aber die Kapazität solcher Gewerbe, die Zahl der Mahlgänge oder der Sägegatter war abhängig von den jahreszeitlich bedingten Schwankungen der Wasserführung. Auf den Hochflächen der Alb hingen Bevölkerungszahl und Viehbestand in den Dörfern davon ab, wieviel Wasser die Brunnen oder notfalls auch die Zisternen ergaben.

Von den klimatischen Gegebenheiten, vor allem von der Dauer der Vegetationsperiode und von der jahreszeitlichen Verteilung der Niederschläge sowie von der Periodizität des Auftretens extremer Witterungsverhältnisse hing ab, welche Feldfrüchte sich mit Erfolg anbauen ließen und für wieviel Rinder und Schafe der Grasertrag der Wiesen und Weiden ausreichend war.

Den regionalen Strukturunterschieden, die sich aus der Verschiedenheit der naturräumlichen Ausstattung erklären lassen – wobei sich in unserem Untersuchungsgebiet vor allem die flachen Gäulandschaften und die Mittelgebirgslagen von Schwäbischer Alb und Schwarzwald gegenüberstehen – müssen in einem weiteren Arbeitsschritt darauf überprüft werden, ob und inwieweit sich andere Einflußfaktoren als viel gewichtiger erwiesen haben. Dabei handelt es sich etwa um Nachwirkungen der früheren territorialen Zersplitterung, die in verschiedener Hinsicht die weitere Entwicklung von Dörfern und Städten beeinflußt haben könnte. Sichtbare Merkmale grundherrschaftlicher Präsenz bildeten die oft auch heute noch erhaltenen Herrensitze, Schlösser oder Klöster. Wenn sich mit ihnen auch die Existenz bestimmter Handwerke oder anderer herrschaftsabhängiger Berufe verbunden hatte, so konnten sich daraus Konsequenzen für den weiteren Werdegang und für die heutige Struktur solcher Siedlungen ergeben, man muß das im einzelnen überprüfen. Von den Grundherrschaften waren einst die räumliche Verteilung der Konfessionen und vor allem auch der unterschiedlichen Formen der Vererbung landwirtschaftlicher Anwesen abhängig. Am offensichtlichsten sind bis in die Gegenwart die Unterschiede in den Betriebsgrößenverhältnissen zwischen den Gebieten mit geschlossener Vererbung (Anerbenrecht) und den Gegenden mit Freiteilbarkeit (Realerbteilung). In dieser Beziehung gilt es nicht nur, die Gegensätze in der Betriebsgrößenstruktur in Kartenbildern zum Ausdruck zu bringen, sondern auch die Auswirkungen auf Bodennutzung und Viehhaltung und die jeweils andersartigen Reaktionen auf die Einflüsse der Industrialisierung aufzuzeigen.

Alles in allem ist hier der Interpret des raumstrukturellen Wandels gezwungen, sich mit einer sehr weitgespannten Thematik zu befassen, wobei sich vermutlich viele lokale Einzelheiten der Einordnung in einen übergeordneten Rahmen entziehen dürften. Den Geographen werden mit Sicherheit bei seinen Bemühungen um eine möglichst vielseitige Betrachtungsweise Gewissensbisse plagen, weil er vor dem Dilemma steht, gar nicht alle örtlichen Besonderheiten innerhalb eines großen Untersuchungsgebietes erfassen und genügend würdigen zu können, und er ohnehin nicht den Weg zur »Ortschronik« nehmen darf, sondern daß er seinem hauptsächlichen Anliegen, nämlich dem Aufzeigen der größeren räumlichen Zusammenhänge und Unterschiede nachgehen muß. Darin liegt seine Aufgabe. Sie wird nicht gerade leicht zu bewältigen sein, denn die an sich wünschenswerten Vorinformationen aus dem 19. Jahrhundert über die vielen Einzelhöfe, Weiler, Dörfer und Kleinstädte sind leider recht lückenhaft.

Karl Rabold
Entwicklungen der Landwirtschaft und ihre Darstellung im Freilandmuseum

Einleitung

Der Titel des Aufsatzes ist sehr allgemein gehalten. Das deutet auf eine breite, allgemeingültige Behandlung des Themas hin. Um gleich am Anfang diese Erwartung zu dämpfen, möchte ich als Bürger von Wackershofen, der Ortschaft, in der gerade das »Hohenloher Freilandmuseum« entsteht, bemerken, daß mir beim Schreiben natürlich »unser« Freilandmuseum vor Augen steht.

Vor etwa zwei Jahren wurde in einem Aufsatz (Rabold, 1981) die Zielsetzung für ein regionales Freilandmuseum diskutiert. Dazu wurden fragmentarisch einige historische Begebenheiten zusammengestellt, die zeigen sollten, daß die vorbildliche Translokation eines erhaltenswürdigen Baues allein nicht Ziel eines Freilandmuseums sein kann. Vielmehr sollte versucht werden, mit der Umsetzung solcher Gebäude zugleich Entwicklungen aufzuzeigen, die sich in landwirtschaftlichen Wohn- und Wirtschaftsgebäuden und in den Abweichungen von deren ursprünglicher Form abzeichnen.

In der vorindustriellen Zeit war die Landwirtschaft der wichtigste Wirtschaftsbereich gewesen und mehr als zwei Drittel aller Menschen lebten und arbeiteten in ihm (Hennig, 1978). Alle Maßnahmen zur Deckung des Bedarfs konzentrierten sich auf die Erzeugung von Nahrungsmitteln; Kleiden und Wohnen, die nächstwichtigen Grundbedürfnisse der Menschen waren der Landwirtschaft nachgeordnet.

Deshalb werden auch in Freilandmuseen überwiegend die Entwicklungen der Landwirtschaft dargestellt. Doch ist es m. E. besonders wichtig, die Zusammenhänge mit dem außerlandwirtschaftlichen Geschehen zu zeigen, weil vom frühen Mittelalter an mit der stetig zunehmenden Arbeitsteilung Handwerk und Handel und mit ihnen die städtische Wirtschaft kontinuierlich wuchsen. Der niedrige Stand der landwirtschaftlichen Produktionstechnik erzwang aber, daß bis in unser Jahrhundert hinein der überwiegende Teil der Menschen mit der Erzeugung von Nahrungsmitteln befaßt war.

Erst jetzt ermöglicht der Einsatz hochentwickelter Produktionstechniken, daß bei uns etwa vier Beschäftigte in der Landwirtschaft Nahrungsmittel für 96 außerlandwirtschaftlich Tätige erzeugen und ganzjährig sicherstellen. Kann man dieses umwälzende Geschehen und die daraus für die Menschen erwachsenen Segnungen aufzeigen, darstellen?

Ganz bestimmt, wenn man – wie oben – davon ausgeht, daß sich die Entwicklungen von Produktionstechniken und deren sozio-ökonomische Einflüsse auf die Gesellschaft in Form und Funktion von Gebäuden manifestieren.

Beispiele im Hohenloher Freilandmuseum

Soeben wurde der Wiederaufbau einer spätmittelalterlichen Scheune in Wackershofen abgeschlossen. Diese Scheune wurde aus Obereppach, Gemeinde Neuenstein, in das Freilandmuseum transloziert. Bedal (1982) bezeichnet sie als das älteste erhaltene landwirtschaftliche Wirtschaftsgebäude im nordwürttembergischen Raum, dessen Erbauung einwandfrei auf die Jahre 1549/1550 datiert werden kann.

Es ist von großem Interesse, die damals für landwirtschaftliche Gebäude verwendete Konstruktion zu studieren, und es gibt gerade bei dieser Scheune Anzeichen dafür, daß für rein ländliche Zweckbauten »veraltete«, aber einfachere und gewohnte Bauweisen gewählt wurden als z. B. für die Wohnhäuser. Die Fachwerkkonstruktion ist »verblattet«, was auf eine Bauzeit um etwa 1500 schließen läßt, denn um die Mitte des 16. Jahrhunderts wurde die Verblattung durch die Verzapfung des Fachwerks abgelöst. Doch die dendrochronologische Untersuchung der Hölzer ergab, daß sie im Jahr 1548/49 geschlagen wurden, was für das von Bedal genannte Baujahr spricht. »Für die reine Zweckorientierung beim Bau dieser Scheune spricht auch die urtümlich erscheinende Verwendung krummgewachsener Hölzer und der manchmal kaum behauene Balken«, so Bedal wörtlich.

Fragmente der landwirtschaftlichen Entwicklung im 16. Jahrhundert

Noch interessanter ist im Zusammenhang des Aufsatzes die Frage, warum der Bauer diese Scheune gebaut hat? Um es vorweg zu nehmen, es gibt keine Chronik, die eine Antwort auf diese Frage liefern könnte. Es mag sein, daß die alte Scheune baufällig war und ersetzt werden mußte. Das ist ein plausibler und simpler Grund für den Neubau. Möglich wäre es aber auch, daß etwa 25 Jahre nach den Bauernkriegen, die ja von dieser Region ausgingen – Wendel Hipler war gräflicher Kanzler in Neuenstein – mit dem Anstieg des Wohlstandes und mit der Verbesserung der Getreidepreise auch auf dem Hof des Bauern in Obereppach größere Wirtschaftsgebäude erforderlich wurden, um die Ernte zu bergen.

Die Getreidepreise stiegen schneller als die Preise für Weinmost. Die Löhne blieben weitgehend gleich oder gingen eher etwas zurück.

Die Bevölkerung nahm zu, und der Wohlstand wuchs. Zeitgenossen berichteten, daß der Anstieg der Agrarpreise auf den steigenden Konsum aller Bevölkerungsschichten zurückgeführt werden kann. Der Fleischverzehr pro Kopf und Jahr lag mit 100 kg deutlich höher als heute und was man seinerzeit unter gutem Essen verstand, vermittelt eine Speisekarte, die im Schloß Neuenstein aufbewahrt ist (Herm, 1980).

Es wurden drei Gänge serviert und dazu ein Nachtisch. Der erste Gang umfaßte: Hühnersuppe, Forelle blau, Kapaun mit Himbeeren, Hirschziemer, Rindfleisch mit Meerrettich, eingemachte Gurken, Dörrfleisch, Wurst mit Kraut.

Darauf folgte ein zweiter, ebenso üppiger Gang mit verschiedenen Braten und ein dritter mit zahlreichen Pasteten, auf deren einzelne Aufzählung verzichtet wird.

Abgeschlossen wurde diese Völlerei mit kandierten Früchten, eingemachten Zitronen, Marmeladen, Marzipan und Mandeltorte, dazu Obst, Trauben, Nüsse und Schmalzgebäck.

Außerdem wurde gereicht: Käse und griechischer Malvasier, rote und weiße Weine aus Franken und vom Rhein.

Der Fernhandel mit Wein und Gewürzen, nicht nur mit Salz, blühte also.

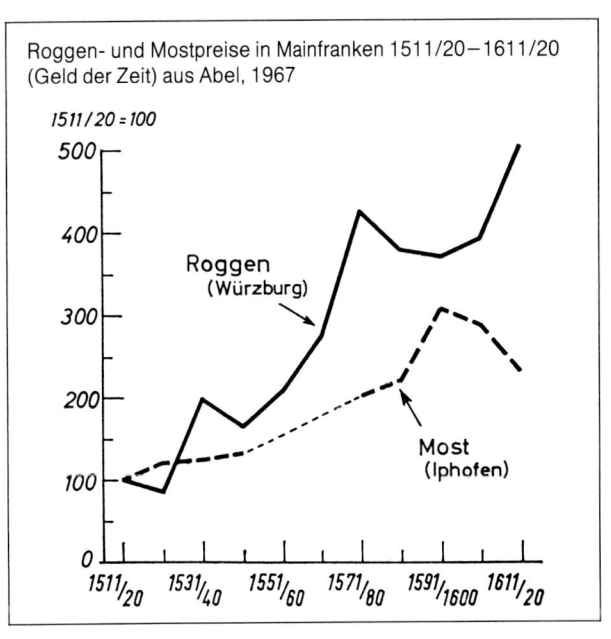

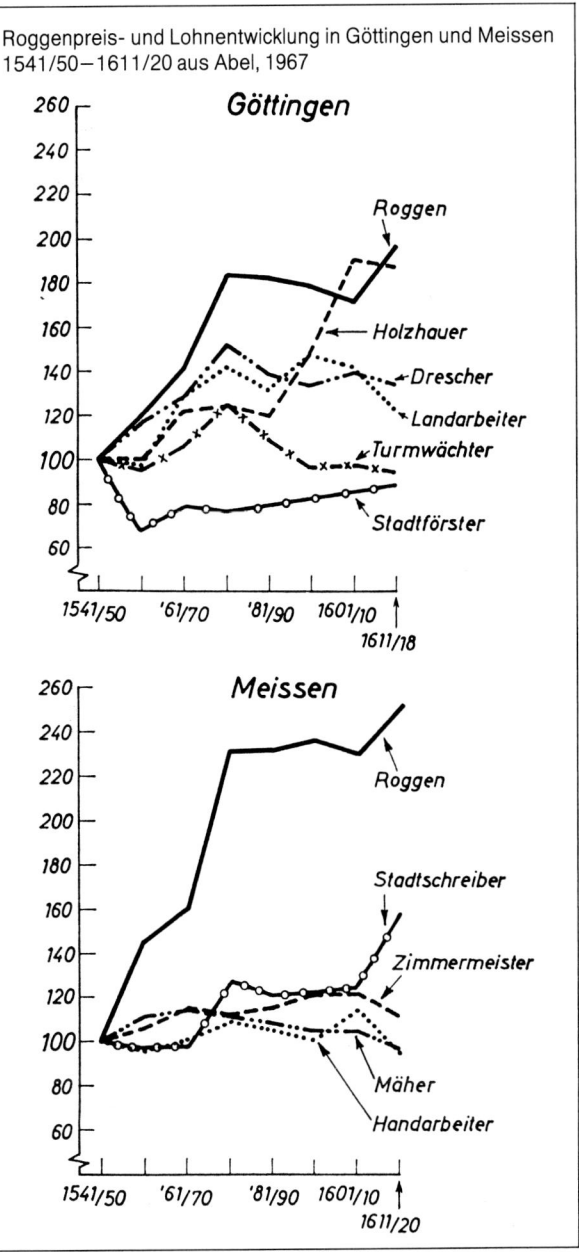

Die Intensivierung der Landwirtschaft und die Ausweitung der Produktion führte sogar dazu, daß nach den Wüstungen im 15. Jahrhundert zur Zeit des Scheunenneubaues auch im Hohenlohischen neue Siedlungen entstanden, z.B. Tannhof, Gemeinde Oberohrn oder Schlothof, Gemeinde Laßbach.

Zu jener Zeit wurden schon viele unterschiedliche Feldfrüchte angebaut:

Von den Hackfrüchten Möhren, Pastinaken, Rettich, Radieschen, Rüben und Kohl. Bei den Rüben wurden drei Sorten unterschieden: Steckrüben, Wasserrüben und gemeine Rüben. Als Handelspflanzen erzeugte man Lein und Hanf, zur Ölgewinnung Raps, Rübsen und Mohn und als Farbpflanzen Krapp, Saflor und Safran. Weiter gab es schon Ackerbohnen, Wicken und Linsen, und neben dem heute noch üblichen Getreide wurde Dinkel in großen Mengen angebaut.

Die intensivere Bodennutzung erforderte reichlicheren Dünger (Abel, 1967), und die zeitgenössische Literatur brachte ganze Listen von Düngemitteln hervor. Ermisch und Wuttke (1910) veröffentlichten ein sächsisches Haushaltungsbuch aus der Zeit um 1570. Dort werden Anleitungen für die Düngung der Äcker gegeben:

»Ochsen-, Kühe-, Ziegen-, Pferde-, Esel-, Schweine- und Schafmist, diese düngen alle das Feld gewaltig, wehren dem Unkraut und machen das Feld rein.«

Danach folgen Empfehlungen für die Ackerbewirtschaftung »... überdies und außerhalb deren Mist seind dies auch gute Mittel, den Ackern zu helfen als da sind Mergel, Gips und Asche«.

An anderer Stelle nennt Heresbach schon 1570 die Lupine zur Gründüngung. Er baute auf seinem Landgut unter anderem Raps, Bohnen, Erbsen und Wicken, die »das Land weit besser hinterlassen, als sie es finden, besonders wenn man sie als Futter grün einbringt und die Reste gleich nach dem Abmähen unterackert«.

Die Felder waren damals schon in vier oder fünf Schläge eingeteilt: Brache mit Düngung, Winterraps, Weizen, Roggen mit Stoppelrüben und Sommergerste.

Es liegen sogar Aufzeichnungen vor, daß die Brache durch Düngung ersetzt wurde, und daß von Bauern Mist zugekauft wurde. Der Weizen brachte das Zehnfache der Aussaat als Ertrag, Gerste das Neunfache. Von einer Kuh wurden 43 kg Butter und 28 kg Käse verkauft, was einer Milchleistung von mindestens 1300 kg pro Laktation entspricht. (An dieser Stelle wäre es auch von großem Interesse, die Entwicklung des Verlagswesens* im späten Mittelalter und seinen weiteren Ausbau im 16. Jahrhundert zu diskutieren. Damit könnte aufgezeigt werden, wie die zunehmend arbeitsteilige Wirtschaft und die Ausdehnung des Handels auch den kleinen Bauern und den unterbäuerlichen Landbewohnern, z.B. bei der Tuchherstellung, einen Nebenerwerb verschaffte. Doch würde auch schon eine bruchstückhafte Behandlung des Stoffes den Rahmen des Aufsatzes sprengen).

---

* Das Verlagswesen faßte die Erzeugung vieler einzelner zu einem größeren Angebot zusammen. Ganz grob und oberflächlich betrachtet, zeigt es Ähnlichkeiten mit der heutigen Vertragsproduktion oder einer horizontal integrierten Produktionsweise.

Folgen des Dreißigjährigen Krieges

Die Entwicklung der Landwirtschaft wurde durch den Dreißigjährigen Krieg unterbrochen. Die verheerenden Folgen reichten bis weit in das 18. Jahrhundert. Riemann (1953) beschreibt die Dörfer des Amtes Eldena bei Greifswald:

Vor dem Kriege gab es in den dreißig Ortschaften 183 Bauernhöfe, 86 unterbäuerliche Stellen (nicht spannfähig) und 3 Gutswirtschaften. Nach wenigen Jahren des Krieges »war von den meisten keine Spur mehr zu finden. Reste von Hecken und Obstbäumen oder Trümmer von Gebäuden deuteten die Lage ehemaliger Dörfer an ... und nur wenige Felder tragen Spuren einstiger Kultur«.

Schon während der ersten fünf Jahre überzog der Krieg weite Teile Deutschlands.

»Die landwirtschaftliche Produktion wurde in den betroffenen Regionen völlig unterbrochen. Die Felder wurden verwüstet, die Ernte weggeschafft oder vernichtet, das Vieh geschlachtet oder weggetrieben.« Der Feind sollte sich im eroberten Landstrich nicht verpflegen können (Hennig, 1978).

Die Bevölkerung hatte ebenfalls unter den Kriegseinflüssen zu leiden. Die Kampfhandlungen, vor allem aber die umherziehenden Söldner und Truppen, vernichteten Gebäude und Produktionsmittel sowie die Vorräte. Obendrein quälten und mordeten sie die Menschen (siehe dazu H. J. C. von Grimmelshausen).

Deshalb lag in weiten Teilen Deutschlands die landwirtschaftliche Produktion völlig darnieder. Die Landbevölkerung suchte Zuflucht in den Städten, die aber nicht immer Schutz bieten konnten. So sollen nach der Eroberung von Augsburg im Jahr 1634 durch die Kaiserlichen 60 000 Menschen getötet worden sein; der größte Teil davon Landbewohner, die in die Stadt geflüchtet waren, vermutlich 40 000.

Die Pestzüge taten ein übriges. 1634 kamen allein in der Stadt Hall von etwa 5000 Einwohnern 1126 um (Keyser, 1962), und 1635 waren es noch einmal 595. In normalen Jahren dagegen starben etwa 80 bis 120 Einwohner. Die Seuchen wurden durch die umherziehenden Truppen und die Flüchtlinge verschleppt (Wunder, 1976). An Gebäudeverlusten zählte man in Honhardt 40%, in Marktlustenau 56%, in Ingersheim 60% und in Altenmünster 75%. Nach Wunder (1976) schrieb der Haller Stadtarzt Morhard 1629 in sein Tagebuch: »Dies Jahr haben fast alle Bauern kein Zins mehr gereicht, weil alles auf Kriegskosten verwendet wurde.«

Auch in der Stadt wanderten silberne und goldene Gefäße in die Hände der Soldaten. Die Substanz der Vermögen schwand. Der Fernhandel mit Salz und Wein kam infolge Kriegseinwirkung völlig zum Erliegen. Die Bevölkerung des Herzogtums Württemberg soll von 1618 = 400 000 Einwohner auf 1648 = 50 000 Einwohner vermindert worden sein (Henning, 1978).

Die Folgen des Dreißigjährigen Krieges waren so verheerend, daß die Pfarrkinder des »Gipsapostels« Mayer aus Kupferzell noch 125 Jahre später davon erzählten. »Die Felder hätten öde gelegen, Dornen und Gesträuch wären bis an die Häuser des Ortes gewachsen... Die Ernte wäre oft schlecht gewesen, daß, wenn man erntete, die Mägde vorausgingen und hätten mit der Sichel die Ähren oben abgeschnitten und sie im Schurz gesammelt... die Bauern und Knechte seien hinten nachgegangen und hätten mit der Grassense das Feld, welches fast nur mit Gras bewachsen gewesen wäre, abgemäht«, so Johann Friedrich Mayer, 1773.

Mit seinem Lehrbuch für Land- und Hauswirte schließt Mayer an die Erfahrungen des späten 16. Jahrhunderts zur Landbewirtschaftung an. Er empfiehlt aber anders als z.B. Heresbach (1570) die ganzjährige Stallhaltung des Viehs als Mittel zur Düngerbeschaffung. Die tiefgreifenden agrartechnischen Veränderungen in der zweiten Hälfte des 18. Jahrhunderts sind bei Rabold (1981) wie folgt zusammengefaßt: ...»Hand in Hand damit wurden die Hutungen abgeschafft. Das Vieh wurde im Stall gefüttert, Dung wurde gesammelt und untergepflügt, was mit Pflügen, die die Scholle wendeten und nicht nur aufbrachen, möglich war. Dieses Pflügen erforderte schwere Zugochsen, die aufgrund besserer Fütterung erstellt werden konnten. Das Wenden der Scholle bedeutete eine nachhaltigere Bekämpfung der Unkräuter und zusammen mit Gipsen und Mergeln erlaubten diese Veränderungen das ›Beblümeln‹ der Brache, also den Kleeanbau als Futterpflanze auf dem seitherigen Brachland.«

Weiter oben wurde gezeigt, daß Ansätze zum »Beblümeln« der Brache schon etwa 200 Jahre früher beschrieben wurden. Infolge des Dreißigjährigen Krieges wurde die Weiterentwicklung der landwirtschaftlichen Produktionstechnik fast zweihundert Jahre unterbrochen, und erst im ausgehenden 18. Jahrhundert erreichten Bürger und Bauern in der Region Nordwürttemberg einen dem des ausgehenden 16. Jahrhundert vergleichbaren oder darüber hinausgehenden Wohlstand.

Diese Entwicklung ist im Hohenloher Bauernhaus nach Pfarrer Mayer manifest geworden. Es verkörpert Reichtum und Wohlstand seiner Bewohner und ist im Haus Frank, im Sanwaldhaus und im Weidnerhof des Freilandmuseums Wackershofen repräsentiert.

Die Entwicklung der Landwirtschaft im 19. Jahrhundert

Nun sollte man sich keinesfalls vorstellen, daß das 18. Jahrhundert eine Zeit des Friedens und der Fortentwicklung insgesamt gewesen wäre. Doch die Auswirkungen des Siebenjährigen Krieges z.B. blieben auf Ostdeutschland begrenzt. Auch später, als die Region Nordwürttemberg in den französischen Revolutionskriegen zwischen 1792 und 1802 direkt betroffen war, blieben die Kriegseinwirkungen weit hinter denen des Dreißigjährigen Krieges zurück. Wunder (1976) schreibt dazu: »Wohl zogen in den Kriegen zwischen Frankreich und dem Kaiser immer wieder Truppen von Ost nach West hindurch, belasteten das Land finanziell und brachten den Dörfern Einquartierung.« Der württembergische Domänerat J. G. Hartmann behauptete 1797: »Die durch den Krieg erhöhten Abgaben könnten leicht getragen werden, und die Steuern überstiegen die Kraft des Grundbesitzers keineswegs.« Aber die Kriegslasten wuchsen, und schlechte Ernten kamen hinzu, so 1809 und 1810 sowie 1812 bis 1817, die zu einer schweren Hungersnot führten.

Die vier Koalitionskriege dauerten praktisch schon ein Menschenalter an (1792 bis 1815). Mehr durch die lange Dauer als durch die Intensität der Verwüstungen beeinflußten sie die gesamte Wirtschaftssituation so nachhaltig, daß verstärkt durch die Hungersnot 1816/17 plötzlich eine schwere Wirtschaftskrise über das damalige Europa hereinbrach.

Preisanstieg war die Folge, und die Reallöhne gingen zurück. Aber nicht darin bestand die eigentliche Krise, sondern in den verhängnisvollen Preiszusammenbrüchen, die hinzukamen.

Weizenpreise in England, Berlin und Danzig 1801–1830 (RM und 100 kg; dreigliedrig gleitende Jahresdurchschnitte) aus Abel, 1967

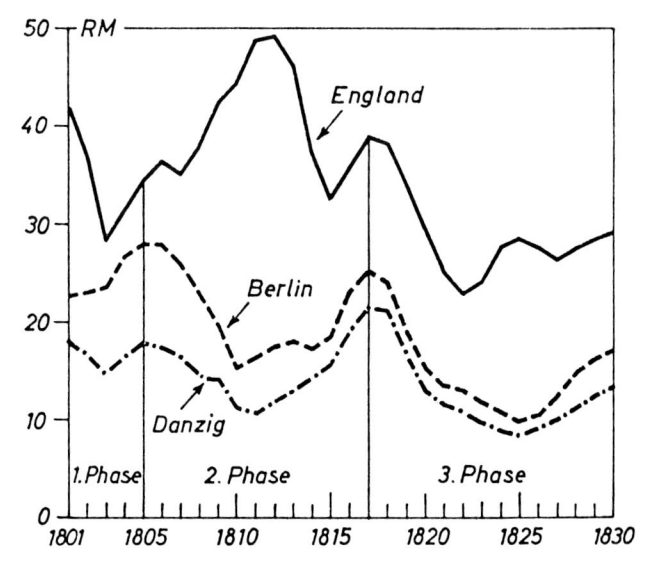

Die Zeiten, da wöchentlich 100 Ochsen aus dem Raum Hohenlohe nach Frankreich getrieben wurden zur Gewinnung des bœuf d'Hohenlohe waren vorbei, als 1812 die Grenzen geschlossen wurden. Die Befreiungskriege tobten. Preiszusammenbrüche, Kriegslasten und Unterbrechung des grenzüberschreitenden Handels hatten schlimme Rückwirkungen auch auf die Landwirtschaft.

Ein Zeitgenosse schilderte die Lage der Bauern in Besigheim um 1826:

»Wohin man blicket nichts als Not und Druck unter unerträglichen Lasten. Nichts als Darben, um den Ansprüchen der Gläubiger und den Forderungen des Staates gerecht zu werden. Selbst der bessere aber kleinere Teil der hiesigen Besitzer, die 20 bis 25 Morgen ihr Eigen nennen, waren vor 10 Jahren noch wohlhabend. ...jetzt ist ihr Vermögen auf ein Drittel herabgesunken.«

Mit dem Übergang an Württemberg ist Hohenlohe in eine wirtschaftliche Randlage abgedrängt worden. Das kam auch im Verhalten der Bauern bei den Wahlen 1848 zum Ausdruck (Mann, 1974). Die Bauern aus den Gebieten Schrozberg, Rot am See, Lendsiedel und im Oberamt Gerabronn waren damals besonders aktiv und erreichten die sofortige Abschaffung der fürstlichen Unterämter in der Region, was auch eine Lastenbefreiung zur Folge hatte.

Genossenschaftliche Selbsthilfe-Organisationen entstanden. In Hall wurde 1836 der landwirtschaftliche Verein gegründet (Ulshöfer, 1976). 1840 folgten die Bezirksvereine. In den 60er und 70er Jahren wurden in der Region Nordwürttemberg allenthalben landwirtschaftliche Kreditinstitute und Sparkassen geschaffen. Ein reges Genossenschaftswesen entstand.

Trotz dieser Bemühungen waren die Bauern häufig den Landhändlern und deren Willkür bei der Abnahme ihrer verderblichen Produkte ausgesetzt. Dutt (1926), der in Kupferzell von 1883 bis 1924 Schultheiß war, schreibt dazu: »Als ich bei meinem täglichen Verkehr mit den Leuten in Kupferzell und der ganzen Umgebung (als Verwaltungsaktuar in sechs Gemeinden) wahrnehmen mußte, wie trostlos in Wirklichkeit es aussah und wie die vom Handel gekauften und nicht abgenommenen Früchte in den Scheunen verdarben, entschloß ich mich, das Wagnis auf mich zu nehmen und mich an die Spitze einer Bewegung für die Gründung und Weiterführung einer Getreideverkaufsgenossenschaft für den oberen Bezirk mit dem Sitz in dem zentral und an der Bahn gelegenen Kupferzell zu stellen.« Die Bewegung war erfolgreich:

Am 27. 12. 1896 wurde die Getreideverkaufsgenossenschaft Kupferzell – die erste in Württemberg – gegründet. 1897 begann man mit dem Bau des ersten Lagerhauses, 1898 wurde es fertiggestellt und in Betrieb genommen.

Dutt berichtet dazu:

». . . Da kam in der Nacht zum 30. 6. 1897 jener furchtbare Hagelschlag, der die weitesten Gegenden verwüstete. Er umfaßte im ganzen einen Schadenstrich von 58 000 ha. Bei keinem früheren Hagelwetter war aber die Zone gänzlicher Verhagelung so groß, wie bei dem jüngsten. Zu den schwerst verhagelten Gemeinden gehörten . . .

Wo tags zuvor noch üppige Früchte standen, die reiche Ernte hoffen ließen, sah man nur noch gelbes Stoppelfeld. Der Hagel hatte alles zerfetzt.«

Nun wurde die Getreide-Verkaufsgenossenschaft zur Einkaufsgenossenschaft. Sie mußte Saatgetreide, Brotgetreide, Futtermittel, Kartoffeln, Mehl usw. beschaffen, wenn sie sich nicht aufgeben wollte.

Ein Jahr später wurde das Getreidelagerhaus dann in Betrieb genommen. Man schätzte, daß jährlich ca. 20 000 Zentner Getreide angeliefert wurden.

»Das Lagerhaus wird, dabei blieb es, automatisch betrieben. Es bekommt ein Fassungsvermögen von 6000 Zentnern und in der Hauptsache neben einigen Schüttböden ein Silosystem mit Elevatoren. Am Einbau der erforderlichen Reinigungsmaschine sowie 1 Schrotgang (Mahlgang) wurde nichts geändert. Ein 8 Ps-Benzinmotor sollte den Betrieb bewirken und *ein einziger Mann* das ganze Lagerhaus bedienen« (Dutt, 1926).

Dieses erste Getreidelagerhaus in Württemberg ist mit seiner Einrichtung in Kupferzell vollständig erhalten. Vom Verein Hohenloher Freilandmuseum e.V. wird angestrebt, dieses Wahrzeichen der Selbsthilfe Hohenloher Bauern einerseits und einer für die Zeit kurz vor der Jahrhundertwende äußerst fortschrittlichen Technisierung andererseits in das Freilandmuseum umzusetzen. Es gibt keine Zweifel daran, daß sich im ersten Getreidelagerhaus Kupferzell ein markanter Abschnitt in der Entwicklung der Landwirtschaft ausdrückt.

Darstellung von Entwicklungen der Landwirtschaft im Freilandmuseum

Im vorhergehenden Kapitel sind bruchstückhaft historische Ereignisse aufgezeigt mit dem Ziel, Verbindungen zwischen den Exponaten im Freilandmuseum herzustellen. Damit solche Verbindungen als Entwicklungslinien zu erkennen sind, müssen für das Freilandmuseum Zwischenglieder gesucht und eingereiht werden. Weiter oben wurde z. B. auf die Entwicklung des Verlagswesens hingewiesen, das mit Tuchherstellung und -handel den Kleinbauern und den unterbäuerlichen Landbewohnern eine Nebeneinnahme bot.

Die Darstellung dieser Zusammenhänge mit der Aufstellung eines Webstuhls in der Stube eines Köbleranwesens, dazu ergänzend Hinweistafeln, könnte so ein Zwischenglied sein. Dazu müßte eine Ausstellung im Bereich des Museums kommen, die die gesamte Entwicklung bis hin zur industriellen Produktion von Stoffen in der Weberei zeigt.

Natürlich wird dabei auch ein Ansatz für die Erforschung der Sozialstruktur im Dorf und für das Zusammenleben von und in Familien geschaffen (Mehl, 1981).

Analog läßt sich die Entwicklung ländlicher Handwerksbetriebe bis zu den Anfängen der Serienproduktion im 19. Jahrhundert demonstrieren, z. B. für Ziegeleien oder für die Holzverarbeitung.

Die Entwicklung des Zimmermannshandwerks ist in den unterschiedlichen Exponaten ebenfalls schon eingefangen, z. B. Verblattung des Fachwerks in der Scheune aus Obereppach, Verzapfung im Pfarrer-Mayer-Haus und Fachwerkkonstruktionen für einen Mühlenbetrieb mit Silolagerung und Elevatoren.

Die Darstellung der Wechselbeziehungen zwischen Fortentwicklung der Landwirtschaft, dem ländlichen Handwerk, dem Landhandel und der Entwicklung des Genossenschaftswesens würde auch auf die Zusammenhänge zwischen Dorf- und Stadtentwicklung eingehen müssen. Hier hin gehört z. B. die Verkehrserschließung mit ihren auch heute noch aktuellen Fragen:

Wie haben z. B. unsere Urgroßväter die Bereitstellung von Grund und Boden für die Realisierung der Bahnverbindung Hall–Heilbronn 1862 gemeistert?

Alle diese nur angedeuteten Entwicklungen sind von den drei herausragenden Exponaten im Hohenloher Freilandmuseum eingeschlossen: der spätmittelalterlichen Scheune aus Obereppach von 1550, den landwirtschaftlichen Anwesen des ausgehenden 18. Jahrhunderts mit Wohnhaus und Wirtschaftsgebäuden nach Pfarrer Mayer (1773) und dem ersten genossenschaftlichen Getreidelagerhaus des Schultheiß Dutt aus Kupferzell von 1897.

Literatur

Abel, W. Geschichte der deutschen Landwirtschaft. Verl. E. Ulmer, Stgt. 2. Aufl. 1967
Bedal, A. Kelter Oberohrn und Scheune Obereppach. Zwei landwirtschaftliche Nebengebäude aus Hohenlohe. Hohenloher Freilandmuseum Mitt. 3, S. 19, 1982
Dutt, W. Studien über die landwirtschaftlichen Verhältnisse und den Getreidehandel in Württemberg. Verl. W. Schlecht, Böblingen, 1926
Ermisch, H. und R. Wuttke »Haushaltung in Vorwerken« in Abel, W., 1967, 1910
Hartmann, I. G. zit. n. Abel, W., 1967, 1797
Heresbach, C. zit. n. Abel, W., 1967, 1570
Haushofer, H. Die deutsche Landwirtschaft im technischen Zeitalter. E. Ulmer Verl. Stgt., 2. Ausg., 1972
Herm, G. Des Reiches Herrlichkeit. C. Bertelsmann Verl. München, 1980
Henning, F. W. Landwirtschaft und ländliche Gesellschaft in Deutschland, Band I 800–1750 UTB, F. Schoningh: Paderborn, München, Wien und Zürich, 1978
Keyser, E. Hrsg. Württembergisches Städtebuch. W. Kohlhammer Verl. Stuttgart 1962
Lütge, F. Deutsche Sozial- und Wirtschaftsgeschichte. Ein Überblick. Springer Verl. Berlin, Heidelberg, New York 1966
Mann, B. Heilbronner Berichte aus der deutschen Nationalversammlung 1848/49 in Arch. d. Stadt Heilbronn Bd. 19, 1974
Mayer, J. F. Lehrbuch für die Land- und Hauswirte . . . Faksimiledruck der 1773 in Nürnberg erschienenen Ausgabe. Schwäbisch Hall 1980, 1773
Mehl, H. Bauernhausforschung in Hohenlohe; Fragenstellung und erste Ergebnisse. Hohenl. Freil. Museum, Mitt. 2, 17, 1981
Rabold, K. Zur Frage nach der Zielsetzung für das Hohenloher Freilandmuseum Wackershofen in Schwäbisch Hall. H'loher Freilandmuseum Mitt. 2, 4, 1981
Riemann, F. K. Ackerbau und Viehhaltung im vorindustriellen Deutschland. Kitzingen, 1953
Ulshöfer, K. Das Gebiet des heutigen Landkreises im 19. Jahrundert. In: Der Kreis Schwäb. Hall, K. Theiss Verl. Stgt., Aalen 1976
Wunder, G. Geschichte bis zum Ende des Alten Reiches. In: Der Kreis Schwäb. Hall. K. Theiss Verl. Stgt., Aalen 1976

Friedrich Weller
Ökologie als Thema im Freilichtmuseum

Angesichts der vorstehenden Überschrift mag mancher Leser zunächst stutzig werden. Er ist es zwar gewohnt, daß heute viel über Ökologie geschrieben und geredet wird, und er findet es sicher auch völlig richtig und wichtig, daß die ökologischen Beziehungen zwischen den Lebewesen und ihrer Umwelt untersucht und die sich daraus ergebenden Erkenntnisse im Natur- und Umweltschutz berücksichtigt werden. Aber selbst wenn ihm die grundlegende Bedeutung ökologischer Zusammenhänge für das Überleben der Menschheit längst bewußt geworden ist, wird er sich doch vielleicht fragen: Ist Ökologie ein Thema für ein Freilichtmuseum? Werden Freilichtmuseen nicht wie auch andere historische Museen zu dem Zweck eingerichtet, außer Gebrauch gekommene Gegenstände – in diesem speziellen Falle alte Bauernhäuser – zu sammeln und für die Nachwelt zu erhalten? Und müßte in diesem Zusammenhang ein Eingehen auf das Thema »Ökologie« nicht nur als das Überschwappen einer Modewelle empfunden werden? Daß diese Sorge unbegründet ist, weil tatsächlich fundamentale Beziehungen zwischen Ökologie und Freilichtmuseen bestehen, soll nachstehend aufgezeigt werden einschließlich der sich daraus ergebenden Konsequenzen für Planung und Betrieb der Museen.

Das ökologische Beziehungsgefüge im Freilichtmuseum

Enge und grundlegende Beziehungen zur Ökologie ergeben sich in einem Freilichtmuseum vor allem aus zwei Ursachenkomplexen: Zum einen aus seiner Eigenart als Museum im Freien, zum anderen aus seiner thematischen Zielsetzung. Anders als bei einem »normalen« Museum sind die Exponate eines Freilichtmuseums nicht in Vitrinen und mehr oder weniger künstlich klimatisierten Räumen untergebracht, sondern den Einflüssen der freien Umwelt ausgesetzt. Diesem Umstand ist bei Planung und Betrieb Beachtung zu schenken, wobei sich die Beachtung keineswegs nur auf die Auswahl geeigneter Isolierungs- und Konservierungsmaßnahmen und -mittel beschränkt. Vielmehr geht es sehr stark auch darum, die Anordnung der Exponate möglichst optimal auf die natürlichen Gegebenheiten abzustimmen. Dabei spielen zweifellos ästhetische Gesichtspunkte eine wichtige Rolle; sie müssen aber eingebettet sein in funktionale Überlegungen, und diese wiederum können nur zu einem befriedigenden Ergebnis führen, wenn sie auf den ökologischen Standortseigenschaften des Museumsgeländes aufbauen. Ein ganz einfaches Beispiel mag dies veranschaulichen: Es wird nirgends einer Diskussion bedürfen, daß eine Mühle mit Wasserrad am Bach im Tal besser plaziert ist als auf einem benachbarten trockenen Hügel. In den meisten Fällen wird die Bindung eines Exponates an bestimmte ökologische Faktoren weniger augenfällig sein als in dem gewählten Beispiel, doch ist auch hier jeweils eine einfühlsame Abstimmung auf die durch Relief-, Klima-, Boden- und Gewässerverhältnisse bedingten Standortseigenschaften notwendig, wenn das Museum in sich »stimmig« sein soll.

Je größer die Standortsunterschiede innerhalb des Museumsgeländes sind, umso größer wird auch der Zwang zu einer solchen Abstimmung, umso vielfältiger sind aber auch die Möglichkeiten, die Bindung bestimmter Haus- und Hofformen an die ökologischen Gegebenheiten einer Landschaft zu demonstrieren. Damit kommen wir zur thematischen Zielsetzung unserer Freilichtmuseen. Genau so wie auch die »normalen« Museen ihre Aufgabe seit längerem schon nicht mehr in einem bloßen Sammeln und Aufbewahren sehen, kann es auch in den Freilichtmuseen nicht nur darum gehen, alte Häuser aufzustellen und für die Nachwelt zu konservieren. Vielmehr werden auch Aussagen zur Entwicklungsgeschichte der verschiedenen Haus- und Hofformen und zu den Ursachen dieser Entwicklung erwartet. Dabei zeigt sich sehr schnell, daß die Hausentwicklung im wesentlichen das Ergebnis eines engen Zusammenwirkens von Mensch und Umwelt ist.

Primäre Aufgabe des Hauses war und ist es ja, Menschen, Haustiere, Erntevorräte und Geräte vor unerwünschten Umwelteinflüssen zu schützen. Der Schwerpunkt dieser unerwünschten Einflüsse liegt aber in einem kalten Klima anders als in wärmeren Zonen und in niederschlagsreichen Gegenden anders als in einem Trockengebiet. So ergab sich schon von daher die Notwendigkeit unterschiedlicher Lösungen, je nachdem ob mehr der Schutz vor Kälte, Hitze oder Nässe im Vordergrund stand. Weitere wesentliche Umwelteinflüsse erfolgten über die in den verschiedenen Landschaften verfügbaren Baumaterialien: Steinbauten werden von den der Gegend jeweils anstehenden Bausteinen geprägt. Block- und Fachwerkhäuser konnten sich nur in der Nähe von Wäldern entwickeln. Wo es an Holz und Steinen mangelte, mußten andere Baustoffe und Konstruktionen gefunden werden. Konstruktionen und Formen richten sich außerdem stark nach der Art der zu schützenden Güter: Viehstarke Grünlandbetriebe erfordern andere Lösungen als Höfe mit dem Schwerpunkt auf Ackerbau oder Weinbau. Da aber die Wahl der betrieblichen Schwerpunkte ganz wesentlich von den natürlichen Standortsverhältnissen der zum Hof gehörenden Flächen bestimmt wird, wirkte auch auf diesem Wege die Umwelt entscheidend auf die Entwicklung der Bauernhäuser und Wirtschaftsgebäude ein.

Haus und Hof sind somit auf vielseitige Weise ein Ergebnis der Anpassung des Menschen an seine Umwelt. Und dies sollte in einem Freilichtmuseum auch sichtbar werden. Das bedeutet, daß auch Freiflächen zwischen den einzelnen Häusern und den verschiedenen Häusergruppen in dieser Funktion und nicht nur als Trennflächen zwischen den verschiedenen Exponaten gesehen werden sollten. In diesem Sinne würde es nicht befriedigen, unmittelbar um die Häuser zwar mehr oder weniger typische Bauerngärten und Hofräume anzulegen, das übrige Gelände aber in einen wie auch immer gearteten Park zu verwandeln. Vielmehr kommt es darauf an, das Ackerbauernhaus mit der Feldflur, den Grünlandbetrieb mit Wiese und Weide, das Weingärtnerhaus mit dem Weinberg und das Waldbauernhaus mit dem Wald in eine räumliche Beziehung zu bringen. Da nun die verschiedenen Möglichkeiten der Bodennutzung sehr stark von den ökologischen Standortsverhältnissen abhängen, wird man schon in einem sehr frühen Planungsstadium ökologischen Überlegungen Raum geben müssen, bei denen man sich klar zu werden versucht, welche landbaulichen Nutzungen innerhalb des Geländes grundsätzlich möglich sind und wo sie innerhalb des Geländes am besten verwirklicht werden können bzw. schon verwirklicht sind. Daraus wird sich dann ergeben, für welche Haus- und Hoftypen das zur Verfügung stehende Gelände geeignet ist und wo die Häuser am besten plaziert werden. Die Möglichkeit, Häuser in der dazugehörigen Landschaft zeigen zu können, ist ja auch eines der wesentlichen Argumente für die Errichtung regionaler Freilandmuseen anstelle eines großen zentralen Museums. Diese Möglichkeiten gilt es optimal zu nutzen. Das aber setzt die Berücksichtung der ökologischen Beziehungsgefüge in den einzelnen Museen voraus. Diese Beziehungsgefüge gründen sich auf die vorstehend skizzierten, von den durch Klima, Boden, Relief und Gewässer bestimmten Eigenschaften des Standortes ausgehenden Wirkungen, doch können diese je nach der Art der Bewirtschaftung stark modifiziert werden, und außerdem ergeben sich dabei auch unterschiedliche Rückwirkungen auf den Standort selbst. Entscheidungen über die künftige Kulturart und die damit zusammenhängende Art der Bodenbearbeitung, Düngung, Pflege und Erntearbeiten sind zugleich auch Entscheidungen über die weitere Entwicklung des ökologischen Wirkungsgefüges und des von ihm bestimmten Lebensraumes oder Biotops. Solche Entscheidungen berühren damit nicht nur die Kulturpflanzen selbst, sondern auch die mit ihnen in einer Lebensgemeinschaft vergesellschafteten wildlebenden Pflanzen- und Tierarten. Auch dies sind ökologische Bezüge, die es bei Planung und Betrieb eines Freilichtmuseums zu berücksichtigen gilt.

Bäuerliche Kulturlandschaft als ganzheitliche Museumskonzeption

Will man die neben Gebäuden, Hofräumen und Gärten verbleibenden Freiflächen innerhalb des Museumsgeländes nicht einer völligen Verwilderung preisgeben, so müssen sie in irgendeiner Form gepflegt werden. Wie bereits dargelegt, erscheint es den Zielen eines bäuerlichen Freilichtmuseums am meisten zu dienen, wenn die notwendige Pflege in Form landwirtschaftlicher Nutzung erfolgt. Dabei kann es sich allerdings nicht um eine vorrangig auf Gewinnmaximierung ausgerichtete Nutzung moderner Prägung mit einer an den Bedürfnissen der technischen Bewirtschaftung orientierten Struktur handeln. Das wäre nicht nur ökologisch unerwünscht, sondern auch historisch nicht vertretbar. Es sollte vielmehr versucht werden, die Chance zu nutzen, innerhalb des Museumsgeländes einen Ausschnitt aus der historisch gewachsenen bäuerlichen Kulturlandschaft zu zeigen. Dadurch erst würden die Freiflächen voll in das Museum integriert. Und damit ergäbe sich eine historisch und ökologisch begründete, ganzheitliche Museumskonzeption; das Bauernhausmuseum würde sich zu einem wirklichen Freilicht- oder Freilandmuseum erweitern.

Ein wesentliches Charakteristikum der historisch gewachsenen bäuerlichen Kulturlandschaften ist ihre Vielfältigkeit. Diese Vielfältigkeit hat verschiedene Ursachen. Die wichtigste ist wohl die, daß ein Bauernhof früher anders als heute nicht nur einige wenige besonders gewinnversprechende Betriebszweige aufwies, sondern einen vielseitigen Betriebsorganismus darstellte, der vorrangig die Aufgabe hatte, seine Bewohner mit allen lebensnotwendigen Gütern weitgehend selbst zu versorgen. Dazu gehörte nicht nur die Bereitstellung der benötigten pflanzlichen und tierischen Nahrungsmittel, sondern auch der Rohstoffe für Kleidung, Wohnung und Heizung sowie für nahezu alle erforderlichen Betriebsmittel wie Dünger, Wagen, Werkzeuge und sonstige Geräte. Der Zwang zu dieser vielseitigen Produktion bewirkte das Nebeneinander von Äckern, Wiesen, Weiden, Streuwiesen, Obst- und Weingärten, Feldgehölzen, Hecken und Einzelbäumen. Dabei entwickelte sich dieses Nebeneinander nicht wahllos, sondern in Anpassung an die Standortsverhältnisse, d. h. an die durch Relief-, Klima-, Boden- und Gewässerverhältnisse vorgegebenen unterschiedlichen ökologischen Bedingungen innerhalb jeder Landschaft.

Durch den seit Jahren ablaufenden und immer noch andauernden Modernisierungsprozeß der Landwirtschaft sind die Strukturen der historischen bäuerlichen Kulturlandschaft weithin im Schwinden. Umso wichtiger erscheint es, typische Beispiele als Kulturzeugnisse für die Nachwelt zu erhalten bzw. zu rekonstruieren. Die räumlichen Strukturen stellen allerdings nur das besonders in die Augen springende Gerüst, sozusagen das »Fachwerk« der verschiedenen Landschaften dar. Zusätzlich ist darauf zu achten, daß auch der Inhalt der »Gefache« zu diesem Fachwerk paßt. So sollten wenigstens auf einigen exemplarischen Flächen wieder alte Kulturpflanzen wie Dinkel, Flachs und Buchweizen angebaut werden. Dies drängt sich schon aus historisch begründeten Überlegungen auf. Denn zu einem bäuerlichen Freilichtmuseum gehört eben auch die Darstellung der typischen Kulturpflanzen sowie ihrer Be- und Verarbeitung innerhalb des Dorfes bis zum fertigen Erzeugnis. Die Bedeutung eines Brechhauses und der für die Flachsverarbeitung benutzten Geräte beispielsweise wird nur derjenige richtig beurteilen können, der auch die Flachspflanze und ihre Eigenschaften kennt. Und andererseits wird sich von der Agrarlandschaft alten Stils nur derjenige ein einigermaßen zutreffendes Bild machen können, der u. a. auch einmal ein Flachsfeld mit seinen blauen Blüten oder seinen goldbraunen Kapseln gesehen hat. Selbstverständlich gehören zu diesem Landschaftsbild auch Brach- und Getreidefelder mit Klatschmohn, Kornblumen, Rittersporn und vielen anderen Wildkräutern sowie klee- und kräuterreiche Wiesen, wie sie für die bäuerliche Kulturlandschaft vor Beginn der modernen Intensivnutzung typisch waren.

Zu diesem historisch begründeten Interesse an der Beibehaltung bzw. Wiedereinführung alter Formen der Bodennutzung ist in den letzten Jahren ein weiterer schwerwiegender Gesichtspunkt hinzugekommen. Es hat sich gezeigt, daß durch die Entfernung von Rainen, Hecken und Feldgehölzen sowie durch intensive Düngung und durch den Einsatz von Unkraut- und Schädlingsbekämpfungsmitteln in der modernen Agrarlandschaft zahlreiche Tier- und Pflanzenarten vom Aussterben bedroht sind. Der völlige Untergang dieser Arten läßt sich nur vermeiden, wenn für sie geeignete Lebensräume oder Biotope in genügendem Umfang und in ausreichender räumlicher Vernetzung erhalten oder neu geschaffen werden. Bei neueren Flurbereinigungsverfahren wird diesen Gesichtspunkten teilweise bereits Rechnung getragen und die Schaffung sogenannter Biotopverbundsysteme angestrebt. Inwieweit diese die ihnen zugedachte Aufgabe innerhalb der sonst intensiv genutzten Agrarlandschaften erfüllen können, muß sich erst noch erweisen. Auf jeden Fall erscheint es notwendig, darüber hinaus sowohl für die vom Aussterben bedrohten wilden Pflanzen- und Tierarten als auch für die Erhaltung alter Kulturarten und -sorten spezielle »Reservate« einzurichten.

Solche Reservate können unabhängig von anderen Einrichtungen angelegt werden, wie dies das 1970 auf dem Beutenlay bei Münsingen vorbildlich eingerichtete erste Feldflorareservat in der Bundesrepublik zeigt (Schlenker 1979, Rodi 1982). Da jedoch die Bewirtschaftung solcher Flächen alte Wirtschaftsweisen erfordert, lag der Gedanke nahe, die Reservate bäuerlichen Freilandmuseen anzugliedern und dabei die Interessen der Kulturhistoriker mit den Anliegen des Naturschutzes zu verknüpfen (z. B. Sukopp 1980). Über diesen Fragenkomplex haben bereits an verschiedenen Freilandmuseen wissenschaftliche Tagungen stattgefunden, so 1979 in Glentleiten (Oberbayern) und 1981 in Kommern (Rheinland). Dabei konnte bereits über einschlägige Erfahrungen in Freilichtmuseen verschiedener europäischer Länder berichtet werden. In Kommern ist ein Projekt für die Anlage biogenetischer Reservate angelaufen. An diesem Projekt ist hervorzuheben, daß es sich nicht auf Anbau und Nachzucht alter Kulturpflanzen beschränkt, sondern zusätzliche Schwerpunkte in der Ansiedlung und Erhaltung gefährdeter Ackerwildkrautgesellschaften und dörflicher Ruderalgesellschaften sowie in der Wiederaufnahme alter Waldnutzungsformen setzt. Die Konzeption des Projekts geht davon aus, daß es einen modellartigen Charakter auch für andere Freilichtmuseen gewinnen kann. Diese wichtige Funktion wird es aber nur dann optimal erfüllen können, wenn die Standorts- und Bewirtschaftungsverhältnisse an den verschiedenen Museen ebenfalls festgehalten werden. Denn eine erfolgversprechende Übertragung von Ergebnissen setzt voraus, daß die ökologischen Bedingungen, unter denen sie gewonnen wurden, ebenso bekannt sind wie die, auf welche sie übertragen werden sollen. Darin zeigt sich ein weiteres Mal die enge Beziehung zwischen Freilichtmuseen und Ökologie.

Konsequenzen für die Museumspraxis

Die bisherigen Ausführungen mögen genügen, um zu zeigen, daß Ökologie durchaus ein Thema im Freilichtmuseum ist. Abschließend soll skizziert werden, welche Konsequenzen sich daraus für Planung und Betrieb eines Freilichtmuseums ergeben, namentlich wo Beiträge von ökologischer Seite besonders notwendig erscheinen. Doch erhebt diese Zusammenstellung keinesfalls Anspruch auf Vollständigkeit.

Wichtig ist, daß ökologische Gesichtspunkte bereits zu einem sehr frühen Zeitpunkt in die Überlegungen einbezogen werden. Das muß schon lange vor der eigentlichen Planung bei der Auswahl des Museumsgeländes beginnen. Zwar wird sich dabei nur selten das ökologisch wünschbare Idealbild voll verwirklichen lassen, da man bestenfalls zwischen einigen wenigen Alternativen an verfügbarem Gelände wählen kann und dadurch in der Auswahl eingeengt ist. Trotzdem können sich auch dabei noch erhebliche Unterschiede ergeben, die es zu beachten gilt. Sodann ist dafür Sorge zu tragen, daß die künftigen Exponate nicht nur nach ihrer optischen Wirkung, sondern auch in Abstimmung auf die innerhalb des Geländes vorgegebenen unterschiedlichen Nutzungsmöglichkeiten angeordnet werden und daß dabei alle erhaltungswürdigen Landschaftselemente vor nicht wieder gut zu machenden Eingriffen verschont bleiben. Hierfür ist zunächst eine »Bestandsaufnahme« der Landschaft erforderlich und zwar in zweierlei Hinsicht: Zum einen kommt es darauf an, einen Überblick über die derzeit bestehenden Nutzungen und dadurch bedingten Lebensräume oder Biotope zu erhalten, zum anderen sollte Klarheit darüber gewonnen werden, welche Nutzungen und Biotope an welchen Stellen des Geländes grundsätzlich möglich wären und bei Bedarf durchgeführt bzw. angesiedelt werden könnten.

Die Erhebung des Istzustandes erfolgt am besten in Form einer kombinierten Nutzungs- und Biotopkartierung, bei welcher Äcker, Wiesen, Weiden, Raine, Gräben, Hohlwege, Hecken, Bäume usw. in ihrer räumlichen Situation erfaßt und in Karten festgehalten werden. Zur weiteren Vertiefung sollte diese Kartierung durch genauere Untersuchungen über die vorkommenden Pflanzen- und Tierarten ergänzt werden.

Für die Beurteilung der künftigen Gestaltungsmöglichkeiten sind zusätzlich Kenntnisse über die Boden- und Klimaverhältnisse der verschiedenen Landschaftsteile sowie die sich daraus ergebende Eignung für bestimmte Nutzungen erforderlich. Solche Kenntnisse erhält der Bauer aus der Überlieferung seiner Vorfahren und aus seinen eigenen Erfahrungen im ständigen Umgang mit der Landschaft. Da diese Kenntnisse jedoch nirgends festgehalten wurden, sind sie für die Planung nicht unmittelbar verfügbar. Es fehlen insbesondere klare Kartendarstellungen über die räumliche Struktur der für das Pflanzenwachstum und die Bewirtschaftung entscheidenden Unterschiede der Geländegestalt, der Böden und des Lokalklimas. Diesem Mangel läßt sich am besten durch eine ökologische Standortskartierung nach dem von Ellenberg und Mitarbeitern entwickelten Verfahren abhelfen (entsprechende Literatur bei Weller 1979). Das Ergebnis einer solchen Standortskartierung ist die Wiedergabe der Gliederung der Landschaft in Räume mit in sich jeweils annähernd einheitlichen ökologischen Bedingungen und damit gleicher Anbaueignung und Ertragsfähigkeit. Solche ökologisch nahezu einheitlichen Räume werden als Standortseinheiten oder Ökotope bezeichnet. Die Karten mit ihren Erläuterungen geben nicht nur Aufschluß über die mosaikartige Anordnung der vorkommenden Standortseinheiten und ihre Relief-, Boden- und Klimaverhältnisse, sondern auch über die davon abhängige Eignung für eine Nutzung als Acker, Obstgarten, Weinberg, Wiese, Viehweide, Schafweide, Trockenrasen, Streuwiese oder Wald sowie speziell für den Anbau bestimmter Kulturpflanzen-, Baum- und Straucharten. Das bedeutet keinesfalls eine starre Festlegung der Planung. Die Karten sollen nur das ganze Spektrum an Möglichkeiten aufzeigen, das die ökologischen Standortsverhältnisse des Geländes bieten. Aufgabe der Planung ist es dann, aus diesen Möglichkeiten diejenigen Alternativen auszuwählen, die einerseits der Konzeption des Museums am meisten entsprechen und andererseits mit den verfügbaren Mitteln und Arbeitskräften auch bewältigt werden können.

Die geschilderte Bestandsaufnahme, wie sie unter Leitung des Verfassers für die Freilichtmuseen in Wackershofen und Wolfegg durchgeführt werden konnte (Weller 1982, Tollens-Stübler 1982, Mössner und Waibel 1983), wird für die Entwicklung des Museums um so mehr genutzt werden können, je mehr es gelingt, ökologisch ausgebildete Naturwissenschaftler, Landwirte, Landschaftspfleger und Naturschützer für eine Mitarbeit zu gewinnen. Eine solche Mitarbeit ist nicht nur für die Planungsphase, sondern darüber hinaus für Aufbau und Betrieb des Museums anzustreben. Denn bei den während des Aufbaus unvermeidlichen Eingriffen in die Landschaft, bei der Durchführung von Pflanzungen und bei der späteren Bewirtschaftung der Flächen ergeben sich immer wieder unvorhergesehene ökologische Fragestellungen.

Solche Fragestellungen können von der richtigen Gruppierung, Orientierung und Einbeziehung der Häuser bis zu Einzelheiten der Bodenbearbeitung, Düngung, Saat und Ernte auf den einzelnen Schlägen reichen. Dabei wird im Unterschied zur modernen Landwirtschaft nicht die Maximierung der Rentabilität, sondern – dem Museumszweck entsprechend – eine möglichst große Annäherung an historische Vorbilder zu erstreben sein. Selbstverständlich paßt der Einsatz moderner Agrochemikalien nicht in diesen Zusammenhang. Das gilt nicht nur für die Felder, sondern auch für die unmittelbare Umgebung von Haus und Hof. Man sollte nicht meinen, sie möglichst »sauber« halten zu müssen, sondern versuchen, den aus unseren heutigen Dörfern durch Asphaltierung von Straßen und Hofräumen sowie durch den Einsatz von Herbiziden vielfach herausgedrängten Ruderalpflanzen hier wieder eine »ökologische Nische« zu bieten. Dabei ist zu beachten, daß die Ansprüche der verschiedenen Pflanzen an die Eigenschaften einer solchen Nische recht unterschiedlich sein können. Manche Pflanzen setzen bestimmte Formen der Tierhaltung voraus.

Damit erhebt sich die grundsätzliche Frage, ob Tiere im Museum gehalten werden sollen. Vom Besucher werden Tiere als lebendes Element in der Regel positiv empfunden. Die Frage ist, wie weit man hier gehen soll und kann. Historisch und ökologisch gleichermaßen konsequent wäre es, die einstige Vielfalt bäuerlicher Tierhaltung in ihrem vollen Umfang vom Pferd bis zu den verschiedenen Geflügelarten sichtbar zu machen, und zwar nicht nur als Schauobjekte in der Art eines zoologischen Gartens, sondern als wesentliche Bestandteile des lebendigen Ökosystems Bauernhof einschließlich ihrer Rolle als Düngerlieferant und Zugkraft. Freilich stehen dem große Hindernisse, insbesondere der hohe Aufwand an menschlicher Arbeitszeit und -kraft entgegen. Andererseits muß gefragt werden, ob es richtig ist, wenn wir in manchen unserer Freilichtmuseen zwar dörfliche Handwerker, wie Töpfer, Wagner, Schmiede, Weber, Rechenmacher u. a. bei ihrer Tätigkeit bewundern können, nirgends aber dem Bauern selbst bei seiner das Ganze tragenden Arbeit begegnen. Möglicherweise ist eine Lösung dieses Problems heute eher zu finden, als es bislang den Anschein hatte. Hier böte sich beispielsweise ein Tätigkeitsfeld für »alternative« Landwirte. Selbstverständlich müßte ihnen ein ausreichendes Einkommen seitens des Museumsträgers gewährleistet werden, wobei zu berücksichtigen wäre, daß das Museumsgelände auf jeden Fall in irgendeiner Form gepflegt werden muß und dadurch Pflegekosten erfordert.

Sicherlich ließe sich die räumliche und funktionelle Verknüpfung von Exponaten mit alten Formen der Bodennutzung nicht generell in jedem Freilichtmuseum verwirklichen. Doch scheint es der Mühe wert, zu prüfen, ob nicht im einen oder anderen Fall Geländeverhältnisse, Besitzstruktur und Arbeitskräftesituation eine solche Lösung zulassen. Interesse würde die Verwirklichung einer derart umfassenden Konzeption zweifellos finden, und zwar sowohl aus historischer wie aus ökologischer Sicht. Dabei würde sich das ökologische Interesse keineswegs auf die Erhaltung seltener Arten beschränken, sondern sich auf den gesamten Stoff- und Energiehaushalt einschließlich seiner Wechselwirkungen auf Tier- und Pflanzenarten und deren Lebensgemeinschaften erstrecken. Damit könnte sich das Museum zu einem Objekt ökologischer Forschung und Lehre entwickeln, an dem einschlägige Untersuchungen und Lehrveranstaltungen stattfinden.

Unabhängig davon, inwieweit sich die skizzierte Konzeption der Bewirtschaftung im einzelnen verwirklichen läßt, sollte doch in jedem Freilichtmuseum didaktisch die enge Verbindung von historischer Entwicklung und ökologischen Gegebenheiten sichtbar werden. So sollte man sich beispielsweise nicht damit begnügen, die für den Einzugsbereich eines Museums typischen Haus- und Flurformen nur zu dokumentieren, sondern auch den Einfluß der ökologischen Standortsverhältnisse auf deren Entwicklung in den verschiedenen Landschaften aufzeigen. Die regionale Struktur der Freilichtmuseen in Baden-Württemberg liefert hierfür eine besonders günstige Ausgangslage, die es zu nützen gilt. Als ein erster Schritt könnten beispielsweise die bislang nur in groben Umrissen erfolgten und den einzelnen Museen zugeordneten Hauslandschaften genauer aufgenommen und zu den ökologischen Bedingungen der Umgebung in Beziehung gebracht werden. Auf dieser Grundlage ließen sich dann den einzelnen Museen in einem umfassenderen Sinn regionale Schwerpunkte zuordnen, wodurch auch die Gefahr einer allzu gleichförmigen Präsentation der Exponate gebannt wäre.

Für die Zuordnung solcher Schwerpunkte ist eine landesweite gegenseitige Abstimmung unerläßlich, wie überhaupt eine enge Zusammenarbeit der regionalen Museen dringend notwendig erscheint. Daß eine Betonung der Regionalität nicht Abkapselung von der übrigen Welt bedeutet, ist dem Ökologen selbstverständlich. Denn bei aller Eigenart der durch Anpassung an die jeweiligen Standortsverhältnisse entstandenen verschiedensten Lebensgemeinschaften zeigt sich doch immer wieder, daß sie weltweit in einem vielfach vernetzten System miteinander verbunden sind. Das Wissen um diese gleichzeitige Existenz und enge Durchdringung lokaler, regionaler und globaler Ökosysteme und die sich daraus ergebende Betrachtungsweise könnte ebenfalls ein Beitrag der Ökologie sein, der sie als Thema im Freilichtmuseum interessant macht.

Literatur

Mössner, Annerose, Waibel, Inge: Bauernhausfreilichtmuseum Wolfegg – Gestaltung der Außenanlagen. Diplomarbeit am Fachbereich Landespflege der Fachhochschule Nürtingen (unveröffentlicht) 1982/83.
Rodi, D.: Feldflora-Reservat Beutenlay. In: Münsingen. Geschichte – Landschaft – Kultur. Jan Thorbecke Verlag Sigmaringen, S. 659–672, 1982.
Schlenker, G.: Erhaltung von Arten in Freilichtmuseen – am Beispiel Münsingen. In: Bund Naturschutz Alb-Neckar 5, 2, S. 43–52, 1979.
Sukopp, H.: Arten- und Biotopschutz in Agrarlandschaften. In: Daten und Dokumente zum Umweltschutz 30, 23–42, Stuttgart-Hohenheim, 1980.
Tollens-Stübler, Friederike: Hohenloher Freilandmuseum Schwäbisch Hall/Wackershofen. Standortskartierung als Grundlage für eine ökologisch orientierte Planung. Diplomarbeit am Fachbereich Landespflege der Fachhochschule Nürtingen (unveröffentlicht) 1982.
Weller, F.: Spezielle Standortseignungskarten für eine kombinierte Agrar- und Landschaftsplanung. Verh. Ges. für Ökologie (Münster 1978), Bd. VII, 173–178, 1979.
Weller, F.: Warum ökologische Standortskartierung des Museumsgeländes? Hohenloher Freilandmuseum Mitteilungen 3, 44–50, Schwäbisch Hall, 1982.

Band 3/1985 des *museumsmagazins* wird mit Aufsätzen zur Hausforschung nocheinmal das Thema »Freilichtmuseen in Baden-Württemberg« behandeln. Nach einer Übersicht über die »Hauslandschaften in Baden-Württemberg« von G. Schöck folgen beispielsweise Aufsätze über »Das altoberschwäbische Bauernhaus« (J. G. Schmid) und »Haus- und Hofformen auf der Schwäbischen Alb« (A. Bedal); behandelt werden ferner Themen wie »Der Bauernhof in Hohenlohe zwischen 1750 und 1850« (H. Mehl), »Hofstruktur im Kinzig- und Renchtal im 19. Jahrhundert« (D. Kauß), »Historische Wirtschaftsgebäude in Oberschwaben und im Allgäu« (K. Buchmiller) und »Zur Bauernhofarchitektur im Schuttertal seit Beginn des 17. Jahrhunderts« (G. Finkbeiner). Der Band soll ferner mit aktuellen Beiträgen die Dokumentation »Regionale Freilichtmuseen in Baden-Württemberg« ergänzen. Er erscheint voraussichtlich bis zur Jahresmitte 1985.

Freilichtmuseum und Praxis

Heinrich Mehl
**Gedanken und Erfahrungen
aus der Aufbaupraxis eines regionalen
Freilichtmuseums**

Die im folgenden aufgezeichneten Überlegungen sind in Baden-Württemberg, dem Land mit ganz junger Tradition im Bereich Freilichtmuseum, aktueller Diskussionsstoff an den Museen und bei den Treffen ihrer Planer und Macher. In anderen Bundesländern mit längst etablierten Großmuseen haben diese Diskussionen wohl schon vor Jahren, in Niedersachsen (Cloppenburg seit 1936 geöffnet) oder Nordrhein-Westfalen (Kommern seit 1961) schon vor Jahrzehnten stattgefunden. Während man anderswo längst zu neuen Ufern strebt, moderne didaktische und pädagogische Modelle entwickelt, sich mit ökologischen Fragen im Museum befaßt, Forschung und Lehre betreibt, werden in Baden-Württemberg immer noch Grundsatzgespräche geführt und Ersterfahrungen ausgetauscht. Zwar sind auch hier Diskussions- und Erkenntnisstand unterschiedlich (Gutach als Museumsprojekt fast abgeschlossen, Kürnbach, Wolfegg, Wackershofen in Teilbereichen eröffnet, Neuhausen ob Eck im ersten Aufbaustadium, andere Namen in der Planungsphase), grundsätzlich jedoch ist »Freilichtmuseum« ein junges Thema, sucht man noch nach Definitionen und Planungswegen. Und auch im praktischen Bereich, bei all den Fragen, die mit Translozierung, Rekonstruktion, Einrichtung zu tun haben, steht man am Anfang eines langen Erfahrungsweges. Museumsleiter und Architekten erleben jeder für sich und vertieft im gemeinsamen Gespräch die Fülle an Problemen, die sich während der Aufbaupraxis ergeben. Da der Arbeitsbereich als eine Mischform aus Architektur, Volkskunde, Kunst- und Baugeschichte und vielen anderen Disziplinen im wörtlichen Sinne außergewöhnlich ist und stets auch mit besonderem Interesse der Öffentlichkeit rechnen muß, sind die Probleme vielschichtig und zum Teil extravagant und publikumswirksam.

Museumsväter und Nachfolger

In der Regel entstehen große Freilichtmuseen aus einer individuellen und lokalen Initiative heraus, haben sie einen leidenschaftlichen Sammler oder Denkmalpfleger als ihren Gründer, können sie auf einen mit viel Bürgersinn und Ehrenamtlichkeit geschaffenen Fundus aufbauen. Was Teil so vieler Museumsgeschichte ist – der gefeierte, manchmal schon zur Legende gewordene Schöpfer, die großen privaten Stiftungen – erscheint an so manchem Museum zugleich aber auch als schwere Bürde. Das bereits Aufgebaute ist so stark an einen Namen gebunden und so persönlich geprägt, daß sich beim Übergang an den Nachfolger, beim Aufbruch zu neuen Größenordnungen unweigerlich Turbulenzen ergeben. Die Liste der »Nachfolgekonflikte« an deutschen Freilichtmuseen ist lang, das reibungsvolle Miteinander und offene Gegeneinander von »Vater des Museums« und bestelltem Nachfolger dauert mitunter Jahre. Oft stehen sich der volkstümliche, aus dem Gefühl heraus schaffende Baumeister und der an Fakten und Befunden orientierte Volkskundler gegenüber, oft folgt dem genial improvisierenden, auf einer Welle von Ehrenamtlichkeit getragenen Bürgermeister der kompromißlose und Professionalität fordernde Wissenschaftler. Alle Einsicht, daß jung und alt voneinander lernen können, daß gemeinsam Größeres zu erreichen sei, wird zu grauer Theorie angesichts der praktischen Erfahrungen an deutschen Freilichtmuseen: da, wo der Alte dem Jungen als Vorbild dienen soll, ihm gar als Berater »im Nacken sitzt«, tobt der Kampf um Macht und Museumslinie.

Mögen diese Eingangsbemerkungen reichlich persönlich gefärbt klingen, so machen sie doch charakteristische Wesenszüge des Freilichtmuseums deutlich, die auch die folgenden Diskussionspunkte dieses Aufsatzes prägen. Zum einen ist der Aufbau eines Museums eine ausgesprochen schöpferische Arbeit, die weniger Normen und vorgegebenen Erfahrungswerten folgt, als Kreativität, Flexibilität und Mut beim Betreten neuer Bereiche des Denkens und der Praxis erfordert. Damit aber ist er stark an Personen und deren Sicht gebunden. Zum anderen gehören Hausforschung und die Arbeit im Freilandmuseum zu den Disziplinen, die sich in den letzten Jahren am raschesten verändert haben. Neue Translozierungstechniken, Fortschritte bei Bestimmung, Restaurierung und Konservierung, vor allem eine neue Sicht bei Präsentation und Museumspädagogik haben Freilichtmuseen zum Teil ein ganz neues Gesicht gegeben. Der jüngere Museumsmann wird diesen neuen Stil einbringen wollen und stellt sich damit gegen die bisher vertrauten (und doch so erfolgreichen) Sehweisen.

Probleme der Trägerschaft

Da Baden-Württembergs Freilichtmuseen ganz am Anfang ihrer Entwicklung stehen, konzentriert sich ein großer Teil der Überlegungen immer noch auf Fragen der Trägerschaft. Bei einem Zentralmuseum wäre die Trägerschaft rasch gelöst (Land oder Bezirk), bei regionalen oder lokalen Museen gibt es unzählige Varianten und Konstruktionen. Eine Idealvorstellung ist es, bei einem Regionalmuseum möglichst den gesamten Raum mit einzubinden, etwa durch Gründung eines Museumsvereins, in dem die betreffenden Landkreise und Städte vertreten sind. Das Hohenloher Freilandmuseum hat sich als einziges im Lande eine solche breite Basis schaffen können: Im Trägerverein sind die Stadt Schwäbisch Hall und die Landkreise Schwäbisch Hall und Hohenlohekreis vereint, angeschlossen haben sich weiter der Main-Tauber-Kreis und fast alle wichtigen Städte und Gemeinden des Einzugsgebietes. Diese Regelung ist von hohem moralischen Wert, sie motiviert die Menschen dieses Raumes und schafft ein Zusammengehörigkeitsgefühl nach außen. In der praktischen Arbeit ergibt sich jedoch, daß derjenige Partner das

Sagen hat, der den höchsten finanziellen Beitrag stellt; der wohlhabende Hauptträger, der 90% der Gesamtbelastung auf sich nimmt, wird ausschließlich seine Linie verfolgen wollen, umgekehrt haben die Mitträger kein großes Interesse, ein Museum in einer anderen Stadt oder im Nachbarlandkreis besonders zu fördern. Je mehr kommunale Einzelgruppen beteiligt werden, desto stärker wirken lokale und regionale Eifersucht, desto eher wird ein einheitliches Museumskonzept von Sonderwünschen und vor allem von politischen Gesichtspunkten – nach dem Erfahrungssatz »viele Köche verderben den Brei« – verwässert. Wenn Wackershofen in gewisser Weise hier als Ausnahme erscheint, so ist doch die Erfahrung im Lande die, daß sich mehrere Partner nicht einigen und daß die Trägerschaft realistischerweise bei einer Stadt oder einem Landkreis angesiedelt wird.

Museumspersonal und Bauhof

Nach ersten Erfahrungen in Baden-Württemberg (und erhärtet durch längere Praxis an anderen deutschen Freilichtmuseen) ist die Anstellung eines eigenen Bautrupps die ideale Arbeitsvoraussetzung für ein regionales Museum. Da die Kenntnis alter Handwerksformen bei Zimmerleuten und Maurern unserer Zeit nicht mehr vorausgesetzt werden kann, ist langfristige Einarbeitung in die Techniken historischen Fachwerkbaus, des Aufbaus von Bruchsteinmauerwerk oder Gewölbekellern, der Dachdeckung mit handgestrichenen Biberschwanzziegeln etc. nötig. Nur ein in diesem Bereich erfahrener Bautrupp kann in der Lage sein, ein Gebäude des 17. Jahrhunderts in ein Freilichtmuseum zu translozieren; nur ein eingespieltes Team wird verstehen, den Bau vorsichtig in seine Einzelteile zu zerlegen, ihn über große Strecken zu transportieren und im Museum unter Bewahrung der Originalsubstanz wieder aufzubauen. Das Beispiel Hohenloher Freilandmuseum zeigt, wie ein solcher Bautrupp unter der Aufsicht von Museumsleitung und einem Museumsbautechniker mit den Jahren in die Aufgabe hineinwächst, wie selbst schwierige Arbeiten wie die Erstellung von Schlierwänden oder einer Lehmwickeldecke mit Routine bewältigt werden. Ohnehin ist die Vergabe von Arbeiten im Freilichtmuseum an Firmen in der freien Wirtschaft sehr problematisch: Wie will man Abriß und Wiederaufbau eines Hauses mit Abschlagen des Putzes, Ausbau von Fenstern, Treppen und Dielen, Abdecken eines Biberschwanzdaches und all den vielen zeit- und personalintensiven Einzelaufgaben korrekt ausschreiben? Bei all den Bauanalysen, die während des Abrisses aufgestellt werden müssen, und bei all den Überraschungen und unvorhergesehenen Verzögerungen ist weder die schnellste Firma noch die mit dem modernsten Maschinenpark geeignet, sondern nur diejenige mit dem erfahrensten Personal. Allen Förderungsbestimmungen des Landes zum Trotz, die offene Ausschreibung und Vergabe an den günstigsten Bewerber vorsehen, bietet sich in Ermangelung eines museumseigenen Bautrupps die feste Anbindung eines Betriebes oder einiger weniger Firmen an das Museum an – nur Erfahrung und wiederholter Umgang mit Translozierungstechniken führen zu korrektem Aufbau. Die Erkenntnis, daß das regionale Freilichtmuseum ein Bauprojekt für Jahrzehnte ist und erst in Jahrzehnten auch seine wirkliche Bedeutung erlangen wird, muß zwangsläufig weg von üblichen Vergabepraktiken und hin zu spezialisierter Qualitätsarbeit führen.

Die Ideallösung eines museumseigenen Bautrupps von Facharbeitern und Helfern ist mit den technischen Arbeitshilfen Bauhof, Abbundplatz, Lagerstätte für Altmaterial, Magazin für Museumsgut, Werkstätten etc. zu ergänzen. Ein weiträumiger Bauhof kann als wichtigste Voraussetzung für den Aufbau eines Freilandmuseums gelten: Abbund und Rekonstruktion eines historischen Bauernhofes brauchen Platz und einen großen Fundus an übersichtlich gelagerten Althölzern, Werk- und Bruchsteinen, Ziegel und Brettern. Dem Hohenloher Freilandmuseum hat die Stadt Schwäbisch Hall Gelände und Bauten einer aufgelassenen Baumwollspinnerei zur Verfügung gestellt, wo für Rekonstruktions- und Restaurierungsarbeiten gesammeltes Abrißmaterial lagert, wo ehemalige Maschinenhallen als Magazin für Museumsgut dienen und wo eine im Winter heizbare Abbundhalle für die Zimmerleute verfügbar ist. So kann das Museum seit Jahren in großem Stil Museumsgut horten, Bauernwagen und Schlitten, Viehtröge und landwirtschaftliches Arbeitsgerät, Möbel, Küchengerät, Textilien usw. Gerade hier sind die Arbeitsbedingungen mancher Museen bedrückend; Scheunen und Schuppen rund um das Museum sind wirr gefüllt mit Antiquitäten, es wird permanent gesucht und umgeräumt, an Inventarisierung und Pflege der Sammlungen kann nicht mehr gedacht werden. Dabei ist ein wohlgeordnetes Magazin unverzichtbares Instrument für Aufbau und Einrichtung des Freilichtmuseums, und es muß stets ausreichend Platz für Stiftungen und plötzlich verfügbares Material aus Gebäudeabrissen oder Haushaltsauflösungen bereitstehen. Alle Sammeltätigkeiten sollten dabei langfristig angelegt sein und nicht nur die ganz alten Stücke berücksichtigen – was heute noch vertraut ist, wird in wenigen Jahren schon zum seltenen Einrichtungsstück werden.

Bedeutung der Fachleute

Die wissenschaftlichen Leiter deutscher Freilichtmuseen sind in der Regel Volkskundler oder Architekten. Die große Vielseitigkeit ihres Arbeitsgebietes fordert Flexibilität und Lernfähigkeit von ihnen. Da es den idealen Ausbildungshintergrund – eine Kombination von Studium der Architektur, Volkskunde, Kunst- und Sozialgeschichte, Informations- und Verwaltungswissenschaften – nicht gibt, muß sich der Museumsleiter von den Nachbarwissenschaften so viel wie möglich aneignen. Der Nicht-Architekt wird ohne erfahrenen Bautechniker nicht auskommen, der Architekt muß sich besonders mit Baugeschichte und Volkskunde beschäftigen müssen. Viele Teilbereiche eines Museumsaufbaus sind ohne den ausgesprochenen Spezialisten nicht mehr zu bewältigen – Architekten und Bauhistoriker erstellen das Bauaufmaß, ein Restaurator unterstützt die Museumsleitung bei der Befundsuche, Institute erstellen Farb- und Putzanalysen oder dendrochronologische Gutachten. Vor allem zeitlich überfordert ist die Museumsleitung bei der Ausleuchtung des geschichtlichen und soziologischen Hintergrunds eines zu translozierenden Hauses; das ausführliche Durchgehen von Archiven und Dokumentensammlungen nach Daten zu Besitzer- und Baugeschichte, Feldforschung vor Ort mit Personenbefragung und Sammeln von alten Fotografien usw. kann nur durch ergänzenden Einsatz von ehrenamtlichen Helfern oder die Verpflichtung von Werkstudenten erledigt werden. Gerade diese Informationen aber machen das künftige Museumsgebäude zu einem erhaltenswerten und darstellenswerten Gut und zu einem sprechenden Kulturdenkmal aus der Vergangenheit.

Den meisten Freilichtmuseen stehen Gremien zur Seite, die den Museumsaufbau ideel, materiell und fachlich begleiten. Es gibt die Einrichtung des Kuratoriums, ein Kreis ernannter Persönlichkeiten aus dem öffentlichen Leben, der mit Autorität und Einfluß eine Art Schirmherrschaft über das Museum übernimmt. Nirgendwo fehlt ein Förderkreis, die Mitgliedschaft des Trägervereins oder eines Vereins, der neben dem Museumsträger (Land, Bezirk, Landkreis, Stadt) steht und ihn ehrenamtlich unterstützt. Förderkreise betreiben Öffentlichkeitsarbeit und erschließen zusätzliche Geldquellen, sie arbeiten bei der Beschaffung von Museumsgut und bei der Organisation von Museumsfesten mit. Je mehr museumserfahrene Mitglieder, je mehr aus Wissenschaft und Kulturleben kommende Persönlichkeiten ein Förderkreis aufweist, desto besser ist es für das Museum und seine Leitung. Beherrschen jedoch Kommunalpolitiker, Autodidakten, in Museumsdingen wenig geschulte Heimat- und Kunstfreunde ein solches Gremium, so scheint es unweigerlich zu Spannungen mit den hauptamtlichen Mitarbeitern des Museums zu kommen. Dann stehen allzu oft wissenschaftliches Konzept und auf Forschung und Didaktik ausgerichtete Museumsarbeit einer mehr publikumswirksamen, auf »Belebung des Fremdenverkehrs« oder auf »Museumsfeste« abzielenden Auffassung gegenüber.

In diesem Zusammenhang darf von einem leidgeprüften Museumsmann vermerkt werden, daß es wohl kaum eine zweite Einrichtung gibt, die stärker im Blickpunkt der Öffentlichkeit und im Kreuzfeuer der Kritik steht als gerade ein Freilichtmuseum. Das Sprichwort »Wer am Wege baut, hat viele Meister« trifft hier mit allen Konsequenzen zu: Da moniert Regierungsdirektor X das gewählte Grün am Fachwerkeckpfosten, wo es doch nur rote Eckpfosten in Hohenlohe gäbe (das Grün war Befund), da beschwert sich die Bügermeistergattin Y beim Vereinsvorsitzenden, daß man im Museum schön maserierte Eichenholzfenster einfach mit Farbe überstreiche (eine im 19. Jahrhundert jedoch selbstverständliche Behandlungsweise). Was beim Straßenbau oder der Errichtung eines städtischen Schwimmbads völlig undenkbar wäre, ist beim Freilichtmuseum alltägliche Erfahrung: Zu viele Beobachter, Mitträger, Geldgeber meinen zu wissen, wie man so etwas baut. . .

Da kann ein »Fachbeirat« als beratendes und vermittelndes Gremium eine wichtige Rolle spielen. In den Fachbeirat eines Freilichtmuseums sollten Fachleute aus verschiedenen, für den Museumsaufbau relevanten Fachdisziplinen gewählt werden, die mit Kompetenz und Sachverstand die Arbeit ehrenamtlich unterstützen, kommentieren und kontrollieren. Die praktischen Erfahrungen an deutschen Museumseinrichtungen zeigen jedoch, daß eine Zusammenarbeit Museumsleitung – Fachbeirat nur selten harmonisch abläuft – die Gremien sind in der Regel mit hochgestellten Persönlichkeiten des öffentlichen Lebens, mit verdienten Honoratioren besetzt, die kaum die Zeit haben, um sich in die komplizierte Materie eines Museumsaufbaus einzuarbeiten.

Museumskonzept: Theorie und Praxis

An den volkskundlichen Seminaren der Universitäten, speziell in der wissenschaftlichen Hausforschung werden Konzepte zum Aufbau von Freilichtmuseen entwickelt, die in der Praxis nicht durchsetzbar sind. Mit dieser Einsicht muß jeder Museumsleiter fertig werden, will er sich nicht in einen jahrelangen Zermürbungskrieg zwischen Ideal und Wirklichkeit stürzen und schließlich scheitern.

Jedes Museumskonzept – die Festlegung der zu zeigenden Hauslandschaften, Gebäude, Einrichtungsphasen etc. – wird von einer Reihe von Umständen beschnitten und zerpflückt. Da ist zum einen der Kostenrahmen, der dem Museum strenge Auswahl und langsamen Aufbau abnötigt, da ist die Beschaffenheit des zur Verfügung stehenden Geländes, die den Aufbau eines historischen Dorfes in idealer Form nicht zuläßt. Vor allem stehen die Gesetze und Praktiken der Denkmalpflege in Baden-Württemberg optimalem Museumsaufbau entgegen. Streng genommen erhalten die Freilichtmuseen nicht die Gebäude, die wichtig und darstellungswert sind, sondern diejenigen, die aus bestimmten zwingenden Gründen von der Vernichtung bedroht sind und nur im Museum gerettet werden können. Der Grundsatz, daß der Erhalt eines Baudenkmals an Ort und Stelle Vorrang vor einer Versetzung hat, ist unbestritten richtig. Praktische Ergebnisse dieses Dogmas werden in Museumskreisen aber oft voll Wehmut diskutiert: Da wird die spätmittelalterliche Kelter zum Cafe, der Bauernhof zum schicken Ferienappartement, da funktioniert man die barocke Pfarrscheune zum Gemeindezentrum um und die Flachsbrechhütte zur Feuerwehrgarage. Das historische Gebäude ist dann mit fast unversehrter Außenhaut in situ erhalten, im Inneren aber zweckentfremdet und damit in seinem Wesen vernichtet. Freilichtmuseen hätten so manches in dieser Weise »gerettete« Gebäude in ihrer Ganzheit aus äußerem Gefüge und innerer Aufteilung, aus optischem Erscheinungsbild und originalen Räumen mit erhaltener

Einrichtung übernommen und an neuer Stelle zum wirklichen Denkmal gemacht.

Verfügbarkeit und Erhaltungszustand sind also die eigentlichen Kriterien für ein Museumskonzept; der Aufbau regionaler Freilichtmuseen in Baden-Württemberg ist weitgehend abhängig von Zufälligkeiten. Die Aufstellung eines klaren Bebauungsplanes ist nicht möglich, die planerische Auswahl und Zuordnung von Gebäuden wird durch die aktuellen Ereignisse ständig verändert und überholt. Kaum eine Baugruppe, kaum ein Haus entsteht in der Realität so, wie vorher gefordert – die Museumsleitung ist zum permanenten Verzicht, zum Dauerkompromiß gezwungen.

Ganzheitliche Darstellung

Seit einigen Jahren erfahren die in Bau sowie Planung befindlichen Freilichtmuseen großzügige Landesförderung. Die Richtlinien hierzu lassen jedoch nur eine Bezuschussung reiner Translozierungsmaßnahmen zu, während das Umfeld eines historischen Gebäudes sowie Erschließungsmaßnahmen nicht berücksichtigt werden. Der Erfolg dieser Politik ist, daß es in regionalen Freilichtmuseen Baden-Württembergs großartige Einzelgebäude gibt, nirgendwo aber wirklich befriedigende Darstellung historischer Hof- oder Dorfgruppen. Zum Bauernhof aber gehören Scheunen und weitere Nebengebäude (Kleintierstall, Back- und Waschhaus, Holzremise etc.) sowie Hausbaum und Bauerngarten, Miste und Aborthäuschen, Hofbrunnen und Hundehütte, Tor und Zäune, Obstwiese und Krautgarten; zum alten Dorf gehören Teich und Bach, Dorflinde und Dorfbrunnen, Dorfstraße und Wege. Soweit die Regionalmuseen diese Anlagen nicht mit ehrenamtlichen Kräften anlegen können, schiebt man solche nicht geförderten Arbeiten gerne auf und konzentriert sich auf das Einzeldenkmal. Gerade ganzheitliche Darstellung aber ist vornehmste Aufgabe des Freilichtmuseums – herausragende Einzeldenkmale vergangener Architektur gibt es ja in unseren Städten und Dörfern noch zahlreich zu besichtigen. Was von völliger Vernichtung bedroht und damit erhaltens- und darstellenswerten Thema wird, ist jedoch das alte Dorf, ist der Bauernhof als Sachgesamtheit, als Ensemble aus vielen miteinander verknüpften Einzelteilen.

Aber auch die ganzheitliche Darstellung von historischen Baugruppen ist eine Vorstellung, die in der Praxis nicht verwirklicht werden kann. So besteht die klassische Hohenloher Hofanlage, die im Freilandmuseum Wackershofen entsteht, derzeit aus einem Wohn-Stall-Haus von 1794 aus Elzhausen (mit einem 1832 aufgesetzten Glockentürmchen), einer Scheune von 1832 aus Langensall, einem Kleintierstall des 18. Jahrhunderts aus Diebach, einem nach bestehenden Vorbildern nachgebauten Hausgarten und einem Hofbrunnen, der nach alten Fotos rekonstruiert wurde; das geplante Ausdinghaus muß noch gefunden werden. Die ideale Darstellung eines Hohenloher Bauernhofes aus der Zeit um 1800 könnte also nur mit einem noch vollständig erhaltenen Hof erfolgen, alles Zusammenstellen von Bauten aus verschiedenen Jahren und Gegenden ist nur eine Näherungslösung voller Fehler und Unkorrektheiten. Mit Neid blicken wir auf einen »Museumshof« wie den in Kleinloßnitz/Oberfranken, wo sich ein altertümlicher Vierseithof mit allen baulichen Einzelheiten, mit Hausgarten und majestätischen Hofbäumen und mit Teilen der originalen Einrichtung erhalten hat und nun für die Besucher geöffnet ist. Wir wünschten uns eine Vielzahl solcher Ensembles im Freilandmuseum – und vermögen doch nicht mehr, als rastlos im ganzen Lande nach Objekten zu suchen, die sich wenigstens in Ansätzen zu architektonisch und sozialgeschichtlich sinnvollen Einheiten fügen.

Techniken der Translozierung

Obwohl seit Jahrzehnten Gebäudetranslozierungen durchgeführt werden, sind Abbau eines historischen Hauses, Transport und Wiederaufbau an neuer Stelle immer wieder eine schwierige und stets neue Probleme schaffende Aufgabe. Da die Kenntnis und Erfahrung in diesem Geschäft nicht einfach weiterzugeben ist, scheint es unvermeidlich, daß jedes junge Museum sich erst durch Jahre voller Fehler und Irrtümer zu erfolgreicher Arbeit hindurchkämpft. Von größter Wichtigkeit ist es, vor dem Beginn praktischer Bauarbeiten ein schlüssiges Konzept über Art und Weise des Aufbaus zu entwickeln. Es muß klargestellt sein (und dann auch möglichst konsequent durchgehalten werden), ob man Bauten mit all ihren späteren Veränderungen versetzt oder die Originalform aus der Erbauungszeit wiederzugewinnen versucht, ob man Ausbesserungen, Ergänzungen und Rekonstruktionsarbeiten mit altartigem oder mit neuem Material ausführt, ob man mit altem Werkzeug und in den alten Arbeitstechniken baut oder die Errungenschaften der Moderne hinzuzieht.

Wie in so vielen anderen Lebens- und Arbeitsbereichen wird man hier flexibel und pragmatisch vorgehen müssen. Die idealste Form der Translozierung ist die Versetzung eines Hauses in möglichst großen zusammenhängenden Teilen, sodaß so viel Originalsubstanz wie möglich bleibt. Dies läßt sich bei kleinformatigen Gebäuden teilweise durchführen – so hat man für das Hohenloher Freilandmuseum eine Scheue in sechs große Einzelteile zerlegt und mit der alten Ausriegelung und dem originalen Putz auf Tieflader an den neuen Standort transportiert. Bei gewichtigeren Bauten können immerhin Einzelteile – eine Putzdecke, eine bemalte Wand – als Ganzes versetzt werden. Die Regel ist jedoch das behutsame Auseinandernehmen des Gebäudes und ein Wiederzusammenfügen unter Verwendung neuer Nägel, frischen Mörtels und Putzes. Beim Wiederaufbaukonzept gehen die Meinungen weit auseinander: Das eine Museum verwendet für alle notwendigen Ergänzungen alte Hölzer und Steine, mischt sich Putz und Farbe aus den historischen Bestandteilen, arbeitet ausschließlich mit Handsäge und Beil, das andere Museum ergänzt mit neuen Materialien, verwendet Motorsäge und Schweißapparat, füllt eine später verputzte

Wand auch einmal mit modernen Ziegeln. Die erste Lösung würde, zu letzter Konsequenz gebracht, den Hertransport des Baumaterials mit dem Pferdegespann und einen (früher selbstverständlichen) 14–16 Stunden-Tag verlangen, die zweite Lösung verführt zu einer Überbetonung des nur Optischen und Ästhetischen und führt letzthin zur bloßen Imitation (im Freilichtmuseum Hessenpark spritzte man Gefache mit Kunststoff aus und strich sie gelb an, um Lehmwände vorzutäuschen). Ein gesunder Mittelweg zwischen den Extremen wird nicht falsch sein können: Eine bruchsteingemauerte Wand, eine Lehmwickeldecke muß als solche wiedererstehen, moderne Maschinen – etwa Betonmischer zur Herstellung des Lehm-Stroh-Bewurfs für Scheunenwände – wird man jedoch einsetzen. Im Hohenloher Freilandmuseum Wackershofen haben sich Konzept und Arbeitsbedingungen mit wachsender Erfahrung geändert. Bei den ersten Bauten wurden neue Hölzer eingezogen und Wände mit gesägtem Sandstein ergänzt (diese Rekonstruktionen damit aber deutlich als solche gekennzeichnet), bei allen späteren Bauten wird ausschließlich mit Altmaterialien ergänzt, so daß nur noch der Fachmann Originalsubstanz und Rekonstruiertes auseinanderhalten kann; erkennbar gemacht wird dieses Nebeneinander jedoch in der Dokumentation des Hauses.

Aufbau- und Einrichtungskonzepte

Auch bei einer zweiten wichtigen Grundsatzentscheidung – der Frage nach den darzustellenden Zeit- und Bauphasen eines mehrere Jahrhunderte alten Gebäudes – kann man nicht nach starren Grundsätzen vorgehen. Bei jedem ins Museum zu versetzenden Bauwerk (das sich im vorgefundenen Zustand ja immer als ein Konglomerat aus den verschiedensten Baustufen, Um- und Anbauten zeigt) wird man neu überlegen müssen, welche Fassung im Museum wiedererstehen soll. Ziel des Museums ist es, vom Vergessenwerden bedrohte Formen des Bauens, Wohnens und Arbeitens zu erhalten und den Besuchern zu verdeutlichen – so kann die älteste zu rekonstruierende Form des Hauses bedeutsam sein, aber auch einmal eine besonders seltene und interessante Umbauphase, man kann das Haus mit sämtlichen, bis in unsere Tage hinein erfolgten Änderungen darstellen oder mit einem Neben- und Übereinander von Bau- und Einrichtungsphasen, die sich einander abgelöst haben. Bei letzterem Konzept kann man etwa eine Kammer mit den modellhaft nebeneinandergestellten Farbfassungen, Putz- oder Tapetenarten aus den letzten Jahrhunderten versehen oder bei einem ziegelgedeckten Dach an einem kleinen Teilbereich die ursprüngliche Dachdeckung mit Stroh demonstrieren. Die Kriterien hohes Alter, architektonische Schönheit, Seltenheit, Grad der Erhaltung, historisch-soziale Bedeutung usw. müssen in ihrem Gewicht gemessen werden, bevor man ein Wiederaufbaukonzept entwerfen und dann verwirklichen kann.

Die gleichen Überlegungen treffen auf die Inneneinrichtung eines historischen Gebäudes zu. Die Schwierigkeiten werden hier verstärkt durch das Faktum, daß Mobiliar und Gerät etwa aus dem 16. Jahrhundert ganz selten erhalten blieb, daß Einrichtungsstücke aus noch früherer Zeit praktisch unbekannt sind. So trifft man in Freilicht- und Heimatmuseen Gebäude aus Renaissance oder Barock fast durchwegs mit einer Inneneinrichtung aus dem 19. Jahrhundert an. Wenn auch hier meist nur Näherungslösungen möglich sind, so ist doch zu versuchen, die Bauten auch zeittypisch einzurichten oder ihre Stuben und Kammern zumindest konsequent in einem Zeitstil zu halten; zeitliche Unterschiede zwischen Bau und einheitlicher Möblierung kann man den Besuchern erklären. Das Hohenloher Freilandmuseum wird in den kommenden Jahren großen Wert auf die in sich geschlossene Darstellung verschiedener Zeitepochen und der Geisteshaltung ihrer Menschen legen. Im großbäuerlichen Weidnerhof, 1838 vom Ortsschultheiß erbaut und Mitte des 19. Jahrhunderts vom Reichstagsabgeordneten Friedrich Hartmann bewohnt, kann städtisch-bürgerlich angehauchte Wohnwelt – mit Kanapee, Klavier und Vorhängen – nachempfunden werden, der Hof Frank aus der Zeit um 1800 wird einmal die farbig bemalten Möbel aus der Werkstatt der Untermünkheimer Schreinerwerkstatt von Johann Heinrich und Georg Michael Rößler zeigen, das Steigengasthaus Michelfeld stellt jetzt schon Einrichtung des 17. und 18. Jahrhunderts und die Form des offenen Herdes mit freiem Rauchabzug dar, ein geplanter Hof aus den 70er Jahren des vorigen Jahrhunderts soll das bäuerliche Mobiliar jener Jahre bewahren, als man mit monochromen Maserierungstechniken das städtische Möbel aus naturbelassenen Edel- und Furnierhölzern nachahmte. Schließlich muß und wird auch einmal der Stil der 20er und 30er Jahre unseres Jahrhunderts wiedergegeben werden, der Einzug der Technik in die ländliche Küche, die Auflösung der Selbstversorgung des Bauern und der Vormarsch von industriell hergestellter Massenware.

Didaktische Vorstellungen

Übereinstimmende Praxis in Freilichtmuseen ist es, Inneneinrichtung von Wohnräumen, Ställen und Scheunen möglichst authentisch und realistisch zu gestalten. Trotz aller Bemühungen um echtes Zeitkolorit sehen Museumsstuben und Kammern jedoch meist aufgeräumt, ja steril aus. Die Erkenntnis, daß man das drangvolle Leben in einer Bauernküche des 18. Jahrhunderts ja doch nicht wiedergeben kann, führt zu einer zweiten Lösung, dem mehr modellhaften, stilisierten Darstellen von Arbeit und Wohnen. Das erstgenannte Museumskonzept wird von den Besuchern und damit auch von den Trägern (die hohe Besucherzahlen fordern) gewünscht, eine mehr didaktisch gesehene, behutsam verfremdete Form der Darstellung findet mehr bei den Museumsfachleuten Gefallen.

Einige Freilichtmuseen stellen – in Ermangelung geeigneter Einrichtungsstücke und genauer Kenntnisse von einstiger Funktion und Ausstattung der Räume – das Architekturdenkmal in den Vordergrund und beleben vorhandene Räume mit Ausstellungen. Dabei wird ein altbekanntes Problem vieler Museen, vor allem der Heimatmuseen, deutlich: Man ist im Besitz zahlreicher schöner alter Dinge, die man dem Besucher nicht vorzuenthalten wagt, man zeigt zu vieles zu dicht nebeneinander. Gerade dem Freilichtmuseum aber steht der Mut zur Auswahl zu Gebote, 80 Prozent des gehorteten Sammelgutes ist im Magazin gut aufgehoben. Erste Aufgabe ist es immer, Gebäude und Räume so zu zeigen, wie sie vor Jahrhunderten aussahen – eine noch so schöne Sammlung alter Trachten hat auf dem Schüttboden eines Bauernhauses eigentlich nichts zu suchen, eine noch so liebevoll gestickte Tischdecke aus Großmutters Zeiten kann heute nicht eine Wand schmücken, wenn sie einst in Schrank oder Truhe ruhte und nur zu Festtagen aufgelegt wurde. Der Wunsch von Besuchern (und natürlich von Stiftern von Museumsgut) nach Präsentation bestimmter Sammelgebiete des Museums kann durch die Abhaltung von Wechselausstellungen erfüllt werden. Ideal ist die Errichtung eines besonders hierfür geeigneten Bauwerks oder zumindest die Konzentration solcher wichtiger Ereignisse auf eine Baugruppe. Ein anderer und neuer Weg ist die Ordnung und Öffnung des Magazins für den Besucher.

Die Frage »Wie realistisch gestalte ich das Freilichtmuseum« ist im großen Rahmen des didaktischen und pädagogischen Konzepts der jeweiligen Einrichtung zu stellen. Hier gibt es fast soviel Meinungen und praktische Lösungen wie es Museen gibt. Viele Museumsleiter, vor allem der älteren Generation, neigen dazu, das Freilichtmuseum mit seiner großartigen Architektur und der in Material, Form und Farbe faszinierenden Einrichtung für sich sprechen zu lassen und dem interessierten Besucher Führer und Informationsblätter an die Hand zu geben; es wurde die Meinung formuliert, daß die Dinge des Museums jeden Text, jede Schrift erdrücken (ein erfahrener Museumsleiter: »Gehe ich in ein Freilichtmuseum, werde ich augenblicklich zum Legastheniker.«) Andere Fachleute fordern zu jedem Ausstellungsbereich, zumindest für jedes Haus, einen ausführlichen Informations- und Dokumentationsteil, der Geschichte und Bedeutung des Objekts deutlich macht und richtig in das Ganze einordnet. Was den großen Publikumserfolg des Freilichtmuseums ausmacht – die Möglichkeit, leibhaftig durch alte Stuben und Kammern wandern, historisches Mobiliar und Gerät berühren, ja ausprobieren zu können – wird in letzter Zeit gern von den Museumsbetreibern eingeengt. Diebstahl, die Zerstörung und Abnutzung von Museumsgut haben zur verstärkten Einführung von Vitrinen, zum Abschließen von Räumen durch Gatter an den Türen geführt. So einsehbar diese Maßnahmen sind (ein Bauernhaus ist ja für eine Familie und nicht für Tausende von Tagesbesuchern konzipiert worden), so gewichtig ist aber auch der Verlust an Eindruckskraft und erzieherischem wie informativem Wert. Es ist ein Unterschied, ob ich einen Raum plastisch erfahre oder ihn wie in einem Guckkasten, nur als Bild erfahre. Das gleiche gilt für das Einzelgerät: Es stehen Welten an Erfahrungswert zwischen dem Bild einer bäuerlichen Putzmühle fern in einer Scheune und der Möglichkeit, das Gerät zu berühren oder gar in Gang zu setzen. So ist die Forderung von meist aus Verwaltung, Forschung und Lehre kommenden Museumsfachleuten, im Freilichtmuseum die gleichen Regeln gelten zu lassen wie an den großen Kunst- und Volkskundemuseen, in dieser Konsequenz doch nicht zu erfüllen. Natürlich gehört zur Aufgabe des Freilichtmuseums das Sammeln, Sichern, Ordnen, Restaurieren, Konservieren, Auswerten und Beschreiben unserer historischen Sachkultur, zugleich aber darf das Freilichtmuseum Raum und Plastik deutlich machen, das Gefühl vermitteln, körperlich mittendrin zu sein, die Möglichkeit bieten, einen Vorgang, ein Ding mit allen Sinnen zu erleben und zu ertasten. Dazu gehört das Sichbückenmüssen unter einer niedrigen Tür, das Befühlen der Härte eines Strohsackes im Himmelbett, die Erfahrung, wie beißender Rauch in den Augen brennt, wenn ein offenes Küchenfeuer geschürt wird. Wäre das nicht von Bedeutung, so könnte man Haus und Hof auch in der Art unserer Landes- und Nationalmuseen und ihrer volkskundlichen Abteilungen darstellen.

Belebung des Museums

Gehen Museumsleiter und hauptamtliche Betreuer auf Öffnung und Verlebendigung des Freilichtmuseums in diesem Sinne meist gerne ein, so ist das Schlagwort vom »lebendigen Museum« in einem anderen Zusammenhang für sie ein wahres Schreckgespenst. Es ist die unermüdlich vorgetragene Forderung von Kommunalpolitikern und Heimatfreunden aus Trägerschaft und Förderkreis, die »toten« Räume mit Trachtentanz und Musik, mit Vorführungen bäuerlicher und handwerklicher Arbeit zu füllen. Widerstand gegen solche Aktivitäten ist deshalb besonders schwer, weil Ehrenamtlichkeit, Freude und Begeisterung der Mitwirkenden im Spiel sind, weil nichts auch so besucherfördernd ist, wie ein alter Backofen, in dem auch leibhaftig Brot und »Plootz« gebacken wird, ein Webstuhl, der klappert oder ein Schleifstein, an dem die Funken sprühen. So stellt sich der Museumsleiter, versucht er den Verkauf von Most im Pappbecher im historischen Fuhrmannsgasthof zu verhindern, gegen einen begeisterten Mitarbeiterkreis, der seine Freizeit für das Museum opfert. Kommt es dem Museumsleiter darauf an, mit eben diesem Fuhrmannsgasthof zu zeigen, wie man früher ohne Strom, Heizung und Wasserleitung leben mußte und wie karg Einrichtung, Speise und Trank waren, will er die Plackerei eines Gütertransports mit dem Pferdegespann dokumentieren oder darstellen, wie der Knecht im Stall hauste – die ehrenamtlichen Mitarbeiter weisen auf ganz andere Besucherreaktionen hin: »Hier ist's gemütlich. Hier bleiben wir. Wo gibt's den Most?«

Der Museumsleitung bleiben bei diesem grundsätzlichen und delikaten Problem vor allem zwei Möglichkeiten. Die eine setzt auf Wahrhaftigkeit, auf die Forderung nach Authentizität, nach konsequenter Darstellung der Wirklichkeit vergangener Lebensformen. Mit sachlichen Argumenten lassen sich so Buttern oder Flachsbearbeitung in Hohenloher Festtagstracht oder der Verkauf von Schmalzbroten im Pferdestall zurückdrängen. Ein anderer Weg ist die Konzentration von Vorführungen und Angebot von Speise und Trank auf wenige übers Jahr verteilte Museumsfeste. Das »Backofenfest« des Hohenloher Freilandmuseums gehört für die Besucher ebenso wie für die im Museum Arbeitenden zu den schönen Erlebnissen im Jahreslauf. Über zwei Tage hinweg kann dann jeder seine Ideen und Kenntnisse im »historischen Dorf« des Museums einsetzen. Alles Vorführen von geschichtlichen Arbeitsvorgängen und Bräuchen geschieht in leicht verfremdeter Form, es wird nicht mit verbissenem Ernst Vergangenheit vorgespiegelt, sondern spielerisch und in heiterer Form agiert und aus unserer Sicht heraus erklärt und gewertet.

Trotz aller Attraktivität einer trachtentragenden Mitarbeiterin am sausenden Spinnrad – wir haben uns immer vor Augen zu halten, daß das Freilichtmuseum seine Besucher nicht etwa »zufriedengestellt« und »gesättigt« entlassen soll, sondern mit erweiterter Kenntnis, vor allem neugierig und nachdenklich gemacht. Der Museumsbesuch muß Bewußtsein ändern, zu neuen Einsichten verhelfen, Vorurteile abbauen, er kann durch das Verstehenlernen vergangener Einrichtungen die Einsicht in unsere heutigen Verhältnisse erleichtern. Im Freilichtmuseum wäre zu lernen, daß unser Heute dem Gestern nicht in allen Belangen überlegen ist, daß es auch früher Lebensqualität und Erfindungsreichtum gegeben hat. Ebenso aber ist im Freilichtmuseum deutlich zu machen, daß nicht Romantik, Gemütlichkeit, Naturverbundenheit die dominierenden Faktoren des Lebens waren, sondern ein 16-Stunden-Arbeitstag, die Enge der Räume und fehlende Privatsphäre für ihre Bewohner, die Kälte im Winter, der Gestank im Sommer, Abhängigkeit von Herrschaften und gesellschaftlichen Zwängen, das Fehlen von ärztlicher Betreuung, Naturkatastrophen, Tierseuchen, Brandgefahr und vieles andere. All denen, die ungeduldig nach höheren Besucherzahlen schielen, ist zudem klar zu machen, daß das Freilichtmuseum auch und vor allem eine Einrichtung der Denkmalpflege ist, daß es der Forschung dient und sich als Dokumentationszentrum alter Sachkultur verstehen muß.

Hermann Dettmer
Feldforschung und Inventarisation
Bestandserhebung vor Ort und im Museum

Im Freilichtmuseum erwartet man eine »ganzheitliche Darstellung« vergangener Lebensformen. Wohnräume und Werkstätten, Stadel und Ställe sollen möglichst komplett und authentisch eingerichtet sein. Um diesem (letztlich nie voll erreichbaren) Anspruch gerecht zu werden, bedarf es einer intensiven Dokumentationstätigkeit, und zwar sowohl im Rahmen der Feldforschung vor Ort, wie auch bei der Inventarisierung der Museumssammlungen.

Jedes Freilichtmuseum sieht sich vor die Aufgabe gestellt, im eigenen Einzugsbereich Bestandserhebungen durchzuführen. Forschungsergebnisse aus anderen Regionen sind nur bis zu einem gewissen Grad übertragbar. Zu sehr unterscheiden sich von Gebiet zu Gebiet die Rahmenbedingungen – die geographischen, politischen, wirtschaftlichen, sozialen Gegebenheiten –, die zur Ausprägung einer jeweils landschaftstypischen volkstümlichen Sachkultur beitrugen.

Feldforschung, wie sie an Freilichtmuseen betrieben wird, bezieht im wesentlichen zwei Objektbereiche ein: Häuser und bewegliche Güter (Möbel, Arbeitsgeräte, Wandschmuck usw.). Von dem Komplex Haus und Hof soll an dieser Stelle nicht weiter die Rede sein. Es bedarf keiner Ausführung, mit welchen jahre- oder gar jahrzehntelangen Anstrengungen Bestandsaufnahmen einzelner Hauslandschaften verbunden sind. Oft reicht das verfügbare Arbeitspotential allenfalls aus, diejenigen Gebäude zu dokumentieren, die man ins Museum translozieren möchte. In Regionen ohne Freilichtmuseum unterbleibt häufig genug selbst dieses Minimalprogramm. Auf der anderen Seite gibt es den Fall, daß der Gründung eines Freilichtmuseums intensive Erhebungen vorangingen. Markantes Beispiel dafür ist die Schweiz, wo das zentrale »Häusermuseum« sozusagen die Endstufe einer umfassenden Bestandsaufnahme bildet.

Grundsätzlich vollzieht sich die Dokumentation – das gilt für ortsfeste und bewegliche Objekte gleichermaßen – in zwei Schritten. Der erste Schritt ist die Datenerfassung. Ein Gegenstand wird vermessen, beschrieben, abgebildet. Der zweite Schritt besteht in der Suche nach Zusatzinformationen. Diese gewinnt man bei Objekten, die aus unserem Jahrhundert stammen oder in neuerer Zeit noch in Gebrauch waren, vorwiegend durch mündliche Befragungen. Bei älteren Stücken ist man dagegen auf die Auswertung archivalischer Belege (Schriften, Pläne, Bilder usw.) angewiesen. Eine solche mehrstufige Informationssammlung wird sich nicht für jedes einzelne Objekt durchführen lassen, wohl aber für bestimmte Sachgruppen insgesamt.

In den vergangenen Jahren ist man zunehmend zu der Erkenntnis gelangt, daß Museumsbestände allein für eine Interpretation historischer Sachzeugnisse nicht ausreichen[1]. Das, was in Museen zusammengetragen wurde und wird, macht nur einen geringen Teil des ehemals vorhandenen und möglicherweise auch jetzt noch in Privatbesitz befindlichen Bestandes aus. Die vergleichsweise nur wenigen Museumsstücke erlauben keine verbindlichen Aussagen zur Verbreitung, zeitlichen Abgrenzung oder schichtenspezifischen Differenzierung eines Möbel- oder Gerätetyps. Ich möchte an dieser Stelle betonen, daß der wissenschaftliche Umgang mit Sachen nicht Selbstzweck sein kann, sondern immer auf den Menschen zielt. Über die Gegenstände wollen wir die Lebensbedingungen und Verhaltensweisen ihrer einstigen Benutzer rekonstruieren[2]. Es kommt darauf an, die gesellschaftlichen und kulturellen Daseinsformen in einer jeweiligen Raum-Zeit-Einheit in Erfahrung zu bringen. Um dieses Ziel zu erreichen, bietet sich die Methode der »kombinierten Quellenanalyse« im besonderen Maße an. Dabei geht es zum einen darum, innerhalb einer bestimmten Region eine möglichst vollständige Erfassung der noch vorhandenen historischen Sachzeugen, zum anderen eine systematische Auswertung schriftlicher, mündlicher und bildlicher Quellen durchzuführen. Zu den schriftlichen Überlieferungen zählen für die Bereiche Handwerk und Landwirtschaft Werkstatt-Anschreibebücher, Rechnungen, Tagebücher und Inventare. Einen besonderen Rang nehmen die Werkstatt-Anschreibebücher ein, denn sie geben Antwort auf vielfältige Fragen, etwa zur Produktionsmenge, zur Preisentwicklung und zu den Kundenkreisen einzelner Werkstätten[3]. Die Zahl solcher Anschreibe- und Geschäftsbücher ist für das 19. und beginnende 20. Jahrhundert recht hoch. Es dürfte jedoch allemal ein Glücksfall sein, wenn man entsprechende Aufzeichnungen aus der Zeit vor 1800 entdeckt. Den Mitarbeitern kulturgeschichtlicher Museen sei sehr ans Herz gelegt, nach derartigen Schriftstücken Ausschau zu halten und sie dem eigenen Archiv einzuverleiben – wenn nicht anders möglich, als Fotokopien. Inventare, die vielfach in großen Mengen in den Archiven lagern, werden neuerdings mit Hilfe von quantitativen Methoden und unter Anwendung von EDV-Verfahren ausgewertet. Die zu erwartenden Ergebnisse lassen auf eine erhebliche Erweiterung der Interpretationsbasis hoffen[4].

Das methodische Vorgehen wird sich im einzelnen der jeweiligen Objektgruppe anpassen. Die Erforschung volkstümlicher Möbel basiert vorwiegend auf schriftlichen Quellen. Bei der Untersuchung von Geräten gelangt man häufig näher an die Gegenwart heran und kann demnach in stärkerem Maße Befragungen, teilnehmende Beobachtungen und filmische Dokumentationen als methodische Mittel einsetzen. Die Lebens- und Arbeitswelt eines Handwerkers läßt sich in Gesprächen umfassender ergründen als es schriftliche Dokumente vermögen. Befragungen bieten sich auch deshalb an, weil sie uns erfahrungsgemäß zwei bis drei Generationen weit in die Vergangenheit zurückführen können[5].

Am Bauernhaus-Museum Wolfegg bilden zur Zeit Bestandsaufnahmen im Handwerkerbereich den Schwerpunkt der Arbeit vor Ort. In Oberschwaben gibt es zahlreiche vollständig eingerichtete Werkstätten (z.B. Küfer, Wagner, Schreiner, Rechenmacher, Schmiede), die nicht mehr in Betrieb sind. Sie werden der Reihe nach gründlich inventarisiert. Von jedem Gerät wird die genaue Bezeichnung und Funktion in Erfahrung gebracht und ein Foto gemacht. Ferner sammeln wir alle Schriften und Bilder, die Aussagen über die Werkstatt erlauben. Rechnungen und Notizen aus der ersten Hälfte dieses Jahrhunderts finden sich fast immer. Ganz wichtig sind Gespräche mit den alten Handwerksmeistern oder deren Nachkommen, um Kenntnisse über die früheren Arbeitsbedingungen und Produktionsabläufe zu erhalten. Durchgeführt werden diese Erhebungen vorwiegend von Studenten, die während der Semesterferien ein Praktikum am Museum absolvieren. Bei der Filmdokumentation hat sich die Zusammenarbeit mit einem Schmalfilmklub bestens bewährt. Erfahrungsgemäß bereitet der Kontakt zu den Besitzern der Werkstätten auch das Feld dafür vor, daß die eine oder andere Werkstatteinrichtung schließlich ins Bauernhaus-Museum wandert.

Um zu grundlegenden Ergebnissen zu gelangen, müssen flächendeckende Bestandsaufnahmen verbunden mit einer möglichst umfassenden Auswertung von Archivalien durchgeführt werden. Eine solche breitangelegte, systematische Feldforschung können diejenigen, die in die alltägliche Museumsarbeit eingespannt sind, nicht leisten. Deshalb gilt es, spezielle Forschungsaufträge zu vergeben. In anderen Bundesländern sind derartige Projekte bereits mehrfach durchgeführt worden. Ich selber habe vor meiner Tätigkeit am Bauernhaus-Museum Wolfegg vier Jahre lang (1978–82) an einer vom Museumsdorf Cloppenburg betreuten und von der Volkswagen-Stiftung finanzierten Inventarisierung volkstümlicher Möbel und Geräte mitgewirkt. Wenn ich im folgenden darüber berichte, dann in der Absicht, die Möglichkeiten und Probleme derartiger Forschungsaufträge aufzuzeigen und Anregungen für vergleichbare Vorhaben in Südwestdeutschland zu geben[6].

Meine Aufgabe bestand darin, im Artland (Kreis Osnabrück) volkstümliche Möbel und Geräte flächendeckend zu inventarisieren. Das Artland, ein etwa 150 qkm großes Gebiet, wurde deshalb ausgewählt, weil sich auf den einstmals sehr wohlhabenden Höfen dieser Landschaft so viele kulturhistorisch bedeutende Objekte erhalten haben, wie wohl nirgendwo sonst in Norddeutschland. Im Laufe der vier Jahre suchte ich etwa 500 Höfe sowie 100 nichtbäuerliche Haushalte auf. Inventarisiert wurden ca. 11 000 Gegenstände, darunter rund 4500 Möbel. Bei den Geräten war aus Zeitmangel keine vollständige Erfassung möglich. Ich mußte mich auf Hauswirtschaftsgeräte (vor allem Zinngeschirr) konzentrieren und auf landwirtschaftliche Arbeitsgeräte, Werkzeuge und Transportfahrzeuge weitgehend verzichten.

Das größte Problem war, Zugang zu den Höfen zu bekommen. Zahlreiche Einbrüche und Diebstähle hatten die Hofbesitzer verunsichert. Um die entstandene Abwehrhaltung zu durchbrechen, reichte allein die Tatsache, daß ich im Auftrag eines weithin bekannten Museums auftrat, nicht aus. Vorträge vor Landfrauengruppen und Heimatvereinen boten eine gute Gelegenheit, in den einzelnen Gemeinden Fuß zu fassen. War ich erstmal auf einem Hof eingeladen, wurde ich zu Nachbarn und Verwandten weitergereicht. Manchmal öffnete auch ein ausführliches Schreiben, in dem über das Projekt informiert wurde, die Tore. Als entscheidende Hilfen erwiesen sich jedoch letztlich zwei Maßnahmen. Zum einen wurde strikte Vertraulichkeit zugesichert (es erschienen keine Besitzernamen, sondern nur Codenummern auf den Karteikarten), zum anderen erhielt jeder Hofbesitzer kostenlose Zweitausfertigungen der von seinen Objekten angefertigten Karten und Fotos. Das Interesse an einer Inventarisierung ver-

BAUERNHAUSMUSEUM WOLFEGG		Inventar-Nr.	
Gegenstand		Kartei-Nr.	
Material	Erwerb (Datum, Ort, Vorbesitzer, Preis)		
Maße			
Datierung	Erhaltungszustand		
Herkunft			
Hersteller/Benutzer	Konservierung/Restaurierung		
Funktion			
Inschrift/Marke/Zeichen			
	Standort	Negativ-Nr.	
Beschreibung		Literatur	
		Sonstiges	

stärkte sich deutlich, nachdem in zwei Fällen gestohlene Möbel und Zinngeräte mit Hilfe der von mir erstellten Aufnahmen rasch wiedergefunden wurden.

Die Inventarisierungstätigkeit auf den Höfen vollzog sich ohne große Probleme. War der Zugang einmal gestattet, standen mir auch abgelegene und intime Hausbereiche wie Keller, Boden, Speicher, Schlafkammer und Krankenzimmer offen. Erfaßt wurden zunächst alle äußerlich ablesbaren Daten: Material, Größe, Konstruktion, Dekor, Standort, Funktion. Weiteres Wissenswerte, z. B. Herkunft, Standortwechsel, Funktionswandel, Erwerbsart, konnte ich in der Regel in Gesprächen ermitteln. Allerdings erlaubte die Vielzahl der aufzunehmenden Objekte nur in Ausnahmefällen intensive Befragungen. Im Museum wurden meine handschriftlichen Aufzeichnungen mit Schreibmaschine auf DIN-A4-Karten übertragen. Die Gliederung der Gesamtkartei erfolgte nach zwei Gesichtspunkten: die Originale wurden typologisch, die Fotokopien nach Hofnummern geordnet.

Eine derartige Kartei bietet eine Fülle von Informationen, z. B. Erkenntnisse über die Entwicklung und Verbreitung bestimmter Gerätetypen, über einzelne Werkstätten oder über den Umfang der ehemaligen Gesamtproduktion. Für das Museumsdorf Cloppenburg ergibt sich der unmittelbare Vorteil, daß für Ausstellungszwecke eine breite Materialbasis zur Verfügung steht. Gezielt können mit Leihgaben die wirklich typischen und aussagekräftigen Objekte präsentiert werden. Die Hofbesitzer wiederum sind im Zuge der Bestandsaufnahme auf den kulturhistorischen und materiellen Wert ihrer Güter nachdrücklich aufmerksam gemacht worden. Einem Ausverkauf der Artländer Volkskultur ist dadurch ein Riegel vorgeschoben. Von vornherein bestand die Absicht, die erfaßten Möbel und Geräte wissenschaftlich zu publizieren. Den Fachleuten und einer breiten Öffentlichkeit sollte ausdeutbares Quellenmaterial an die Hand gegeben werden. Ein Anfang ist bereits gemacht[7]. Auf längere Sicht werden die Ergebnisse der Bestandsaufnahme noch ergänzt durch die Auswertung von Nachlaßinventaren im Rahmen eines Sonderforschungsbereichs der Universität Münster. Ich bin sicher, daß sich vergleichbare Forschungsprojekte mit Erfolg auch in einigen südwestdeutschen Landschaften durchführen ließen. In Oberschwaben etwa fehlt es weder an Privatbeständen noch an archivalischen Quellen.

Über das Inventarisieren von Museumsbeständen ist bereits in der ersten Ausgabe des Museumsmagazin berichtet worden[8]. Die dortigen Feststellungen in bezug auf naturkundliche Sammlungen lassen sich im Prinzip auch auf kulturhistorische Sachgüter anwenden. Es bedarf keiner Frage, welch große Bedeutung eine kontinuierliche Bestandsaufnahme für die wissenschaftliche Museumsarbeit besitzt. Bis vor wenigen Jahren lag hier noch vieles im argen. Selbst an größeren Museen fehlte eine gutgeführte Inventarkartei. Inzwischen sind wesentliche Verbesserungen eingetreten, nicht zuletzt dank der Bemühungen zentraler Museumsbetreuungsstellen. Von dort aus gehen auch die Bestrebungen zu einer Vereinheitlichung der Inventarkarten. Noch hat fast jedes Museum seine eigene Karte von jeweils unterschiedlicher Gliederung und Größe. Gewisse Kategorien dürften sich jedoch auf allen Karten wiederfinden: Rubriken für die Grunddaten, Raum für eine Beschreibung und ein Fotofeld. Im übrigen reichen die Entwürfe von sehr einfachen Einteilungen bis zu äußerst differenziert gegliederten Karten[9]. Ich selber habe für das Bauernhaus-Museum in Wolfegg eine Karte im DIN-A4-Format entwickelt, die für die wichtigsten Objektdaten eigene Spalten vorsieht, ansonsten jedoch einer ausführlichen Beschreibung Raum gibt. Das Fotofeld ist 10×10 cm groß, so daß Kleinbildabzüge im 7×10-Format und Rollfilmabzüge im 9×9-Format gut hineinpassen. Sind mehrere Bilder zu einem Objekt vorhanden, finden sie auf einer angehefteten Blankokarte Platz.

Im Freilichtmuseum beträgt der jährliche Neuzugang an Sammlungsstücken mehrere hundert oder sogar mehrere tausend Exemplare. Ein sofortiges Erfassen und Einordnen ist äußerst wichtig, will man nicht hoffnungslos ins Hintertreffen geraten. Die erste Eintragung erfolgt im Inventarbuch unmittelbar nach Erwerb eines Stückes. Verzeichnet werden Inventarnummer, Objektname, Vorbesitzer und Herkunft, Erwerbsart und ggf. Kaufpreis sowie das Erwerbsdatum. Manche Museen lassen von jedem neuhereinkommenden Objekt gleich bei der Annahme ein Eingangsblatt anfertigen[10]. Eine derart aufwendige Dokumentation ist jedoch nur bei reichlich vorhandenem und entsprechend geschultem Personal möglich. Am Inventarbuch Kosten zu sparen, wäre grundfalsch, denn es ist jahrzehntelang im Gebrauch und soll Jahrhunderte überdauern. Unser Wolfegger Eingangsbuch haben wir nicht fertig gekauft, sondern eigens drucken und binden lassen. Dadurch wurde auch die für uns günstigste Spalteneinteilung erreicht. Die Objekte erhalten sofort nach dem Eintrag im Inventarbuch einen Aufkleber mit der Inventarnummer. Später erfolgt eine dauerhafte Beschriftung durch aufgemalte oder mittels Etikett angebrachte Nummern.

Im Bauernhaus-Museum Wolfegg werden die Sammlungsstücke solange in einem besonderen Raum aufbewahrt, bis sie vermessen, beschrieben und fotografiert sind. Erst danach gelangen sie ins Magazin oder in die Ausstellung. Das Ausfüllen der Inventarkarten erfolgt im ersten Arbeitsgang handschriftlich. Aufgenommen werden folgende Daten: Gegenstand (einschließlich mda. Bezeichnungen), Material, Maße, Datierung, Herkunft (auch soziale Herkunft), Erhaltungszustand, Konservierung/Restaurierung, Standort im Museum. Hinzu kommen Rubriken für Literaturhinweise und sonstige Anmerkungen. Für besonders wichtig halte ich es, mundartliche Bezeichnungen und Funktionsweisen der Geräte zu ermitteln. Dafür müssen notfalls auch zeitaufwendige Recherchen in Kauf genommen werden. Bei der Beschreibung gilt es, das richtige Maß zu finden. Das Wesentliche soll erfaßt werden, nicht das Selbstverständliche, nicht unbedingt jedes kleine Detail.

Per Schreibmaschine erfolgt eine Übertragung der handschriftlichen Ausfertigungen auf Karteikarten aus weißem Karton. Es wäre wünschenswert, von jeder Karte gleich mehrere Exemplare zu erstellen, um neben dem Sachgruppenkatalog auch einen Nummernkatalog und einen Standortkatalog anlegen zu können. Allerdings reichen hierzu die finanziellen und personellen Mittel vielfach nicht aus. Zumindest Fotokopien sollte man jedoch anfertigen lassen und diese feuersicher verwahren.

Zu jeder Inventarkarte gehört wenigstens ein Objektfoto. Abbildungen sind in der Regel aussagekräftiger als jede noch so genaue Beschreibung. Für die Kartei genügen relativ kleine Abzüge. Die Negativnummern müssen unbedingt auf jeder Karte, am besten unmittelbar unter dem Bild, vermerkt werden. Das Aufbewahren der Negativstreifen kann gar nicht sorgfältig genug erfolgen. Die Fotoindustrie hat verschiedene Systeme entwickelt, derer man sich bedienen sollte. Ideal wäre ein Medienschrank, in dem auch Dias, Filme, Projektoren, Tonträger usw. Platz finden.

Um eine Inventarkartei zu einem wissenschaftlichen Instrument zu machen, ist eine Gliederung nach Sachgruppen unerläßlich. In den letzten Jahren sind für die Sammlungen kulturgeschichtlicher Museen mehrere Klassifikationssysteme entwickelt worden. So im Bereich Arbeit und Gerät u. a. diejenigen von Jacobeit/Quietzsch und von Gebhard/Sperber[11]. Besonders umfassend und ausgeklügelt ist die »Systematik kulturhistorischer Sachgüter«, die Walter Trachsler am Schweizerischen Landesmuseum in Zürich erarbeitet hat[12]. Als vorrangiges Gliederungsmerkmal dient ihm die Funktion eines Objekts. Für die Bezifferung der einzelnen Positionen verwendet er das Dezimalsystem. Sehr nützlich sind Trachslers Anregungen, eine solche Sachkartei zu einem Informationsspeicher auszubauen, indem alles, was zu einem speziellen Thema an Unterlagen zusammengetragen wurde (z. B. Abbildungen von Vergleichsstücken, Fotokopien von Aufsätzen, Buchtitel), den Karteikarten zugeordnet wird. Im optimalen Fall erfolgt die Lagerung der Sammlungsstücke im Magazin analog zur Gliederung der Inventarkartei.

Anmerkungen

[1] Hierzu hat sich Helmut Ottenjann, der Leiter des Museumsdorfes Cloppenburg, mehrfach geäußert; vgl. vor allem seine Publikation: Dokumentation und Forschung im volkskundlichen Landesmuseum. Alte Aufgaben und neue Ansätze, in: Geschichte der Alltagskultur, hrsg. von Günter Wiegelmann, Münster 1980, S. 103–123.

[2] Vgl. die Bemerkungen von Andreas Kuntz in Hinblick auf eine »Ergologie des Handwerks«, in: Umgang mit Sachen (= Regensburger Schriften zur Volkskunde, Bd. 1), Regensburg 1983, S. 188.

[3] Speziell zum Thema Tagebücher und Anschreibebücher fand vom 11.–14. 3. 1981 im Museumsdorf Cloppenburg eine internationale Arbeitstagung statt. Der Tagungsband liegt inzwischen vor: Alte Tagebücher und Anschreibebücher, hrsg. von Helmut Ottenjahn und Günter Wiegelmann (= Beiträge zur Volkskultur in Nordwestdeutschland, Heft 33), Münster 1982.

[4] Die Methode, Inventare als Serienquellen aufzufassen und mit Hilfe von EDV zu bearbeiten, wurde seit 1976 an der Universität

Münster entwickelt. Zusammenfassend berichtet hierüber Günter Wiegelmann, Arbeitsbericht des Projektes »Diffusion städtisch-bürgerlicher Kultur vom 17. bis zum 20. Jahrhundert« im SFB 164, in: Rheinisch-westfälische Zeitschrift für Volkskunde, Bd. 26/27, 1981/82, S. 235–248.
[5] Vgl. Helmut Paul Fielhauer, Industrielle Arbeitsmittel und Kultur, in: Umgang mit Sachen (= Regensburger Schriften zur Volkskunde, Bd. 1), Regensburg 1983, S. 191–210 (besonders S. 192).
[6] Vgl. auch Hermann Dettmer, Flächendeckende Inventarisierung volkstümlicher Möbel und Geräte im Altkreis Bersenbrück, in: Rheinisch-westfälische Zeitschrift für Volkskunde, Bd. 26/27, 1981/82, S. 277–281.
[7] Hermann Dettmer, Volkstümliche Möbel aus dem Artland und den angrenzenden Gebieten. Stollentruhen, Kastentruhen, Koffertruhen, Laden (= Materialien zur Volkskultur nordwestliches Niedersachsen, Heft 6 und 7), Cloppenburg 1982.
[8] Manfred Warth, Inventarisieren und Magazinieren, in: Museumsmagazin 1, 1983, S. 88–93.
[9] Ein Beispiel für eine sehr differenzierte Inventarkarte ist der Entwurf, den Helmut Sperber für das Bauernhofmuseum Illerbeuren erarbeitet hat.
[10] Eingangsblätter gibt es beispielsweise im Freilichtmuseum des Bezirks Oberbayern.
[11] Eine Übersicht über die verschiedenen Systematiken findet sich bei Helmut Sperber, Gerätesystematik im Freilichtmuseum an der Glentleiten, in: Freundeskreisblätter, Heft 16, 1982, S. 58–66.
[12] Walter Trachsler, Systematik kulturhistorischer Sachgüter. Eine Klassifikation nach Funktionsgruppen zum Gebrauch in Museen und Sammlungen, Bern und Stuttgart 1981.

Christel Köhle-Hezinger
Zur Problematik der Inneneinrichtung

1. Zur Frage des Stellenwerts: ›Sachzwänge‹ und Praxisanforderungen

»Die ›Sammlungsgegenstände‹ eines Freilichtmuseums sind in erster Linie die Baudenkmale, die es dort zu bewahren gilt und die diesem Museum das unverwechselbare Gepräge verleihen. Das im Freilichtmuseum gezeigte Inventar ist dem Auftrag der Architekturbewahrung zu- oder untergeordnet...[1]«
Wenige äußern sich in solch direkter *Eindeutigkeit* wie der Gründer und Leiter des Österreichischen Freilichtmuseums in Stübing bei Graz, Viktor Herbert Pöttler. Tendenziell ähnlich, jedoch abgeschwächte Aussagen sind häufiger: »Ein FLM ist ja in erster Linie ein Architektur-Museum, d. h. ein Bau- und Raum-Museum, bei dem es weniger auf das wertvolle Einzelstück ankommt, als auf die Ganzheit von Siedlungsbild, Haus und Innenraum.« Die Begründung liefert Ottmar Schuberth, Gründer und ehemaliger Leiter des oberbayerischen FLM an der Glentleiten bei Murnau, gleich mit: »... nur in seltensten Fällen ist noch von der Originalausstattung etwas vorhanden, und das meiste muß mühsam zusammengesammelt und über den Antiquitätenhandel erworben werden. Die älteren (FLM) sind hier besser dran, da sie noch ... zu erschwinglichen Preisen einkaufen konnten ... Wir jungen Museen müssen aber froh sein, wenn wir heute hin und wieder ein passendes Einzelstück finden, das mit unserem begrenzten Etat angekauft werden kann. Daher geht die Einrichtung nur sehr schleppend voran ...«[2] Schuberths Nachfolger, Helmut Keim, nennt einen *zweiten Grund* für das Hintanstehen der Inneneinrichtung, nämlich »den Zeitdruck der ›politischen Phase‹«: Der Zwang der Gründungszeit, mittels vorzeigbarer Leistungen zugleich Existenznachweis und ›Good will‹ zu schaffen als Basis für einen weiteren Ausbau, produziert zunächst Vorzeigbares, d. h. Haushüllen, die es zudem oft plötzlich ›in letzter Minute‹ zu retten gilt.

Ein *dritter Grund* ist in allen o. a. Äußerungen – direkt oder indirekt – zu erkennen; er kann hier nur als Vermutung, ohne exakten empirischen Nachweis formuliert werden im Blick auf Allgemeingültigkeit. Er betrifft die fachliche Qualifikation und/oder persönliche Präferenz von FLM-Gründern und -leitern: da es ›Hausforschung‹ als akademische-selbständige Disziplin nicht gibt, wirken in den FLM entweder Bauhistoriker, Architekten oder Volkskundler, die sich in dieses Spezialgebiet einarbeiten und – als Antrieb oder Folge – Liebe und Engagement fürs Praktische entdecken. Auch hier ist Pöttler der Gewährsmann, der sich in größter Offenheit äußert:

»Mein Bemühen war (bei der Gründung des Museums) vor allem auf die Einheit von Landschaft und Bauwerk gerichtet, um der architektonischen Qualität der einzelnen Objekte besondere Geltung zu verschaffen ... Rückblickend darf ich sagen, daß es für mich als einen Angehörigen der Geisteswissenschaften möglicherweise ein Wagnis gewesen ist, ganze Gehöfte ab- und wieder aufzubauen ... Ich war indessen von Anbeginn meiner Arbeit überzeugt, daß es mit Kenntnissen und Einfühlung gelingen müßte, ein vor Jahrhunderten erfolgtes Baugeschehen nachzuvollziehen. Ebenso (...), daß hiefür Demut und Achtung vor dem historisch Gewordenen Vorrang haben muß vor den technisch-handwerklichen Fähigkeiten, um deren Vermittlung und Anwendung ich mich allerdings persönlich stets sehr bemüht habe. Meine Neigung zum Bauen, meine Achtung vor händischer Arbeit und meine Bereitschaft, diese auch selbst zu leisten, kamen mir dabei sehr zu Hilfe.«[3]

Das (hervorragende) Ergebnis des FLM Stübing soll uns hier nicht beschäftigen. Das ausländische Beispiel dient vielmehr der Erhellung des in der obigen These formulierten Tatbestands der eindeutigen, ja kraß ungleichgewichtigen Prioritätenfolge, der zufolge sich die übliche museale Abfolge der Rettung von Kulturgut verschiebt, ja verkehrt:

Das Retten und Erhalten – als meist denkmalspflegerisch verursachtes, politisch forciertes – Gebot der Stunde verschiebt die Aufgabe des Erhaltens als »Erfassen und Erschließen«[4] auf ein Später, das oft genug zum Sankt-Nimmerleinstag wird. Dies, in pointierten Stationen, der Leidensweg aufgeschobener, unterlassener oder improvisierter FLM-Innenausstattung, die nicht selten zur Sache von Hausmeistern, Museumswärtern, ›Liebhabern‹ degradiert wird.

Pragmatisches Handanlegen, spontanes Arrangieren dessen, was der Fundus bietet, auch hier als das ›Gebot der Stunde‹ ...

2. Forschungsstand, Forschungspositionen

An klaren Formulierungen von Einrichtungskriterien fehlt es dabei keineswegs, zumindest nicht seit dem ›Boom‹ der frühen 1970er Jahre.

In einer theoretischen Festlegung stellte Dieter Harmening »Einrichtungskriterien« gleichberechtigt neben die »Selektions-, Dokumentations- und Restaurationskriterien« der Museumshäuser:

»A Im Stile der Zeit, auf die hin (das jeweilige Haus) restauriert ist.

B Unter Berücksichtigung der spezifischen Raumfunktion.

C Nach Verfügbarkeit der Bewohner«[5]

– also nach zeitlichen, räumlichen (in doppeltem Sinne: regional *und* auf die Hausräume bezogen) und sozialen Kriterien.

Aus der Praxis formuliert sind die »Innenausstattungsprinzipien«, wie sie im polnischen FLM Sanok realisiert wurden:

»1. Die traditionelle Volkskultur wird komplex gezeigt, d.h. im Rahmen der sich miteinander verbindenden Beziehungen von Siedlungsplanung, Architektur, Wirtschaft und Lebensform.

2. Wenn es um die Veranschaulichung der Veränderungen in der Volksarchitektur seit dem 19. Jahrhundert bis zur Gegenwart geht, differenzieren wir die Innenräume in chronologischer und sozialer Hinsicht.

3. Gleichzeitig mit dem landwirtschaftlichen Bereich wird das Handwerk sowie Viehzucht vorgestellt.

4. Mit Hilfe von entsprechenden Komplexen von Exponaten werden ausgewählte Probleme des Alltagslebens dargestellt.

5. Neben der erforderlichen Inneneinrichtung werden auch die erforderlichen traditionellen Elemente von Sitte und Brauch berücksichtigt.«[6]

In solch konkreter, vollständiger Fassung finden sich Einrichtungskriterien nur leider ebenso selten wie theoretische Auseinandersetzungen mit unserem Problem.

»Gleichrangigkeit« spricht Adelhart Zippelius den Bauten, »dem Mobilar und der zugehörigen Einrichtung« zu, und er beruft sich auf die ICOM-Deklaration, wie sie 1972 vom Verband der europäischen FLM in die Satzung aufgenommen wurde: eine erstmalige »exakte Ortsbestimmung über die (bis dahin) geltenden Auffassungen über die Bedeutung und die Aufgaben von FLM«, wie auch über die Methoden für deren Realisierung.

In der FLM-Diskussion kann ›Gleichrangigkeit‹ heute als – theoretischer – Konsens angesehen werden. Als 1979 bei den »Heimattagen« in Esslingen Hans-Ulrich Roller die Abkehr von einer an der »Baukunst« orientierten Hausforschung forderte: daß »Wohnen und Wirtschaften, Funktion und Sozialstruktur des Hauses genau so wichtig wie Grundriß, Aufriß und Konstruktion«[7] sein müßten, fand dies nur Zustimmung. In ähnlicher Weise hatte sich Konrad Bedal, Gründer und Leiter des Fränkischen Freilandmuseums in Bad Windsheim, 1976 programmatisch geäußert: »Gefüge und Struktur« hatte er als die beiden Pole benannt, zwischen denen volkskundliche Hausforschung sich bewege: Gefüge als die konkret am Untersuchungsgegenstand haftende, Struktur als die »mehr abstrakte, stärker auf den Menschen bezogene Seite«. Bau- und Hausgeschichte, so sein Fazit, »sind immer auch Sozial- und Wirtschaftsgeschichte und, in einem umfassenden Sinne, Kulturgeschichte«[8]. Das Hauptinteresse müsse daher der »Funktionsstruktur« gelten als der »Verteilung von Wohnen und Wirtschaften im Haus«, gespiegelt in den »Grundbedürfnissen (...) Kochen, Essen und Schlafen«, was »die gesamte häusliche Nahrungs- und Kleidungswirtschaft« beinhalte[9].

Daß in der volkskundlichen Hausforschung und FLM-Arbeit davon bisher wenig zu spüren war, muß in der Tat verwundern angesichts der langen Traditionen, die solche Forderungen haben. Sie sind fast so alt wie die Geschichte der FLM.

1896 schon hatte der Grazer Indogermanist Rudolf Meringer an der Bauernhausforschung kritisiert, daß es nicht genüge, daß man »bloß Grundrisse und einige Aufrisse zeichnet ... Hausinhalt und Hausrath beschreibt ... Jeder Raum wird erst begreiflich, wenn man weiß, welcher Theil des häuslichen Lebens sich in ihm abspielt, das Geräthe muß erst in seiner Verwendung klar werden.«[10] Meringer war stark beeindruckt von der FLM-Entwicklung in Skandinavien; 1908 forderte er ein FLM für die Steiermark. Daß seine Mahnungen schon seinerzeit nicht unbegründet waren, zeigt die frühe Einrichtungspraxis, deren Weg seit der Pariser Weltausstellung von 1878 jüngst Holger Rasmussen aufgezeigt hat: Exotisch-folkloristische Präsentationen von »Volksleben« in dreiseitig-geschlossenen Guckkästen wirkten »wie die Wachsfigurenkabinette, die in vieler Hinsicht Vorbilder für Hazelius [im 1891 gegründeten schwedischen FLM Skansen] gewesen sind«.

Statuarische Monumente und Gegenstände anstelle von Zusammenhängen und Entwicklungen, Trachtenpuppen anstelle von Wohnen und Leben: das war die Realität in Forschung und Praxis der FLM.

Es entbehrt nicht einer gewissen Ironie, daß Meringers Forderung auf bis heute beeindruckende, ja einzigartige Weise eingelöst wurde in *unserem* Land, das bis in die jüngste Zeit – in Dornröschenschlaf versunken – Schlußlicht war im Blick auf die Entwicklung von FLM in Deutschland[11]: von Max Lohss mit seinem 1932 erschienenen Buch »Vom Bauernhaus in Württemberg und angrenzenden Gebieten«. Lohss hat das Buch seinem Lehrer Meringer gewidmet. Die philologische Herkunft und Edition der (für das »Schwäbische Wörterbuch« entstandenen) Untersuchung in der Reihe »Wörter und Sachen« hat dem Werk[12] die nötige Breitenwirkung in Forschung und Museumspraxis wohl ebenso verbaut wie der Zeitpunkt des Erscheinens bzw. die darauffolgenden Jahre. Die totale Indienstnahme des ›deutschen Bauernhauses‹ im Dritten Reich hat es zu einem nationalen Symbol – und danach zum Tabu der Volkskunde gemacht. Allenfalls noch ›wertfreie‹ Hausforschung war der – in doppeltem Sinne ›blutleere‹ – Rest, der zunehmend harter Kritik (»positivistische Stoffhuberei«) und traumatischer Meidung zugleich ausgesetzt war, bis – und damit schließt sich der Kreis unseres kurzen Forschungsüberblicks – Neuanfänge wie jene oben angedeuteten möglich wurden: als integrierte, fächerübergreifende Forschung und Praxis der FLM, deren Ziel eine »ganzheitliche« kulturgeschichtliche Dokumentation ist.

3. Praxis-Probleme

»Alles sammeln«: ›Ganzheit‹

Als jene Art, »trockene Reste zu archivieren, wie man das in Herbarien macht«, hat Claude Lévi-Strauss das herkömmliche Sammeln kulturgeschichtlicher Museen kritisiert[13]. Dieser Gefahr glaubten sich die FLM a priori enthoben aufgrund ihres wesentlichen Unterscheidungsmerkmals der Ganzheitlichkeit, wie sie definitorisch in der ›Charta‹ der europäischen FLM enthalten ist:

»Unter FLM werden wissenschaftlich geführte oder unter wissenschaftlicher Aufsicht stehende Sammlungen ganzheitlich dargestellter Siedlungs-, Bau-, Wohn- und Wirtschaftsformen in freiem Gelände verstanden.«[14]

Alle Dinge an ihrem angestammten Platz – mit dieser ›Zauberformel‹ glaubte man sich oft den Gefahren *und* dem Reflektieren der eigenen Sammel- und Ausstellungspraxis enthoben.

›Ganzheit‹ galt als didaktischer Garant: weil Möbel und Gerätschaften in ihrem ursprünglichen Zusammenhang gezeigt und so

»dem Besucher funktionale Zusammenhänge verdeutlicht werden. Auch dem Laien werden (so) . . ., wenn auch bei weitem nicht alle, so doch zahlreiche Zusammenhänge klar, und er findet so Zugang zu den Menschen, die in den Räumen und Gebäuden gelebt haben könnten.«[15]

Ganzheit wurde – in populärer Umsetzung – zur Vollständigkeit und Fülle: zum Grundsatz, ›alles‹ zu sammeln, um in größtmöglicher, reich facettierter Vielfalt vermeintliche historische ›Echtheit‹ zu erreichen. Der einzelne Gegenstand arriviert so zum ›wahren Zeugen‹, während er der historischen Methodologie doch nicht mehr ist als ein »Sachüberrest« vergangener Kulturepochen[16].

»Bei der Ausstattung ist nicht so sehr der Gegenstand an sich wichtig als vielmehr der kulturhistorische und funktionale Zusammenhang, in den die Gegenstände gehören und in dem sie dargestellt sind.«[17] Solchen Setzungen widerspricht die Realität weithin. Vollgestopfte Museen, die – je nach Vermögen – Flohmarkt-Sammelsurium oder Antiquitäten-Sammlungen sind, zeigen das Fehlen wichtiger Voraussetzungen:

»Die Auswahlkriterien müssen reflektiert werden, um dem Sammlungskonzept Halt und Kontur zu geben.«[18] Und, so wäre weiterzuführen, um nicht überall ›alles‹, sondern nur das Gesicherte, für die Kultur der jeweiligen Region Bedeutsame, Typische zu zeigen.

Was der Realisierung solcher Forderungen hinderlich ist, kann wenigstens in einem Punkt vermutet, wiederum als Hypothese nur formuliert werden:

Weil, zum einen, das »5-Minuten-vor-12-Gefühl« alles nur Erreichbare zu retten und zu sammeln heißt; und weil, zum zweiten, davon möglichst *viel* gezeigt, dem Publikum ›etwas geboten‹ werden soll; und weil schließlich, drittens, ›Wohnen‹ und ›Bauernhaus‹ auch für Laien heute noch weitgehend Bestandteil eigener (Kindheits-)Erfahrung sind: deshalb erscheint – im Sinne jener eingangs angedeuteten Beispiele – Inneneinrichtung von FLM als der vergleichsweise leichtere Teil des Museumsaufbaus, dem Auseinandersetzungen mit Forderungen wie ›Ganzheit‹ nicht einsehbar und daher leicht verzichtbar erscheinen.

›Ganzheit‹ als Darstellungs- und historisches Erschließungsprinzip, das sei abschließend vermerkt, ist nicht nur eine Ausstattungsforderung, sondern kann auch für den Besucher zum Schlüssel des Verstehens von Zusammenhängen und Prozessen werden, dessen Qualität weit über die (selektive) Wahrnehmung sattsam bekannter Fliegenfallen, Spinnräder und Mausefallen hinausreicht:

Wenn Hansjörg Schmid im Bericht über den im FLM Kürnbach erfolgten Wiederaufbau der »Hueb« als ältestem Strohdachhaus aus der Zeit um 1500 davon spricht, daß es gut wäre, »wenn man in den (Museums-)Häusern noch wie früher räuchern könnte«[17], so ist dies nicht ein nostalgisches Votum für eine täuschend echte, ›rappenschwarze‹ Rauchküche (daß man dort, wie eine Besucherin sagte, immer bis zum Hals im Rauch stand, vom kalten Luftzug ganz zu schweigen – das kann dadurch *doch* nicht vermittelt werden!). Es ist vielmehr Kürzel für vergessene, bau- und kulturgeschichtlich bedeutsame Kausalitäten: für die Zusammenhänge zwischen Flurküche und dem Essen in der Stube, zwischen offenem Rauch und der Imprägnierung von Strohdach *und* auf der Bühne lagernden Getreidevorräten, der zu Beginn des 19. Jahrhunderts objektiv – weil funktional – falsch wird im Sinne der Gebäudebrandversicherung: als moderne Kamine eingezogen werden, deren Funkenflug nun *tatsächlich* Gefahr bedeutet für die nicht mehr ›zeitgemäße‹ Strohdachdeckung von gestern.

Elektroherd und Rauchfang: ›Ungleichzeitigkeit‹

Mit der Festlegung von zeitlichen Schnitten bzw. Fixpunkten für die Einrichtung scheint Stimmigkeit garantiert, solange nur »keine Phantasieeinrichtungen

Abbildung 1 und 2 (Seite 49): »Gleichzeitigkeit des Ungleichzeitigen«, wie sie sich im FLM kaum (oder doch?) darstellen läßt: Eine alte »Rauchküche« mit offenem, nur provisorisch abgedecktem Rauchabzug. Er wird nicht mehr benützt, ein »moderner« Herd, noch holzbeheizt, ist an seine Stelle getreten; sein Ofenrohr endet »offen« im Rauchfang. Daneben der Elektroherd, an der Wand offene Elektroleitungen, ein Boiler ohne Ablauf, Möbel verschiedener Zeit und Herkunft. Und überall dazwischen: angesammelter »Kruscht«, Eimer, Häfen. Die Wände sind noch rußgeschwärzt. (Breitenwies im Schwarzwald. Zeit: etwa 2. Weltkrieg. Aufnahmen: Landesbildstelle Württemberg)

49

(...), sondern nur nachweisbar genutzte Geräte, Zeuge, Möbel etc.«[18] gezeigt werden. Am Beispiel eines fingierten »16. Juli 1936« (als Ablauf eines x-beliebigen Tages) weist Kriss-Rettenbeck jedoch auf das Problem des ›Einfrierens‹ im musealen ›Auf-Dauer-Stellen‹, welches das Wohnen, Leben und Wirtschaften seiner Dynamik beraubt. »Das ist *kein* Tag wie jeder andere, denn jeden Tag kommt anderes dran: ein anderes Feld, anderes Getreide, ... Versorgen des eingeweckten Fleisches, der eingemachten Früchte, mitunter Brotbakken, und immer wieder die stets neuen Sorgen um die Tiere, Wagen- und Gerätereparatur, Beheben von Unwetterschäden usw.«[19] Jedes Auswählen *eines* Segments bedeutet ein Eliminieren bzw. Ignorieren anderer ›Zeiten‹ vergangener Lebens- und damit Kulturzusammenhänge, von Tages-, Jahres- und Lebenszeiten.

Gravierender noch als dieser Aspekt ist ein anderer, der sich daraus ergibt: das Segmentieren historischer Zeiten, das eine vollkommene Verkennung häuslicher Lebensrealität ist. Dies Problem der Verkennung der ›Gleichzeitigkeit des Ungleichzeitigen‹ wird von keiner der üblichen Strategien gelöst – weder von bunt-gemischten »ad-hoc-Zusammenstellungen, die mit historischer Realität wenig zu tun haben, ja ausgesprochen fehlerhaft« sind, noch von kunstgeschichtlichem Epochendenken.

Einer Gratwanderung gleichen die wenigen befriedigenden Möglichkeiten. Das Erstehen und Ausstellen kompletter Inneneinrichtungen, wie es Hans-Ulrich Roller für das künftige Volkskunde-Museum in Waldenbuch beschrieben hat, ist *ein* Weg, der allerdings nur für die Zeit der letzten 100 Jahre gangbar ist: eine Einheit aus Wohn- und Schlafstube samt Küche und anderen Geräten eines Nebenerwerbslandwirts aus dem baden-württembergischen Grenzraum, »der verschiedenste historische Einrichtungs- und Nutzungsphasen« zeigt, bis hin zur »Plastikbank von 1950«[20]. Ein ähnlicher Ensemble-Erwerb (wenngleich weniger komplett) gehört zum Bestand des FLM Kürnbach. Hansjörg Schmid machte vor Abbruch des Hauses, aus dem die Dinge stammen und dessen ›Äquivalent‹ im Museum zur Verfügung steht, eine Fotodokumentation, die das alltägliche, ungleichzeitige Chaos von Praktischem, Bewährtem, Ererbtem und ›Kruscht‹ zeigt. Ob es im Museum reproduziert wird, bleibt abzuwarten.

»Kathe hielt sich kein Museum. Pietät hin und Pietät her: wenn es galt, die frisch geweißelte Wand vor den kohlrabenschwarzen Herdringen zu schützen, hing sie einfach einen Prospekt aus der Zeitung hinter den Herd. Ungeniert benutzte sie Kartons von Baby-fit. Alles paßte sich in Kürze den beiden Alten an. Schlüsselbrett und Elektroherd. Die Wendels fanden ihren eigenen Stil. Der neue Herd wurde fürs Backen notwendig. Das Backhaus lohnte sich nicht mehr anzuheizen für das bißchen, was die beiden aßen ...«[21] Solche Schilderung von individuell-unzeitgemäßem Wohnen fehlen uns für die Vergangenheit. »Wenn's schoa git, no soll mer's au verwende« – ein zweiter Satz aus der Gegenwart, der die Einstellung zu technischen Neuerungen im ›Lukasenhäusle‹ bei Furtwangen, erbaut 1715, markiert. Die heutige Bewohnerin kocht noch in ihrer alten, kaminlosen und fast dunklen Flurküche: ein zugegeben krasses Beispiel von Kulturfixierung auf dem Stand von ›irgendwann im 18. Jahrhundert‹. Gab es das früher häufiger, extremer angesichts des weit engeren ökonomischen Spielraums, von generationsweisem Zusammenwohnen?

». . . wie es nie gewesen«: ›Echtheit‹

Die besondere Präsentation des FLM ist dessen Chance und Gefahr zugleich. Die *Chance* zeigt sich in den besonders hohen Besucherzahlen – mit den Heimatmuseen zusammen seit Jahren an der Spitze der Beliebtheit unter den Museen insgesamt – und in der atypischen Zusammensetzung der Besucher. Schwellen, so wurde es einmal formuliert, haben hier nur die Häuser; Schwellenängste wie bei den großen ›Musentempeln‹ scheinen beim sog. einfachen Volk gegenüber den FLM vergessen, ist doch das Milieu vertraut. Die *Gefahren* aber sind weit weniger offenkundig.

Rankes Forderung an eine objektive Geschichtsschreibung, zu zeigen, »wie es eigentlich gewesen«, droht im FLM ihre Pervertierung: Wird alles nur komplett-ganzheitlich und funktional geordnet, originalgetreu arrangiert auf eine bestimmte Zeit hin – das Erbauungs- oder Abbruchjahr des Hauses etwa – so erweckt dies den Eindruck, »der Besitzer des Hauses habe nur eben das Haus verlassen, könne jederzeit zurückkehren«. Harmening verweist auf die Gefahr solch ›lebender Bilder‹ – abgesehen von ihrer »museologischen Paradoxie« – und kehrt das Motto um: »Haben sie wirklich so gelebt? ... stimmt die Vergangenheit, die sie (i. e. die Zeugen bäuerlicher Vergangenheit) vorgeben abzubilden? Ist Anschaulichkeit Gewähr für Wahrheit?« Solcherart geschaffene ›Authentizität‹, allein »ästhetisch gerechtfertigt«[22], wird in der Praxis gerne mit den Erholungs- und Schönheitsbedürfnissen der Besucher begründet. M. E. zu Recht hält Harmening dagegen die überall in den FLM zu beobachtende »Ratlosigkeit« angesichts perfekt-originalgetreuer Räume, »besonders, wo Eltern sich der Fragen ihrer Kinder zu erwehren suchen. Hier wird fast nichts verstanden ... Persönlichen Mutmaßungen überlassen«, entstehen »Gefühle von Niedlichkeit«[23]. Banalisierung, Personalisierung, Marginalisierung sind solche häufigen Reaktionen von Hilflosigkeit im Umgang mit den ›alten Sachen‹: Besucher betreten Häuser und Räume, ohne sie als konstruktives Ganzes oder in Details wahrzunehmen, und sie stürzen sich gleichsam auf Kuriosa – Dinge, die biographisches Anknüpfen, als Erinnerungswerte Halt bieten in der gezeigten ganzheitlichen Fülle.

Frühe Belege von Besucherreaktionen sprechen dagegen von ›Ergriffenheit‹:

». . . eine ganze Stube, die man betreten konnte ... Jedes Stück befand sich auf seinem rechten Platz. Die Wirkung war ... ergreifend ...«[24]

So schreibt Bernhard Olsen (ein Fachmann allerdings) seine Gefühle auf der Pariser Weltausstellung

1885. 1939 beschrieb ein dänischer Museumsmann es so:
> »In einem Museum in einer derartigen Stube zu stehen, in welcher die Kinder unserer Urväter hätten geboren sein können, in welcher sie hätten essen können, wo man sich Sagen und Abenteuer erzählte und die Volkslieder sang...«[25]

Eine Gruppe nennt Torsten Gebhard für die Gegenwart, die begreife:
> »das sind unsere bäuerlichen Familien, die sofort die Welt, aus der sie kommen, wiedererkennen und zugleich den Abstand empfinden, den der geschichtliche Wandel geschaffen hat«[26].

Das Streben der meisten FLM galt bisher der Rekonstruktion »historischer Milieueinheiten mit einem Höchstmaß an Authentizität«; doch selbst hier, bei aller »ehrlichen Absage an die Agrar- und Sozialromantik« stellte sich »idyllischer Effekt« ein: keine noch so »nüchtern-sachliche Monumentation«[27] kann anscheinend die Besucher davor bewahren, »von der Schönheit eines FLM überwältigt zu werden«[28].

Kennzeichnet ›Ganzheit‹ ein Darstellungsprinzip und eine programmatische Forderung für das FLM, so ist ›Echtheit‹ dessen populäres Derivat und ein Fetisch. »Das Argument der Echtheit (..., das) auf gefühlsmäßige Zustimmung zielt, ... ist falsch. Wären die Gegenstände ›echt‹, stünden sie also noch in ihrem ursprünglichen Lebenszusammenhang, so bedürfte es keines Museums.«[29]

›Inszenierung‹ als »Störung« der Idylle forderte Konrad Köstlin: »An die Stelle der Realitätsimitation des ›als ob‹ hätte die Montage der Realität zu treten.«[30] ›Milieu‹, ›Szenario‹, ›Collage‹ waren und sind Versuche, der Aura des Authentischen Weihe und vermeintliche Wahrhaftigkeit zu nehmen, als Brechung zu wirken und so zu vermeiden, daß »schiefe oder falsche Geschichtsbilder entstehen«[31].

4. Praxis-Folgerungen

Das Lamento über die fehlenden wissenschaftlichen Grundlagen für die FLM ist den Fachleuten im Lande hinreichend bekannt. Daß aber ein der Definition entsprechendes, wissenschaftlich geführtes FLM in der Lage ist, vom Lamento zum Aufarbeiten des Mankos überzugehen, zeigt sich z. B. in Wackershofen: in dessen Hausforschung, die in umfassendem Sinne als Kulturgeschichte einer Region betrieben wird und die inzwischen in einem hervorragenden Dokumentationsband[32] wie in der bisherigen – sparsamen, treffenden – Einrichtung zum Ausdruck kommt. ›Sparsam‹ bezieht sich dabei nicht auf den Wert des Gezeigten (die Möbelsammlung ist vielmehr unschätzbar!), sondern auf das kluge Dosieren der Gegenstände gemäß historischer Richtigkeit, waren doch, wie Bedal zu Recht bemerkt, die Stuben etwa weit weniger vollgestellt als dies unseren heutigen Vorstellungen entspricht[33].

Nur konkrete Forschung, auf die Region, einzelne Objekte und Themen bezogen, vermag Typik zu erkennen und bei der Einrichtung die Weichen zu stellen, indem Akzente gesetzt und so das Bild regionaler Kultur vorsichtig zusammengefügt wird.

Alles andere ist Stückwerk, Ersatz.

Die jüngste FLM-Neugründung im Lande, Neuhausen ob Eck/Landkreis Tuttlingen, sucht hier von Anbeginn an Forschungslücken wenigstens zu *kompensieren* durch ein Projekt »Grundlagenforschung«, dem – interdisziplinär – ein Archivar, Bauhistoriker, Geograph sowie zwei Volkskundler angehören. So werden zum jeweiligen Objekt *und* übergreifend Archivmaterial, Hausdokumentationen, Besitzergeschichten mit Karten und Bildquellen erhoben und genutzt. Ein Objekt, ein 2stöckiges ›Ackerbürgerhaus‹ aus Schömberg, bietet die Chance zum direkten Vergleich: das eine der beiden Stockwerke soll den frühesten Zustand (um 1760, nach dem großen Stadtbrand), das andere den der Letztbewohner dokumentieren (um 1920). Oder, ein zweites, das Seldnergebäude aus Delkhofen soll unter Aufweis aller Veränderungen wie Ziegeldach statt Strohdach, »Abtrittsanbau« etc. im Letztzustand (um 1912) eingerichtet werden. Oder, ein drittes Beispiel aus Kürnbach, das Haus Laternser soll gemäß dem baulich rekonstruierten Zustand »um 1890« eingerichtet werden, wofür Archivmaterial und Befragung der letzten Hausbewohner als Quellen dienen.

Damit sind die hauptsächlichen Quellen schon genannt: Bildquellen, archivalische und literarische Belege wie Reisebeschreibungen, topographische und andere landeskundliche Literatur, wie sie der Hausforschung insgesamt Quelle ist. Inventuren und Teilungen, also Hinterlassenschafts- und Heiratsinventare ermöglichen für den württembergischen Bereich exakte und oft lückenlose Rekonstruktion des Möbelbestands, derzufolge – darauf weist Bedal zu Recht hin – »eine zweifelsfreie Einrichtung des Hauses (...) sich freilich nicht vornehmen« läßt: Stellordnung und »Aussehen der Möbel z. B. können danach nur erahnt werden«[34].

Das Haus selber bietet als ›Quelle‹ für die Einrichtung meist wenig, gelingt es doch nur selten, mit den fürs Museum bestimmten Häusern auch Innenausstattung, Möbel, Öfen, Bilder etc. zu erwerben. *Was* jedoch meist miterworben wird, unbeschädigt unter zahllosen Tapeten und Farbschichten, ist die frühere originale Wandbeschaffenheit. Befunduntersuchungen, wie sie beim Auf- und Abbau im FLM Bad Windsheim praktiziert werden und in Tuttlingen bereits bei den ersten Objekten mit in Auftrag gegeben wurden, sind – wie sich in Windsheim bereits zeigt – beeindruckende Zeugnisse früher Farbigkeit, die heute liebgewonnene, teils in FLM noch genährte Vorstellungen von ›Bauernstuben mit weißgekalkten Wänden und Naturholzmöbeln‹ gründlich erschüttern. In welcher Weise dies unsere Vorstellungen von populärer Ästhetik umwälzen wird, läßt sich beim ersten Betrachten der schreiend bunten Wände erahnen...

Neben dem Wissen um die historischen Grundlagen der Inneneinrichtung gilt es, optimale didaktische Präsentation zu erreichen: »so exakt wie möglich beschriftet... durch sorgsam ausgewählte Karten, Modelle,

Bilder in ihrem ganz verschiedenen Aussage- und Eigenwert ergänzt und gesteigert«[35].

Otto Laufer forderte schon 1902 in seinem Plan eines Berliner FLM eine »Ausstellungshalle, in der all das Platz finden sollte, was in den Haus- und Dorfarrangements nicht vor- und ausstellbar ... in stillgelegten Milieuensembles präsentierbar wäre«[36]. Ziel, so unsere letzte These, der Einrichtungs- und Ausstattungspraxis eines FLM muß eine *Mischung* sein: einmal in chronologisch-genetischer Folge, was die herkömmliche Hauseinrichtung betrifft: nach Alter, Besitz, Zustand etc. Daneben muß es thematische Bereiche geben als »Kombination von Basisaufstellung und Lernausstellung«[37]: Hausindustrie, Handwerk, bäuerliche Selbstversorgung, Schäferei, Gesindewesen u. v. a. m. wären hier Themen. Erst damit wird es dem FLM möglich, seine besondere Chance und Aufgabe wahrzunehmen: auf seine Art, unterhaltend *und* belehrend, ein Bild unserer vorindustriellen Vergangenheit zu geben.

Literatur

[1] Viktor Herbert Pöttler: Österreichisches Freilichtmuseum, ³Stübing 1978, S. 15f.
[2] Ottmar Schuberth: Freilichtmuseen. Vortrag bei der Tagung »Freilichtmuseen in Baden-Württemberg«, 201. 1979 in Biberach, Ms. masch., S. 11.
[3] Pöttler, a.a.O., S. 20 und 24f.
[4] Alheidis von Rohr: Kulturgut. Erfassen, Erschließen, Erhalten. Göttingen 1977.
[5] Dieter Harmening: Konzeptionskriterien für Freilichtmuseen. Arbeitspapier. Ms. masch., S. 2.
[6] Jerzy Czajkowski: Probleme und Methoden der Inneneinrichtung von Museumsbauten im Ethnografischen Park in Sanok. In: Tagungsbericht 1978 des Verbandes europäischer Freilichtmuseen, Bonn 1980, S. 112f.
[7] Hans-Ulrich Roller: Freilichtmuseen in Baden-Württemberg. AG II: Die Inneneinrichtung der Museumshäuser. Heimattage 1979, Esslingen, Ms. masch., S. 1.
[8] Konrad Bedal: Gefüge und Struktur. In: Zeitschrift für Volkskunde, 72. Jg., II/1976, S. 161–176; hier: 176.
[9] Ebd., S. 170.
[10] Rudolf Meringer: Das oberdeutsche Bauernhaus und seine Geräte. In: Zeitschrift für österreichische Volkskunde, 2/1896, S. 265f.
[11] Adelhart Zippelius: Handbuch der europäischen Freilichtmuseen. Bonn 1974, S. 25ff.
[12] Derzeit ist eine Neuauflage in Vorbereitung im Verlag Jürgen Schweier, Kirchheim, auf die hoffentlich bald zurückgegriffen werden kann.
[13] Claude Lévi-Strauss: Strukturale Anthropologie. Frankfurt 1967 (= suhrkamp taschenbuch, 15), S. 404.
[14] Zippelius (wie Anm. 11), S. 9.
[15] Stefan Baumeier: Zur Dokumentation in Freilichtmuseen. In: Beitr. zur Hausforschung 1/1975, S. 175–182; hier: 175.
[16] Zit. n. Gottfried Korff: Zur Dokumentationspraxis im Freilichtmuseum. In: Die Alltagskultur der letzten 100 Jahre. 4. Arbeitstagung der AG »Kulturgeschichtliche Museen« in der Deutschen Gesellschaft für Volkskunde, 29. 5. – 1. 6. 1978 in Berlin, Berlin 1980, S. 69–82; hier: S. 71.
[17] Hansjörg Schmid: Die Hueb in Kürnbach. In: BC. Heimatkundliche Blätter für den Kreis Böblingen, 4. Jg., H. 2, 18. 12. 1981, S. 4–11; hier S. 11.
[18] Lenz Kriss-Rettenbeck: Gesichtspunkte und Grundsätze für Freilichtmuseen. Oder: Hausen und Wirtschaften als Ausstellungsproblem. In: Bayerische Blätter für Volkskunde, Jg. 8, H. 3, September 1981, S. 188–196; hier: 189f.
[19] Ebd., S. 194.
[20] Hans-Ulrich Roller: Überlegungen zur geplanten Darstellung von Alltagskultur im Volkskundemuseum Waldenbuch. In: Die Alltagskultur ... (wie Anm. 16), S. 59–68; hier: S. 63.
[21] Roland Bauer: Bäuerliche Lebensformen sterben mit den alten Leuten. Mit einer Einführung von G. Haasis. Stuttgart 1982 (unpag.).
[22] Dieter Harmening: „So haben sie gelebt." Zum Anspruch ganzheitlicher Dokumentation im Freilichtmuseum. In: Bayer. Blätter (wie Anm. 18), S. 196–205; hier: 198f.
[23] Ebd., S. 201.
[24] Holger Rasmussen: Interieure und exterieure Museen. Zur Geschichte der nordischen volkskundlichen Museen. In: Museum und Kulturgeschichte. Festschrift für Wilhelm Hansen. Münster 1978, S. 39–46; hier: 41.
[25] Ebd., S. 45f.
[26] Torsten Gebhard, zit. n. Bayerische Blätter (wie Anm. 19), S. 202.
[27] Korff (wie Anm. 16), S. 70.
[28] Adelhart Zippelius: Zur notwendigen Selbstkritik der Freilichtmuseen. In: Volkskunde LXXIX (1978), Nr. 2/3, S. 119–124; hier: S. 124.
[29] Hermann Bausinger: Für ein baden-württembergisches Freilichtmuseum. In: Stuttgarter Zeitung v. 12. 11. 1977, Ms. masch., S. 6.
[30] Konrad Köstlin: Das Museum zwischen Wissenschaft und Anschaulichkeit. Zum Verhältnis von Recherche und Präsentation. In: Museen in der Provinz. Strukturen, Probleme, Tendenzen, Chancen. 5. Arbeitstagung der »AG Kulturgeschichtliche Museen« in der Deutschen Gesellschaft für Volkskunde, 5.–7. 6. 1980 in Biberach/Riß. Tübingen 1982, S. 47–59; hier: S. 53.
[31] Martin Scharfe: Kulturgeschichte und Sozialgeschichte im Freilichtmuseum. In: Zeitschrift für Volkskunde, 79 Jg., I/1983, S. 77–80; hier: S. 79.
[32] Heinrich Mehl: Dorf und Bauernhaus in Hohenlohe-Franken. Bildzeugnisse aus der Vergangenheit. (= Schriften des Hohenloher Freilandmuseums, Dokumentation Bd. 1), Schwäbisch Hall 1983.
[33] Konrad Bedal: Häuser aus Franken. Museumsführer Fränkisches Freilandmuseum in Bad Windsheim. (= Schriften, Bd. 3), Bad Windsheim 1982, S. 32.
[34] Ebd., S. 43f.
[35] Roller (wie Anm. 7), S. 2.
[36] Otto Laufer, zit. n. Korff (wie Anm. 16), S. 75.
[37] Lenz Kriss-Rettenbeck: Zur Typologie von Auf- und Ausstellung in kulturhistorischen Museen. In: Ingolf Bauer/Nina Gockerell (Hrsg.): Museumsdidaktik und Dokumentationspraxis, München 1976, S. 11–55; hier: S. 31f.

Albrecht Bedal

Die Bedeutung der wissenschaftlichen Bauaufnahme für die Arbeit im Freilichtmuseum

»Bauaufnahme«, »Bauaufmaß«, »Formdokumentation« oder »Bestandsaufnahme«: Alle diese vier Bezeichnungen meinen das gleiche, nämlich das Vermessen existierender Hochbauten am Objekt selber und deren verkleinerte maßstäbliche Wiedergabe als Plan. Keines dieser obengenannten Wörter hat sich bis heute allein als feststehender und gültiger Begriff durchsetzen können. Bleiben wir in diesem Aufsatz bei der allgemeinen und relativ neutralen Bezeichnung »Bauaufnahme«, obwohl in diesem Wort das Verständnis des 19. Jahrhunderts vom Vermessen von Architekturobjekten steckt. Bei der Erstellung von Bauaufnahmen ging es damals (und bis in die neuere Zeit) weniger um die Richtigkeit und Genauigkeit der Wiedergabe, sondern eher um die künstlerische Darstellung eines Vorbildes mit Schattenkonstruktionen, Oberflächenstrukturen usw. und damit zu einer räumlichen Erscheinungsform der nur zweidimensionalen Zeichnung. Ein Gebäude wurde eben mehr »aufgenommen« als »aufgemessen«. Es wurde allgemein von »Aufnahmen« von Gebäuden gesprochen. Sammlungen von Bauaufnahmen wie z. B. »Das Bauernhaus im Deutschen Reiche und seinen Grenzgebieten« werden als »Aufnahmewerke« bezeichnet. Selbst noch in den Vierziger Jahren wird dieses unpräzise Wort für die maßstäbliche Wiedergabe von Gebäuden verwendet, wogegen heute »Dokumentation« mit allen Varianten, die möglich sind, beliebt ist. Auch das erste und bisher letzte Fachbuch, das sich ausschließlich mit diesem Thema beschäftigt, verfolgt diese Richtung: »Das Aufnehmen von Architekturen«, verfaßt von Karl Staatsmann, 1910 in Leipzig erschienen.

Im 19. Jahrhundert und bis zum Ersten Weltkrieg war der Hauptgrund für das Anfertigen von Bauaufnahmen weniger in wissenschaftlicher Dokumentationsarbeit zu suchen als vielmehr darin, detailgetreue Vorbilder für Neubauten in den verschiedenen Stilen zu gewinnen. Daher wurde mit einem Minimum an Aufwand gemessen, den Bearbeitern waren die zeichnerische Wiedergabe als künstlerisches Ergebnis und die eigene Vorstellung von der Richtigkeit der Formen wichtiger als die korrekte Abbildung. Es galt sogar oft als Zeichen großer fachlicher Fähigkeit, wenn die »Aufnehmer« mit möglichst wenigen Messungen auskamen, dafür aber mit vielen eigenen subjektiven Kenntnissen über Baustile den vorgefundenen Zustand in eine »Sollformdarstellung« umwandelten. Auf diese Art und Weise erhielten Architekten und Handwerker ihre »Musterbücher« über Stile und Typen.

Erst durch eine veränderte Einstellung gegenüber den »aufzunehmenden« Objekten selber, durch die Erkenntnis, daß die Gebäude »Originale« und Singulärerscheinungen sind und daher auch ohne zeichnerische Veränderungen dokumentiert werden müssen, hat zu einer langsamen Abkehr weg von der »Aufnahme« hin zum »Aufmaß« geführt, also von einer unzuverlässigen Sollformdarstellung zur wirklichkeitsgerechten »Istformdokumentation«.

Angeregt durch die genauen Vermessungs- und Wiedergabemethoden der Archäologie mit bei den bauaufnehmenden Architekten häufig unbekannten Anforderungen der getreulichen Wiedergabe des vorhandenen Zustandes, der Überprüfbarkeit und der Genauigkeit der Vermessung haben sich gerade durch die Freilichtmuseen die Ansprüche an die Zuverlässigkeit zeichnerischer Bauaufnahmen ständig erhöht. Nicht zuletzt spielte auch für die Verbesserung des Standards der Bauaufnahmen die Entwicklung der Photogrammetrie als Ansporn eine große Rolle. Die Annahme allerdings, die photogrammetrische Vermessung sei die scheinbar zuverlässigste Dokumentationsquelle wegen ihrer Vollständigkeit für die Arbeit im Freilichtmuseum, erweist sich bei genauerem Hinsehen als nicht zutreffend. Der Photogrammetrie sind Schranken bei der wissenschaftlichen Bauaufnahme gesetzt einmal durch die örtlichen Verhältnisse, wie z. B. Zugänglichkeit zu allen Fassaden, die Beleuchtung und die Brennweite, dann durch die mangelnde Interpretationsmöglichkeiten und nicht zuletzt durch die unwirtschaftlich hohen Kosten für den technischen Aufwand bei den ländlichen Gebäuden mit z. B. vielen kleinen Innenräumen.

Immerhin veranlaßte sie wohl auch, daß sich die zeichnerischen Methoden und die Vermessungstechnik verfeinerten und präzisierten. Die Qualität der »Handmessung« tritt dann besonders zu Tage, wenn es um Forschung geht, da der Bearbeiter im Hinblick auf bauhistorische Auswertungen gezwungen ist, das aufzumessende Gebäude zu durchdenken, er auf »Tuchfühlung« mit allen Details durch seinen unmittelbaren Kontakt mit dem Bauwerk selber bleibt. Das kann natürlich auch nur dann zu guten Ergebnissen führen, wenn die Vermessungsarbeit nicht an »Hilfskräfte« delegiert, sondern vom Bauforscher selbst durchgeführt wird. Durch die direkte praktische Arbeit am Objekt selber kann eine Bauaufnahme mit wesentlich dichteren Informationen als durch das völlig neutrale, im Prinzip nur Punkte erfassende photogrammetrische Aufmaß entstehen. Beide Methoden haben ihre Bedeutung und sollten gezielt für die jeweilige Aufgabe eingesetzt werden. Wie die Photogrammetrie für Grundrisse und Schnitte nicht ohne Handmessung auskommt, so kann ein Handaufmaß bei komplizierteren Ansichten von photogrammetrischen Auswertungen nur profitieren.

Aufgaben der Bauaufnahme

Bauaufnahmen von Gebäuden, die in Freilichtmuseen versetzt werden sollen, haben zwei verschiedene Aufgaben:
- Sie sollen die Grundlagen liefern für einen sachgerechten Wiederaufbau der in ihre Einzelteile zerlegten Objekte, sie müssen praktisch einem vermaßten Bauplan entsprechen, den auch die beim Wiederaufbau beschäftigten Bauhandwerker lesen, verstehen und umsetzen können.
- Sie sollen die wissenschaftliche Grundlage legen für bauhistorische und vergleichende Untersuchungen der Hausforschung, sozusagen als Ersatz für die »unhandlichen« Objekte.

Zur Bauaufnahme als Abbauplan:

Für die Überführung eines Gebäudes in ein Freilichtmuseum muß es für den Transportweg mehr oder weniger von einem »immobilen« Zustand in einen »mobilen« Zustand verändert werden, da die Translozierung ganzer Häuser oder Gebäude zumindest im Bereich der Freilichtmuseen, abgesehen von kleinsten Hütten, noch nicht gelungen ist, obwohl dies aus vielen Gründen eine Ideallösung ergeben würde. Um den temporären immobilen Zustand zu erreichen, muß das zur Transferierung anstehende Objekt in transportable Einzelteile zerlegt werden. Für den angestrebten wirklichkeitsgetreuen Wiederaufbau im Museum selber braucht man daher notwendigerweise vor den eigentlichen Baumaßnahmen eine Bauaufnahme, die den Zusammenhang der einzelnen Gebäudeteile untereinander zeigt und die die Möglichkeit bietet, die abzubauenden Einzelteile zu numerieren und zu inventarisieren. In je mehr Einzelteile man ein Gebäude zerlegt, umso penibler muß der Wiedergabewert der Bauaufnahme sein. Fachwerkbauten sind demnach einfacher zu versetzen, da ja relativ große Bauteile, nämlich die Holzbalken, den Wiederaufbau mit den Zapfenlöchern oder Blattsitzen usw. ziemlich exakt bestimmen; daher könnten sich für solche Gebäude »reine Abbaupläne« mit wenigen Maßen und damit einer relativ geringen Genauigkeit begnügen. Bei Holzkonstruktionen ergeben sich Abweichungen vom Orthogonalsystem beim Wiederaufrichten fast zwangsläufig, ganz besonders bei den im »Baukastensystem« errichteten Blockbauten. Massive Mauerwerksbauten oder Häuser mit einem hohen Anteil an massiven Wänden machen eine genaue maßliche Erfassung im dreidimensionalen Raumbezug notwendig, da die kleinen Bauteile der Mauern wie Ziegel oder Bruchsteine das Baugefüge kaum vorherbestimmen. Neben der rein technischen Aufgabe, Baupläne für den Wiederaufbau zu gewinnen, wird eine Bauaufnahme, die ein Gebäude für die Versetzung in ein Freilichtmuseum erfassen soll, zusätzlich auch wichtige Grundlagen liefern müssen für die zukünftige Präsentation dieses Gebäudes als Ausstellungsstück im Museum. Schon bevor ein Gebäude wiedererrichtet wird, muß eine Konzeption für das »zweite« Leben im Museum gefunden werden, denn die meisten Bauten zeigen nicht nur eine einzige Bauschicht, sondern sie sind durch mehrere Umbauten, Erweiterungen und Veränderungen so komplex geworden, daß ihre Konstruktion und ihr Wert für ein Freilichtmuseum oftmals erst durch eine dokumentierende Bauaufnahme erkannt werden können. So wurden bei dem 1709 errichteten Haus Hauptstraße 8 aus Simmozheim, das für den Landkreis Tuttlingen 1982 abgebaut wurde, vier Hauptbauphasen innerhalb von 250 Jahren festgestellt, ohne die kleineren Umbauten und Reparaturen zu berücksichtigen. Allein durch genaue Beobachtung am Ort selber ist es schwer möglich, Bauteile in ihrer ursprünglichen oder veränderten Gestalt zu erkennen und abzugrenzen, das gilt z. B. für Mauerwerksdicken (sind ohne Plan in vielen Bereichen vom Beobachter nicht zu unterscheiden), Baunähte, gegenseitig versetzte tragende Teile, Schäden durch Umbauten und Veränderungen usw. Erst durch eine Bauaufnahme mit wirklichkeitsgerechtem Abbild ist ein Gebäude in seiner Komplexität zu erfassen und für den Wiederaufbau so auszuwerten, daß eine wissenschaftlich fundierte Konzeption für die Darstellung im Freilichtmuseum gefunden werden kann (siehe auch den Abschnitt: Auswertende Bauaufnahme).

Zur Bauaufnahme als Grundlage für wissenschaftliche Forschungen:

Freilichtmuseen müssen aus dem Hausbestand ihres Einzugsgebietes eine Auswahl treffen, da sie nur einen winzigen Teil der historischen ländlichen Gebäude übernehmen und der Nachwelt erhalten können. Umso wichtiger ist eine fundamentierte Kenntnis der jeweiligen »Hauslandschaft«, damit die Häusersammlung eines Freilichtmuseums nicht nur aus lauter Zufälligkeiten besteht, sondern auch auf dem tatsächlichen Bild vergangener Zeiten, das wir uns aber erst wieder erarbeiten müssen, beruht. Für die Arbeit im Freilichtmuseum ist es daher unabdingbar, Hausforschung zu betreiben und damit nicht nur die Gebäude genau zu erforschen, die transferiert werden, sondern durch Untersuchung weiterer Beispiele gesicherte Unterlagen über die eigene Hauslandschaft zusammenzutragen.

Zu dieser wesentlichen Arbeit des Freilichtmuseums gehört als wichtigstes Instrument neben der Fotografie die Bauaufnahme als Primärdokument. Denn auch Häuser und andere Gebäude, die nicht für einen Wiederaufbau vorgesehen, aber trotzdem dem Verfall und damit wissenschaftlichen Verlust preisgegeben und aus welchen Gründen auch immer von bauhistorischem Interesse sind, sollen gleichwertig mit den Museumsgebäuden erfaßt und dokumentiert werden, soweit dies überhaupt möglich ist. Freilichtmuseen können nicht nur aus Selbstzweck in ihrem Museumsgelände arbeiten, sondern sie sind für ihre Region in ihrem Fachgebiet, der Hausforschung im weitesten Sinne, ein Zentrum wissenschaftlicher Forschung. Bauaufnahmen für die wissenschaftliche Arbeit müssen ein verläßliches Abbild der Wirklichkeit bieten als deutlich erkennbare Darstellung des vorgefundenen Ist-Zustandes, Rekonstruktionen und Ergänzungen müssen als solche klar ablesbar, besser noch als getrennter Plan gezeichnet sein. Diese konsequente Trennung in Befund und Rekonstruktion wird schon seit langem gefordert, setzt sich aber erst langsam durch.

Über das normale Maß hinaus kann bei zu translozierenden Gebäuden Forschung betrieben werden, denn durch fachgerechtes »Zerstören« läßt ein Haus erst seine volle Geschichte erkennen. Ähnlich wie bei archäologischen Ausgrabungen können Schichten für Schichten freigelegt werden und damit ältere Zustände, Umbauten, Veränderungen und so Lebens- und Arbeitsgewohnheiten sicherer erkannt und diagnostiziert werden. Die Aufmaßpläne müssen in einem solchen Fall laufend vor Ort ergänzt werden, sie sollten als Schichtpläne aufgefaßt werden (z. B. Bodenbeläge). Die größere Arbeit beim Bauaufmaß an Ort und Stelle während der Abbauarbeiten wird durch einen enormen Erkenntniszuwachs über die individuelle Baugeschichte mehr als aufgewogen. Diese einmalige Chance, die durch die Freilichtmuseen erst möglich wurde, durch den Abbau und die Zerlegung eines Gebäudes in seine »intimsten« Einzelteile quasi eine Sezierung vorzunehmen, ist bisher von der Hausforschung nicht stark genug beachtet worden.

Zur Methode des Aufnehmens vor Ort

Während der letzten Jahrzehnte hat sich für Bauaufnahmen eine gewisse Vermessungstechnik herausgeschält, die heute allgemein von Architekten angewandt und an den Hochschulen gelehrt wird: das sogenannte *additive Aufmaß*. Verbessert wird dieses relativ primitive

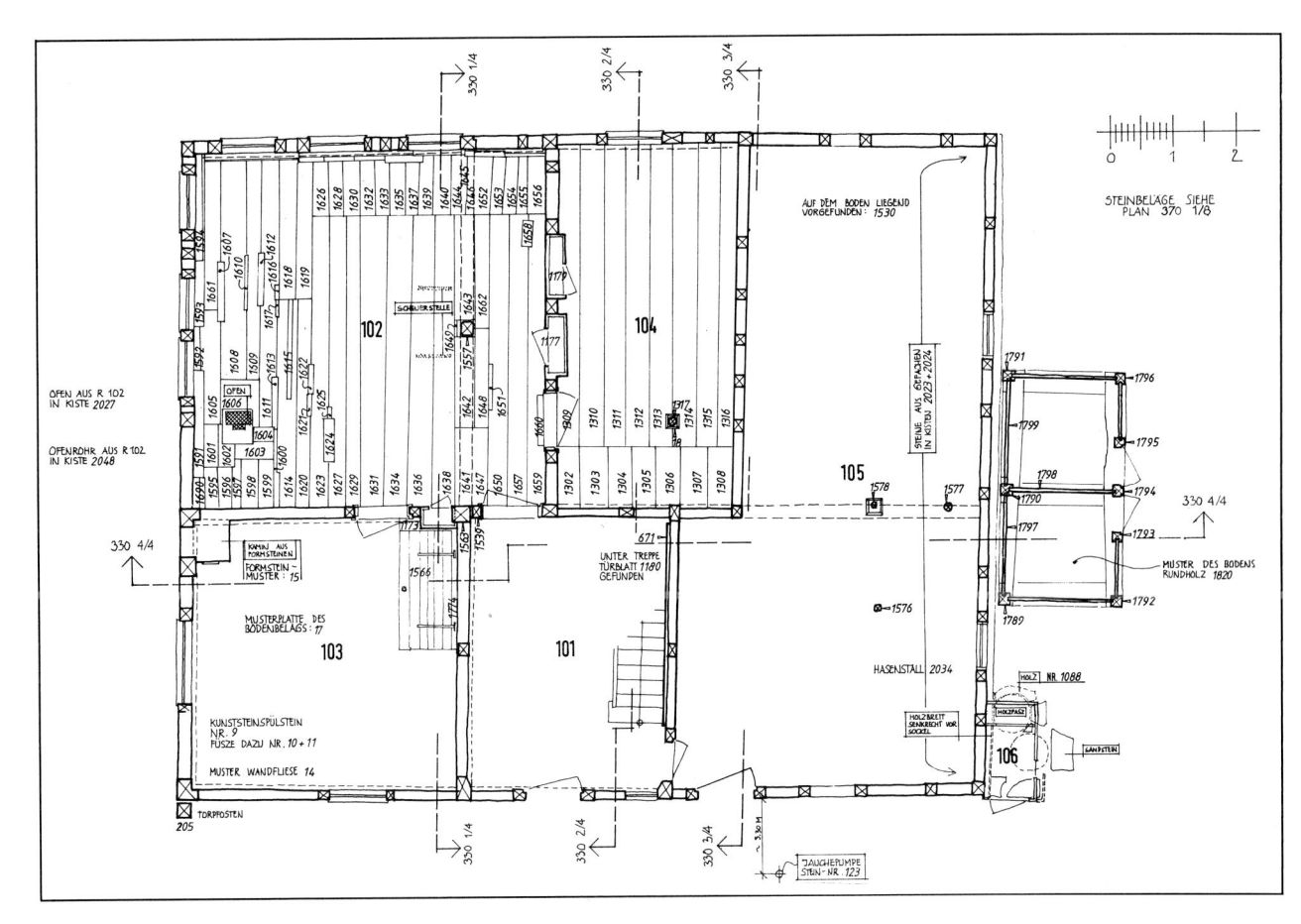

Verfahren durch das *Meßlinienaufmaß* mit Einführung von Standlinien, Meterriß und Loten. Aber erst das konsequente *dreidimensionale Vermessungsnetz* bietet die Gewähr für ein wirklichkeitsgetreues Abbild, wie es heute von den Freilichtmuseen als Dokumentation verlangt wird.

Das additive Aufmaß: Bei dieser Methode werden alle Raum- und Bauwerksmaße direkt am Baukörper gemessen, im Grundriß wird Raum an Raum gefügt; die Rechtwinkligkeit bei den Grundrissen und die Waagrechte bei Ansichten und Schnitten wird mehr oder weniger vorausgesetzt. Nur stichprobenhaft werden bei Räumen Ausweichungen von der Orthogonalität durch Diagonalmaße geprüft. Diese Technik entspricht im großen und ganzen noch ziemlich dem »Aufnehmen« von Bauwerken. Das additive Aufmaß kann heute nur noch seine Berechtigung finden bei Schnellsterfassungen als grobmaßliche Ergänzung zur fotografischen Aufnahme. Durch fehlende oder nur geringe Maßangaben sind seiner Nachprüfbarkeit und Verläßlichkeit Grenzen gesetzt. Die Qualität der Aufnahmen wird stark beeinflußt von der Person des Bearbeiters, dessen persönlichen Zeichnungsstil und seinen Absichten bei der Darstellung gewisser Einzelheiten.

Das Meßlinienaufmaß: Durch die Einführung einer einheitlichen Bezugslinie, nämlich dem waagrechten Meterriß im ganzen Gebäude ähnlich wie bei der Erstellung eines Neubaus und damit durch die Abkehr vom reinen Bauwerksmessen in der Höhe, und der Standlinie, einer geraden, von Raumzufälligkeiten unabhängigen neutralen Meßlinie, ist der erste Schritt zum wirklichkeitsgerechten Aufmaß getan. Schwierigkeiten bereitet dabei meist das Festlegen der Standlinie im Verhältnis zum Gebäude. Raumgrundrisse müssen durch viele Dreiecksmessungen von der Standlinie aus gewonnen werden. Der Meßaufwand und damit die Fehlerquellen sind dadurch beträchtlich.

Das dreidimensionale Vermessungsnetz: Hier wird vor der eigentlichen Meßarbeit das aufzunehmende Objekt durch ein Koordinatensystem mit zwei Projektionsebenen dreidimensional überzogen: die waagrechte Meterrißebene und die senkrechte Schnittebenen vor den Außenwänden. Nicht nur die Waag- und Senkrechten sind dann aufeinander rechtwinklig bezogen, sondern auch das Grundgerüst der die Meterrißebene bildenden Fluchten. Durch die Verwendung von optischen Meßinstrumenten, insbesondere eines Theodoliten, können diese Ebenen leicht erzeugt werden. Erst nach diesem »Einrüsten« wird das Gebäude in seinen Hauptdimensionen auf dieses Ebenennetz bezogen aufgemessen. Die Raumkonturen entstehen auf diese Art und Weise praktisch wie von selbst, Wanddicken ergeben sich ohne Probleme (wer einmal versucht hat, Wanddicken über die Türlaibungen zu messen, weiß, was dies für einen Genauigkeitszuwachs bedeutet), ebenso wie Abweichungen von der Geraden. Alle Ver-

Abbildung 3 (oben): Simmozheim, Hauptstraße 8. Abbauplan des Erdgeschosses, ohne Vermaßung (wegen der Übersichtlichkeit in einem gesonderten Plan erfaßt). Fundhinweise und Numerierung der Einzelteile (u. a. Fußboden-Bretterlage). Originalmaßstab 1:50. Sommer 1982

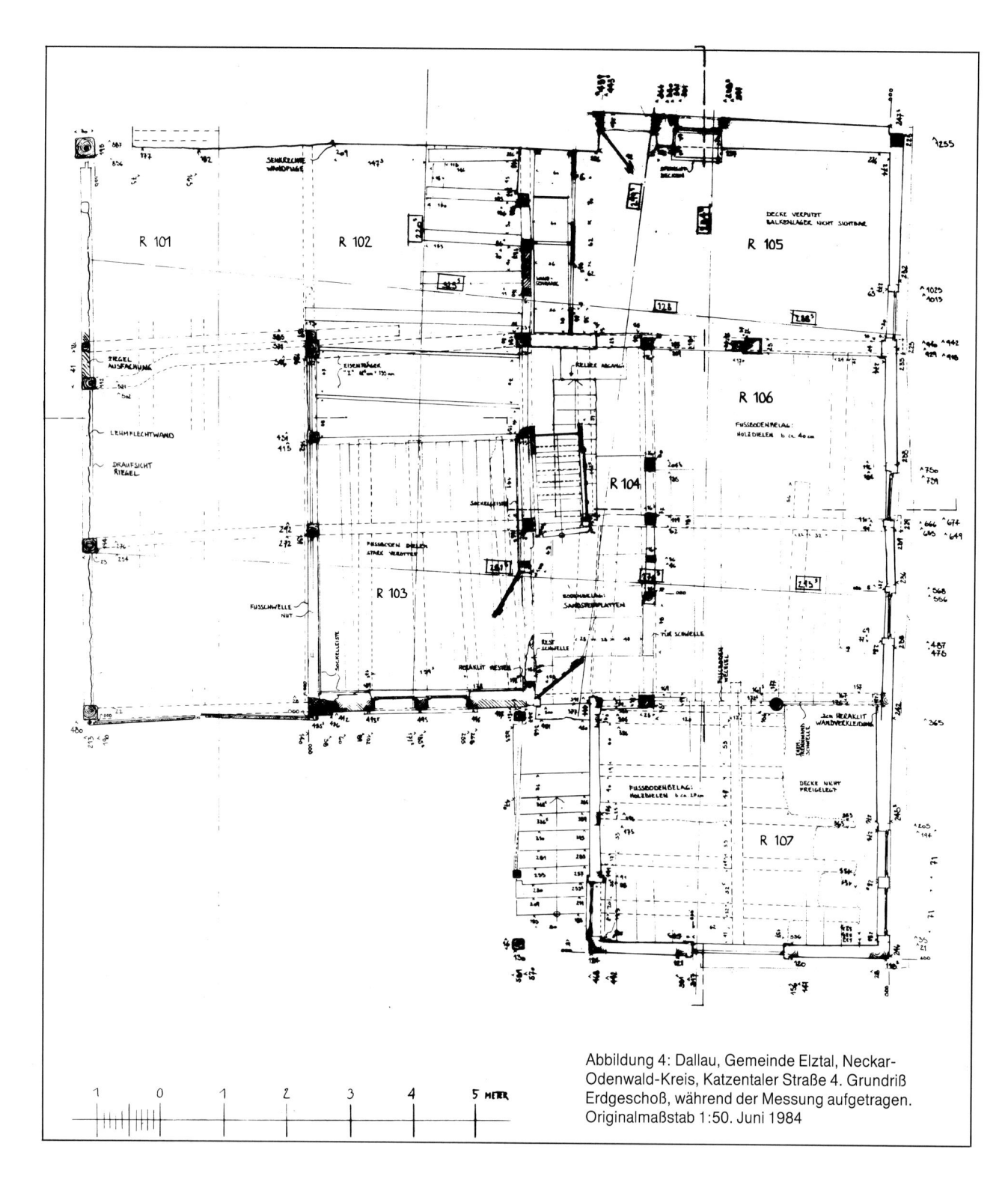

Abbildung 4: Dallau, Gemeinde Elztal, Neckar-Odenwald-Kreis, Katzentaler Straße 4. Grundriß Erdgeschoß, während der Messung aufgetragen. Originalmaßstab 1:50. Juni 1984

formungen des Gebäudes wie Setzungen, Ausweichungen werden so erfaßt und geben damit eine gute Grundlage ab für die Beurteilung des Bauzustandes. Zu diesem primären Vermessungsnetz der Ebenen treten als weitere Achsen sekundäre Bezugslinien.

Zur Methode des Auftragens

Als klassische Methode beim zeichnerischen Auftragen der Meßergebnisse kann man den skizzenhaften, unmaßstäblichen Handriß bezeichnen, der an Ort und Stelle als Grundlage für die späteren maßstäblichen Pläne gezeichnet wird. In diesen Handriß werden dann alle genommenen Maße eingetragen. Bei dieser Technik kann es nicht ausbleiben, daß wichtige Maße vergessen, andere wieder unnötigerweise zwei- oder mehrmals gemessen werden. Eine Kontrolle, ob überhaupt alle vorkommenden Bauteile und Räume vollständig mit Maßen erfaßt werden, ist somit nicht möglich. Auch Meßfehler durch falsches Ablesen oder durch fehlerhaftes Übernehmen in die Handskizze, die nie ganz auszuschließen sind, können während der Vermessungsarbeiten am Objekt selber nicht erkannt werden. Erst in der zweiten Phase des Auftragens, bei der Erstellung der maßstäblichen Zeichnung zu Hause, oft weitab vom aufzunehmenden Objekt, werden diese Fehler schmerzlich erkannt und dann je nach Situation und Gewissenhaftigkeit des Aufmessers entweder frei ergänzt, »berichtigt« oder mit viel Mühe und Zeitaufwand am Objekt selber noch einmal nachgemessen. Die Gewähr, daß die Aufmaßzeichnung die auf diesem Wege gewonnen wurde, wirklich ein getreues Abbild des Gebäudes zeigt, ist mit dieser räumlich getrennten Auftragmethode nicht gegeben. Aber genau diese Forderung – Verläßlichkeit und Wirklichkeitstreue, wie oben dargelegt – wird von der Bauforschung als Wissenschaft von diesen Dokumenten, den Bauaufnahmen, erwartet und gefordert.

Durch die Übernahme archäologischer Erfassungsmethoden auf das Gebiet der Bauaufnahmen kann hier die angestrebte und von den Freilichtmuseen erwünschte Abbildungstreue erreicht werden. Im Gegensatz zu der vorher beschriebenen konventionellen Methode mit unmaßstäblichem Handriß und davon getrennter maßstäblicher Reinzeichnung muß das wirklichkeitsgerechte Aufmaß direkt an Ort und Stelle und unmittelbar am und im Objekt selber maßstäblich aufgetragen werden, d. h. die Reinzeichnung entsteht direkt und wird aufgrund der gefundenen Maße sofort konstruiert, eine Zwischenskizze entfällt. Für diese Arbeit benötigt man ein transportables Reißbrett auf einem Stativ, Reißschiene, Zeichendreiecke und Reduktionsmaßstab. Gezeichnet wird dann nicht wie im Büro üblich mit Tusche auf Transparentpapier, sondern mit einem harten Bleistift auf Zeichenkarton oder Folie. Durch das sofortige Auftragen können am Ort des Vermessens Maß- und Meßfehler bei der Konstruktion sofort erkannt und berichtigt werden, zeitraubende Nachprüfungen nach Unstimmigkeiten und vergessenen Maßen erübrigen sich. Dazu kommt noch, daß die Zeichnungen auf Karton wesentlich besser als Dokumente geeignet sind als Lichtpausen oder Transparentpapier, da sie kaum vergilben. Die Vervielfältigung einer Kartonzeichnung bereitet heute durch Kopierapparate auch für große Formate und durch fotografische Verkleinerungs- und Rückvergrößerungsmethoden keine grundlegenden Probleme mehr.

Als ideal für die wissenschaftlichen Anforderungen eines Freilichtmuseums (und nicht nur für dieses) an die Wiedergabequalität eines Gebäudes im Plansatz kann die Anwendung der Methoden des dreidimensionalen Vermessungsnetzes in Verbindung mit der direkten Auftragung an Ort und Stelle gelten, wie es seit einigen Jahren Gert Mader von der Abteilung Bauforschung beim Bayerischen Landesamt für Denkmalpflege propagiert und bestens durchgeführt hat. Erstaunlicherweise, zumindest für den Laien, stehen der hohen Abbildungsqualität dieser Methode bei einem geübten Bearbeiter kein zeitlicher Mehraufwand entgegen. Im Gegenteil, vergleicht man bei gleichgroßen Objekten die aufgewendeten Stunden, um die maßstäbliche Zeichnung zu erhalten, ergeben sich für das konventionelle additive Aufmaß gegenüber der wirklichkeitsgerechten Methode Zeitmehrungen in Höhe von 25 bis 50 Prozent, ohne die wesentlich höhere Qualität der zweiteren dabei zu werten. Erklärbar ist dies durch den Einsatz von Vermessungsgeräten, durch die direkte Übernahme von Informationen ohne Übertragungs- und Zeitverluste in die »Endzeichnung«. Vom Bearbeiter wird dabei allerdings eine gewisse Standfestigkeit gegenüber »Wind und Wetter« erwartet; transportable Beleuchtungseinrichtungen und entsprechende Kleidung sind ein wichtiges Requisit.

Ohne die grundsätzliche Methodik der Bauaufnahme zu beeinflussen, kann neben den optischen Vermessungsgeräten ein Übertragungsgerät von großem Nutzen sein, insbesondere wenn viele kleine und unregelmäßige Formen, wie sie gerne bei steinernen Fußbodenbelägen, bei Sichtmauerwerk usw. auftreten, maßstäblich verkleinert dargestellt werden sollen. Bei diesem Gerät handelt es sich um den Feldpantographen nach System Eichstaedt, eine Art »Storchschnabel«, der exakt maßstäblich direkt vom Original auf die Zeichnung überträgt. Gerade in solchen Fällen, wo wegen der kleinen Flächen eine gesonderte photogrammetrische Erfassung zu aufwendig wäre, kann er gute Dienste leisten. Wegen des relativ beschränkten Aufnahmeradius' dieses Gerätes ist es allerdings unwirtschaftlich, damit ganze Gebäude allein zu erfassen. In der Archäologie, für deren Einsatzbedingungen dieser Pantograph entwickelt wurde, ist er als Hauptmeßgerät von größerer Bedeutung, da Grundrisse z. B. meist als Aufsichten auf Fundamentmauern dargestellt werden und nicht wie bei der Bauaufnahme als Schnittzeichnung. Der Feldpantograph eignet sich für eine Bauaufnahme immer dann, wenn relativ ebene Flächen mit vielen kleinen Details bei An- und Aufsichten gezeichnet werden müssen.

Auswertende Bauaufnahme

Bauaufnahmen sind, wenn sie den oben beschriebenen Kriterien einer wissenschaftlichen Dokumentation genügen wollen, eine reine Momentaufnahme eines mehr oder weniger zufälligen Ist-Zustandes des aufzunehmenden Gebäudes. Erst aus diesem strengen Befundplan kann dann ein interpretierender Plan getrennt davon entwickelt werden, der den direkten Übergang schafft zur angewandten Bauforschung durch den Bearbeiter selber und anderen Wissenschaftlern wie den Restaurator oder Archivar, um nur einige zu nennen. Denn für die »auswertende Bauaufnahme« wird es notwendig, sich mit der Geschichte eines Gebäudes enger zu befassen, um die einzelnen Bauphasen deutlich herausschälen zu können. Für die Befunduntersuchung bieten gerade diejenigen Objekte, die für die Versetzung in ein Freilichtmuseum bestimmt sind, ideale Bedingungen. Denn im Gegensatz zu Befunduntersuchungen an Gebäuden, die an Ort und Stelle erhalten bleiben, werden bei Transferierungsobjekten in der Regel zwangsläufig alle Schichten freigelegt, alles in Einzelteile zerlegt und damit für die Forschung erst richtig zugänglich gemacht. Dem Forschungsdrang sind dabei kaum Grenzen gesetzt wie bei den am Ort zu erhaltenden Gebäuden.

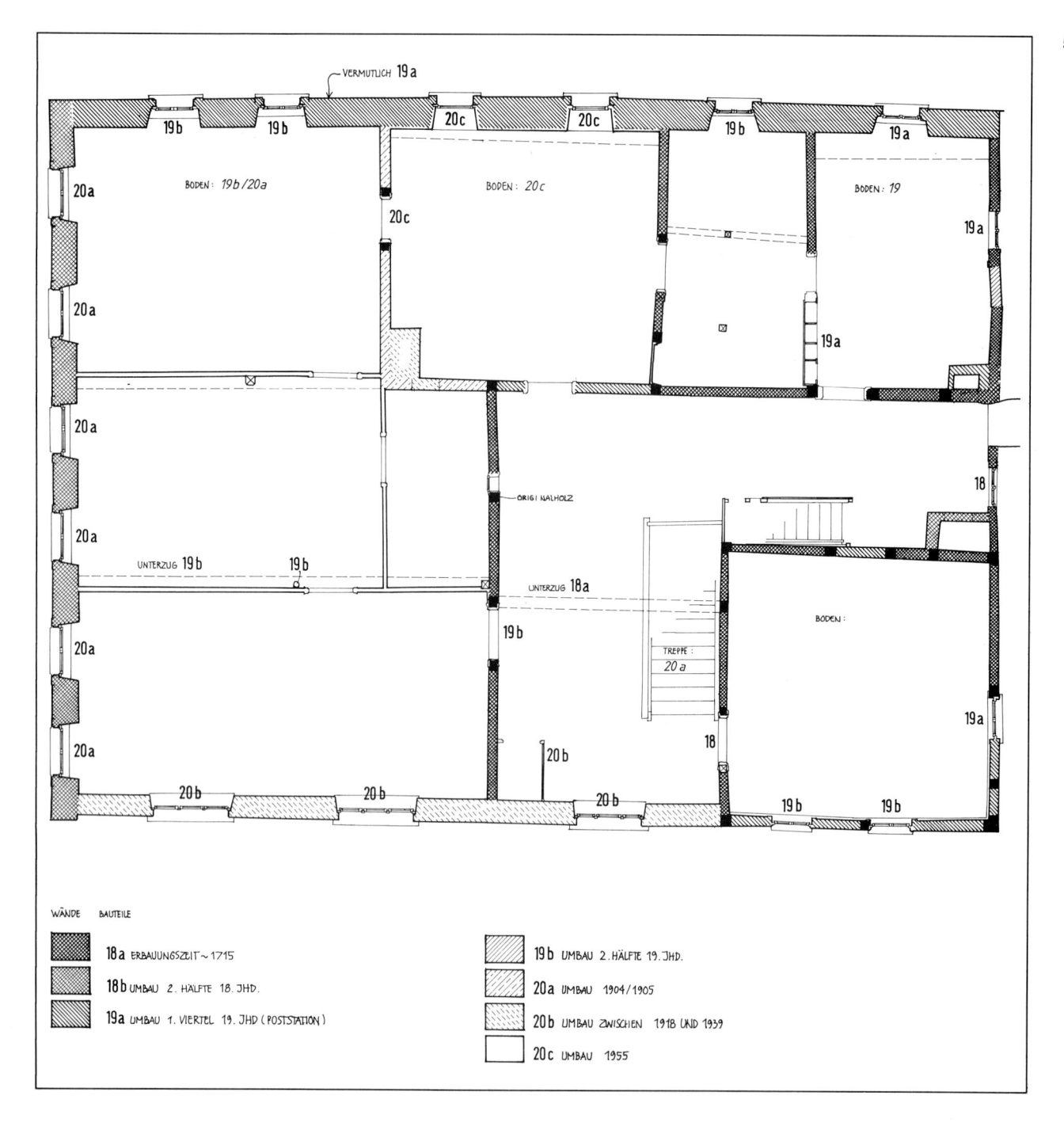

Als auswertende, interpretierende Bauaufnahmen müssen dabei folgende Planstufen erwähnt werden (siehe auch den wichtigen Aufsatz von Gert Mader: »Angewandte Bauforschung als Planungshilfe bei der Denkmalinstandsetzung« in: Erfassen und Dokumentieren im Denkmalschutz, Schriftenreihe des Deutschen Nationalkomitees für Denkmalschutz, Band 16, Bonn 1982):

Der baugeschichtliche Plan oder *Baualtersplan,* der je nach Kenntnisstand die einzelnen Bauschichten durch graphische Strukturen oder Bezeichnungen heraushebt, so wie es schon lange bei Baudenkmälern der »hohen« Kunst wie z. B. Kirchen und Schlössern üblich ist.

Der Rekonstruktionsplan stellt eine einzelne Bauphase oder einen zeitlich fixierten Bauzustand aus dem gesamten Erkenntnisstand heraus dar. Die zeichnerische Rekonstruktion muß unterscheiden z. B. durch textliche Hinweise zwischen der nachweislichen und der vermuteten Ergänzung.

Der statische Plan als Schadensdiagnostik zeigt die vorhandenen Tragverhältnisse auf und verdeutlicht die Veränderungen im ursprünglichen Tragsystem. Gerade Umbauten haben in vielen Fällen das statische System so geändert, daß erhebliche Schäden am Bauwerk entstehen konnten. Die Kenntnis von den Tragverhältnissen und den unsachgemäßen Veränderungen ist bei komplexeren Bauten von großer Wichtigkeit für den Wiederaufbau.

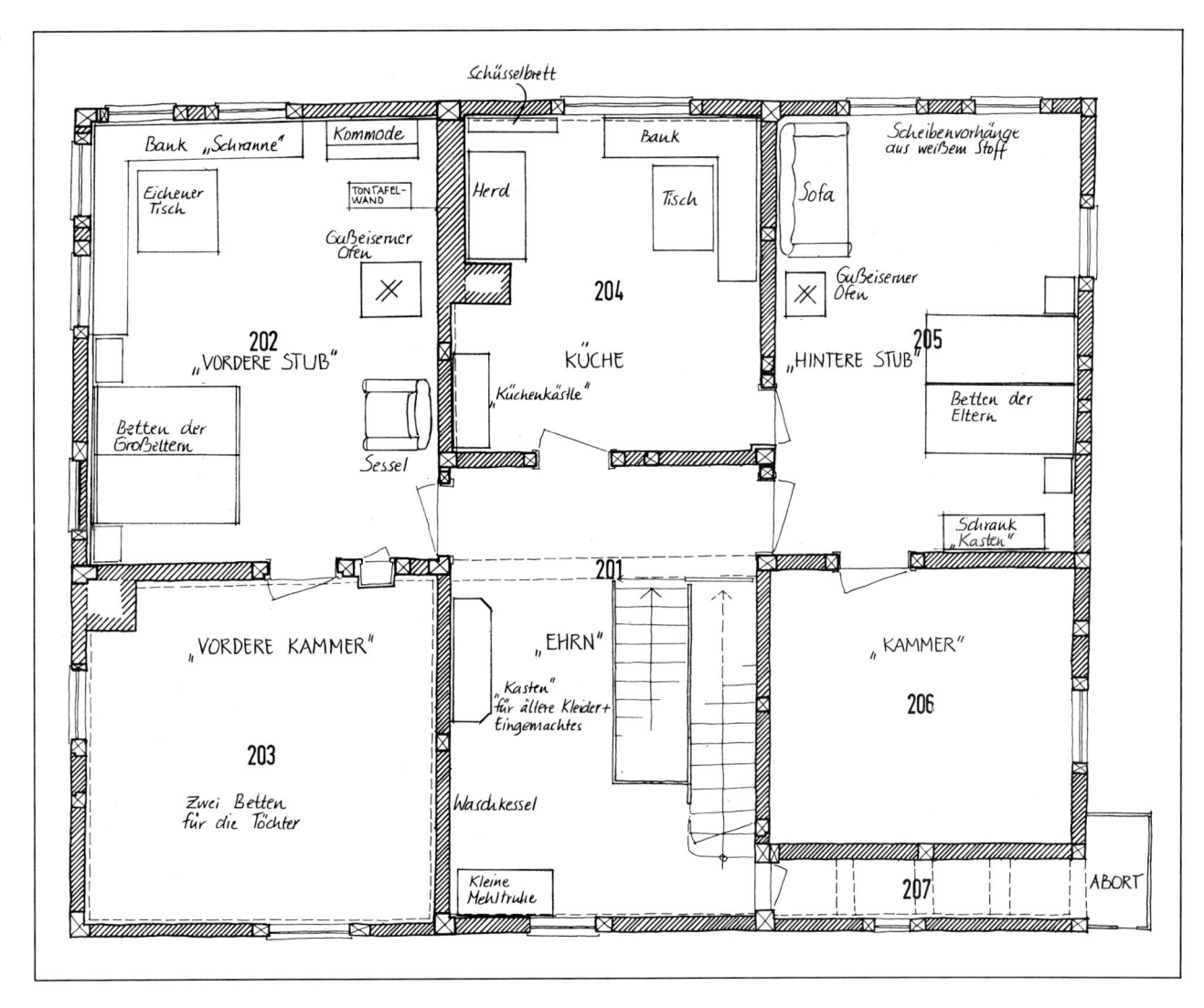

Der Maßnahmenplan wird aus den Bestandplänen und den interpretierenden Plänen als Willensäußerung für das Aufbaukonzept im Freilichtmuseum entwickelt. Er schlägt vor, welche Bauteile
- unbedingt zu übernehmen sind
- nach Möglichkeit wiederverwendet werden sollen
- mit neuen Teilen in der alten Form zu ersetzen sind
- veränderbar sind
- nicht zu übernehmen sind.

Der Wiederaufbauplan stellt den vorhandenen Zustand des Gebäudes nach Abschluß der Translozierungsarbeiten im Freilichtmuseum dar. Dieser Plan dient als wichtige Dokumentation des Jetzt-Zustandes mit Darstellung der wirklich vorhandenen Originalteile, Teile von anderen Bauten wie z.B. wiederverwendetes Altholz und der erneuerten Teile. Dieser Plan ist von besonderer Wichtigkeit für zukünftige weitergehender Forschungsmethoden als sie uns heute möglich sind.

Neben den reinen Bauplänen, also den Plänen, die das Gebäude mit allen seinen Einzelteilen darstellen, müssen an dieser Stelle auch die Pläne als auswertende Bauaufnahme erwähnt werden, die Aussagen machen über die innere Nutzung des Gebäudes wie Funktion und Ausstattung. Diese »Einrichtungspläne« müssen genau wie die Baupläne streng unterscheiden zwischen Befund, den Ergebnissen durch Befragung der letzten Bewohner und Ergebnissen aus Archivstudien, z.B. Inventarverzeichnisse.

Auswertende Bauaufnahmen im obengenannten Umfang dürften bisher im Bereich baden-württembergischer Freilichtmuseen nur in Teilen oder überhaupt nicht durchgeführt worden sein. Bei der anstehenden Translozierung des Gasthauses »Roter Ochsen« aus Riedbach in das Hohenloher Freilandmuseum soll nun erstmals versucht werden, im Zusammenspiel mehrerer wissenschaftlicher Disziplinen eine vollständige, begleitende Dokumentation zu erstellen, aus der viele neue Erkenntnisse zum Hausbau in Hohenlohe und zur Einzelgeschichte selber erwartet werden dürfen.

Abbildung 5 (Seite 58): Riedbach, Stadt Schrozberg, Gasthaus »Roter Ochsen«. Baualtersplan, Grundriß Obergeschoß. Originalmaßstab 1:100. September 1983

Abbildung 6 (Seite 59): Simozheim, Hauptstraße 8: Einrichtungsplan des Obergeschosses ohne Vermaßung. Eintragung der Möbel im ungefähren Größenverhältnis nach mündlichen Angaben der letzten Bewohnerin im November 1982. Zustand der Möblierung ca. 1920 bis 1930. Originalmaßstab 1:50

Günter Eckstein
Photogrammetrie und Photographie im Dienst des Freilichtmuseums

Dokumentation vor Translozierungen

Die Konzeption für die regionalen Freilichtmuseen in Baden-Württemberg sieht vor, daß die Hauslandschaften für die jeweils entsprechenden Regionen vorgestellt werden. Somit können nur ein oder zwei bestehende Gebäude bzw. Höfe am Standort des Museums miteinbezogen werden. Die übrigen Gebäude müssen sorgfältig abgebaut und an den ausgewählten Stellen wieder aufgebaut werden. Im Gegensatz zu den bestehenden Gebäuden, die im Originalzustand als Museum erhalten bleiben, bietet sich bei einer Translozierung die einmalige Gelegenheit, eine detaillierte Bauuntersuchung nach wissenschaftlichen Methoden vorzunehmen. Insbesondere können während des Abbaus Befunde erhoben werden, die sonst verdeckt bleiben würden.

Gleichzeitig bedeutet eine Translozierung aber auch immer eine Teilzerstörung. Verputz, Ausfachungen, Fußböden und alte Isoliermaterialien können meist nicht gehalten werden. Schadhafte Teile müssen ausgewechselt werden, um die statische Sicherheit zu gewährleisten. Auch deshalb ist eine gründliche Dokumentation vor dem Abbau unbedingt erforderlich. Weiterhin müssen Fachwerkteile, Mauersteine, Türen, Fenster und Treppen vor dem Abbau durchnumeriert werden. Für den Wiederaufbau muß die genaue Lage der Teile bekannt sein. Eine exakte und maßstäbliche Bauaufnahme ist unumgänglich.

Ein weiteres Ziel der Freilichtmuseen ist es, bestimmte Handwerkszweige vorzustellen. Dazu sollen nicht nur Einzelexponate gezeigt werden, vielmehr sollen Werkstätten in ihrer Gesamtheit übernommen werden, um somit auch praktische Arbeiten vorführen zu können. Auch hier ist vor dem Abbau dieser technischen Kulturdenkmale eine umfassende Dokumentation und Inventarisation für den originalgetreuen Wiederaufbau und für die Funktionsfähigkeit unerläßlich. Welchen Beitrag bei der Dokumentation kann dabei die Photogrammetrie leisten? Was versteht man überhaupt unter dem Begriff Photogrammetrie? Dazu ist es zunächst notwendig, die für Translozierungen möglichen Bilddokumentationsmethoden vorzustellen. Weiterhin wird an zwei ausgewählten Beispielen gezeigt, wo der Einsatz der Photogrammetrie möglich und sinnvoll ist und welche enge Verzahnung mit anderen Dokumentationsmethoden besteht.

Bilddokumentation und Bildmessung

Wesentlicher Bestandteil einer Dokumentation vor Translozierungen ist die Photographie. Das Photo ist hier mehr als Anschauungsmaterial und Erinnerungsbild. Nur die Photographie kann einen objektiven Eindruck eines Objektes vermitteln, da im Gegensatz zu Zeichnungen, Aufmaßen und Beschreibungen die Photographie Nebensächlichkeiten gleichermaßen mitabbildet wie die Hauptmotive. Bei nachträglichen Fragestellungen kann das von entscheidender Bedeutung sein. Für Translozierungen unterscheiden wir drei Bilddokumentationsarten:

Bildmäßige Photographie

Dokumentationsphotos sollen Gesamtansichten und Raumeindrücke möglichst in ihrer natürlichen Form abbilden. Strenggenommen würde das bedeuten, daß in Augenhöhe und mit Normalobjektiven aufgenommen werden muß. Bei beengten Straßenverhältnissen und in Innenräumen ist dies natürlich nicht möglich. Hier hilft nur ein Weitwinkelobjektiv. Andererseits ist es durchaus legitim, bestimmte Eindrücke überzubetonen, um auf besondere Situationen aufmerksam zu machen. Weitwinkelaufnahmen erweitern den Raumeindruck und können die Perspektivabbildung stärker bewerten. Teleaufnahmen können durch die geringe Tiefenschärfe Wesentliches von Unwesentlichem trennen und gestaffelte Objekte zusammenziehen. Details können erfaßt und optisch aufgewertet werden. Besondere Photosysteme machen es möglich, stürzende Linien zu beseitigen und Scharfabbildungen vom Vordergrund bis in den Hintergrund auch im Nahbereich zu erhalten.

Die Wahl des Motivs, des Aufnahmestandpunktes, der Blickrichtung, des Bildwinkels, der Beleuchtung und des Bildausschnittes setzen mehr als nur Grundkenntnisse in der Photographie voraus. Die Güte und die Aussagekraft sind vom Können und der Begabung des Photographen abhängig.

Neben diesen Sachaufnahmen können gerade für die Freilichtmuseen Handlungsabläufe photographiert werden. In Form von Diaserien, oder für den Druck auch als Schwarz-Weiß-Aufnahmen, können die ursprüngliche Nutzungen von Gebäuden und die Funktion von technischen Geräten festgehalten werden.

Ausgerichtete oder technische Photographie

Während bei der bildmäßigen Photographie die optische Wiedergabe eines Gesamteindruckes oder eines Details im Vordergrund steht, wobei der Photograph gewisse künstlerische Freiheiten besitzt, müssen bei der technischen Photographie ganz bestimmte Kriterien eingehalten werden, um die Aufnahmen für Meßzwecke brauchbar zu machen.

Bei der Erstellung eines Neubaues wird der kluge Bauherr vor den Innenputzarbeiten sämtliche Räume, die Strom-, Wasser- und Gasleitungen führen, systematisch durchphotographieren. Dabei wird er möglichst die Wände senkrecht erfassen, um keine perspektivischen Verzeichnungen zu erhalten. Anhand der Proportionen auf dem Photoabzug kann er jetzt den Bilderhaken einschlagen, ohne ein Stromkabel zu treffen und die Regalwand befestigen, ohne ein Wasserrohr anzubohren. Der Bauherr benützt hierbei die einfachste Form einer Meßaufnahme.

In derselben Art sollen deshalb bei Translozierungen vor dem Abbau alle Räume systematisch wandparallel durchphotographiert werden. Nach dem Abbau können nur diese Photos den Urzustand frei von subjektiven Einflüssen beweisen. Dies gilt auch deshalb, weil eine Bauaufnahme in Form von Schnitten und Grundrissen nur jeweils eine bestimmte Ebene darstellen kann. Wesentliche Wandflächen und Baudetails müssen unberücksichtigt bleiben, weil sie den Rahmen einer Bauaufnahme sprengen würden.

Das ausgerichtete Einzelphoto kann aber auch auf einfachste Art direkt als Meßbild für die Bauaufnahme herangezogen werden. Dabei müssen zwei Bedingungen gegeben sein: Das Aufnahmeobjekt muß in einer Ebene liegen, bzw. Vor- und Rücksprünge müssen nach logischen Gesichtspunkten ausgeglichen werden können, und die Aufnahmen müssen senkrecht zu der Bezugsebene hergestellt werden, was in der Regel durch Libellen und rechte Winkel möglich ist. Über Vergleichsstrecken oder über ein Paßpunktsystem wird die ausgerichtete Aufnahme maßstäblich vergrößert. Die Befunde werden anschließend auf eine transparente Zeichenfolie direkt hochgezeichnet.

Der Vorteil dieser Methode ist, daß hier keine hochwertigen Aufnahme-, Entzerrungs- und Auswertegeräte notwendig sind. Für die Aufnahme genügt selbst eine Kleinbildkamera. Die Vergrößerungen können im Fachlabor oder im Labor des Hobbyphotographen hergestellt werden. Die Genauigkeit einer solchen Photovermessung ist von geräte-, aufnahme- und verfahrenstechnischen Faktoren abhängig, deren Aufzählung den hier gegebenen Rahmen sprengen würde. Bei sorgfältiger Einhaltung aller Kriterien und bei einer wirtschaftlichen Arbeitsweise können für Bauaufnahmen im Maßstab 1:20 bzw. 1:25 Genauigkeiten im Bereich von 2 bis 6 cm erwartet werden.

Stereophotographie und photogrammetrische Auswertung

Das Prinzip der stereoskopischen Aufnahme entspricht dem natürlichen räumlichen Sehen. Von einem Gegenstand werden gleichzeitig zwei Aufnahmen hergestellt, die, wie bei den menschlichen Augen, einen bestimmten Abstand zueinander haben müssen. Wird nun das linke Bild dem linken Auge und das rechte Bild dem rechten Auge zugeführt, läßt sich das Stereomodell räumlich betrachten. In Auswertegeräten wird das Raumbild exakt ausgemessen, wobei nach dem Prinzip des »räumlichen Vorwärtseinschnittes« die zentralperspektiven Aufnahmen in eine Parallelprojektion umgewandelt werden. Nicht nur Ansichten, sondern auch Horizontal- und Vertikalschnitte für Grundrisse und Längs- und Querschnitte lassen sich mit höchster Präzision zeichnen.

In der Architekturphotogrammetrie hat sich seit Jahren ein Aufnahmekonzept nach dem »strengen Normalfall« bewährt, d. h. die beiden Aufnahmen sind zueinander parallel ausgerichtet. Hierfür gibt es Stereomeßkammern mit feststehender Basis von 1,20 m und 0,40 m sowie Einzelmeßkammern, bei denen die Basen variabel angelegt werden können.

Welche Kriterien müssen photogrammetrische Aufnahmen erfüllen? Aufnahmen für Photovermessungen und stereoskopische Auswertungen sind technische Aufnahmen. Künstlerische Begabung ist nicht gefragt, vielmehr werden die Aufnahme- und Auswertekriterien vorher rechnerisch festgelegt. Nicht brillante und kontrastreiche Aufnahmen werden gebraucht, sondern Aufnahmen möglichst ohne Sonne und Schatten, damit sämtliche Bereiche gleichmäßig eingesehen und ausgewertet werden können. Bei Schwarz-Weiß-Aufnahmen lassen sich die Kontraste im Labor durch Gradationssteuerungen beeinflussen. Schwarz-Weiß-Aufnahmen besitzen einen größeren Dichteumfang als Farbaufnahmen. Deshalb werden trotz der fortgeschrittenen Colortechnik in der Photogrammetrie weitgehend Schwarz-Weiß-Aufnahmen verwendet.

Welchen Wert besitzen stereoskopische Aufnahmen bei Translozierungen? Hier sind drei Merkmale hervorzuheben: Zunächst dient das Einzelphoto der Photodokumentation. Weiterhin wird über die stereoskopische Auswertung die Bauaufnahme erstellt. Nicht zuletzt ist es durch die stereoskopischen Aufnahmen auch noch nach dem Abbau möglich, die räumlichen Zusammenhänge dreidimensional zu betrachten und zu interpretieren.

Das Steigenhaus von Michelfeld

Das Steigenhaus, an der »Roten Steige« zwischen Schwäbisch Hall und dem Mainhardter Wald gelegen, war im vorigen Jahrhundert eine Fuhrmannsgaststätte mit Umspannstation für die durchfahrenden Kaufleute. Wahrscheinlich in der Mitte des 17. Jahrhunderts erbaut, erfuhr es die letzten großen Veränderungen um 1801. Seit nahezu 100 Jahren war es nicht mehr bewohnt und diente nur noch als Stall und Scheune.

1979 sollte das Gebäude abgerissen werden, um einer modernen Viehhaltungsanlage Platz zu machen. Durch Zufall wurden Vertreter des Hohenloher Freilandmuseums eine Woche vor dem beabsichtigten Abriß auf das Gebäude aufmerksam gemacht. Das Haus konnte für das Freilichtmuseum Wackershofen gerettet werden. Statt des beabsichtigten Abrisses folgte ein planmäßiger Abbau. Zuvor wurde eine vollständige Dokumentation des Hauses erstellt. Dabei übernahm das Referat Photogrammetrie beim Landesdenkmalamt Baden-Württemberg die photographische und photogrammetrische Dokumentation sowie die photogrammetrische Auswertung. Die Bauaufnahme im Innern des Hauses wurde in Zusammenarbeit mit dem Hochbauamt Schwäbisch Hall erstellt.

Bei Gesamtvermessungen von Gebäuden in Form von Ansichten, Grundrissen und Schnitten kann durch geschicktes und sinnvolles Kombinieren von verschiedenen Meßmethoden der Arbeitsaufwand gegenüber herkömmlichen Arbeitspraktiken erheblich reduziert

Abb. 7 (Seite 62): Das Steigenhaus an seinem alten Standort. An der Giebelseite, der Schauseite des Hauses, führte ehemals die Straße vorbei. Durch die Weitwinkelaufnahme (Negativformat 9/12 cm) wird die Perspektivabbildung überbetont. Stürzende Linien in der Senkrechten wurden durch die Verstellung der Objektivstandarte beseitigt.

Abb. 8/9 (Seite 63): Aufnahmen aus der Photodokumentation im Inneren des Steigenhauses, aufgenommen mit einer Kleinbildkamera mit einem 18 mm Weitwinkelobjektiv. Abb. 8 zeigt die Aufgangssituation im Erdgeschoß mit der abgebrochenen Zwischenwand. Abb. 9 zeigt als wandparallele Aufnahme die Innenwand der Giebelseite im ersten Dachgeschoß.

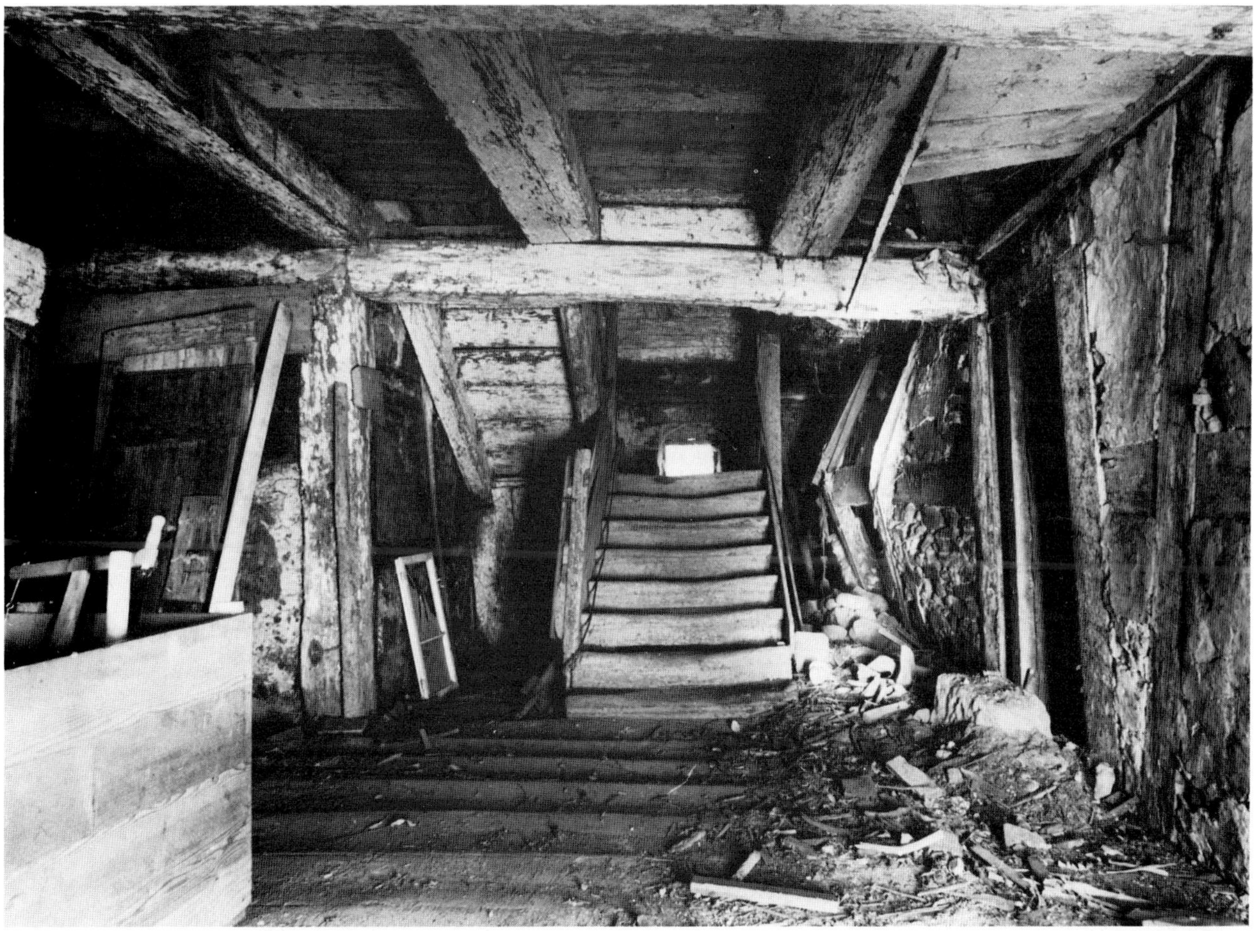

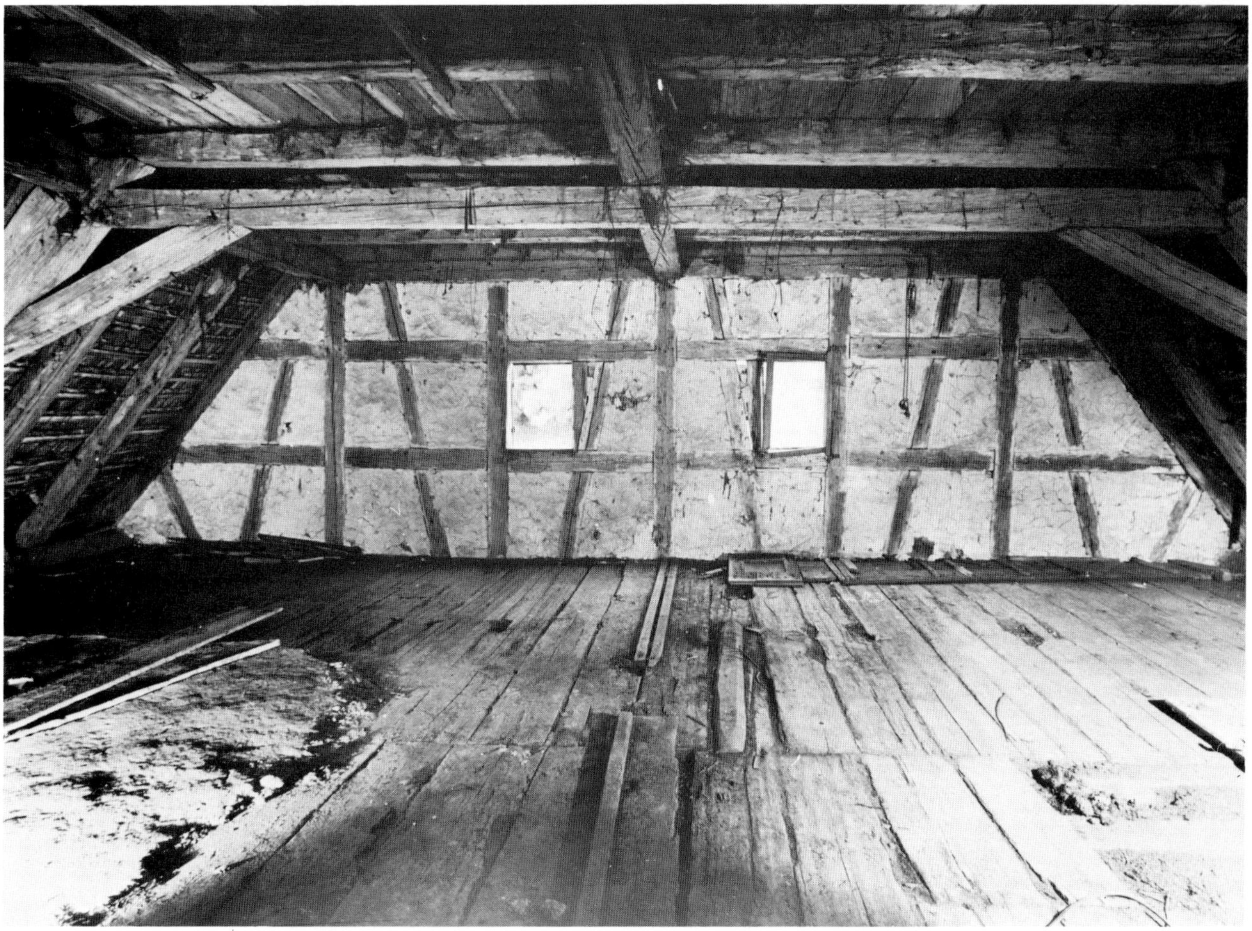

werden. Moderne Aufnahme-, Auswerte- und Vermessungsgeräte, elektronische Rechenanlagen und neue Planfertigungsmethoden steigern Aussagekraft und Genauigkeit und reduzieren den Arbeitsaufwand und somit auch die Kosten.

Bei der Bauaufnahme Steigenhaus wurden diese Erkenntnisse konsequent in die Praxis umgesetzt: Die Außenansichten photographierten wir mit der Stereomeßkammer SMK 120. Für die Längsseiten waren dabei jeweils vier und für die Giebelseiten jeweils drei Aufnahmen notwendig. Grundlage für die Bauaufnahme war ein einheitliches Koordinatensystem. Mit geodätischen Meßmethoden bauten wir einen Ringpolygonzug mit fünf Standpunkten um das Gebäude auf. Die Grundlinie wurde dabei parallel zur Gebäudelängsachse gelegt. Ausgehend von diesen Festpunkten wurden sodann Paßpunkte nach Lage und Höhe an dem Gebäude eingemessen und in den Papiervergrößerungen der photogrammetrischen Aufnahmen fixiert. Diese Paßpunkte hatten zwei Aufgaben: Zum einen wurden sie für das Einpassen, das maßstäbliche Umzeichnen und das Aneinanderketten der Stereomodelle gebraucht. Für die Handvermessungen im Inneren des Gebäudes wurden gleichzeitig die Paßpunkte so an Türen und Fenster plaziert, daß das geodätische Netz nach Lage und Höhe ohne großen Aufwand in das Gebäudeinnere übertragen werden konnte. Als Paßpunkte dienten »natürliche Punkte«, die am Objekt und im Bild eindeutig identifizierbar waren (wie Fachwerkecken, Fenstersimse und Türstürze).

Danach erfolgte im Büro die photogrammetrische Auswertung im Maßstab 1:25. Aufgrund des geodätischen Gesamtsystems konnten neben den Ansichten gleichzeitig über photogrammetrische Schnittmessungen die Außenkonturen für die Längs- und Querschnitte sowie für die Grundrisse aufgezeichnet werden. Nach Fertigstellung dieser Arbeiten wurde mit den Handaufmaßen im Gebäudeinneren begonnen. Nach vermessungstechnischen Grundsätzen übertrugen wir zuerst das geodätische System über die Paßpunkte in das Innere und verprobten die Meßlinien. Durch diese Meßmethode, die von außen nach innen und vom Gesamtsystem in die kontrollierte Detailvermessung erfolgt, werden von vornherein systembedingte Fehler ausgeschlossen. Nach diesen Vorarbeiten begann die Detailvermessung durch die Mitarbeiter des Hochbauamtes. Auch bei der Handvermessung wurden die Meßergebnisse direkt maßstäblich aufgetragen. Das hat zweierlei Gründe: Krümmungen, Verbiegungen und Details können originalgetreu am Ort gezeichnet werden, Übertragungsfehler werden vermieden bzw. durch optischen Vergleich eliminiert. Nachträgliche Ergänzungsmessungen sind nicht notwendig. Ein weiterer Vorteil ist, daß durch das gemeinsame Meßsystem Doppelmessungen für Grundrisse und Schnitte vermieden werden können. Eingepaßt auf die Netzkreuze, durch einfaches Übereinanderlegen, können an den Schnittstellen die schon gemessenen Werte einfach hochgezeichnet werden.

Das Ineinandergreifen dieser verschiedenen Meßmethoden und Meßanordnungen setzt ein gewisses Vorstellungsvermögen und Flexibilität der Bearbeiter voraus. Gegenüber herkömmlichen Methoden kann jedoch hierbei mindestens 20% des Meßaufwandes eingespart werden.

Warum wurde das Steigenhaus nur in den Außenbereichen photogrammetrisch bearbeitet? Die engen Raumverhältnisse im Innern hätten hier eine große Anzahl von photogrammetrischen Aufnahmen notwendig gemacht. Gegenüber der Handvermessung wäre dies unrentabel gewesen, da weitgehend nur das Fachwerk gezeichnet werden mußte. Stattdessen wurden die Innenräume mit 135 Schwarz-Weiß-Aufnahmen mit einer Kleinbildkamera erfaßt. Weiterhin wurden Besonderheiten wie Zimmermannszeichen, Stuckdecken, Isoliermaterialien und der Bauzustand sowie die Abbaumaßnahmen mit zahlreichen Kleinbilddias aufgenommen.

Die mechanische Hausweberei in Elzach

Traditionsgemäß war im Schwarzwald das Handwerk der Weber stark verbreitet. So arbeiteten bis vor kurzem in Elzach noch drei Hauswebereien. Auch hier wurde die Entwicklung durch die industrielle Revolution geprägt. In der zweiten Hälfte des 19. Jahrhunderts verdrängten die mechanischen Anlagen die Handwebstühle.

Das Haus Störr wurde 1876 eigens für die mechanische Weberei nahe dem Fluß Elz erbaut. Aus dieser Zeit stammen auch die ersten Webstühle, sogenannte Zwilchstühle, für die Herstellung von Säcken. Anfang des 20. Jahrhunderts kamen modernere Webstühle mit »Lochkarten« für die Steuerung von Mustern für Tisch- und Bettücher hinzu. Insgesamt finden auf einer Fläche von nur 7 × 11 m sieben Webstühle Platz. Dazu kommen noch zwei Spulmaschinen, Zettelgatter, Zettelrahmen und die Vorrichtung für das Umbäumen auf die Walzen. Der Antrieb der Maschinen erfolgt über Wasserkraft. Ein kurzer Kanal führt an dem Haus vorbei, um das Wasserrad anzutreiben. Diese Bewegungsenergie wird über Transmissionen auf die Webstühle übertragen. Im ersten Stock des Hauses ist die Wohnung, unter dem Dach wurden früher die notwendigen Näharbeiten durchgeführt.

Automatische Webmaschinen und die ausländischen Konkurrenzen haben auch hier die Produktion unrentabel gemacht. Dazu kommt noch, daß heute nur noch eine 76jährige Frau, die seit ihrem 14. Lebensjahr im Betrieb arbeitet, die Anlage bedienen kann.

Jetzt soll das Erdgeschoß des Hauses in Wohnraum umgewandelt werden. Einer möglichen Verschrottung

Abb. 10 (Seite 65): Ein moderner Webstuhl mit »Lochkartensteuerung« in der Hausweberei Elzach. Links im Vordergrund ist das Schutzgitter für die Weberschiffchen. Die engen Raumverhältnisse zwingen zu dieser Aufnahmestellung. Die Scharfabbildungsebene wurde dabei durch Winkelverstellungen an der Kamera in die Längsachse des Webstuhles gelegt.

65

der Maschinen zuvorkommend, hat das Landesmuseum für Technik und Arbeit in Mannheim die gesamte Webanlage aufgekauft. Diese soll in dem geplanten Neubau auf dem Maimarkt in Mannheim originalgetreu wieder aufgebaut werden.

Das Referat Photogrammetrie beim Landesdenkmalamt Baden-Württemberg wurde gebeten, in Zusammenarbeit mit dem Technikmuseum die Dokumentation vorzunehmen. Das Darstellen der Maschinen, der Transmissionen und der übrigen Installationen, bezogen auf die Raumverhältnisse, ist mit einem sehr hohen zeichnerischen Aufwand verbunden, was nur durch den Einsatz der Photogrammetrie zeitsparend gelöst werden kann. Für den Wiederaufbau sind detaillierte Pläne unerläßlich. Um die Anlage richtig zu erfassen, mußten eine Außenansicht mit Wasserrad und Zuleitungssystem, drei Längs- und zwei Querschnitte, ein Grundriß und eine Deckenansicht gezeichnet werden. Damit alle Einzelheiten dargestellt werden können, wurde der Auswertemaßstab auf 1:10 festgelegt.

Die photogrammetrischen Aufnahmen für Ansichten und Schnitte wurden mit der Stereomeßkammer SMK 40 hergestellt. Die Decke photographierten wir mit derselben Meßkammer vom Fußboden aus senkrecht nach oben. Besonders schwierig war das Photographieren der Maschinenansichten für die Grundrißzeichnung. Dazu wurde mit zwei Photostativen eine Schiene knapp unter die Decke hochgefahren. Diese diente als Auflage für je zwei um 20 cm versetzte Aufnahmen mit einer Einzelmeßkammer.

Zur Paßpunktfestlegung und zur Bestimmung der Bezugsachsen wurde vor den Aufnahmen in 2 m Höhe ein Schnurgerüst aufgebaut. An den Kreuzungspunkten hängten wir Senkel ein, um die Vertikalrichtungen festzuhalten. Als Paßpunkte dienten Tesabandmarken.

Um die Teile zu erfassen, die durch die photogrammetrischen Aufnahmen nicht abgedeckt sind, aber auch, um die Raumverhältnisse und den Raumeindruck festzuhalten, wurden zusätzlich 30 Aufnahmen mit einer 9 × 12 Negativformatkamera hergestellt. Darunter sind 12 Coloraufnahmen, um die Farbigkeit zu dokumentieren. Die Arbeitsabläufe an der Webanlage wurden mit Kleinbilddias festgehalten.

Möglichkeiten und Bedeutung der Photogrammetrie bei Translozierungen

Die vorgestellten äußerst unterschiedlichen Beispiele zeigen, welche Einsatzmöglichkeiten die Photogrammetrie bietet, aber auch, wo die Grenzen liegen und andere Dokumentationsarten vorgezogen werden. Photogrammetrische Vermessungen lohnen sich immer dann, wenn Handmessungen ohne Gerüstbauten nicht möglich sind, Gefährdungen durch Straßenverkehr oder Baumaßnahmen bestehen, ein großer Zeichenaufwand notwendig ist, unregelmäßige Formen zu erfassen sind und hohe Genauigkeiten verlangt werden.

Photogrammetrische Auswertungen stellen den Ist-Zustand im Zeitpunkt der Aufnahme dar. Unregelmäßigkeiten wie Verziehungen und Durchbiegungen, Einzelheiten wie Holznägel, Abfasungen und Überplattungsnegative bei Fachwerkbauten und Baunähte bei Mauern werden minutiös dargestellt. Sind diese Befunde auf den Aufnahmen nicht bzw. schlecht sichtbar, müssen sie vor Ort nachgetragen werden. All diese Daten bilden die Grundlage für Rekonstruktionen, d. h. moderne Ein- oder Umbauten können zurückgenommen werden, um einen früheren Zustand aufzuzeigen.

Darüber hinaus bietet die photogrammetrische Aufnahme selbst einen hohen Dokumentationswert, der bei den Überlegungen über ein Für und Wider mitberücksichtigt werden muß. Weitere, im Bereiche der Denkmalpflege praktizierte Einsatzmöglichkeiten der Photogrammetrie bieten sich auch für Freilichtmuseen an. Architektonische Details wie Portale, Stuckdecken, Mauerfundamente und Dachstühle können photogrammetrisch vermessen werden. Bei Innenvermessungen ist die Photogrammetrie dann rentabel, wenn die Aufnahmeabstände genügend groß sind wie in Keltern, Schulräumen oder Kirchen. Wie das Beispiel Elzach zeigt, können auch bewegliche Kulturgüter mit ihrer Lage am alten Standort photogrammetrisch vermessen werden. Wertvolle Einzelexponate können vor Restaurierungen photogrammetrisch erfaßt und bis zum Maßstab 1:1 ausgewertet werden. Exempel hierfür sind Schränke, Truhen und Skulpturen oder sakrale Gegenstände wie Altäre und Monstranzen. Richtungsweisende Arbeiten auf diesem Gebiet wurden vom Referat Photogrammetrie beim Landeskonservator Rheinland in Bonn ausgeführt.

Photogrammetrische Vermessungen benötigen einen Zeitrahmen, da bestimmte Arbeitsabläufe nur hintereinander und nicht gleichzeitig erfolgen können. Während in Elzach für die Dokumentation ausreichend Zeit war, verblieben in Michelfeld nur zwei Monate: als das Erdgeschoß eingemessen wurde, war man schon dabei, die Dachsparren abzutragen! Leider ist in der Praxis die Zeit für die Dokumentation meist nicht nach den wissenschaftlichen Erfordernissen, sondern nach Sachzwängen festgelegt. Hier gilt es gerade für die Freilichtmuseen, die ja nicht nur ausstellen, sondern auch die historischen Hintergründe aufzeigen wollen, einen genügend großen Spielraum für die Dokumentation einzuplanen.

Photogrammetrische Arbeiten sind keine Einzeldisziplinen. Ihre Interpretation ist ein Teil der Bau- und Hausforschung sowie der Erforschung von alten Handwerkstechniken. Photogrammetrische Aufnahmen und photogrammetrische Auswertungen bilden neben den Befunden und Exponaten, den Handvermessungen und neben Inventarisation und Urkundenforschung einen Teil der wissenschaftlichen Gesamtdokumentation.

Literatur

Clasen, Carl-Wilhelm: Architektur-Photogrammetrie, Marburger Jahrbuch für Kunstwissenschaft – Band 20 – 1981
Eckstein, Günter: Fassadenzeichnung mit Hilfe photographischer Aufnahmen, Vermessungswesen und Raumordnung – Jahrgang 40, Heft 2 – 1978
Knoepfli, Albert: Zeichnung, Photographie und Photogrammetrie im Dienste von Kunstdenkmälerinventarisation und Denkmalpflege, Landeskonservator Rheinland – Architekturphotogrammetrie III – Arbeitsheft 18 – 1977
Schule der modernen Fotografie, Band II, Verlag Großbild-Technik GmbH, Herausgeber: Nikolaus Karpf, Autor: Hans Bortsch – 1981
Hohenloher Freilandmuseum Mitteilungen 1, Herausgeber: Verein Hohenloher Freilandmuseum, 7170 Schwäbisch Hall, Rathaus, Schriftleitung: Dr. Heinrich Mehl – 1980
Begegnungen mit der Technik in der Industrie-Gesellschaft, Herausgeber: Projektgruppe Technik-Museum Baden-Württemberg, Keplerstraße 17, 7000 Stuttgart 1. Erarbeitet von Dr. Machleidt, Dr. Strobel sowie Dr. Bopp, Breitmaier, Grotefendt, Munz – 1980

Johannes Gromer
Abtragung und Rekonstruktion von historischen Gebäuden für das Freilichtmuseum

Die Umsetzung historischer Gebäude in Freilandmuseen geht im wesentlichen in 4 aufeinanderfolgenden Arbeitsschritten vor sich:

– Bauaufmaß und Befundaufnahme
– Abtragung, Transport und Zwischenlagerung
– Befundauswertung und Rekonstruktionsplanung
– Wiederaufbau

Auf den 1. Arbeitsschritt soll hier nicht weiter eingegangen werden, weil er an anderer Stelle in diesem Heft von A. Bedal behandelt wird. Im Hinblick auf Abtragung und Rekonstruktionsplanung möchte der Verfasser jedoch anmerken, daß ihm bei Aufmaßen, die als Grundlage für Translozierungen angefertigt werden, der Maßstab 1 : 25 am geeignetsten erscheint, weil damit auf den Zeichnungen genügend Platz für die Kartierung aller auch noch so kleinen und z. T. nahe beieinanderliegenden Details, die Numerierung der einzelnen Bauteile und auch für Nachträge gegeben ist, die während des Abbaus immer wieder nötig werden. Der Nachteil dieses großen Maßstabs besteht natürlich in den für den Baubetrieb unhandlich großen Blattformaten. Dem kann jedoch für den Wiederaufbau durch photografische Verkleinerung auf die halbe Größe begegnet werden. Im Maßstab 1 : 50 wird die Numerierung komplizierter Knotenpunkte oder der Nachtrag von Details, die erst während des Abbaus zutage treten, leicht unübersichtlich und ungenau, besonders, wenn man bedenkt, daß solche Planeintragungen mitten im laufenden Baubetrieb häufig ohne geeignete Unterlage vorgenommen werden müssen.

Nach Abschluß des Aufmaßes, in dem jedes Bauteil wenigstens einmal kartiert sein muß, sollte der Befund im Hinblick auf Bauperioden und Mauerwerks- bzw. Gefügestörungen vorläufig analysiert werden, um zu klären, welche Partien des Bauwerks bei der Abtragung besondere Aufmerksamkeit gewidmet werden sollte.

Jetzt sollten auch die letzten einheimischen Bewohner und Nachbarn nach dem befragt werden, was sie noch über das Gebäude, frühere Bauzustände und Nutzungen wissen. Bei dieser Gelegenheit kann auch am einfachsten mit den bisherigen Besitzern abgesprochen werden, welche Teile des noch im Gebäude gebliebenen Inventars (Mobiliar, Hausrat und landwirtschaftliche Geräte, Fässer, Zuber, Herde, Öfen, Wägen usw.) ins Museum übernommen werden können.

Nach der Räumung des Hauses kann der Putz außen und innen abgeschlagen werden, wobei darauf zu achten ist, daß Proben noch vorhandener alter Putzschichten für Konsistenzanalysen entnommen und evtl. vorhandene Wand- und Deckenmalereien nicht zerstört werden. Auch sollten alle unter Putz zutagetretenden Mauerwerksstörungen sowie Rußstellen an Wänden und Decken kartiert werden.

Nicht vergessen werden sollte, zu diesem Zeitpunkt die Strom-, Gas- und Wasserzuführungen zu kappen, um spätere unliebsame Überraschungen zu vermeiden.

Die eigentliche Abtragung beginnt notwendigerweise mit der Dachhaut. Noch verwendbare alte Ziegel werden in Paletten geschichtet. Gleichzeitig werden die Ausfachungen im Bereich der Giebel herausgeschlagen, soweit dies beabsichtigt ist. (Auf die Abtragung von ganzen Wänden wird weiter unten eingegangen.) Auch die Kamine werden jetzt abgetragen, wobei noch verwendbare alte Steine sorgfältig in Platten gesammelt werden sollten. Jedes Teil der Dachkonstruktion – auch wenn seine Wiederverwendbarkeit fraglich ist – erhält nun eine Nummer, die in die Pläne eingetragen wird, dann werden die Fußbodenbretter herausgenommen, die Holznägel herausgeschlagen oder -gebohrt, und die Konstruktion auseinandergenommen. Wenigstens bei größeren Gebäuden empfiehlt sich der Einsatz eines Baukrans, um die zahlreichen Arbeitsstunden zu sparen, die beim Herunterschaffen der schweren Balken von Hand zusammenkommen. Die Hölzer sollten gleich entnagelt werden, um Unfälle zu vermeiden, und zusammengehörige Teile mit Stahlbändern gebündelt werden.

Für die *Abtragung von Fachwerk-Wänden* wird in der Regel wie beim Dachstuhl jedes einzelne Holz numeriert, auch die Hölzer, die schon so stark zerstört sind, daß sie beim Wiederaufbau nur noch als Schablonen für Ersatzteile verwendet werden können. Vor dem Ausleeren der Gefache werden dann die noch vorhandenen alten Ausbauteile wie Fußböden, Fenster mit Läden und Futter, Türen und Wandvertäferungen, Treppen etc. geborgen und in Kisten verpackt. Danach werden die Ausfachungen aus Decken und Wänden herausgeschlagen. Bei geflochtenen Lehmwänden und -decken empfiehlt es sich nach den Erfahrungen im FLM Sobernheim, Rheinland-Pfalz, auch die eichenen Stick- und Wickelstecken zu sammeln und aufzubewahren, da deren fachgerechte Herstellung (Abspalten von Eichenbalken!) zeitraubend und kostspielig ist.

Nach dem Ausleeren der Fächer werden bis dahin nicht ablesbare Details, nicht mehr genutzte Blattsassen, Beschlag- und Zapfenlöcher, Streifnuten, Löcher für Stickstecken – oder auch deren Fehlen, das auf steinerne Ausfachungen und damit indirekt auf ehemalige Feuerstellen schließen läßt – erkennbar, die eventuell auf frühere Bauzustände hinweisen. Da sie eine wesentliche Grundlage für die späteren Rekonstruktionsüberlegungen bilden, sollten sie so sorgfältig und vollständig wie möglich in die Aufmaßpläne eingetragen werden, auch wenn sich aus ihnen vorerst noch kein Sinn ergibt. Danach können die Holznägel entfernt, das Gefüge gelöst und die numerierten Bauteile verladen werden.

Wände, deren Holzwerk und Ausfachungen noch weitgehend gut erhalten sind oder wegen darauf befindlicher Malerei besonders erhaltenswert sind, können auch als *Ganzes transloziert* werden. Dazu müssen sie, um die Winkelsteifigkeit zu gewährleisten, diagonal verschalt werden, wobei man die Zwischenräume zwischen Wand und Schalung mit Stroh oder Schaumstoff ausstopft. Nach Lösen – oder, wenn das nicht möglich ist, Absägen – der weiterlaufenden Holzverbindungen, können solche Wandelemente dann mit Hilfe eines Krans abgehoben und auf Tiefladern zum neuen Standort transportiert werden. Bei dieser Abtragungsmethode muß allerdings in Kauf genommen werden, daß anschließende Holzverbindungen teilweise abgesägt und damit die originalen Gefügeknoten verletzt werden.

Vollständige Gebäude können auf diese Weise allerdings nicht abgetragen werden, weil einerseits der Größe der so abtragbaren Wandelemente durch die Transportmöglichkeiten Grenzen gesetzt sind und auch deswegen, weil entweder den Längs- oder den Querwänden die seitlichen Ständer fehlen würden, die den Ausfachungen Halt geben. Deshalb wird sich diese Technik im allgemeinen auf kleinere, besonders gut erhaltene Partien beschränken. Kosteneinsparungen sind damit kaum verbunden, weil die einsparbare Arbeitszeit durch die hohen Gerätemieten wieder ausgeglichen wird.

Bei der Abtragung von *Mauerwerk* empfiehlt es sich nach Ansicht des Verfassers, neben den numerierten behauenen Werksteinen auch eine möglichst große Anzahl der Steine zu bergen, aus denen Wände, Gewölbe und Grundmauern des Gebäudes bestanden, soweit sie noch weiter verwendbar sind, ebenso Bodenplatten, Pflasterung und sonstige Bodenbeläge. Die Neubeschaffung solcher Materialien ist nach übereinstimmender Auskunft der Handwerker deutlich teurer und im Hinblick auf den musealen Zweck auch die schlechtere Lösung. Die Steine werden am besten gleich vor Ort geputzt und in Paletten gesetzt, damit die zu transportierende und gelagerte Menge möglichst gering gehalten wird und beim Wiederaufbau gleich zur Verfügung steht.

Gewölbe werden am besten von unten durch halbierte Leerbögen mit darübergelegten Brettern eingerüstet, auf die sich das Gewölbe nach Herausnahme der Schlußsteine absetzen kann. So bleiben die unten leicht konisch behauenen Gewölbesteine ganz und können Stück für Stück abgetragen, geputzt und in Paletten gesetzt werden. Die Leergerüste können zudem beim Wiederaufbau weiterverwendet werden.

Nach der Abtragung des Mauerwerks und der Fußbogenbeläge sollte auch noch der Baugrund auf nicht mehr genutzte Fundamente, evtl. Brunnenschächte, Fäkalientröge, Scherben, Brandspuren und ähnliches untersucht und gegebenenfalls kartiert werden.

Da die abgetragenen Gebäude in den meisten Fällen nicht sofort wieder an einem neuen Standort aufgebaut werden können, müssen sie zwischengelagert werden. Besonders dann, wenn noch nicht klar ist, wann oder wo der Wiederaufbau stattfinden wird, sollte sorgfältig darauf geachtet werden, daß die zum großen Teil angegriffenen Hölzer und Steine Witterungseinflüssen so wenig als möglich ausgesetzt werden, um weitere Zerstörungen zu vermeiden. Geschlossene Holzschuppen mit guter Durchlüftung erfüllen diesen Zweck am besten, weil die abgetragene Bausubstanz in ihnen auch am ehesten gegen Diebstahl gesichert ist. Allerdings muß aus Kostengründen häufig mit einfacheren Schutzdächern oder einer Abdeckung mit Planen vorlieb genommen werden. Besonders, wenn Plastikplanen verwendet werden, sollten an den Schmalseiten der Stapel ausreichende Belüftungsöffnungen vorgesehen werden, um zu verhindern, daß sich Schwitzwasser bildet und sammelt. Wasser führt nicht nur zur Fäulnisbildung, sondern wirkt auch sprengend, wenn es – in Ritzen gedrungen – gefriert.

Sobald als möglich nach Beendigung der Abtragung sollten die aufgenommenen Befunde ausgewertet, interpretiert und in die Rekonstruktionsplanung übergeführt werden. Je frischer die Erinnerung, desto authentischer gerät die Wiederaufbauplanung.

Zunächst wird die Fülle der vorhandenen Informationen verbal festgehalten und – soweit möglich – der Originalzustand des Bauwerks gegen spätere Veränderungen abgegrenzt. Wie schon erwähnt, können die Nachträge der Details, die erst während der Abtragung zutage kamen, z. T. zu erheblichen Veränderungen des konstruktiven und/oder funktionalen Bildes führen, das die Bauaufnahme ergeben hat. Als Illustration hierfür sollen 2 Beispiele aus der Praxis des Verfassers angeführt werden:

1. Wohnhaus des Freitagshofs, Gemeinde Wernau, Krs. Esslingen. Erbauungszeit um 1600, s. Abb. 11–13

Aufgenommen wurde ein einstöckiges, queraufgeschlossenes, rein zu Wohnzwecken genutztes Doppelhaus mit 2 knapp bemessenen Standard-Wohnungstypen nebeneinander (s. Abb. 11). Nach den bei der Abtragung kartierten Befunden (s. Abb. 12) ergab sich, daß das Gebäude ursprünglich deutlich großzügiger als Wohnhaus für eine einzige bäuerliche Großfamilie mit Ausdingstube und Kleinviehstall konzipiert war und daß es im Originalzustand statt der doppelten traufseitigen Erschließung neben einer einzigen Haustür an der westlichen Traufseite auch giebelseitig von Norden zugänglich war, wo in Form eines Hakengehöfts Stall und Scheune angeordnet waren. Beide Eingänge waren durch einen Hakenflur miteinander verbunden, von dem im vorgefundenen Zustand nichts mehr zu erkennen war. Bei archivalischen Nachforschungen im Pfarrarchiv der Gemeinde fand sich im Pfarrbuch von 1786 eine – wenn auch leicht fehlerhafte – Handzeichnung des Gehöfts von der Hand des damaligen Pfarrers, aus der sich einerseits wertvolle Hinweise zur Rekonstruktion der fast völlig abgegangenen ursprünglichen Westansicht ergaben, wie auch der Nachweis, daß das Haus erst nach dieser Zeit in 2 Kleinbauernstellen aufgeteilt wurde. Dafür hat man Küche und Stube der alten Wohnung verkleinert, den giebelseitigen Zugang geschlossen, eine mittlere Trennwand eingezogen und im Bereich der bisherigen Ausdingstube und des Stalles eine 2. Wohnung mit eigener Treppe und Backofen eingerichtet, für die sogar noch ein zusätzlicher Vorratskeller ausgehoben wurde. Anstelle der Ausdingstube wurde neben dem Haus ein Ausdinghäuschen errichtet.

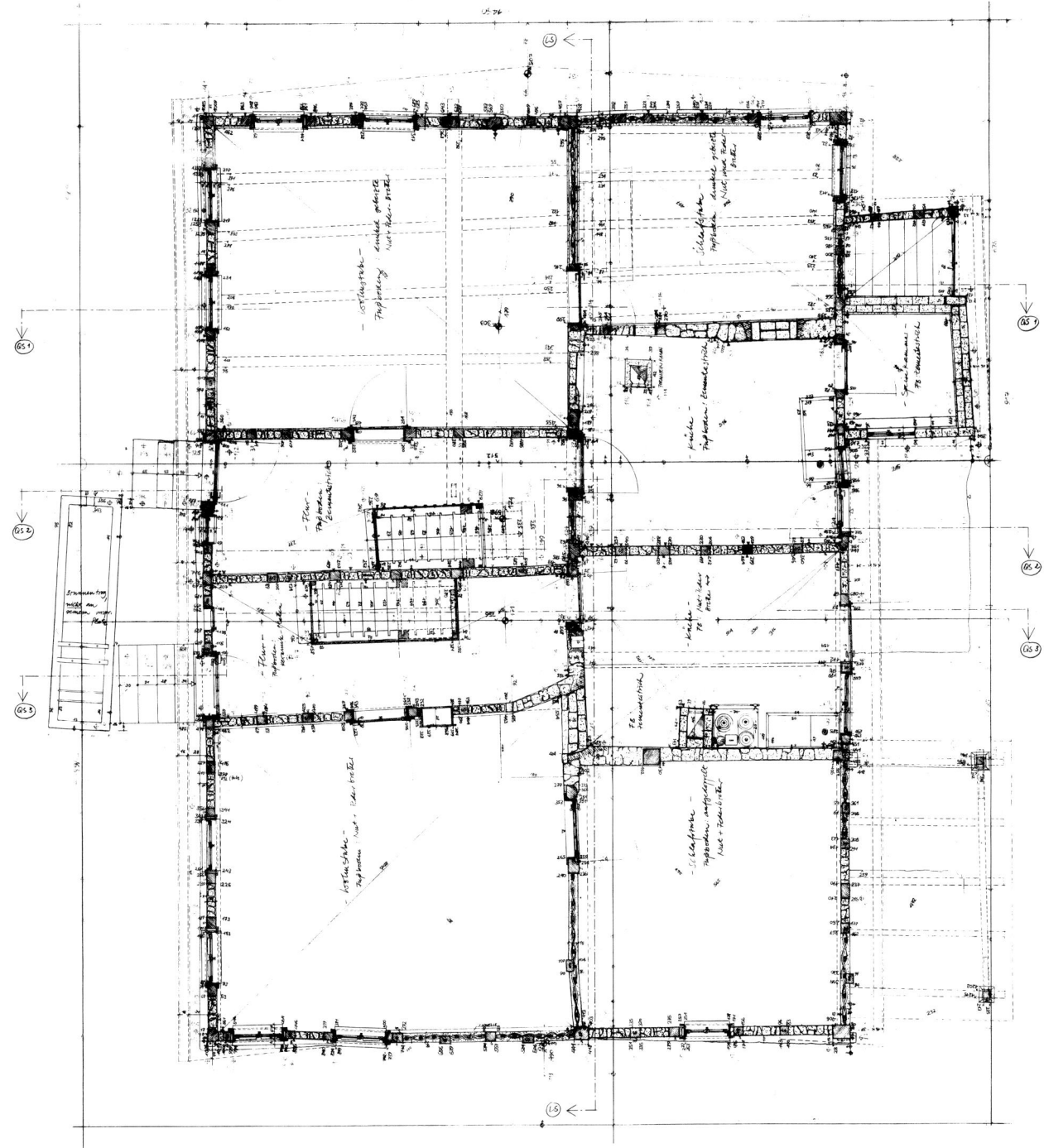

Während das Dach noch nahezu vollständig im ursprünglichen Zustand erhalten war, fehlte im Erdgeschoß von der Originalsubstanz weit mehr als die Hälfte (s. Abb. 12). Nach dem Ausleeren der Gefache konnte aber anhand der alten Zapfenlöcher, der Einkerbungen für die Stickstecken, bzw. deren Fehlen (Steinwände/Feuerstellen) und nach Aufnahme der unter dem EG-

Abb. 11 (oben): Wernau, Haus Freitagshof 11. Bauaufnahme Grundriß Erdgeschoß

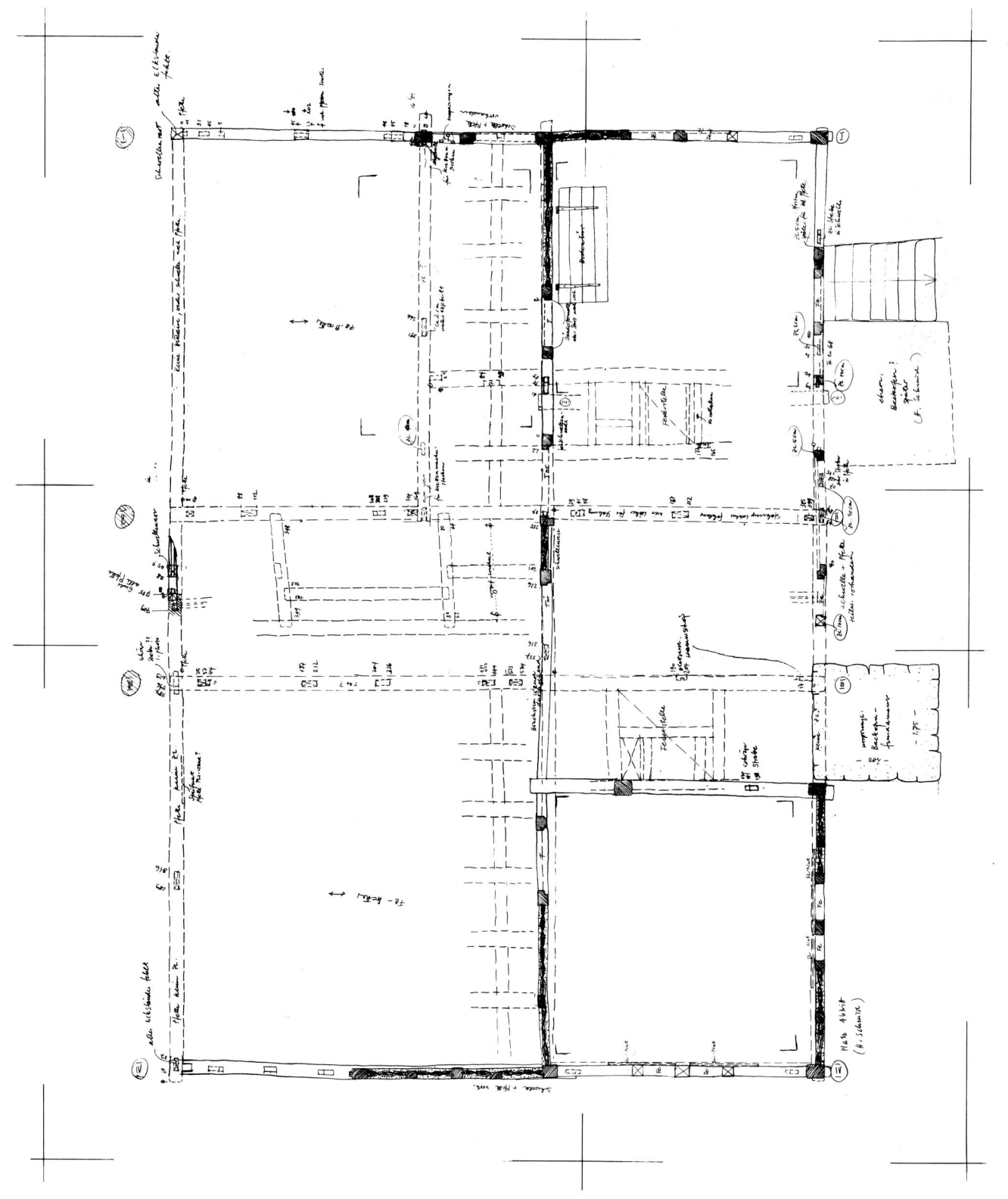

Fußboden zutagekommenden alten Fundamente die Originalsubstanz mit nur geringfügigen Lücken rekonstruiert werden. (s. Abb.13).

Das Haus wurde wegen des Fehlens entsprechender Mittel nicht regelrecht abgetragen (deswegen fehlt in den Zeichnungen die Numerierung), sondern nur zur Gewinnung von altem Ersatzholz für den Wiederaufbau anderer Gebäude abgebrochen. Dank der Großzügigkeit der Landesstelle für Museumsbetreuung konnte es aber mit einer solchen Genauigkeit aufgenommen und untersucht werden, daß ein späterer Wiederaufbau aus den noch vorhandenen Bauteilen nach Ansicht des Verfassers durchaus möglich wäre.

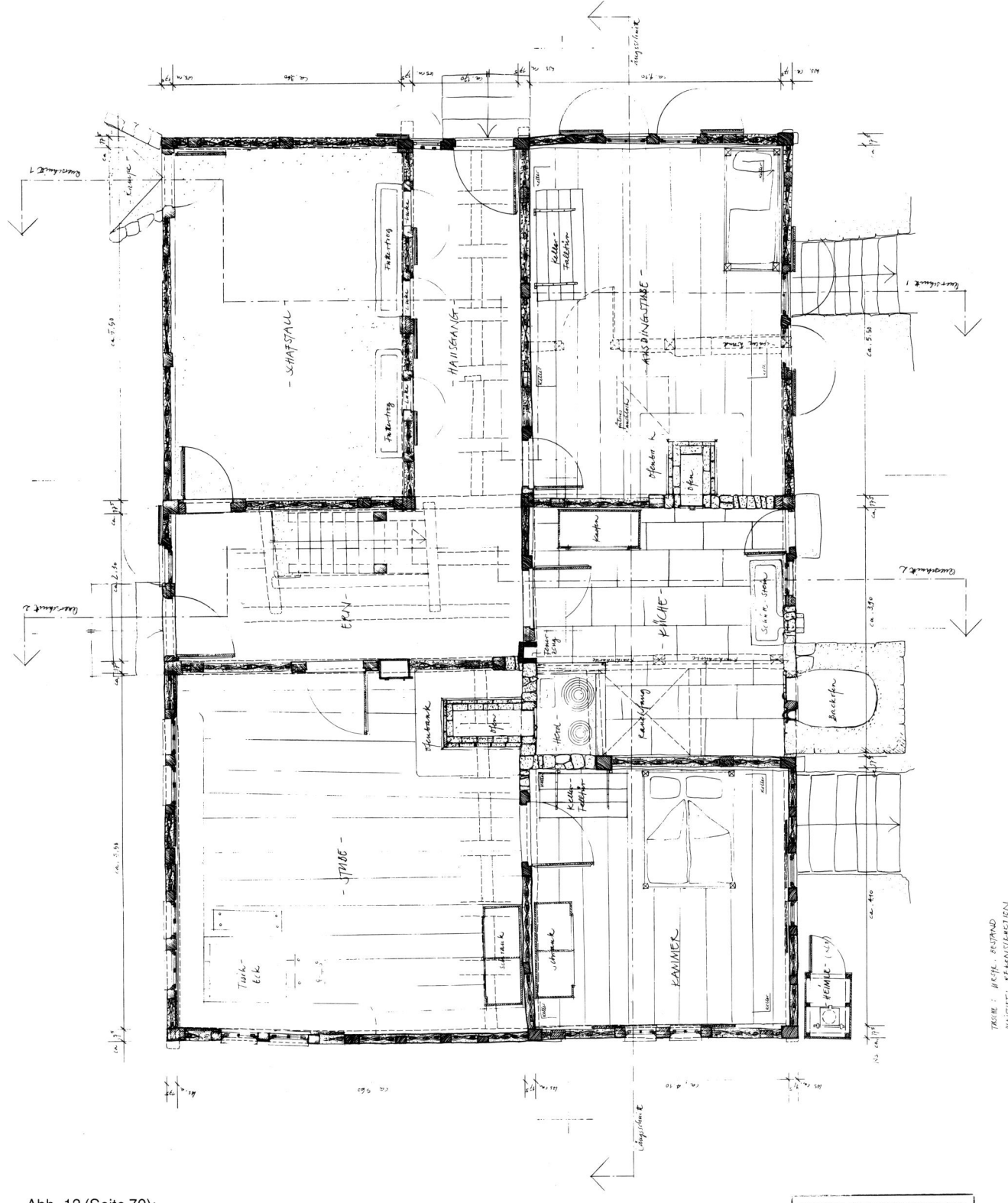

Abb. 12 (Seite 70):
Wernau, Haus Freitagshof 11
Kartierung der Reste
von Bauzustand 1
(Aufnahme ursprünglicher
Bestand im Erdgeschoß)

Abb. 13 (Seite 71):
Wernau, Haus Freitagshof 11
Rekonstruktion Grundriß
Erdgeschoß
in Bauzustand 1

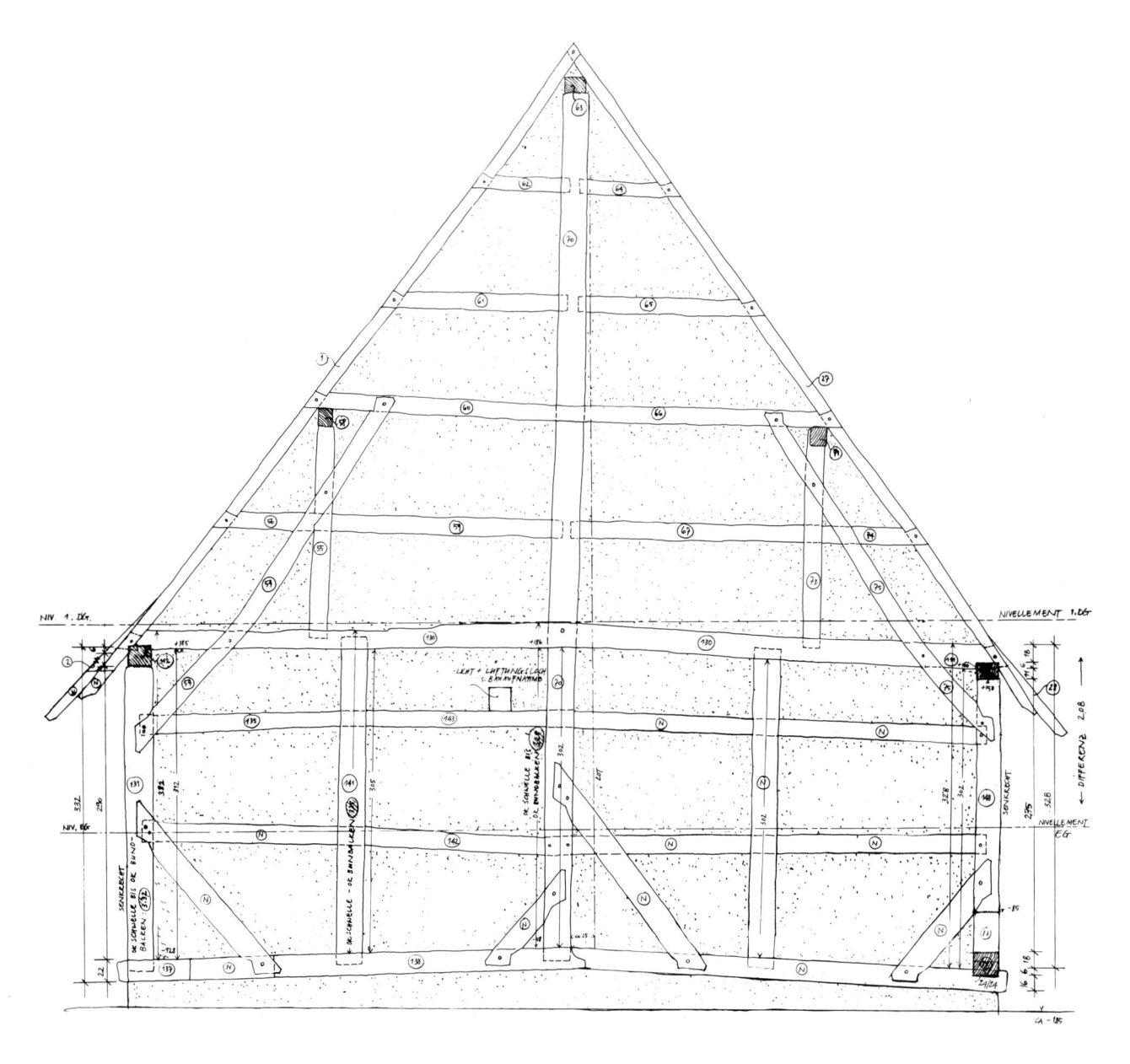

2. Scheuer des ehemaligen Schlegelhofs aus Beuren, Krs. Esslingen, Firstständerbau, erbaut 1449 (dendrochronologisch datiert), s. Abb. 14—16

Vom Originalbestand erhalten war nur noch das Dachwerk incl. der Pfetten der ehem. EG-Längswände und fast die ganze südöstliche Giebelwand (s. Abb. 14) mit einem vollständigen Firstständer. Der Rest des Erdgeschosses war neueren Datums.

Während hier Grundrißauslegung und Funktion weitgehend klar waren, ergab sich aus der Aufnahme der Zapfenlöcher an den Unterseiten der ehemaligen Längswand-Pfetten (s. Abb. 15), daß entweder noch während der Bauzeit eine recht erstaunliche Änderung in der Gefügetechnik vorgenommen wurde oder, daß bei einer späteren Reparatur (evtl. beim Bau des vorgefundenen Wohnhauses 1581, dendrochr.) das gesamte Dachwerk soweit abgetragen wurde, daß die Pfetten der EG-Wände angehoben werden konnten, um schräge Verstrebungshölzer in Pfette und Schwelle 10 cm tief einzuzapfen und mit den Riegeln zu verblatten. Denn nur so können die anhand der Zapfenlöcher nachweisbaren gezapften Streben im westlichen Teil des kleinen Bauwerks erklärt werden. Während das Gefüge in den Bundebenen I und II (Tennengefach) konsequent geblattet war, fanden sich in Gebinde III und an der Unterseite der längslaufenden Wandpfetten im Bereich des Barengefachs neben Blattsassen für Kopfbänder Zapfenlöcher für schräge Streben (s. Abb. 16), aus denen sich deutliche Unterschiede zwischen der Gefügeausbildung der Bundwände I und II bzw. der Wände im Bereich von Bund III ergaben. Zwischen Bund II und III war im Dach zudem ein liegender, vollständig gezapfter Stuhl (IIa) eingezogen, der nicht mit Abbundzeichen gekennzeichnet war. Eine deswegen nötige, weitere dendrochronologische Datierung wird zeigen, ob und inwieweit die genannten Verschiedenartigkeiten am Gefüge der Scheune verschiedenen Bauzeiten zuzurechnen sind.

Allerdings sollte bei der Planung des Wiederaufbaus

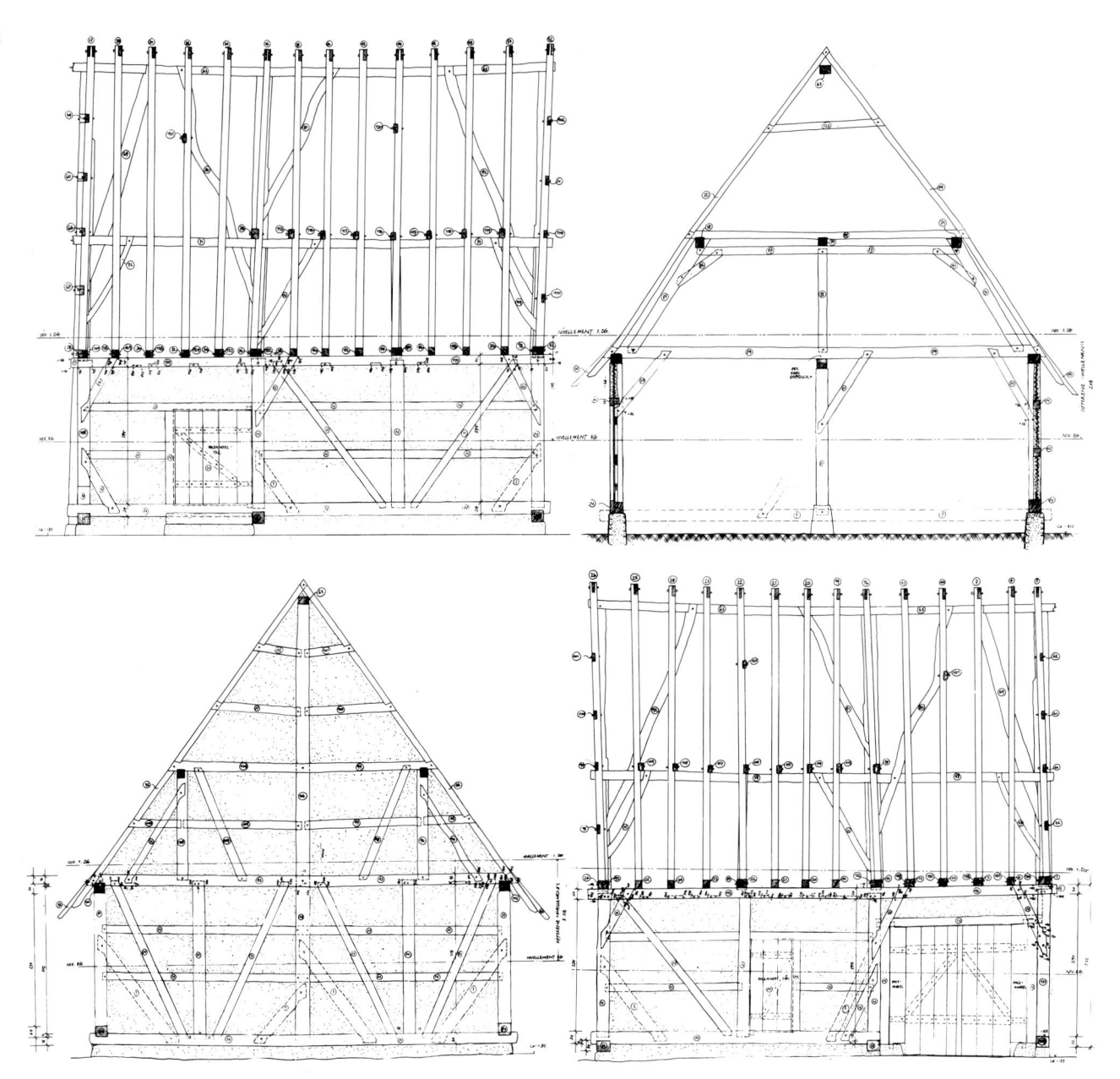

nicht um jeden Preis eine Rekonstruktion des Erbauungszustandes angestrebt werden. Sicherlich ist dies in manchen Fällen gerechtfertigt, wie z. B. bei dem vom Verfasser abgetragenen Dosterhof aus Beuren, Krs. Esslingen (Scheune um 1500, datiert, Wohnhaus um 1575), dessen Originalsubstanz noch zu mehr als 75% erhalten und nur wenig reparaturbedürftig ist. Auch im Falle des Freitagshofs erscheint eine Zurückführung in den ursprünglichen Zustand sinnvoll, weil sich mit der Darstellung der ersten Nutzung (Ausding/Schafstall) interessantere museumsdidaktische Möglichkeiten bieten, als bei einem Wiederaufbau der vorgefundenen Bausubstanz. Auch würde sich bei einer Rekonstruktion des originalen Grundrisses und der beiden Längsansichten zusammen mit den alten Giebeln ein schlüssigeres Gesamtbild ergeben.

Im Falle der Schlegelscheuer erscheint es dem Verfasser dagegen richtiger, ohne Rücksicht auf das Ergebnis einer weiteren dendrochronologischen Bestimmung den vorgefundenen Zustand mit dem Wechsel in der Gefügetechnik zu rekonstruieren, weil sich damit die Möglichkeit ergibt, mehrere verschiedene Entwicklungsstufen der Konstruktions- und Gefügetechnik an ein- und demselben Gebäude zu demonstrieren.

Neben museumsdidaktischen und bauhistorischen Argumenten sollte aber auch gesehen werden, daß ein mit seinen gewachsenen Veränderungen wiederaufgebautes Haus in vielen Fällen authentischer wirken kann, als der systematisch rekonstruierte Originalzustand. Da aber jedes einzelne Objekt seine individuellen Besonderheiten hat, lassen sich generelle Aussagen in dieser Hinsicht kaum formulieren. So bleibt nichts anderes übrig, als von Fall zu Fall die am besten geeignete Lösung zu suchen.

Abb. 14–16: Behren, Rathausgasse 11, ehemalige Scheuer des Schlegelhofs. Seite 72: Rekonstruktion der südöstlichen Giebelansicht. Seite 73 oben: Nordöstliche Längsansicht und Schnitt bei Bundebene IIa. Seite 73 unten: Nordwestliche Giebelansicht (Bund III) und südwestliche Längsansicht – Rekonstruktion

Regionale Freilichtmuseen in Baden-Württemberg
Eine Dokumentation

Eduard M. Neuffer
Freilichtmuseen in Baden-Württemberg

Als am 8. August 1978 der Ministerrat von Baden-Württemberg beschlossen hatte, »die in Baden-Württemberg vorhandenen Freilichtmuseen in nichtstaatlicher Trägerschaft sowie die bestehenden Ansätze zu solchen durch Landeszuschüsse aus Erträgnissen der Zusatzwette »Spiel 77« zu fördern mit dem Ziel ihres Ausbaues zu leistungsfähigen regionalen Freilichtmuseen«[1], waren mit dieser Entscheidung die Würfel nicht nur zugunsten der Einrichtung regionaler Freilichtmuseen gefallen, sondern ebenso für ein Engagement des Landes Baden-Württemberg beim Bau von Freilichtmuseen überhaupt. Vereinzelte frühere Aktionen des Landesdenkmalamtes auf diesem Gebiet sind mehr unter denkmalpflegerischen als museumspolitischen Gesichtspunkten zu beurteilen. Endlich wurde das erreicht, was Heimatpfleger und Fachwissenschaftler seit langem gemeinsam und immer drängender gefordert hatten, nämlich auch in Baden-Württemberg ein Freilichtmuseum zur Rettung bäuerlicher Kultur einzurichten, ehe es dazu zu spät sein werde und, wie B. Schier es schon 1961 formulierte, »in zwanzig Jahren nur noch kümmerliche Reste von dem Reichtum und der Mannigfaltigkeit unserer alten Hauslandschaften zeugen werden«[2]. Wenn heute, also mehr als zwanzig Jahre später, Schiers düstere Prophezeiung auch nicht zur Gänze eingetreten ist, denn wir haben, Gott sei Dank, immer noch einen gewissen Bestand an bäuerlicher Haussubstanz, so kann man einfach nicht übersehen, daß dieser in den vergangenen Jahren stark dezimiert worden ist. Die Rationalisierung der landwirtschaftlichen Produktionsmethoden und die Beschränkung auf die Erzeugung nur weniger Produkte – oft nur eines einzigen – erforderte auch neue Produktionsstätten, weil die alten Gehöfte in der Dorfgemeinschaft sowohl vom Platz als auch von ihrer Lage her hierzu ungeeignet waren. Sie wurden häufig aufgegeben und durch eine andere Nutzung zweckentfremdet oder überflüssig und mußten dann neueren Wohn- und Wirtschaftsansprüchen weichen. Um- und Neubauten landwirtschaftlicher Anwesen, Aussiedlungen und Flurbereinigung haben nicht nur den Bestand an Bauernhäusern und Gehöften gelichtet und verändert, sondern mitunter auch als alte Siedlungsgefüge aufgebrochen. Wie stark diese Veränderung schon geworden ist, zeigt, daß einige Hausformen, ich denke etwa an das Schauinslandhaus oder das Hotzenhaus, bereits verschwunden sind. Der Raubbau geht ständig weiter, trotz wachsenden Verständnisses für überlieferte Lebensweisen und verbreiteter Wertschätzung alter sogenannter »Lebensqualität«. Es war höchste Zeit, fast gar zu spät, daß etwas geschah. Man kann der Landesregierung von Baden-Württemberg und den beteiligten Ministerien nicht dankbar genug sein, daß sie sich zum Gedanken des Freilichtmuseums bekannt und damit die Möglichkeit zur Rettung wesentlicher Bestandteile unserer heimischen Kultur geschaffen haben.

Baden-Württemberg ist eines der letzten Bundesländer, das Freilichtmuseen einrichtet. Der Weg bis dahin war lang und dornig. Besonders der Schwäbische Heimatbund hatte sich mit diesem Thema auseinandergesetzt und seine Verwirklichung gefordert, und bereits Mitte der sechziger Jahre beschäftigte sich das damalige Kultusministerium mit einer Denkschrift zur Errichtung eines Freilichtmuseums im Lande. Praktische Ergebnisse zeigten sich darin, daß mögliche Standorte für ein solches gesucht und von einer eigens gegründeten Kommission begutachtet wurden, die sich sogar für einen von ihnen, das Gelände »Mühlberg« auf der Markung Möhringen im Landkreis Tuttlingen, entschied.

Dennoch waren es nicht diese offiziellen und theoretischen Planungen, die letztlich zum Ziele führten, sondern die rein pragmatischen Vorgehensweisen einzelner Personen und Gruppen, die das Entstehen der Freilichtmuseen im Lande ins Rollen brachten und gleichzeitig damit Vorgaben schufen, die das Geschehen auf diesem Gebiet wesentlich beeinflußten. Zwar waren es typische Einzelaktionen, die weder einen großen musealen Auftrag im Sinne hatten noch zunächst mehr als nur lokale Belange befriedigen wollten; ihre Aktivitäten führten letztlich zu der Frage, ob es sinnvoller sei ein einziges großes, zentrales Freilichtmuseum zu gründen, wie es bisher Inhalt aller Überlegungen gewesen war, oder ob man sich nicht einer regionalen Lösung zuwenden solle, wobei die bereits vorhandenen Initiativen in diese einbezogen werden sollten. Die Diskussion hierüber wurde sehr intensiv geführt, die Entscheidung fiel dann gegen eine zentrale Lösung, wie sie alle Befürworter des Freilichtmuseums im Sinne gehabt hatten.

Was war geschehen? Des Wartens müde und von der Notwendigkeit gedrängt, den von Verfall und Abbruch bedrohten Vogtsbauernhof in Gutach zu retten, begann H. Schilli mit der Sanierung dieses Gehöftes an Ort und Stelle. Als er den Landkreis Offenburg, den heutigen Ortenaukreis, für seine Idee gewinnen konnte, in Gutach ein bäuerliches Museum einzurichten, entstand nach und nach das jetzige Freilichtmuseum, die »Vogtsbauernhöfe«, wie sie der Volksmund ebenso hartnäckig wie falsch bezeichnet. 1978, als die Entscheidung des Ministerrates anstand, konnte Gutach bereits mit beachtlichen Besucherzahlen aufwarten.

Etwa um die gleiche Zeit setzte sich M. Gerber für den Erhalt des Strohdachhauses in Kürnbach ein und leitete damit, wenngleich auch wesentlich langsamer als in Gutach, eine ähnliche Entwicklung wie dort ein. Auch hier entwickelte sich ein Freilichtmuseum, das allerdings von Anfang an ein Museum des Kreises war. Noch ein drittes Mal war der drohende Verfall und Abriß eines alten Gehöftes Anlaß einer Museumsgründung. Im Kürnbach ziemlich nahe gelegenen Wolfegg wurde das Fischerhaus saniert, das ohne museale Nutzung nicht zu halten gewesen wäre. Hier allerdings wurde der Gedanke an ein kleines Freilichtmuseum von Anfang an gehegt.

Was wie eine Häufung von Zufällen aussieht, beleuchtet jedoch nur, in wie schlimmem Zustand sich die bäuerliche Haussubstanz befindet. Ähnliche Initiativen hätten auch an vielen anderen Orten entstehen können, denn überall gibt es architektonisch, handwerklich oder historisch wertvolle Gebäude, die vom Abbruch bedroht sind. Es genügt aber offensichtlich nicht, ein altes Bauernhaus zu renovieren und darin ein Museum einzurichten, um daraus ein Freilichtmuseum entstehen zu lassen, auch wenn mit diesem Gedanken gespielt wird. Es müssen dazu mehrere Voraussetzungen günstig zusammentreffen, um dies zu bewirken. Ist das nicht der Fall, wird es bei einfachen Bauernhausmuseen bleiben. Ödenwaldstetten und Schönenberg sind hier geeignete Beispiele, denen man die Museumshöfe im Schwarzwald, den Klausenhof, den Reesenhof und den Schniederlihof beigesellen kann.

Schon bald nachdem der Startschuß für die Errichtung der regionalen Freilichtmuseen gefallen war und nach der Gründung der Landesstelle für Museumsbetreuung, der die fachliche, konservatorische und finanzielle Betreuung der nichtstaatlichen Museen des Landes, also auch der Freilichtmuseen, übertragen wurde, trafen sich die Vertreter der bestehenden oder in Entstehung begriffenen Freilichtmuseen sowie namhafte Fachleute, um die Rahmenplanung für die regionalen Freilichtmuseen auszuarbeiten, besonders aber, um die für die Darstellung der baden-württembergischen Hauslandschaft notwendige Zahl von Freilichtmuseen und deren Einzugsbereiche festzulegen. Aus dieser Runde resultiert die Arbeitsgemeinschaft der regionalen Freilichtmuseen Baden-Württembergs, in der sich diese in lockerer Form zusammengetan haben, um sich einerseits bei der Lösung spezieller Probleme zu helfen, andererseits aber auch, um ihre Interessen nach außen hin gemeinsam zu vertreten.

Ging man seinerzeit bei dieser Abgrenzung der Einzugsbereiche zunächst von 23 Hauslandschaften aus, einer Zahl, die sich nicht halten ließ, so einigte man sich zuletzt auf 6 Gebiete, denen jeweils ein Freilichtmuseum zugeordnet werden sollte. Es waren dies, von Nord nach Süd aufgezählt, der Bereich Hohenlohe mit einem geplanten Freilichtmuseum im Landkreis Schwäbisch Hall (später Wackershofen), das Gebiet Nordbaden-Schwarzwald mit dem geplanten Freilichtmuseum Kraichtal, der Bereich Alb-Neckar, für den der Standort Neckartenzlingen gefunden wurde, die Region Schwarzwald-Oberrhein mit dem in vollem Aufbau begriffenen Vogtsbauernhof, der Bereich Baar-Ostschwarzwald, für den der Landkreis Tuttlingen einen Standort suchte, und endlich das Gebiet Allgäu-Bodensee, das mit den Freilichtmuseen in Kürnbach und Wolfegg gleich über zwei Standorte verfügte und damit über Freilichtmuseen, deren Sammelgebiet nahezu identisch war und denen deshalb innerhalb desselben verschiedene Sammlungstätigkeit zugewiesen werden mußte.

Als sich für das Gebiet Baar-Ostschwarzwald schon bald die Möglichkeit abzeichnete, in Fridingen an der Donau ein Freilichtmuseum einzurichten, schien die Entwicklung beim Aufbau der Freilichtmuseen im Lande außerordentlich gut zu verlaufen.

Es zeigte sich aber auch hier, daß noch so gut durchdachte Planungen nicht zum Tragen kommen können, wenn, wie oben bemerkt, die notwendigen Voraussetzungen dazu nicht vollständig zusammenkommen. Die einsetzende Rezession und die Notwendigkeit, wichtige andere Projekte in Angriff zu nehmen, führten dazu, daß sowohl die Stadt Kraichtal, als auch der Landkreis Esslingen von der Gründung eines Freilichtmuseums in ihrer Trägerschaft Abstand nahmen. Als dann auch noch auf den Einspruch von Heimatpflegern und Naturschützern hin, die den mit einem solchen Betrieb vermeintlich verbundenen Besucherrummel fürchteten, die Stadt Fridingen ihre Standortbewerbung zurückzog, war die Lage für die Idee der regionalen Freilichtmuseen schwierig geworden. Indessen gelang es, dem Landkreis Tuttlingen in der Fridingen benachbarten Gemeinde Neuhausen ob Eck einen Ersatzstandort ausfindig zu machen, so daß nur noch für den zentralen württembergischen Raum und den Bereich Nordbaden-Schwarzwald ebensolche zu suchen waren.

In beiden Gebieten ist es außerordentlich schwer, an ein sowohl von der Größe wie von der Lage her für die Einrichtung eines Freilichtmuseums geeignetes Gelände zu kommen. Im dicht besiedelten Rems- oder Neckarraum ein zusammenhängendes Areal von 15–20 ha Größe für derlei Zwecke zu bekommen, ist fast ebenso unmöglich, wie es etwa am Rhein oder im Schwarzwald zu finden. Der Landverbrauch durch Industrie und Wohnungsbau ist so stark, daß die vorhandenen Möglichkeiten in diesen Ballungsräumen nahezu ausgeschöpft sind. Keiner derjenigen Standorte, die auf eine Eignung hin untersucht wurden, konnte in die engere Wahl gezogen werden, weil stets von irgendeiner Seite her Schwierigkeiten auftauchten.

Daneben ergeben sich viele Probleme aus den Anforderungen, die ein Freilichtmuseum an das Gelände stellen muß, auf dem es eingerichtet werden soll. Die Gestaltung desselben sollte so beschaffen sein, daß man das Haus eines »Wengerters«, eines Winzers also, aus dem Remstal etwa, ohne größere landschaftsverändernde Maßnahmen ebenso dorthin umsetzen kann wie ein Gehöft von den Fildern oder ein gestelztes Einhaus aus Betzingen. Mit diesen muß die Darstellung der ihnen eigenen Wirtschaftsform ebenso umsetzbar sein, also des Weinbaues beim Winzer, des Anbaues von Filderkraut beim Filderbauern und des allgemeinen Ackerbaues beim letztgenannten. Diese Forderung birgt allein schon Schwierigkeiten. Daneben muß ein Museumsgelände aber auch Eigenschaften wie leichte Zugänglichkeit, eine verkehrsgünstige Lage und die Möglichkeit haben, eine ausreichende Infrastruktur ohne übermäßige Kosten zu erstellen.

Eine weitere Voraussetzung für die Gründung eines Freilichtmuseums ist die Schaffung einer stabilen Trägerschaft, die sehr stark von der finanziellen Situation des in Frage kommenden Museumsträgers und ihrer weiteren Entwicklung abhängt. Die Lasten eines solchen Museums sind, auch wenn das Land einen Teil der Kosten übernimmt, immer noch beträchtlich, und ehe ein Freilichtmuseum möglicherweise einen Gewinn abwerfen kann oder wenigstens in die Lage kommt, sich selber zu erhalten, müssen erst einmal ansehnliche Mittel investiert werden. Die allgemeine wirtschaftliche Restriktion mit ihren ungewissen Zukunftsaussichten war es ja, die die Gründung der Freilichtmuseen von Kraichtal und Neckartenzlingen verhindert hat, obwohl dort Gelände vorhanden gewesen wäre. Daß solch Überlegungen allerdings sich nicht immer negativ auswirken müssen, zeigt das Beispiel des Landkreises Tuttlingen, der sich gerade in wirtschaftlich gewiß nicht einfachen Zeiten dazu entschlossen hatte, das Freilichtmuseum Neuhausen ob Eck zu bauen.

So scheinen Trägervereine, wie wir sie in Wackershofen und Wolfegg antreffen, für ein Freilichtmuseum von Vorteil zu sein. Zum einen verteilen sich die anfallenden Lasten auf so viele Mitglieder, seien es Kreise, Gemeinden, Firmen oder Einzelpersonen, daß die hohen Kosten in erträglichem Maß aufgefangen werden können. Zum andern ist es ein Vorteil, daß ein privater Trägerverein, anders als eine Körperschaft des öffentlichen Rechts, in seinen Entscheidungen doch sehr viel freier und flexibler ist und ohne hierarchische Strukturen und dem damit verbundenen Bürokratismus auskommen kann.

Eine gesicherte finanzielle Ausgangssituation ist also für ein Freilichtmuseum bei seiner Einrichtung unerläßlich. Zwar beteiligt sich das Land Baden-Württemberg beim Aufbau mit 50% der entstehenden Kosten, doch beschränkt sich diese Beteiligung allein auf die Umsetzung der Gebäude und die damit verbundenen Maßnahmen, während die Kosten für die Schaffung der Infrastruktur (Wege- und Parkplatzbau, Einzäunungen, Ver- und Entsorgung, Gastronomie etc.) und den laufenden Betrieb des Museums allein zu Lasten des Trägers gehen. Dies kann bedeuten, daß sich der Ausbau der regionalen Freilichtmuseen zwangsläufig den finanziellen Möglichkeiten des Museumsträgers anpaßt und damit ihre Fertigstellung lange hinausgezögert wird. Es ist deshalb notwendig, daß nicht nur die Freilichtmuseen für sich selbst langfristig Ausbaukonzepte entwickeln, die auch auf lange Zeit im voraus die eigene Finanzierungsplanung ebenso zulassen wie die des Landes Baden-Württemberg, sondern auch, daß ein landesweites Konzept zum Ausbau und zur Förderung der regionalen Freilichtmuseen zustandekommt, dem die Vorstellungen der Landesregierung zugrunde liegen und das ganz klar aussagt, welche Richtung die Entwicklung beim Aufbau der regionalen Freilichtmuseen nehmen soll. Leider gibt es dies bisher noch nicht. Sowohl die Museen selbst als auch die Landesstelle haben sich hier bisher schwergetan, vor allem wegen der personellen Schwierigkeiten. Eine wissenschaftliche, konzeptionelle Planung bei den ersteren läuft aber an und auch die Landesstelle ist von seiten des Ministeriums für Wissenschaft und Kunst dankenswerterweise in die Lage versetzt worden, Wissenschaftler im Dienstvertrag mit der Aufgabe zu betrauen, die Grundlagen für ein solches Landeskonzept zu erarbeiten.

Ein klarer und feststehender Aufbauplan für die regionalen Freilichtmuseen ist aber vor allem deswegen so wichtig, weil sich inzwischen eine Entwicklung abzeichnet, die dem ursprünglichen Vorhaben, die bäuerliche Kultur in 6 regionalen, vom Land geförderten Museen darzustellen, entgegenstehen könnte. Es bilden sich Initiativen, die, das teilweise Vakuum der augenblicklichen Situation nutzend, sich um die Errichtung kleinerer Freilichtmuseen bemühen, die in ihrer Wertigkeit zwischen den regionalen Freilichtmuseen und den Bauernhausmuseen angesiedelt werden müssen. Sie decken vorrangig aber doch lokale bzw. verhältnismäßig kleinräumige Belange ab und führen zu einer Vielfalt innerhalb der Freilichtmuseen, die nicht überzeugt.

Wenden wir den Blick auf die heutige Landschaft der Freilichtmuseen in Baden-Württemberg, so kann man trotz mancher Schwierigkeiten, die zu bewältigen sind, ein durchaus erfreuliches Fazit ziehen. Vier der regionalen Freilichtmuseen sind bereits geöffnet, ein weiteres ist im Aufbau und wird wohl im nächsten Jahre eröffnet werden können. Dies heißt allerdings nicht, daß diese alle bereits fertiggestellt wären. Außer dem Vogtsbauernhof in Gutach, dessen Aufnahmevermögen natürliche Grenzen dadurch gesetzt sind, daß es keine Möglichkeit gibt, weiteres Gelände hinzu zu erwerben, benötigen die übrigen noch Jahre, ehe sie tatsächlich vollendet sein werden. Sorge bereitet die personelle Ausstattung dieser Museen. Das einzige Freilichtmuseum, das hier sehr gut versorgt ist und einen hauptamtlichen Leiter aufweisen kann, ist Wackershofen. Ihm stehen auch ein hauseigener Bautrupp zur Verfügung sowie die Arbeitsmöglichkeiten, die notwendig sind, angefangen von genügend ausgestatteten Büros bis hin zum Winterbauzelt. Ebenfalls gut ausgestattet ist in dieser Hinsicht der Vogtsbauernhof. Der Kreisarchivar des Ortenaukreises betreut gleichzeitig das Freilichtmuseum, das seinerseits als örtlichen Leiter einen erfahrenen Zimmermann und andere Kräfte hat. In Wolfegg hat der Kreisheimatpfleger des Landkreises Ravensburg zunächst für einen festgelegten Zeitraum die Betreuung beim Aufbau des Museums übernommen und wird auch später neben seiner anderen Tätigkeit dafür zur Verfügung stehen. Kürnbach und Neuhausen ob Eck haben eine wissenschaftliche Beratung für die Zeit ihres Aufbaues. Es muß aber eine unabdingbare Forderung bleiben, daß ein Freilichtmuseum dieser Größe nicht mehr mit ehrenamtlichen Kräften betrieben werden kann, wenn es seinem Bildungsauftrag nachkommen soll, sondern eine eigene erfahrene wissenschaftliche Kraft haben muß, ohne die eine solide Museumsarbeit nicht möglich ist und der Anspruch auf Wissenschaftlichkeit nicht aufrechterhalten werden kann. Gewiß ist es für die Museumsträger nicht einfach, die Personalkosten hierfür bereitzustellen, besonders dann, wenn allenthalben der Ruf nach Personaleinsparungen ertönt. Aber hier zeigt sich die Grenze zwischen einem Vergnügungspark mit gehobenen Ansprüchen und einem Institut, das seinem bildungspolitischen Auftrag nachkommen kann.

Dieter Kauß
Das Schwarzwälder Freilichtmuseum »Vogtsbauernhof« in Gutach

Zunächst sei ein Überblick über die Entwicklung des Museums gegeben:

1961 Hermann Schilli, Leiter der Zimmermeisterschule in Freiburg, der Vater des Vogtsbauernhofs, erwirkt die Zustimmung des Referates für Denkmalpflege im Kultusministerium und des Kreistages in Wolfach zum Plan, den Vogtsbauernhof in Gutach aufzukaufen und zu einem Freilichtmuseum auszubauen.
Nach seinen eigenen Worten war Schilli zehn Jahre lang im Regierungsbezirk Südbaden als ehrenamtlicher Denkmalpfleger tätig. Dabei mußte er die Beobachtung machen, daß die alten eindrucksvollen Häuser im Schwarzwald nach und nach aus der Landschaft verschwanden. Dies bestärkte seine Auffassung, der Nachwelt eine Erinnerung dieser charakteristischen Zeugen aus einer einzigartigen Kulturlandschaft zu vermitteln. Seit dem Jahre 1960 faßte er dann folgerichtig den Entschluß, ein Schwarzwälder Freilichtmuseum zu errichten.

1963 Am 27. 3. 63 Erwerb des Vogtsbauernhofs und des ersten Geländes.

1963/64 Herrichtung des Vogtsbauernhofs und seines Back- und Brennhauses; Aufbau des Speichers, der Klopfsäge, der Mahlmühle und des Leibgedinghauses rund um den Vogtsbauernhof.

1964 Eröffnung des Museums.

1966–68 Erwerb, Abbruch und Wiederaufbau des Hippenseppenhofs (Typ Heidenhaus) aus Furtwangen-Katzensteig.

1968 Erstellung der Hanfreibe mit Gerstenstampfe sowie des Bienenständers und des Pförtnerhauses.

1969/70 Erstellung des Speichers beim Hippenseppenhof, des Milchhäusles beim Vogtsbauernhof.

1971/72 Erstellung des Lorenzenhofs, der Backhütte, der Hochgangsäge, des Kinzigtäler Speichers und des Kohlenmeilers.

1973 Am 3. 1. 73 wird der Ortenaukreis Träger des Museums.

1979/80 Nachbau des Hotzenwald-Hauses; Neubau des Zimmerbauernhofs u. a. als Archiv und Arbeitsbibliothek.

1980/81 Nachbau des Schauinslandhauses; Herausgabe eines Geräteführers.

1981 Am 28. 8. 81 Tod des Museumsgründers Hermann Schilli

1983 Am 1. 4. 83 übernimmt Dr. Dieter Kauß die wissenschaftliche Leitung des Museums.

Der Vogtsbauernhof ist nunmehr das meistbesuchte deutsche Freilichtmuseum. Die Entwicklung spiegelt sich in den folgenden Zahlen wider:

```
1964 =     4 145
1967 =    40 305
1970 =   177 000
1973 =   327 142
1976 =   446 559
1979 =   516 560
1982 =   478 530   verkaufte Eintrittskarten
```

Der bisher beste Besuch wurde 1980 mit 543 488 verkauften Eintrittskarten erreicht.

Träger des Freilichtmuseums ist der Ortenaukreis mit dem Sitz des Landratsamtes in Offenburg. Die wissenschaftliche Leitung und Betreuung obliegt dem Kreisarchivar (Dr. Kauß). Die Kreiskämmerei zeichnet für die Finanzen verantwortlich. Verschiedene Aufgaben sind auf den beim Museum tätigen Verwalter, der auch das Personal entsprechend einsetzt, delegiert. Für die baulichen Anlagen ist das Technische Amt des Landratsamtes Ortenaukreis zuständig.

Im Museum sind beschäftigt: ein Verwalter, eine Kassiererin und fünf Personen für Aufsicht und Führungen. Letztere sind überwiegend Handwerker (Zimmerleute und Schreiner), die auch die anfallenden Reparaturen an den Gebäuden und an der Einrichtung ausführen. Eine eigene Werkstatt mit entsprechenden Maschinen ist vorhanden. Während der Hauptferienzeit werden durchschnittlich 10–20 Aushilfskräfte – zur Hauptsache Studenten – für Aufsicht und teilweise auch für Führungen beschäftigt.

Die Finanzierung erfolgt durch Eintrittsgelder und Eigenmittel des Landkreises. Während der Aufbauphase des Museums wurden Zuschüsse in Höhe von 2,6 Millionen DM durch das Land gewährt.

Das Museum liegt auf der Gemarkung der Gemeinde Gutach im Ortsteil Turm. Es umfaßt ein Gelände von vier Hektar Fläche. Dieses verläuft leicht bis steil ansteigend, ist etwas modelliert, aber ohne markante Gliederung. Die Verkehrsverbindungen sind auf der Straße über die B 33, in Offenburg von der B 3 und der A 5 in Richtung Triberg abzweigend, gegeben. Ein großer Parkplatz an der B 33 ist vorhanden. Auf dem Schienenweg ist das Museum per Bahn über Offenburg mit der Schwarzwaldbahn nach Donaueschingen zu erreichen. Man kann dabei die Haltepunkte Hausach (E- und D-Zug-Station) oder Gutach (E-Zug-Station) wählen. Schöne und gut markierte Fußwege führen von dort jeweils zum Museum. Es verkehren aber auch von Hausach und Wolfach aus Busse. Hausach erweist sich dabei als der wesentlich günstigere Ausgangspunkt, an dem auch Taxi-Verkehr geboten wird.

Im Museum sind die wichtigsten Typen der Häuser im Schwarzwald vertreten. Deren Verbreitungsgebiet erstreckt sich vom mittleren/nördlichen Schwarzwald bis zum Hotzenwald am Hochrhein.

Im wesentlichen sind es fünf Typen:
– das Hotzenwaldhaus oder Hauensteiner Haus
– das Schauinslandhaus.

78

Diese Häuser waren sowohl Eindachhäuser für Mensch, Tier und Vorrat als auch Einzelhäuser ohne Nebenanlagen.

Die drei weiteren Typen der hier dokumentierten Häuser im Schwarzwald sind zwar auch Eindachhäuser; sie vereinigen aber mehrere Gebäude zu einem Hofkomplex.
– Das Schwarzwälder Heidenhaus (Hippenseppenhof) mit einem Hochschwarzwälder Speicher und einer Hofkapelle.
– Das Gutacher Haus (standort-originaler Vogtsbauernhof) mit Gutacher Speicher, Back- und Brennhäusle, Klopf- und Plotzsäge, Hausmahlmühle und Bienenständer.
– Das Kinzigtäler Haus (Lorenzenhof) mit Kinzigtäler Speicher, Backhütte, Bähofen, Hanfreibe, Leibgedinghäusle.

Außer dem »Vogtsbauernhof« wurden alle Häuser in den Museumsbereich transferiert. Das Hotzenwaldhaus und Schauinslandhaus sind neue Nachbauten alter Häuser, die aus unüberwindlichen Schwierigkeiten nicht in den Museumsbereich transferiert werden konnten. Alle übrigen Häuser stammen aus dem 16. und 17. Jahrhundert. Bei der Transferierung der Häuser wurde die Einrichtung nur in geringem Umfang mitübernommen. Im wesentlichen besteht diese heute daher aus Sammelgut, vor allem aus dem 19. Jahrhundert; Einzelstücke sind auch älter.

Schwarzwälder Freilichtmuseum »Vogtsbauernhof« in Gutach
Abb. 17 (Seite 78 oben): Der »Vogtsbauernhof«, ca. 1570 an Ort und Stelle erbaut, seit 1964 im Museum
Abb. 18 (Seite 78 unten): Der »Hippenseppenhof«
aus Furtwangen-Katzensteig, erbaut 1599, seit 1968 im Museum
Abb. 19 (oben links): Longinuskreuz am »Hippenseppenhof«
Kopie eines Originals aus dem 18. Jahrhundert
Abb. 20 (oben rechts): »Fenstererker« des Vogtsbauernhofs
Aufnahmen: Gebr. Metz, Tübingen

Da die Museumskonzeption im Moment als vorläufig abgeschlossen bezeichnet werden kann und muß, scheint es illusorisch, zum jetzigen Zeitpunkt konzeptionelle Pläne vorzulegen. Was sicherlich erfolgen muß, ist die sozio-kulturelle Hinterleuchtung der einzelnen Haustypen sowie der Aufbau einer Fachbibliothek und einer vergleichenden Plansammlung.

Die praktische Arbeit im Museum hat auf zwei lokalbedingte Aspekte Rücksicht zu nehmen: das Gelände ist nur vier Hektar groß; die Wege sind daher als Rundgang angelegt und ausgeschildert. Das Museum wird sehr stark frequentiert (vgl. die Besucherzahlen). Aktivitäten wie etwa Feste und Tanz/Musikvorführungen würden den Besucher des Museums erheblich behindern.

Das didaktische Ziel des Museums ist es, die Besucher – als geführte oder nicht geführte – mit den Häusern im Schwarzwald in ihrer Typik und in deren Lebensumwelt bekannt und vertraut zu machen.

Der nichtgeführte Besucher kann sich dabei stützen auf einen gedruckten Museumsführer, einen Geräteführer und einen Sonderdruck über Mühlen. Für Schulklassen liegt ein informierender Kurzführer auf zwei DIN A 4-Seiten vor, der auch in französischer, englischer und holländischer Sprache vorhanden ist. Der gedruckte Museumsführer hat ebenso eine französische und englische Parallelausgabe. Nach Anmeldung sind auch Führungen möglich. Den Besuchern stehen dafür eigens geschulte Führer zur Verfügung.

Es wird großer Wert darauf gelegt, den Besucher mit den Lebens- und Umweltbedingungen des Schwarzwaldes bekannt zu machen. Diesem Anliegen dienen eigene Ausstellungsabteilungen oder geeignete konzentrierte Präsentationen, Schaubildern vergleichbar:

– Ausstellungen »Wald, Holz und Holzgeschäft« der staatl. Forstdirektion Freiburg im Lorenzenhof.
– Glasherstellung, Harzgewinnung, Flößerei und

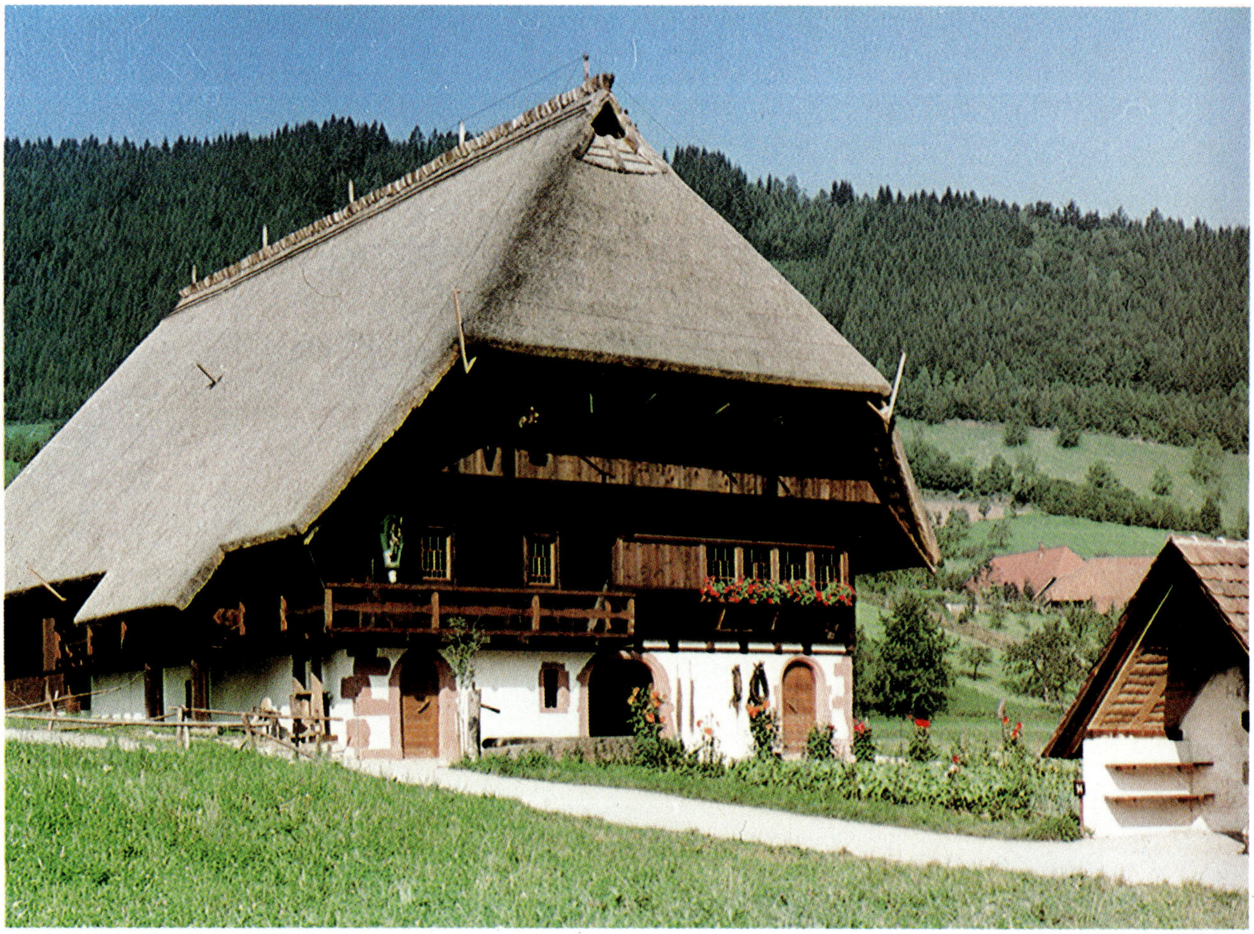

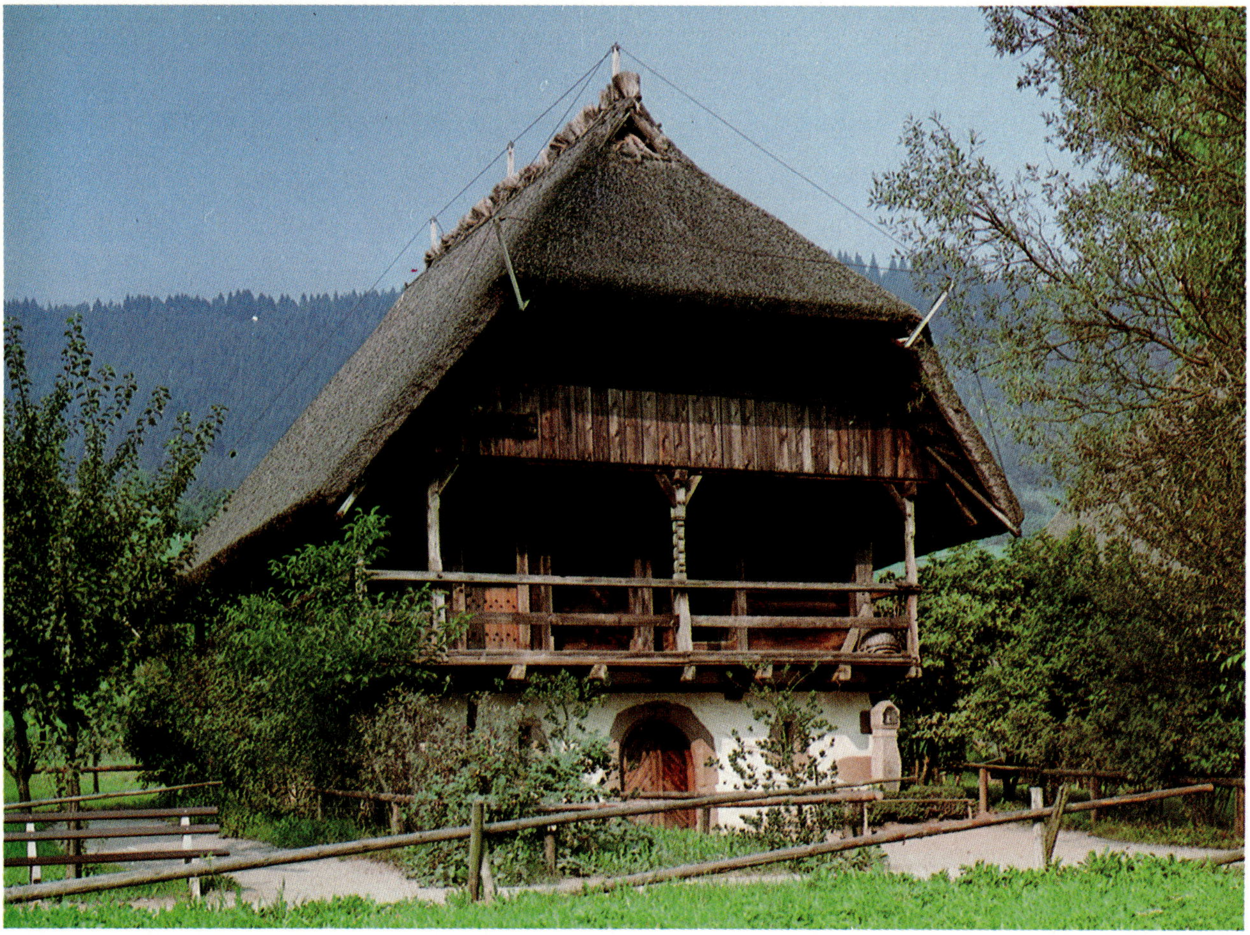

81 Schwarzwälder Freilichtmuseum
»Vogtsbauernhof« in Gutach

Abb. 21 (Seite 80 oben):
Der »Lorenzhof«
aus Oberwolfach,
ca. 1540 erbaut, seit 1971
im Museum

Abb. 22 (Seite 80 unten):
Kinzigtäler Speicher
aus Hauserbach,
Keller 1746, Speicher 1601,
seit 1972 im Museum

Abb. 23 (rechts):
Inneres der Getreidemühle
mit Gerstenstampfe
aus Vorderlehengericht,
seit 1964 im Museum

Abb. 24:
Klopfsäge vom Wilmershof
in Schwärzenbach,
seit 1964 im Museum

Abb. 25: Inneres der Hanfreibe,
seit 1968 im Museum
Aufnahmen:
Gebr. Metz, Tübingen

82

Bergbau im Schwarzwald ebenfalls im Lorenzenhof, verbunden mit einer Mineralien-Ausstellung
- Trachten, Kappen, Strohflechterei und Zimmergeräte im Hippenseppenhof
- Schuster-, Korbmacher-, Sattler- und Schneiderkammern im Vogtsbauernhof
- die Wolfacher Künstlervereinigung stellt im Hotzenwaldhaus aus. Die Werke der »Gutacher Klassiker« Hasemann, Liebich und Falk-Breitenbach befinden sich im Hippenseppenhof.

Zukünftige Pläne in diesem Bereich werden vorläufig gemäß der eingangs formulierten Aspekte nicht so sehr auf besucher-aktivierende Maßnahmen zurückgreifen, sondern vielmehr der Publizierung sozio-kultureller Forschungen in Ausstellungen, Publikationsfolgen und Vorträgen umfassen.

Martin Gerber
Über die Anfänge des Kreisfreilichtmuseums Kürnbach

Der aus Biberach an der Riß stammende Hausforscher Hermann Kolesch hat vor dem 2. Weltkrieg in den Landkreisen Biberach, Ravensburg und Saulgau 120 altoberschwäbische Häuser nachgewiesen, vermessen und beschrieben. Sechs solcher Häuser waren in dem Weiler Kürnbach, einem Teilort von Bad Schussenried, zu sehen. Diese Häuser sind mit einer Ausnahme alle abgebrochen oder so umgebaut worden, daß die nach Hermann Kolesch typischen vier Hauptmerkmale des altoberschwäbischen Bauernhauses (1. Kaminlosigkeit, 2. Firstsäulen oder Scherengerüst mit Firstpfette, 3. Mittertennen-Grundriß und 4. Bohlenständerwand) nicht mehr zu erkennen waren.

Das letzte dieser Häuser, das sogenannte Strohdachhaus (auch Rauchhaus genannt), ist wie durch ein Wunder erhalten geblieben. Die Geschichte dieses Hauses ist uns durch die Forschungsarbeiten von Siegfried Krezdorn bekannt. Es wurde 1663 von dem Tagelöhner Baltus Lipp erbaut und von ihm und seinen Rechtsnachfolgern bis zum Jahre 1920 bewohnt. Von dieser Zeit an diente es dem Bauern Franz Bohner als Scheuer, Stall und Abstellraum.

Als es infolge weiteren Verfalls auch dieser Aufgabe nicht mehr gewachsen war, sollte es einer geplanten Feuerwehrübung als Löschobjekt dienen. Das Haus hatte aber zwei »Schutzengel« in der Person von Oberlehrer i. R. Franz Steinhauser aus Kürnbach, der in der Nachbarschaft wohnte, und in der Person des damaligen Kreisbeauftragten für Denkmalpflege, Dr. Zengerle, Biberach, mit deren zäher Hartnäckigkeit weder die

Schwarzwälder Freilichtmuseum »Vogtsbauernhof« in Gutach
Abb. 26 (Seite 82 oben): Hotzenwaldhaus, Nachbau des Klausenhofs in Herrischried-Herrischwand 1980
Abb. 27 (Seite 82 unten): Schauinslandhaus, Nachbau des Reesenhofs aus Hofsgrund 1981
Aufnahmen: Gebr. Metz, Tübingen

Verwaltungen in Stadt und Kreis noch die Feuerwehr gerechnet hatten. Mit ungewöhnlichem Elan haben sich die Beiden für die Erhaltung dieses Hauses als dem »letzten Zeugen altoberschwäbischer Bau-, Lebens- und Arbeitsweise« eingesetzt. Schließlich konnten alle staatlichen und politischen Gremien überzeugt werden, daß das Strohdachhaus als baugeschichtlich besonders wertvoll erhalten werden muß.

Der damalige Kreisrat hat sich dem Schicksal dieses Hauses angenommen und für Erwerb und Renovierung einen Zuschuß gewährt. Die Stadt Bad Schussenried konnte dann das Gebäude im Januar 1959 für den Betrag von 6000,– DM erwerben. Ausgewiesen war es als »Wohnhaus mit Scheuer an der Straße, Gemüsegarten beim Haus, Gras- und Baumgarten im Meßgehalt von insgesamt 22 a 350 qm«. Die Finanzierung der anschließenden Restaurierung samt Neueindeckung des Daches mit Stroh hat der Stadt und allen sich zur Hilfe verpflichtenden Stellen wie Staatl. Denkmalpflege, Landkreis, Landwirtschaftsministerium und auch der Kreissparkasse erhebliche Sorgen bereitet, denn der Umfang der notwendigen Restaurierungsarbeiten wurde immer größer, je mehr man sich mit dem Haus befaßte. Dementsprechend wuchsen auch die Kosten.

Die Arbeiten am und im Haus wurden 1963/64 beendet. Die Räume stattete man mit Hausrat und Ackergeräten aus. In den folgenden Jahren verwaltete Oberlehrer Steinhauser das Anwesen. Er informierte die Besucher auch über Geschichte, Konstruktion und Einrichtung.

Im Mai 1969 wurde in einer Besprechung mit den Mitgliedern des Arbeitskreises Heimatpflege über allgemeine Fragen des Denkmalschutzes im Landkreis die Idee geboren, in Kürnbach um dieses Strohdachhaus herum ein kleines Freilichtmuseum zu errichten. Es existierten nämlich zu dieser Zeit drei weitere bedeutende, denkmalgeschützte altoberschwäbische Bauernhäuser und Nebengebäude, die kurz vor dem Zusammenbruch standen und ebenfalls auf einen Retter warteten: Das Voggenhaus in Awengen (Gde. Eberhardzell), die Zehntscheuer aus Fischbach und der Speicher Spiegler aus der Umgebung von Kürnbach. Es mußte rasch gehandelt werden, wollte man die Häuser der Nachwelt erhalten. An dieser Besprechung, die von Herrn Landrat Heckmann geleitet wurde, nahmen neben den Mitgliedern des Arbeitskreises für Heimatpflege im Kreis, Vertreter des Landesdenkmalamtes und des Schwäbischen Heimatbundes sowie der Vorsitzende des Kunst- und Altertumsvereins in Biberach teil. Die Pläne des Schwäbischen Heimatbundes, ein zentrales Freilichtmuseum für das gesamte Land im Raum Tuttlingen zu errichten, waren bekannt. Der Vertreter des Schwäbischen Heimatbundes, Herr Baudirektor Kittel, erklärte in dieser Besprechung, daß die zuständigen Herren des Finanzministeriums und des Kultusministeriums diesem Projekt der hohen Kosten wegen skeptisch gegenüberstünden. Wenn nun aber im Kreis Biberach der Wunsch vorhanden wäre, ein kleines Freilichtmuseum mit drei bis vier Häusern aus dem oberschwäbischen Raum aufzubauen, so könne er diese Initiative nur loben und begrüßen. Er gebe aber zu bedenken, daß diese kleine Lösung das große Projekt des Schwäbischen Heimatbundes gefährden könnte. Diese Gefahr werde noch größer, wenn die Biberacher Initiative Nachahmer finden sollte.

Der fachgerechte Abbruch und die Versetzung der bedrohten Häuser duldeten aber keine weitere Verzögerung. Deshalb kamen die Anwesenden überein, die sogenannte kleine Lösung zu verwirklichen in der Hoffnung, diese Rettungsaktion für die gefährdeten Häuser werde dem Plan des Schwäbischen Heimatbundes nicht hinderlich sein. Es wurde in dieser Versammlung auf Vorschlag des Vorsitzenden des Kunst- und Altertumsvereins Biberach, Herrn Fritz Thierer, ein Kuratorium bestellt, das den Wiederaufbau der Häuser vorbereiten sollte. Nach dem Ergebnisprotokoll ist diese Versammlung am 2. Mai 1969 die Geburtsstunde des Kreisfreilichtmuseums. Die Niederschrift über diese Versammlung kann als »Geburtsurkunde« angesehen werden.

Der Kreistag hat die in der Zwischenzeit von dem Kuratorium erarbeiteten Grundsätze geprüft und sie in der Sitzung vom 28. 4. 1971 einstimmig gebilligt. In das Kuratorium wurde auch der in Biberach an der Fachhochschule lehrende Dr. Ing. J. G. Schmid berufen, der damals bereits vom Landesdenkmalamt mit der Dokumentation des Voggenhauses betraut worden war. Ihm wurde kurze Zeit später vom Landkreis die gesamte wissenschaftliche Leitung und Planung des Museums übertragen. In dieser Eigenschaft hat Professor Schmid die für eine solche Einrichtung unerläßliche wissenschaftliche Gesamtkonzeption eines Freilichtmuseums für das oberschwäbische Bauernhaus erarbeitet und 1971 vorgelegt. Nach ihr hat sich im wesentlichen der Aufbau des Museums in der Zeit von 1971 bis heute gerichtet. Das von Professor Schmid und dem Kuratorium 1969 aufgestellte und fortentwickelte Bauprogramm wurde bis auf zwei Nebengebäude (Kapelle und Backhaus) erfüllt. Die Planung dieser beiden Gebäude ist nun abgeschlossen. Auch die etwas schwierige Frage ihrer Zuordnung innerhalb des Museumsgeländes ist gelöst, so daß mit dem Bau dieser noch fehlenden zwei Gebäude 1983 begonnen werden konnte. Mit der Errichtung dieser Gebäude ist das gesteckte Ziel, einen kleinen Weiler mit altoberschwäbischen Bauernhäusern aus der Zeit von 1490 (Hueb) bis 1788 (Hepp-Ailinger-Haus) und einigen dörflichen Nebengebäuden zu schaffen, erreicht. Damit ist die erste Bauphase, an der mehr als zehn Jahre gearbeitet wurde, abgeschlossen.

Die im Jahre 1969 vom Schwäbischen Heimatbund erhobenen Bedenken, die Initiative von Biberach könnte Nachahmer finden und das große Projekt des Schwäbischen Heimatbundes, ein Häusermuseum für das ganze Land zu schaffen, gefährden, sind in der Zwischenzeit fast Wirklichkeit geworden. Es konnten aber durch die kleinen Initiativen in den Kreisen und Gemeinden eine Anzahl bedeutender Objekte für die Nachwelt gerettet werden, die sonst unwiderruflich verlorengegangen wären. Auch eine Einlagerung dieser Objekte hätte sie vor dem endgültigen Verfall nicht bewahren können.

Durch den im Jahre 1976 in Wolfegg gefaßten Beschluß, ein weiteres Freilichtmuseum in Oberschwaben zu errichten, mußte notwendigerweise eine Abgrenzung zwischen beiden Standorten vorgenommen werden. Kürnbach konzentriert sich demnach auf die Dokumentation der altoberschwäbischen strohgedeckten und kaminlosen Häuser.

So wurde neben dem bereits erwähnten Strohdachhaus von 1663 die »Hueb« aus Zollenreute, Gemeinde Aulendorf, wieder aufgebaut. Es ist ein einzelstehendes zweistöckiges Firstsäulenhaus mit Strohdach von auffallender Größe (146 cbm Holz). Dieses behäbige Haus mit voll ausgebildeten Walmen ähnelt in seinem Äußeren einem Schwarzwaldhaus. Es hatte aber seinen Standort in Zollenreute, unweit von Kürnbach, und wurde erstmals 1490 als *Huob* urkundlich erwähnt.

Das »Voggenhaus« aus Awengen, Gemeinde Eberhardzell, aus dem Jahre 1586, ein einzelstehendes, zweistöckiges Seldnerhaus, ist das kleinste altoberschwäbische Bauernhaus mit nur 3 Gefachen. Die Bewohner dieses Hauses waren in der Dorfgemeinschaft den Bauern nicht ebenbürtig. Der Herrschaft waren sie zum Handfronen verpflichtet.

Das »Laternserhaus« stand früher in Meßhausen, Gemeinde Blitzenreute. Es ist ein altes einstöckiges Firstsäulenhaus mit ausgebautem Dachgeschoß mit Strohdach und Vollwalmen. Es stammt wahrscheinlich aus der Zeit Ende 16./Anfang 17. Jahrhundert. Es wurde 1891 umgebaut. Bei der Rekonstruktion und dem Wiederaufbau wurden alle Verbesserungen, die das Haus durch Um- und Ausbauten erfahren hat, berücksichtigt.

Aus Michelwinnaden, dem Nachbarort von Kürnbach, stammt das »Hepp-Ailinger-Haus« aus dem Jahre 1788. Es ist das jüngste Bauernhaus im Museum und zählt schon zu den modernen Bauweisen. Es hat einen liegenden Dachstuhl, der eine von der Dachkonstruktion unabhängige Raumabteilung zuläßt.

Neben den aus verschiedenen Jahrhunderten stammenden Bauernhäusern wurden auch mehrere Nebengebäude, wie sie auf den Höfen und Dörfern üblich und notwendig sind, errichtet, so der »Speicher« vom Spieglerhof aus Zollenreute aus dem Jahre 1725 in Blockbauweise mit Fachwerk im Frontgiebel und »gestrickten« ineinandergreifenden Ecken der Blockwände. Der Speicher war ein reines Vorratsgebäude. Im Erdgeschoß war die Fruchtkammer, im Dachraum lagerten Holz, Hanf, Viehhäute, Schafwolle, Säcke und Kleingerät. Weiter die »Zehntscheuer« aus Fischbach aus dem Jahre 1750. Sie war die Sammelstelle für die Abgaben an die Obrigkeit, vergleichbar heute mit der Zahlstelle eines Finanzamtes.

Kreisfreilichtmuseum Kürnbach
Abb. 28 (Seite 85 oben): Die »Huob« aus Zollenreute, Gemeinde Aulendorf, 1490 erstmals urkundlich erwähnt
Abb. 29 (Seite 85 unten): Das »Laternserhaus«, früher in Meßhausen, Gemeinde Blitzenreute, wahrscheinlich Ende 16. oder Anfang 17. Jahrhundert, umgebaut 1891

85

Kreisfreilichtmuseum Kürnbach 86

Abb. 30:
Der »Speicher« vom Spieglerhof
aus Zollenreute,
1725

Abb. 31:
Das »Voggenhaus« aus Awengen,
Gemeinde Eberhardzell,
aus dem Jahre 1586

Der »Ziegelstadel« aus Winterstettenstadt und die »Schmiede« aus Oggelshausen stellen dörfliche Handwerksbetriebe dar. Abgerundet wird das Museum mit dem »Backhaus Zell« aus Mittelbiberach und der »Kapelle zum Hl. Eligius« aus Oberessendorf aus dem Jahre 1663, die leider dem Ausbau der B 30 weichen mußte und nun einen Platz im Museumsdorf Kürnbach erhält. Die wertvolle religiöse Kunst aus dieser Kapelle ist dank des raschen und entschlossenen Eingreifens des Landesmuseums, Abteilung Volkskunde, in Stuttgart erhalten geblieben. Es ist dem Landkreis zugesagt worden, diese Kunstgegenstände vorübergehend als Leihgaben in der Kapelle wieder aufzustellen.

Die noch fehlende stil- und zeitgemäße Einrichtung der Häuser soll uns in den nächsten zwei Jahren eingehend beschäftigen. Es ist unser Ziel, die Einrichtung mit Hausrat und Geräten einfach und möglichst zeitgemäß darzustellen, so daß sich der Besucher ein getreues Bild vom Wohnen, Leben und Arbeiten eines Bauern oder einer Landarbeiterfamilie in Oberschwaben machen kann. Entsprechende wissenschaftliche Untersuchungen sind bereits angelaufen.

Die hektische Entwicklung nach dem Krieg hat die in Oberschwaben vorherrschende bäuerliche Welt überrollt. Das Gesicht, die Struktur unserer dörflichen Gemeinden hat sich verändert. Rein bäuerliche Gemeinden sind eine Seltenheit. Viele Zeugnisse alter Volkskultur und Volksarchitektur sind verlorengegangen. Diese Entwicklung, die nicht aufzuhalten war, wurde von Landrat, Verwaltung und Kreistag noch rechtzeitig erkannt. Es mußten Maßnahmen getroffen werden, um die Baugeschichte und die Lebenswirklichkeit Altoberschwabens wenigstens in einigen bedeutenden Belegexemplaren in einem Museum unterzubringen; hierzu bot sich das Gelände mit dem Strohdachhaus in Kürnbach an.

Sicherlich kann auch ein Freilichtmuseum die aufgezeigte Entwicklung in unseren Dörfern nicht aufhalten. Landrat und Kreistag haben aber von Anfang an die Verpflichtung erkannt, zumindest einige wertvolle Denkmäler aus unseren Gemeinden vor dem Verfall und Vergessen zu bewahren. Diese wichtige Erkenntnis im Kreistag hat auch immer in Fragen des Kreisfreilichtmuseums zu einstimmigen Beschlüssen geführt. Das Kreisfreilichtmuseum wird auch von der Bevölkerung immer mehr angenommen. Das beweisen die vielen Spenden an landwirtschaftlichem Gerät und Einrichtungsgegenständen. Auch der Besuch von über 4000 zahlenden Gästen am Erntedankfest in Kürnbach unterstreicht diese Verbundenheit.

Der Landkreis Biberach ist seit 1982 alleiniger Träger dieses Museums.

Seit Anfang 1982 ist es täglich für Besucher von 14.00–17.30 Uhr geöffnet. Auch außerhalb der regelmäßigen Öffnungszeiten kann das Museum nach Anmeldung (Telefon 0 73 51/5 23 20) besichtigt werden.

Die Eintrittspreise bewegen sich zwischen 2,– DM für Erwachsene und 0,50 DM für Schüler. Die Zahl der Besucher nimmt ständig zu; sie könnte dennoch größer sein. Wir hoffen, im kommenden Jahr 1984 mit der Einweihung der Bauernkapelle St. Eligius und nach ihrer Einrichtung mit der alten originalen religiösen Kunst das Museum feierlich der Öffentlichkeit übergeben zu können.

Willi Riedlinger
Freilichtmuseum Neuhausen ob Eck

Standort

Das Freilichtmuseum des Landkreises Tuttlingen entsteht in Neuhausen ob Eck, unmittelbar neben dem Dorf, das ca. 10 km von Tuttlingen entfernt ist. Das langgestreckte, durch Busch- und Baumstreifen gegliederte Gelände eignet sich aufgrund der günstigen Topographie hervorragend für die Anordnung der einzelnen Hauslandschaften. Es bietet sowohl ebene Flächen als auch leicht- und starkgeneigte Hänge. Diese erlauben, die in Betracht kommenden Hausformen des ausgedehnten Sammelgebietes entsprechend ihren ursprünglichen Standortbedingungen darzustellen. Die natürliche Untergliederung ermöglicht die optische Trennung der einzelnen Hausgruppen und auch die Aufnahme von besonderen Gebäuden.

Das Museumsgelände hat eine Fläche von knapp 18 ha. Hiervon stehen ca. 14,4 ha für die Bebauung zur Verfügung. Alle 36 Grundstückseigentümer waren bereit, ihre Flächen für die Errichtung des Freilichtmuseums zur Verfügung zu stellen. Der Landkreis ist also im Besitz der gesamten Grundstücke, die für die Verwirklichung des Museums notwendig sind. Ca. 3,5 ha Waldflächen umrahmen das Freigelände und stehen für Einrichtungen des Forstes zur Verfügung. Sie bleiben im Eigentum der Gemeinde.

Die Gemeinde Neuhausen ob Eck stand von Anfang an voll hinter dem Museumsgedanken des Landkreises. Der Bürgermeister hat es verstanden, die Bevölkerung für die Errichtung des Museums zu gewinnen. Im Sommer 1981 haben sich in einer Bürgerbefragung knapp 75% der Wahlberechtigten für die Errichtung des Freilichtmuseums in Neuhausen ob Eck ausgesprochen.

Einzugsbereich

Der Einzugsbereich des Freilichtmuseums Neuhausen ob Eck umfaßt im wesentlichen den Landkreis Tuttlingen, den Zollernalbkreis, den Landkreis Rottweil, den Schwarzwald-Baar-Kreis, den östlichen Bereich des Landkreises Breisgau-Hochschwarzwald, den Landkreis Waldshut und den Landkreis Konstanz.
In diesem ausgedehnten Sammelgebiet sind vor allem die Hausformen der Schwäbischen Alb, der Baar, des Ostschwarzwaldes, des Hegaus und des Hochrheins vorherrschend. Diese sollen durch typische Gebäude im Freilichtmuseum dargestellt werden.

Freilichtmuseum
Neuhausen ob Eck

Abb. 32 und 33:
Stallscheune
von Habersteinweiler
aus dem Jahre 1796
vor dem Abbau (Abb. 32 oben)
und nach dem
Wiederaufbau (Abb. 33 Mitte)

Abb. 34:
Hochgangsäge
von Unterkirnach,
1786 erstmals
urkundlich erwähnt,
vor dem Abbau

89 Freilichtmuseum
Neuhausen ob Eck

Abb. 35:
Die Hochgangsäge
von Unterkirnach
nach dem Wiederaufbau

Abb. 36:
Bauernhaus aus Schömberg
vor dem Abbau

Abb. 37:
Bauernhaus
aus Schömberg
nach dem
Wiederaufbau

Freilichtmuseum
Neuhausen ob Eck

90

Abb. 38:
Die Bauernmühle
von Peterzell
aus dem Jahr 1767
vor dem Abbau

Abb. 39:
Das Gasthaus »Ochsen«
von Schopfloch,
vermutlich 1707 erstellt,
vor dem Abbau.
Das frühere Zierfachwerk
mit den alemannischen
Fensterreihen im Obergeschoß
ist im 19. Jahrhundert
durch ein einfaches,
konstruktives und verputztes
Fachwerk ersetzt worden.

Planung

Am 9. 9. 81 hat der Kreistag beschlossen, das regionale bäuerliche Freilichtmuseum im Gewann Ödenreute-Buchhalde in Neuhausen ob Eck einzurichten. Noch im Herbst 1981 wurde mit der Rahmenplanung begonnen. Zur gleichen Zeit beschloß die Gemeinde Neuhausen ob Eck, einen Bebauungsplan für das Gebiet des Freilichtmuseums aufzustellen. Die Planung oblag dem Kreisplanungs- und Bauamt. Die Rahmenplanung und der Bebauungsplan sind im Frühjahr 1982 von der Gemeinde und vom Kreistag gebilligt worden. Bis zum Spätsommer 1982 konnten die Voraussetzungen für den Baubeginn geschaffen werden.

Wissenschaftliche Kommission

Bei allen Museumsmaßnahmen wird der Landkreis durch die wissenschaftliche Kommission unterstützt. Dem Gremium gehören Dr. Neuffer, Landesstelle für Museumsbetreuung Tübingen, Prof. Dr. J. G. Schmid, Fachhochschule Biberach, Dr. Stopfel, Leiter des Denkmalamtes Freiburg, Dr. Metzger, Referent für Volkskunde im Badischen Landesmuseum Karlsruhe, Prof. Dr. Schönnamsgruber, Präsident des Schwäbischen Albvereins, Waldbronn, sowie Vertreter der Gemeinde Neuhausen ob Eck und des Landkreises an.

Grundlagenforschung

Der Landkreis hat einen Auftrag zur weiteren Erforschung der früheren Siedlungsformen, der Hausformen und auch des Brauchtums erteilt. Hiermit sollen die auf diesen Gebieten vorhandenen Forschungsergebnisse vertieft und ergänzt werden. Der Museumsträger räumt diesen Forschungsarbeiten einen hohen Stellenwert ein. Das Museumskonzept wird dann mit den Ergebnissen dieser Forschung weiter entwickelt.

Die Siedlungsgeographie wird von Prof. Dr. Chr. Borcherdt, Geographisches Institut der Universität Stuttgart, die Hausforschung von Prof. Dr. J. G. Schmid, Fachhochschule Biberach, die Volkskunde von Dr. Christel Köhle-Hezinger, Esslingen, und Susanne Huber-Wintermantel, Hüfingen, bearbeitet.

Zusammenarbeit mit den Heimatmuseen

Im Zusammenhang mit der Errichtung des Freilichtmuseums sucht und pflegt der Landkreis die Zusammenarbeit mit Freunden und Trägern von Heimatmuseen. Sie beraten und unterstützen uns bei der Aufbauarbeit. Da im Freilichtmuseum, im Gegensatz zu den Heimatmuseen, die ganzheitliche Darstellung praktiziert wird, ergibt sich keine Konkurrenz, sondern eine gegenseitige Ergänzung. Mit dem Austausch von Gegenständen helfen wir ihnen und sie uns.

Gebäude

Am 5. August 1982 sind mit dem ersten Spatenstich die Bauarbeiten eingeleitet worden. Die Stallscheune von Haberstenweiler und die Hochgangsäge von Unterkirnach waren die ersten Gebäude. Sie sind nunmehr im wesentlichen fertiggestellt. Die im Spätherbst 1982 begonnene Übertragung des Bauernhauses von Schömberg ist ebenfalls durchgeführt. Im vergangenen Jahr wurde mit dem Wiederaufbau des Gasthauses »Ochsen« von Schopfloch und der kleinen Bauernmühle von Peterzell begonnen. Diese Gebäude sollen bis zum Sommer im Rohbau erstellt sein. Es ist weiterhin vorgesehen, in diesem Jahr das Schul- und Rathaus von Bubsheim sowie ein Seldnergebäude von Delkhofen in das Freilichtmuseum zu übertragen.

Ziel des Landkreises ist es, im ersten Bauabschnitt jährlich mit einem größeren Gebäude zu beginnen und zusätzlich ein kleineres Gebäude zu erstellen. Nachdem bis zum Jahresende von der Eingangsgruppe 3 Gebäude und vom Ostschwarzwald 2 Gebäude erstellt sind, soll nunmehr der Albbereich begonnen werden. Hier ist geplant, eine kleine Dorfsituation mit Dorfplatz darzustellen.

Stallscheune Haberstenweiler

Die im Jahr 1796 errichtete Stallscheune von Haberstenweiler stellt ein sehr stolzes landwirtschaftliches Betriebsgebäude dar. Mit seinem quadratischen Grundriß und den Abmessungen von ca. 15,50×15,50 m erreicht das zweigeschossige Gebäude eine Gesamthöhe von rund 13,00 m. Die Außenwände sind in einer Geschoßbauweise mit über zwei Geschosse durchgehenden Stützen, einer Blockwandkonstruktion im Erdgeschoß und ausgemauertem Holzfachwerk im Obergeschoß errichtet. Das dreigeschossige Dach ist mit alten handgestrichenen Biberschwänzen eingedeckt. Im Obergeschoß ist eine von außen zugängliche Knechtskammer angeordnet. Darunter befindet sich der Stall. Der übrige Bereich einschließlich des Dachraumes diente zur Lagerung von Heu, Öhmd und Stroh.

Hochgangsäge

Die Hochgangsäge von Unterkirnach wurde im Jahr 1786 erstmals urkundlich erwähnt. Das Sägegatter ist bis 1950 voll mit Wasserkraft betrieben worden. Im Jahr 1977 wurde das Gebäude von der Gemeinde zum Abbruch erworben.

Der Wiederaufbau erfolgte in der Ursprungsform mit Abmessungen von rund 18,50×4,30 m, ohne die nachträglichen Anbauten. Im massiven Untergeschoß, dessen Sandsteinquader von der Burg Roggenbach (Unterkirnach) stammen sollen, ist die Antriebstechnik untergebracht. Das Erdgeschoß mit der eigentlichen Säge hat eine Fachwerkskonstruktion mit äußerer Bretterverkleidung. Besonders auffällig ist das Längsgefälle gegen die Sägerichtung, mit der vermutlich der Transport des Laufwagens erleichtert werden sollte. Das Walmdach wurde wie früher mit Holzschindeln eingedeckt.

Bauernhaus Schömberg

Das zweigeschossige 24 m lange Gebäude begüterter Ackerbürger wurde kurz nach dem verheerenden Stadtbrand 1750, von dem nur wenige Gebäude verschont blieben, auf den alten Grundmauern aufgebaut. Der linke Stall gehörte zur Erdgeschoßwohnung, der rechte Stall war der Obergeschoßwohnung zugeordnet. Scheuer und Schopf wurden gemeinsam genutzt. Die Stockwerksbauweise hat Blockwände im landwirtschaftlichen Bereich des Erdgeschosses. Der übrige Teil wurde in Holzfachwerk erstellt und mit Kalkbruchsteinen ausgemauert. Das Mauerwerk war verputzt, das Holz mit einer Ochsenblutfarbe gestrichen. Der stehende Dachstuhl ist mit alten Biberschwänzen eingedeckt.

Gasthaus »Ochsen« von Schopfloch

Das vermutlich im Jahr 1707 erstellte Gasthaus »Ochsen« wurde 1980 von Kraichtal für das seinerzeit dort geplante Freilichtmuseum abgebaut. Die Abmessungen betragen 20,47×13,34 m. Im Jahr 1813 wurde ein kleiner Saal angebaut. Das sehr schöne Gebäude mit dem massiven Erdgeschoß und dem reichhaltigen und gut ausgeformten Zierfachwerk soll in Neuhausen die Funktion eines Eingangsgebäudes übernehmen. Im Erdgeschoß sind die Eingangshalle, die Kasse, ein kleiner Kiosk sowie die Aborte für das Museum vorgesehen. Das Obergeschoß wird später wieder als Gaststätte verwendet.

Bauernmühle Peterzell

Die kleine Bauernmühle aus dem Jahr 1767 hat nur einen Mahlgang und ein oberschlächtiges Wasserrad. Der zusätzliche Seilantrieb ermöglicht es, die im entfernten Hofgebäude aufgestellten Maschinen anzutreiben. Die Mühle selbst wurde ganz in Holz auf einem Sandsteinsockel erstellt und hat eine Schindeleindeckung. Sie soll einen Hof vom Ostschwarzwald ergänzen.

Seldnergebäude Delkhofen

Das Seldner- oder Taglöhnergebäude wurde mit äußerst bescheidenen Abmessungen Ende des 18. Jahrhunderts erstellt. An den Wohnteil mit 6,50×6,50 m Größe schließt sich eine kleine Scheuer mit Stall an. Die Besitzer lebten durchweg in ärmlichen Verhältnissen und hinterließen bei ihrem Tod keinerlei Vermögen.

Im Freilichtmuseum soll dieses Gebäude in seiner ursprünglichen Erscheinungsform mit dem früheren Strohdach erstellt werden.

Schul- und Rathaus Bubsheim

1830 baute die Gemeinde Bubsheim mitten im Dorf das Schul- und Rathaus und schaffte damit die Voraussetzungen für einen besseren Unterricht. Das massive Erdgeschoß enthielt die Lehrerwohnung, Stall und Scheuer für den Lehrer und einen Spritzenraum für die Feuerwehr. Im Obergeschoß, ganz in Holzfachwerk errichtet, wurden zwei Schulräume und das Rathaus untergebracht. 1842 verursachten zündelnde Kinder einen Brand im Dachgeschoß. Bei der Wiederherstellung des Gebäudes ist die Feuersicherheit verbessert worden.

Das Gebäude ist für das Freilichtmuseum besonders deshalb interessant, weil es mit der Mehrfachfunktion praktisch seit 1842 ohne Veränderung und ohne Erneuerung erhalten blieb.

Einlagerungen

Neben den bereits erwähnten Gebäuden haben wir zwischenzeitlich, teils für das Land Baden-Württemberg und teils für unser Freilichtmuseum, ein wertvolles Bauernhaus aus Simmozheim, eine Firstsäulenscheune von Beuren, einen Schwarzwaldhof aus Triberg und einen kleinen Getreidespeicher von Oberkirnach abgetragen und vorübergehend eingelagert.

Einrichtungsgegenstände

Der Landkreis kümmert sich nicht nur um die Gebäude. Seit dem Beschluß des Kreistages zur Errichtung des bäuerlichen Freilichtmuseums bemühen wir uns auch um die Einrichtung. Zwischenzeitlich konnten zahlreiche Einrichtungsgegenstände, landwirtschaftliche Geräte und Handwerkszeug zusammengetragen werden. Die Inventarliste umfaßt bereits rund 1000 Gegenstände.

Museumsfest

Das erste Museumsfest, das im Herbst 1983 durchgeführt wurde, hat in der Bevölkerung großen Anklang gefunden. Bei Führungen wurden die bereits erstellten Gebäude und das Freilichtmuseum erläutert. Zu den Vorführungen von Brauchtum und alten Handwerkstechniken spielten Blasorchester unterhaltsame Weisen.

Heinrich Mehl
Das Hohenloher Freilandmuseum Schwäbisch Hall-Wackershofen

1. Zur Entstehung des Museums

Keimzelle des Hohenloher Freilandmuseums ist das seit 1972 bestehende Bauernmuseum Untermünkheim-Schönenberg. Diese in einem typischen Hohenloher Bauernhaus von 1838 untergebrachte Sammlung von historischen Möbeln, von Werkzeug und Gerät, Keramik und Textilien aus dem nördlichen Württemberg geht unter anderem auf Anregungen des langjährigen Leiters des Hohenloher Zentralarchivs Schloß Neuenstein Dr. h. c. Karl Schumm zurück. Mit der praktischen Museumsarbeit beschäftigte sich in den 70er Jahren ein Sammler- und Freundeskreis um den Haller Bürgermeister Erich Specht, der in ehrenamtlichem Einsatz mit den Jahren ein Lokalmuseum aufbaute, das 1980 fast 25000 Besucher anzog. Als sich die künftige Landesförderung für regionale Freilichtmuseen andeutete, erwies sich der Standort Schönenberg als nicht ausbaufähig und wurde zugunsten von Wackershofen aufgegeben; die Sammlungen wurden in das Freilandmuseum integriert, das historische Gebäude in Schönenberg fand einen neuen Besitzer.

2. Museumsstandort

In Wackershofen, einem landschaftlich sehr schön gelegenen Weiler vor den Toren der ehemaligen Reichsstadt Schwäbisch Hall, fand man den idealen neuen Standort: Der 100 Seelen-Ort hatte sich alten Dorfcharakter bewahrt, war verkehrsgünstig gelegen und verfügte vor allem über ein passendes, teilweise schon in Stadtbesitz befindliches Gelände. Im Vorgriff auf eine anstehende Flurbereinigung konnte die Stadt Hall weiteren Grund und Boden eintauschen und legte schließlich ein geschlossenes Areal von ca. 30 Hektar als künftiges Museumsgelände vor. Von besonderem Vorteil erwies sich, daß Hall mit dem historisch bedeutsamen Weidnerhof am Ortsrand von Wackershofen sowie dem Haus Sanwald von 1812 in Ortsmitte bereits zwei Gebäude besaß, die in das Museumskonzept einbezogen werden konnten. Das Gelände selbst zieht sich vom Weidnerhof und seinen Obstwiesen über ebene Wiesen- und Ackerflächen, einen Mittelteil mit Hügelland und Hohlwegen bis hinauf an den Rand der Waldenburger Berge. Es zeigt reizvollen Wechsel von bebauten Feldern, Viehweiden und unfruchtbaren Gebieten und weist einen reichhaltigen Bestand an Bäumen und Sträuchern auf.

3. Trägerschaft und Organisation

Am 26. Juni 1979 kam es auf Schloß Waldenburg zur Gründung des Trägervereins Hohenloher Freilandmuseum. Zum ersten- und bisher einzigenmal in Baden-Württemberg gelang dabei die Einbindung mehrerer Landkreise und Städte in die Trägerschaft eines Regionalmuseums: Hauptstützen sind die Stadt Schwäbisch Hall sowie die Landkreise Schwäbisch Hall und Hohenlohekreis, weitere Mitglieder sind Main-Tauber-Kreis, Landkreis Heilbronn sowie fast alle großen Städte und Gemeinden des Einzugsgebietes. 1. Vorsitzender des Vereins Hohenloher Freilandmuseum ist Halls Oberbürgermeister Karl-Friedrich Binder, seine Stellvertreter sind Landrat Dr. Franz Susset (Hohenlohekreis) sowie Landrat Dr. Roland Biser (Landkreis Schwäbisch Hall). Dem zehnköpfigen Vorstand mit weiteren Vertretern wichtiger Interessengemeinschaften der Region (Bauernverband, Historischer Verein für Württembergisch-Franken u. a.) steht ein Beirat aus Fachleuten der verschiedenen Disziplinen zur Seite. Die Satzung sieht als Aufgabe des Vereins neben der Einrichtung und Betreibung eines Freilandmuseums allgemeine Kulturarbeit im ländlichen Raum, Haus- und Familienforschung, Brauchtum- und Mundartpflege vor. Da die Stadt Hall traditionsreiche Frei*licht*spiele ausrichtet, wählte man für das Projekt Wackershofen die Bezeichnung Frei*land*museum (ein Begriff, der auch vom Sinngehalt dem »Freilichtmuseum« überlegen scheint); als Museumsemblem dient die stilisierte Darstellung eines geschnitzten Hohenloher Eckpfostens.

Da Schwäbisch Hall Gelände, erste Bauten und den überwiegenden Teil der Investitionskosten stellt, ist die Organisation des Museums weitgehend identisch mit Halls Stadtverwaltung: der Stadtkämmerer ist Schatzmeister des Museumsvereins, der Ortsvorsteher von Gailenkirchen-Wackershofen ist Geschäftsführer, das Baudezernat beaufsichtigt den Museumsaufbau. Die Stadt stellt auch den Leiter des Freilandmuseums, einen ausschließlich für das Museum eingestellten Bautrupp (Bautechniker, Zimmerleute, Maurer, Schreiner, Kranfahrer, Bauhelfer) sowie Bauhof und Magazine. Die Investitionskosten des Museums werden zu 50–70% vom Land, zu 30–50% vom Museumsverein getragen, wobei Hall jeweils die Hälfte trägt, die Landkreise Schwäbisch Hall und Hohenlohekreis sich in den verbleibenden Rest teilen.

4. Infrastruktur des Museums

Da sich das Hohenloher Freilandmuseum von Anfang an als langfristig geplantes Regionalmuseum verstand, wurden seit Baubeginn im Herbst 1979 umfangreiche Mittel für Maßnahmen der Infrastruktur aufgewendet. Am Rande der Ortschaft, vom Museumsgelände getrennt durch die Bahnlinie Hall–Heilbronn, entstand ein großer Parkplatz, von dem aus man das Museum über einen ausgebauten Fußweg von 150 m Länge erreicht. Im Museum selbst wurden in einer ersten Ausbaustufe ein Straßen- und Wegenetz mit Strom- und Wasserversorgung angelegt. Das historische Bauernhaus Sanwald in der Ortsmitte konnte restauriert werden und dient als museumsinternes Bürogebäude mit Vesperstube. Ebenfalls zum Museum gehört ein restaurierter und als Magazin benutzter Scheunenbau mitten in Wackershofen. Zu einer sinnvollen Klammer zwischen Freilandmuseum und lebendigem Dorf ist der stattliche Weidnerhof geworden, seit dem frühen 17. Jahrhundert größte Hofanlage im Ort und 1838 in seinem jetzigen Zustand erbaut. Er enthält Ausstellungs- wie Büroräume, nimmt Schreinerei und Magazin auf und dient bis zur Fertigstellung des eigentlichen Eingangsgebäudes als Kasse und Museumseingang. Ab 1985 wird der Weidnerhof, dann am Rande des Freilandmuseums gelegen, ausschließlich Ausstellungszentrum und Schauplatz besonderer kultureller Veranstaltungen sein. Zu diesem Zeitpunkt steht der historische Gasthof »Ochsen« aus Riedbach als großes Museumseingangsgebäude zur Verfügung.

Um eine Beeinträchtigung des Dorfes durch Bauhöfe und Werkplätze zu vermeiden, wählte man als Museumsbauhof ein leerstehendes Fabrikgebäude in Hall (ehemalige Baumwollspinnerei Held & Teufel), dessen umfangreiche Hallen, Werkstätten und Freiflächen für Magazin, Abbundplatz und Lagerplatz geeignet sind. Hier kann der Abbund der Fachwerkbauten in einer beheizten Halle auch im Winter stattfinden. Für die schlechte Jahreszeit im Museum, speziell für Maurerarbeiten, wurde ein Winterbauzelt angeschafft.

5. Das Museumskonzept

a) Einzugsgebiet des Museums

Eine unter der Federführung des Landesmuseums durchgeführte vorläufige Einteilung Baden-Württembergs nach darstellenswerten Hauslandschaften setzt fest, daß im Hohenloher Freilandmuseum Haustypen aus den Landkreisen Schwäbisch Hall, Hohenlohekreis, Ostalbkreis, Main-Tauber-Kreis und aus Teilen der Landkreise Heilbronn und Rems-Murr dokumentiert werden sollen. Die endgültige Festsetzung der Einzugsgebiete von Baden-Württembergs regionalen Freilichtmuseen wird jedoch erst nach Vorliegen einer umfassenden und durch dokumentierte Beispiele gesicherten Übersicht über die Hauslandschaften erfolgen können. Das Planungskonzept Wackershofen berücksichtigt diese Situation und ist einigermaßen detailliert nur in den gesicherten Bereichen – den Dorf-, Hof- und Haustypen von Haller und Hohenloher Ebene und Tauberland und dem nördlichen Teil der Schwäbisch-Fränkischen Waldberge (Mainhardter-, Murrhardter-, Welzheimer Wald). Was die übrigen Bereiche und was mögliche Ausdehnung anbelangt, so bleibt Wackershofen offen für kommende Ergebnisse und Entwicklungen; das Museumsgelände ist bei Bedarf auch auf 40–50 Hektar erweiterbar.

b) Grundvoraussetzungen

Ein Charakteristikum, durch das sich das Hohenloher Freilandmuseum von anderen geplanten Einrichtungen Baden-Württembergs abhebt, ist die enge Verzahnung des Museums mit dem lebendigen Dorf. Durch viel Überzeugungsarbeit auf langen Diskussionen mit der Gemeinde und durch laufende Information und Abstimmung über Baufortschritte konnte erreicht werden, daß Dorf und Museum zu einer sinnvollen Einheit verschmelzen: Die Landwirte bewirtschaften die im Museum liegenden Felder und Wiesen, stellen an besonderen Museumstagen ihr Vieh in die Museumsställe, übernehmen Aufsichts- und Betreuungsfunktionen, das Museum bezieht die Flurwege der Ortschaft in sein Wegenetz mit ein und stellt eigene Einrichtungen (Versammlungssaal, Vesperstube) der Gemeinde zur Verfügung. Die Übergänge von Museum zum Dorf sind fließend – ein Merkmal, das möglich macht, die Entwicklungsformen der Landwirtschaft, von Bauen und Wohnen in einem Zeitraum von 1500 bis heute zu demonstrieren.

Planung und Aufbauarbeit im Freilandmuseum Wackershofen laufen auf die ganzheitliche Darstellung vergangenen Dorflebens hinaus. Es sollen nicht imposante Einzelbauten ins Museum versetzt werden, sondern Haus- und Hofensembles zusammengestellt werden, die das Miteinander der verschiedensten Bauten und Einrichtungen demonstrieren. Dazu gehören Wohn- und Wirtschaftsbauten, Ställe und Remisen, Brunnen und Miste, Hausgarten und Hofbaum. So wie die Hofstelle als Sachgesamtheit gesehen wird, fügt sich das geplante historische Dorf aus vielen verschiedenen Bauten, aus Straßen und Wegen, Bach und Zäunen, Obstbaum- und Heckenzonen zusammen. Konsequent ganzheitlich dargestellt werden soll auch die Innengestaltung der Häuser: man versucht zeittypische Einrichtung mit Möbel und Gerät in möglichst realistischer Form und konzentriert Ausstellungen, Geräteschauen etc. auf eine einzige Hofstelle, den Weidnerhof.

Der Wiederaufbau historischer Bauten soll nach Möglichkeit mit den gleichen Materialien und in den alten Techniken geschehen. Das Hohenloher Freilandmuseum – im Bewußtsein, daß es vor allem auch Forschungs- und Dokumentationsstelle ist – läßt, nach einer Bauanfangsphase des Experimentierens und Lernens, nun konsequent die vorgefundenen Architekturformen, Stein-, Holz-, Putz- und Farbstrukturen wiederauferstehen. Es werden auch da die aufwendigen Lehmwickeldecken oder Schlierwände des Befundes erstellt, wo sie vom Besucher heute nicht mehr gesehen werden. Restaurierung und Rekonstruktionen geschehen mit altartigem Material, das zu diesem Zweck auf den Bauhöfen gesammelt wird.

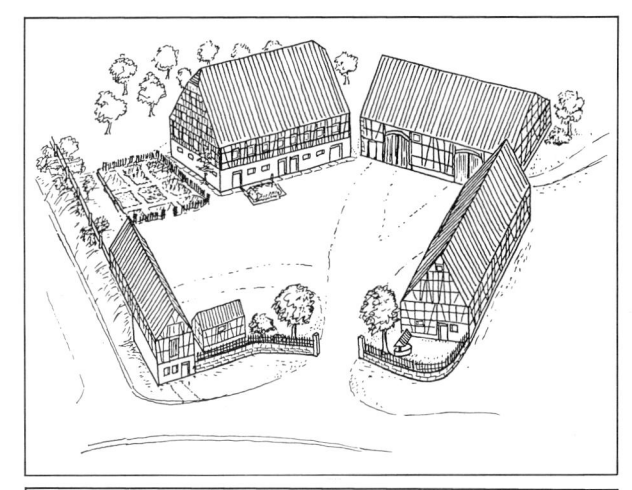

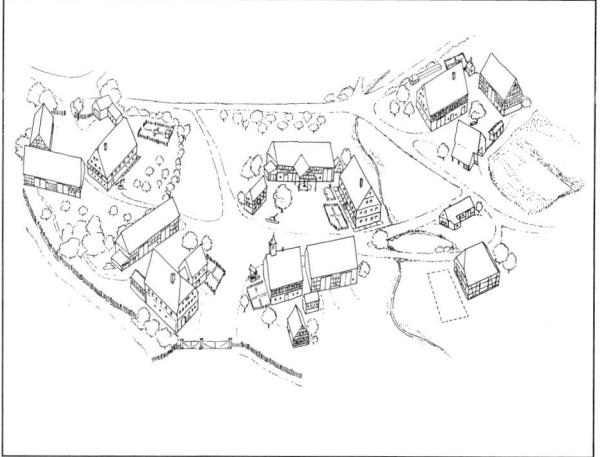

Hohenloher Freilandmuseum Schwäbisch Hall-Wackershofen
Abb. 40 (Seite 94): Das Museumsgelände des Hohenloher Freilandmuseums (Luftbild Haller Tagblatt/Koziol; freigegeben durch Regierungspräsidium Stuttgart unter Nr. 000 B 25098).
A = Parkplatz, B = Bauhof, C = Weidnerhof (Ausstellungszentrum und Eingangsgebäude bis 1985), D = Baustelle »Roter Ochsen« (Museumsgasthof und Eingangsgebäude ab 1985), E = »Hohenloher Dorf«, F = »Hauslandschaft Weinbauern«, G = »Mühlental«, H = »Hauslandschaft Waldbauern«

Abbildungen Seite 95 von oben nach unten:
Abb. 41: Der historische Weidnerhof in Wackershofen, belegt seit 1620, erbaut im heutigen Zustand 1838. (vgl. Abb. 58)
Abb. 42: Skizze des »Hohenloher Dorfes« mit seinen bereits abgeschlossenen bzw. noch geplanten größeren Hofanlagen; die freien Räume dazwischen werden mit Kleinbauern-, Handwerker- und Taglöhnerhäusern bebaut.
Abb. 43: Baugruppe »Hohenloher Dorf« mit Hof Frank von 1794 aus Braunsbach-Elzhausen (links) und Steigengasthof (vgl. Abb. 54)
Abb. 44: In Planung ist in Wackershofen auch eine Baugruppe, die den Einbruch der Technik und frühes Genossenschaftswesen im Dorf aufzeigen soll. Im Mittelpunkt werden Deutschlands ältestes genossenschaftliches Getreidelagerhaus (aus Kupferzell) und ein historischer Bahnhof stehen. Ergänzungen sind Schul- und Spritzenhaus, Molkerei, Dorfapotheke, Handlung, Arbeiterhaus etc.
(Zeichnungen und Aufnahme: Mehl)

Hohenloher Freilandmuseum
Schwäbisch Hall-Wackershofen
Gebäude am Ursprungsort

Abb. 45: Charakteristischer
Hohenloher Bauernhof von 1794
in Braunsbach-Elzhausen
(vgl. Abb. 55),
Aufnahme von 1902

Abb. 46: Die Sägmühle
Gschwend-Schmidbügel in einer
Aufnahme von 1931
Die Translozierung ins Museum
ist inzwischen abgeschlossen.

Abb. 47: Historische Aufnahme
des Landgasthofs »Roter Ochsen«
in Riedbach
Das Gebäude wird 1983–85
ins Freilandmuseum
transloziert.

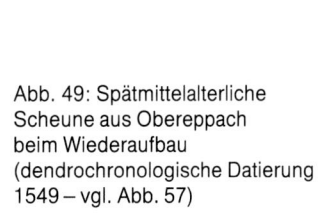

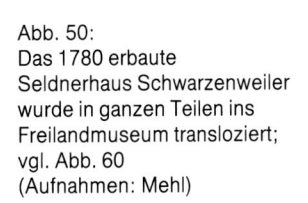

97 Hohenloher Freilandmuseum
Schwäbisch Hall-Wackershofen
Wiederaufbau

Abb. 48:
Wiederaufbau
der spätmittelalterlichen
»Gofmannskelter« aus Oberohrn
als erster Bau
der »Hauslandschaft Weinbauern«
(vgl. Abb. 56)

Abb. 49: Spätmittelalterliche
Scheune aus Obereppach
beim Wiederaufbau
(dendrochronologische Datierung
1549 – vgl. Abb. 57)

Abb. 50:
Das 1780 erbaute
Seldnerhaus Schwarzenweiler
wurde in ganzen Teilen ins
Freilandmuseum transloziert;
vgl. Abb. 60
(Aufnahmen: Mehl)

Hohenloher Freilichtmuseum
Schwäbisch Hall-Wackershofen
Inneneinrichtung

Abb. 51: Stallräume
des Weidnerhofs
mit Wechselausstellung
»Feldarbeitsgerät«
(Foto: Larsen)

Abb. 52: Blick in die Gaststube
des Steigengasthauses »Rose«
aus Michelfeld
(Foto: Kern)

Abb. 53: Die alte Küche
des Steigengasthauses
mit rekonstruiertem Herd
(Foto: Kern)

c) Hohenloher Dorf

Kernstück des Museums wird ein »Hohenloher Dorf« sein, das – in Ortsnähe Wackershofens auf einer ebenen Wiesenfläche geplant – die Bautypen von Hohenloher Ebene und Haller Umland zusammenfaßt. Im Mittelpunkt steht das sogenannte »Pfarrer-Mayer-Haus« (vgl. Aufsatz in diesem Band), ein zwischen 1750 und 1850 dominierender Typus des gestelzten Wohn-Stall-Gebäudes, wie ihn der Kupferzeller Pfarrer Johann Friedrich Mayer in seinen Büchern beschrieb und propagierte (besonders im »Lehrbuch für die Land- und Hauswirte«, Nürnberg 1773). Neben dem Hohenloher Großbauernhof sollen die Anwesen der Kleinbauern, Köbler und Seldner gesetzt werden, neben Wohn- und Stallbauten die Wirtschaftsbauten, Scheune, Remise, Backhäuschen. Zum »Hohenloher Dorf« gehören ebenso die Gemeinschaftsbauten Kirche, Rathaus und Schule, Zehntscheune, Brechhütte, Waaghaus sowie Anwesen von Dorfhandwerkern wie Schmied, Wagner, Töpfer usw. Da heute noch erhaltene Bauten des alten Dorfes vor allem aus der Zeit um 1800 stammen, kann sich das geplante Dorf zu einem harmonischen Ganzen fügen. Der Hohenloher Hoftypus *vor* Pfarrer Mayer wird in Ermangelung von erhaltenen Beispielen einmal rekonstruiert werden müssen.

d) Hauslandschaft Weinbauern

Im mittleren Teil des Museumsgeländes mit seiner malerischen Hügelzone werden Gebäude aus den Weinbaugebieten des Einzugsbereiches ihren Standort finden. Die hier geplante »Hauslandschaft Weinbauern« soll exemplarische Hof- und Haustypen aus den Weinbaugegenden um Öhringen (von Eschelbach bis Waldbach) und Weinsberg (mit Löwensteiner Bergen), aus dem unteren Kochertal (von Ingelfingen bis Forchtenberg) und dem Taubertal darstellen. Hier kann nicht geschlossene Dorfstruktur versucht werden, vielmehr wird man Einzelbeispiele aus weit auseinanderliegenden Gebieten kontrastreich nebeneinanderstellen. Bauten aus Hohenlohe-Franken sollen sich zu einer Häuserzeile am Fuße eines angedeuteten Weinbergs fügen, der mainfränkisch geprägte Hof aus dem Taubertal kann seinen Standort auf der anderen Seite des Erschließungsweges haben.

e) Hauslandschaft Waldbauern

Im oberen Teil des Museumsgeländes mit seinen Baum- und Buschzonen und dem Waldrand der Waldenburger Berge soll eine »Hauslandschaft Waldbauern« entstehen. Ähnlich dem Bereich »Weinbauern« finden hier Höfe, Häuser und einschlägige Einrichtungen aus den waldgeprägten Gegenden um das Hohenloher Freilandmuseum Platz, aus Mainhardter-, Murrhardter- und Welzheimer Wald vor allem. Denkbar ist hier die Darstellung historischer Formen des Waldbaus, die Einrichtung von Forsthaus, Jägerhütte, Köhlerei u. a. Im Mittelpunkt kann das für diesen Raum charakteristische Einhaus stehen; als erstes Gebäude dieser nur in groben Zügen festgelegten Baugruppe ist das Nebengebäude (Schweinestall, Backhäuschen, Holzremise) eines historischen Hofes aus Finterrot im Museumsmagazin zwischengelagert worden.

f) Mühlental

Als eine Art Verbindung zwischen »Hauslandschaft Waldbauern« und »Hauslandschaft Weinbauern« ist das sogenannte »Mühlental« geplant. Ein kleiner Staudamm in einer Senke am Waldrand soll Quellwasser sammeln, ein sich nach unten ziehendes Rinnsal wird zum Bach ausgebaut. Im landschaftlich reizvollen Tälchen zwischen Damm und den ortsnahen Wiesen sollen Sägemühle, Mahl- und Gipsmühle aufgebaut werden und mittels des aufgestauten Wassers zumindest zeitweise betrieben werden.

g) Baugruppe Eisenbahn und Genossenschaftswesen

Verschiedene gefährdete Denkmale in Hohenlohe haben zur Planung einer besonders interessanten Baugruppe geführt. In Anbindung an die Eisenbahnlinie Hall–Heilbronn und das dort stehende Schrankenwärterhaus aus dem 19. Jahrhundert sollen Gebäude zusammengestellt werden, die auf den Beginn des Eisenbahnzeitalters im nördlichen Württemberg und auf frühe Formen des Genossenschaftswesens hinweisen. In Vorbereitung ist die Translozierung des ältesten deutschen Getreidelagerhauses von 1897 aus Kupferzell – mit der gesamten Einrichtung jener Zeit! In der Diskussion ist die Versetzung eines alten Bahnhofes, wie es ihn an verschiedenen stillgelegten Nebenlinien noch gibt, gedacht ist auch an den Wiederaufbau eines historischen Molkereigebäudes.

j) Ökologische Modelle

Nicht zuletzt Vielfältigkeit und landschaftlicher Reiz des Museumsgeländes hat das Hohenloher Freilandmuseum von Anfang an zur Hereinnahme von ökologischen Fragen ins Museumskonzept bewegt. Die Baugruppen sollen in ihrer sinnvollen Verbindung zu Landschaft und Natur gezeigt werden, zum Aufbauprogramm gehören Hausgärten und Hofbäume, historischer Dorfteich und Dorfbach, gehört die Wiederbelebung von historischer Feldfrucht (erste Äcker mit Dinkel, Flachs und Langstielroggen sind angelegt) und der Erhalt von Ruderalpflanzen in den Hofbereichen. Eine ökologische Standortkartierung, durchgeführt von der Fachhochschule Nürtingen, Kartierungen der im Museum beheimateten Obstsorten (z. B über 500 Obstbäume alter Sorten), Baum- und Heckenarten sowie ein umfangreiches Pflanzprogramm liefern die Rahmenbedingungen für eine intensive Beschäftigung mit ökologischen Zusammenhängen im Museum. Teiche und Feuchtwiesen sollen Heimstatt für selten gewordene Tiere werden, im westlichen Museumsbereich ist die Ansiedlung von Störchen geplant.

Hohenloher Freilandmuseum Schwäbisch Hall-Wackershofen
Abb. 54 (oben): Blick auf das entstehende »historische Dorf« an einem Wintermorgen

Abb. 55 (unten): Im Herzen des künftigen »historischen Dorfes«; bereits fertiggestellt ist ein Hohenloher Hof um 1800.
Aufnahmen: Mehl

Abb. 56 (oben): Erstes Gebäude der geplanten »Hauslandschaft Weinbauern« ist die spätmittelalterliche »Gofmannskelter«.
Aufnahmen: Mehl

Abb. 57 (unten): Die Scheune aus Obereppach mit ihrer Datierung 1449/50 gehört zum Museumsprojekt »Spätmittelalterliche Hofgruppe«.

Hohenloher Freilandmuseum Schwäbisch Hall-Wackershofen
Abb. 58 (oben): Der größte Hausgarten des Museums ist am Weidnerhof angelegt. Die Beete sind mit Buchsbaum eingefaßt.

Abb. 59 (unten): Das Bauerngärtchen am Steigengasthof im ersten Pflanzjahr. Im Hintergrund Kegelbahn aus Bieringen
Aufnahmen: Mehl

Abb. 60 (oben): Das 1780 erbaute Seldnerhaus aus Schwarzenweiler wird im Museum die unteren sozialen Schichten des Hohenloher Dorfes repräsentieren.

Abb. 61 (unten): Der stattliche Weidnerhof in Wackershofen war Wohnsitz von Dorfschultheiß, Gutsbesitzer und Reichstagsabgeordnetem. Aufnahmen: Mehl

Hohenloher Freilandmuseum
Schwäbisch Hall-Wackershofen

Abb. 62: Museumsgasthof
»Roter Ochsen« mit Tanzhaus
aus Oberscheffach (rechts)
in der Planung
(Zeichnung: A. Bedal)

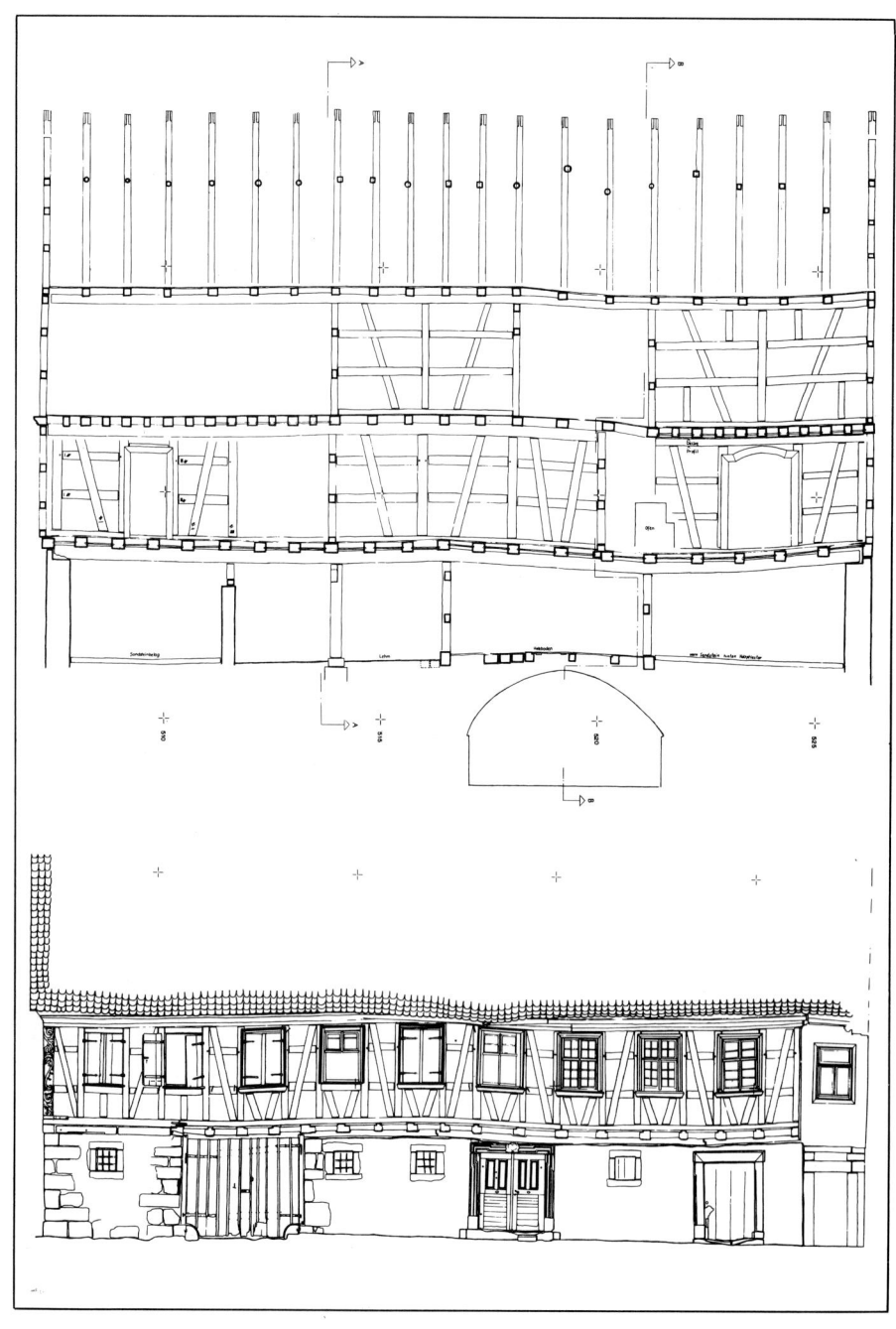

Abb. 63/64: Photogrammetrische
Bauaufnahme
des Steigengasthauses
Michelfeld
Ansicht der Hofseite,
darüber Längsschnitt
(Landesdenkmalamt
Baden-Württemberg)

6. Bisheriges Bauprogramm

Seit Winter 1979/80 wurden im Hohenloher Freilandmuseum 6 historische Gebäude an Ort und Stelle restauriert bzw. rekonstruiert und ins Gesamtkonzept einbezogen, 18 Gebäude von anderen Standorten hierher versetzt und eingerichtet sowie 3 alte Hausgärten und 2 Brunnen angelegt. Die ersten Baugruppen wurden bewußt über das gesamte Gelände verstreut, um für jede der geplanten »Hauslandschaften« möglichst ein Pilot-Projekt erstellt zu haben. Am Museumsbeginn steht der restaurierte Weidnerhof als Ausstellungszentrum. Im »Hohenloher Dorf« wurde als erste zentrale Hofanlage der »Hof Frank« fertig (Wohn-Stall-Haus von 1794 aus Braunsbach-Elzhausen, Scheune von 1832 aus Langensall, Kleintierstall Diebach, Ziehbrunnen Weiler, Ausdinghaus Morbach). Am Rande des »Dorfes« steht die 1549 erbaute Scheune Obereppach (erster Bauteil eines spätmittelalterlichen Hofes) sowie die am Hohlweg zur Höhe hin gelegene Baugruppe Steigengasthaus (Steigenhaus aus Michelfeld, Scheune Hohensall, Backhaus Frankenhardt-Stetten, Schweinestall Mulfingen, Kegelbahn Bieringen). An den Anfang der geplanten »Hauslandschaft Weinbauern« wurde die spätmittelalterliche Gofmannskelter aus Pfedelbach-Oberohrn gesetzt; erstes Gebäude des noch weiter oben liegenden »Mühlentals« ist eine Bauern-Sägmühle aus Gschwend-Schmidbügel. In den kommenden Jahren sollen diese Baugruppen stärker zusammenwachsen und von weiteren Denkmalen ergänzt werden.

7. Zukünftiges Bauprogramm

Größtes Bauprojekt der Jahre 1984/85 ist der Museumsgasthof »Roter Ochsen« aus Riedbach, verbunden mit einem Tanzhaus (»Saal«) aus Oberscheffach. Der Gasthof wird nach seiner Fertigung Sommer 1985 auch Museumseingangsgebäude mit Kassen- und Verkaufsräumen, Besucher-WC und Informationsstelle sein. 1984 wird als erstes kleinbäuerliches Anwesen ein »Seldnerhaus« aus Forchtenberg-Schwarzenweiler im Museum aufgestellt; ein weiteres ins Auge gefaßte Objekt ist eine Flachsbrech- und Dörrhütte.

Die erste bedeutende Ausbaustufe des Hohenloher Freilandmuseums, geplant für die Jahre bis 1990, wird für das »Hohenloher Dorf« einen weiteren großbäuerlichen Hof aus Hohenlohe (mit Göpelscheune und Ausdinghaus) enthalten, ferner eine Schmiede und ein Taglöhnerhaus des 19. Jahrhunderts. Für die Baugruppe »Hauslandschaft Weinbauern« wird ein erster Wengerterhof aus dem Raum um Öhringen aufgerichtet werden, für die »Hauslandschaft Waldbauern« ein Einhaus aus dem Mainhardter Wald. Da das Museum über die vollständige Einrichtung einer kleinen historischen Mahlmühle verfügt, muß in diesem Zeitraum auch nach einem passenden Mühlengebäude gesucht werden, um das »Mühlental« weiter auszubauen. Als Sondermaßnahme des Freilandmuseums wird in den Jahren 1984/85 auch das Getreidelagerhaus Kupferzell in Wackershofen erstehen.

In einer zweiten großen Baustufe ab 1990 geht es um die Vervollständigung des »Hohenloher Dorfes« (Schule, Armenhaus, Dorfarrest, Grünkerndarre, Wagner- und Töpferwerkstatt, Brauhaus für den »Roten Ochsen«, Zehntscheune), um den Aufbau weiterer Wengerter- und Häckerhäuser, speziell um die Erstellung eines Weinbauernhofes aus dem Tauberland und um die Ergänzung der »Hauslandschaft Waldbauern«. Planerisches Zukunftsobjekt ist die Translozierung eines alten Bahnhofs nach Wackershofen und die Einrichtung einer Eisenbahnverbindung von Hall nach Wackershofen mit historischem Dampflokbetrieb.

8. Besucherdienste

Im Jahr der Eröffnung (15. Mai bis Jahresende) hat das Hohenloher Freilandmuseum rund 60000 Besucher gezählt. Im Mittelpunkt des Besucherinteresses standen die bisher erstellten Baugruppen sowie die im Weidnerhof angebotenen Ausstellungen und Informationsschauen »Bäuerliche Keramik«, »Historisches Feldarbeitsgerät«, »Der bäuerliche Hausgarten« und »Hohenloher Bauernmöbel«. Im Winter 1983/84 fand eine Ausstellung »Holzmodel aus Hohenlohe« statt, zu der ein umfangreicher Katalog erschien. Neben der Darstellung historischer Formen des Bauens und Wohnens hat das Museum seit seiner Eröffnung immer wieder auch Vorführungen an und mit den alten Geräten sowie ländliche Feste angeboten. Inzwischen sind auch einige der Museumsställe mit Tieren belegt worden (Taubenstall, Hühnerstall), während die Bauern von Wackershofen an ausgesuchten Tagen Pferde, Kühe, Schafe und Schweine in entsprechende Ställe der historischen Baugruppen unterstellen. – Ein großes Museumsfest (»Backofenfest«) mit Tanz, Gesang und Hohenloher Speisen und Getränken zog im September fast 20000 Besucher an.

Solche Formen der Verlebendigung des Freilandmuseums sollen an ausgewählten Tagen im kommenden Jahre verstärkt angeboten werden. Dabei wird darauf geachtet werden, daß alle Vorführungen den Charakter einer Dokumentation behalten und nicht zu Freizeitparkatmosphäre führen. So wird ein spezieller Tag für die Volkshochschulen der Region Franken veranstaltet, an dem z. B. die Arbeit des Hufschmieds (Schmieden der Hufe, Beschlagen der Pferde) oder die Bearbeitung von Flachs (von der Ernte bis zum Tuchweben) gezeigt werden.

Die Museumsarbeit in Wackershofen wird von Publikationen und Informationsblättern begleitet. Es erscheinen ein Jahresband mit Mitteilungen über die Arbeit in Verein und Museum und monatliche Kurzinformationen. Der Trägerverein hat eine Schriftenreihe mit denkmalpflegerischer und volkskundlicher Thematik begonnen, der Besucher kann sich das Museum mit einem gedruckten Führer und mit in den großen Bauten ausgelegten Übersichtsblättern zu Hausgeschichte, Architektur und Einrichtung erarbeiten. Rund 20 Führer stehen bereit, um Gruppen durch das Museum zu leiten.

Das Museum wird 1985 täglich (außer montags) von 10.00 bis 12.30 und von 13.30 bis 17.30 zu besichtigen sein. Sonn- und feiertags sowie im Juli und August ist durchgehend geöffnet. Die Wintereintrittszeiten (ab 1. November) sind 10.00 bis 16.00 Uhr. Die Eintrittspreise betragen DM 3,– für Erwachsene, DM 2,– für Gruppenmitglieder, Jugendliche, Studenten, Schwerbeschädigte, DM 1,– für Kinder.

Martin Kapitzke
Das Bauernhaus-Museum Wolfegg

Auf Initiative des privaten Hausforschers Karlheinz Buchmüller und des Bürgermeisters Manfred Konnes wurde im Dezember 1976 in Wolfegg die »Fördergemeinschaft zur Erhaltung des ländlichen Kulturgutes e.V.« gegründet. Das war gleichzeitig die Geburtsstunde des Bauernhaus-Museums, denn als vorrangige Aufgabe hatte sich die Fördergemeinschaft den Aufbau eines Freilichtmuseums zur Dokumentation oberschwäbischer Bauernhausformen gesetzt. Mit der Realisierung dieses Vorhabens konnte bald auf einem ca. 3 ha großen Gelände unterhalb des Wolfegger Schlosses begonnen werden. Zwei Gebäude, die dort bereits standen – das Fischerhaus und die Fischzucht – wurden von Grund auf renoviert und dem Publikum zugänglich gemacht. Im Frühjahr 1978 fand die Eröffnung statt. Im selben Jahr stellte man mit dem Wohnspeicher aus Lauben (Stadt Leutkirch) auch das erste translozierte Objekt fertig. Im Laufe der nächsten Jahre kamen sechs weitere Bauten hinzu. Relativ rasch schritt auch der Ausbau der Infrastruktur voran. Ein Parkplatz wurde angelegt. Vorhanden sind ferner eine Museumsgaststätte, ein historischer Kaufladen sowie Verwaltungs- und Versammlungsräume.

Die Trägerschaft des Bauernhaus-Museums ist nach wie vor privat. Bis Anfang 1983 wurde die Geschäftsführung von den beiden o. g. Initiatoren ausgeübt. Zudem gab es ein Fachberatergremium und mehrere Arbeitskreise. Das ehrenamtliche Engagement in den beiden Arbeitskreisen »Bauernhaus« und »Bauerngarten« ist bis heute stark ausgeprägt. Seit Februar 1983 hat der Heimatpfleger des Kreises Ravensburg, Dr. Hermann Dettmer, die Museumsleitung übernommen. Weiterhin ist ein Hausmeister fest angestellt. Die Bauarbeiten werden ausnahmslos an private Handwerksbetriebe vergeben, wobei sich mit bestimmten Unternehmen eine ständige Zusammenarbeit eingespielt hat. Während der Sommermonate werden Praktikanten und ABM-Kräfte eingesetzt, die z. B. Führungen, Inventarisierungen und Ausstellungsvorbereitun-

Bauernhaus-Museum Wolfegg

Abb. 65 (Seite 106): Das Bauernhaus-Museum liegt auf einem reizvollen Gelände unterhalb des Schlosses Wolfegg. Angestrebt wird eine Anbindung der Museumsgebäude an den Ortsteil Wassers, der selbst noch eine beachtliche Substanz an älteren Bauernhäusern aufweist. (Aufnahme: D. Pfeil)

Abb. 66 (rechts): Ein Schwerpunkt wird im Bauernhaus-Museum Wolfegg die Darstellung von Speicherbauten sein. Der Wohnspeicher aus Winnenden (Kreis Ravensburg) stammt aus der Mitte des 18. Jahrhunderts.

Abb. 67: Der untere Teil des Museumsgeländes soll in den nächsten Jahren eine starke bauliche Verdichtung erfahren. Zur Zeit stehen in diesem Bereich der Wohnspeicher aus Lauben, das Backhaus aus Bergatreute, ein Notstand und ein Hühnerstall.

gen übernehmen. Als privater Träger kann die Fördergemeinschaft die Mittel zur Unterhaltung des Museums nicht allein aus Mitgliederbeiträgen, Eintrittsgeldern und Spenden aufbringen und ist deshalb auf einen namhaften Zuschuß des Landkreises Ravensburg angewiesen.

Das Bauernhaus-Museum ist in eine ausgesprochen reizvolle Landschaft eingebunden. Auf dem leicht hügeligen Areal liegen mehrere noch genutzte Fischweiher. An zwei Seiten begrenzen Straßen das Museumsgelände; von ihnen aus ist die Zufahrt leicht möglich. Jenseits der Landstraße nach Weingarten gibt es noch Erweiterungsmöglichkeiten. Allerdings soll davon erst Gebrauch gemacht werden, wenn der Ausbau des jetzigen Areals weitgehend abgeschlossen ist.

Wolfegg wurde nicht zuletzt deshalb als Standort eines Freilichtmuseums ausgewählt, weil hier auf engem Raum mehrere Haustypen vorkommen: Altoberschwäbische Eindachhäuser, südoberschwäbische Hofanlagen und Allgäuer Flachdachhäuser. Im Museumsgelände sollen sie in Form eines Weilers einander zugeordnet werden. Auf das altoberschwäbische Eindachhaus mit Strohdeckung verzichtet man allerdings, da es im benachbarten Freilichtmuseum Kürnbach eine umfassende Präsentation erfährt. Noch keine Entscheidung ist darüber gefallen, ob auch das Bauernhaus des östlichen Bodenseegebietes in Wolfegg aufgestellt wird. Im Bauernhaus-Museum stehen derzeit neun Bauten. In der Endstufe sind ca. 25 Gebäude vorgesehen.

Das bereits erwähnte Fischerhaus wurde 1788 am jetzigen Standort als Wohn- und Wirtschaftshof des bei der Herrschaft Waldburg-Wolfegg angestellten Fischmeisters erbaut. Es handelt sich um einen quergeteilten Eindachhof mit der Abfolge Wohnung, Flur, Tenne und Stall. Im ehemaligen Wohnteil ist heute die Museumsgaststätte untergebracht. Vor dem Südgiebel befindet sich ein Bauerngarten. In der Nähe des Fischerhauses entstand im Jahre 1902 ein schlichtes Gebäude für die Fischzucht. Es beherbergt jetzt einen Kaufladen (zugleich Eingang), Toiletten und im ausgebauten Dachgeschoß einen Versammlungsraum mit Bürotrakt.

Als erstes transloziertes Gebäude wurde 1977/78 der Wohnspeicher aus Lauben aufgebaut. Er stammt aus dem Jahre 1689 und ist somit das derzeit älteste Haus im Wolfegger Freilichtmuseum. Ein weiterer Wohnspeicher, der jetzt dem Fischerhaus zugeordnet ist, wurde aus Winnenden (Gemeinde Ebersbach-Musbach) übernommen. Dieses Gebäude diente mehrere Jahre als Magazin und Werkstatt, wird aber in diesem Jahr den Besuchern zugänglich gemacht. Die Reihe der Wirtschaftsgebäude beschließt ein 1772 in Bergatreute erbautes Backhaus, das 1981/82 ins Museum überführt wurde. Der Backofen ist voll funktionsbereit und wird bei besonderen Gelegenheiten in Betrieb genommen.

Einen Schwerpunkt soll eines Tages die Darstellung der verschiedenen Ausformungen der südoberschwäbischen Hofanlage bilden, bei der Wohnhaus, Stall und Stadel in der Regel getrennt voneinander stehen. Dieser Bauernhaustyp ist bisher mit einem in Blockbauweise errichteten stattlichen Wohnhaus aus Sieberatsreute (Gemeinde Waldburg) vertreten. Nach den letzten Besitzern führt es die Bezeichnung »Haus Füssinger«. Noch in diesem Jahr wird es durch Aufstellung eines Stallgebäudes und eines Stadels zu einer kompletten Hofanlage abgerundet. Errichtet wurden ferner ein Hühnerhaus, ein Bienenstand und ein Notstand zum Beschlagen von Pferden und Rindern. Mehrere Bauten sind eingelagert, darunter eine Zehntscheuer, ein hölzerner Speicher und ein kleines Lagerhaus. Beim Erwerb weiterer Gebäude gilt es vor allem nach Allgäuer Flachdachhäusern und nach Bauten mit besonderer Funktion (Mühlen, Brechelbad, Hopfendarre, Kapellen, Spritzenhaus u. a.) Ausschau zu halten. Die Tierhaltung umfaßt neben mehreren Arten von Federvieh auch Ziegen und Schafe.

Da das Bauernhaus-Museum erst seit wenigen Jahren existiert, gelang es noch nicht, genügend Sammlungsgut zu erwerben, um die Häuser originalgetreu einzurichten. Vorläufig informieren in erster Linie Ausstellungen über vergangene Lebens- und Wirtschaftsformen. Momentane Ausstellungsthemen sind: »Brauchtum im Jahreslauf«, »Störleute«, »Ländliches Backen«, »Volkstümliche Möbel«, »Pflüge«. Am ersten Septembersonntag findet jährlich das Wolfegger Museumsfest mit seinem bunten Programm und regem Zulauf (kostenloser Eintritt!) statt. Im Entstehen begriffen ist eine Dokumentationsstelle für die regionale Volkskultur. Hier soll gesammelt und ausgewertet werden, was durch eine möglichst intensiv betriebene Feldforschung hereinkommt. Außerdem wird eine Fachbibliothek angelegt. Die Besucherzahlen liegen bei etwa 25 000 pro Jahr. Im Winterhalbjahr schließt das Bauernhaus-Museum für fünf Monate (Anfang November bis Ende März). Die täglichen Öffnungszeiten sind 10–12 und 14–17 Uhr (sonntags durchgehend 10–17 Uhr, montags geschlossen). Führungen sind nach Anmeldung möglich und werden mit 10,– DM pro Gruppe berechnet. Außerdem steht den Besuchern eine kleine Schrift mit Informationen über die Exponatgebäude zur Verfügung. Einen Überblick über die regionalen Bauernhausformen vermittelt Karlheinz Buchmüllers 1982 erschienene Publikation »Das Bauernhaus in Oberschwaben«. 1984 gibt das Museum nach längerer Unterbrechung wieder die »Wolfegger Blätter« heraus.

Nicht unerwähnt bleiben soll das Mühlenprogramm des Landkreises Ravensburg, bildet es doch eine gewisse Ergänzung zum Angebot des Bauernhaus-Museums. In der Gemeinde Amtzell, rund 15 km entfernt von Wolfegg, hat der Landkreis eine Kornmahlmühle, eine Sägemühle und eine Hammerschmiede herrichten lassen und für Besucher zugänglich gemacht.

Bauernhaus-Museum Wolfegg: Feste und Arbeit
Abb. 69 (Seite 109 oben): Zum Museumsfest, das jährlich am ersten Sonntag im September stattfindet, kommen Tausende von Menschen. Es gibt jeweils ein buntes Programm mit Handwerker-Demonstrationen, Musik- und Volkstanzdarbietungen, Spielen, Wettkämpfen usw. Der Eintritt ist an diesem Tag frei.
Abb. 68 (Seite 109 unten): Abbau eines Walmdaches von einem Korb aus, der an einem Kran hängt

109

110

Bauernhaus-Museum Wolfegg

Abb. 70 (Seite 110):
Das »Fischerhaus« wurde 1780
für den fürstlich-wolfeggschen
Fischmeister erbaut.
In den zahlreichen Weihern
im Museumsgelände
wird auch heute noch Fischzucht
betrieben.
Das »Fischerhaus« bildet
mit der früheren »Fischzucht«
den Eingangsbereich zum Museum.
Beide Gebäude verblieben
an ihrem angestammten Platz;
sie sind sozusagen
die Keimzellen des Museums.

Abb. 71 (rechts):
Zur lebendigen Darstellung
im Freilichtmuseum
gehört auch die Tierhaltung.
An warmen Tagen mengt sich
allerleih Federvieh
unter die Besucher.
Vor allem vor dem Hinterausgang
des Gasthauses verweilt es gern,
weil hier Futter
aus der Küche abfällt.

Abb. 72: Das Haus Füssinger
wurde 1705 in Sieberatsreute
bei Waldburg
in Blockbauweise errichtet.
1979 erfolgte die Umsetzung
nach Wolfegg.
Dieser Haustyp ist wahrscheinlich
nach dem 30jährigen Krieg
von Siedlern aus Vorarlberg
und der östlichen Schweiz
mitgebracht worden.

Petra Sachs
Die »Bauernhausstraße« im Bodenseekreis

Die Idee, ein Projekt »Bauernhausstraße« im Bodenseekreis ins Leben zu rufen, ist parallel zur Einrichtung eines Kreisarchivs, heute Amt für Archivwesen, Geschichte und Kultur, im Jahr 1979 entstanden. Die Tätigkeit dieses Amtes wurde von Anfang an als integraler Bestandteil einer systematisch betriebenen Kulturpolitik des Bodenseekreises verstanden. Oberstes Ziel dieser Kulturpolitik ist die Arbeit an der Schaffung eines regionalen, traditionsorientierten Bewußtseins. Da Geschichte die Grundlage jeglichen solchen Regionalbewußtseins bildet, konnten sich die Aktivitäten nicht nur auf Sicherung und Erschließung schriftlicher Quellen beschränken, sondern mußten in die Erforschung der geschichtlichen Grundlagen dieser Region nördlich des Bodensees und deren Vermittlung an breitere Bevölkerungskreise überleiten.

Besonderes Anliegen war es dabei immer, bei aller Anerkennung und Berücksichtigung der großen kulturellen und vor allem künstlerischen Leistungen, die das Bild von der historischen Bedeutung Oberschwabens geprägt haben, den Blick auch auf die meist weniger aufsehenerregenden Zeugnisse der Alltagsgeschichte und -kultur, der Sozial- und Wirtschaftsgeschichte dieses Raumes und damit auf die Geschichte der Masse der Bevölkerung zu lenken. Neben vielen anderen Aktivitäten des Kreises wurde deshalb auf die Erforschung und Vermittlung der Bautradition und Hauslandschaft als anschaulichstem und gleichzeitig am meisten gefährdeten Zeugnis der Regionalgeschichte ein Schwergewicht gelegt.

Wie kaum eine andere Quelle erwachsen ja Häuser und ihre spezifischen Erscheinungsformen aus den Notwendigkeiten und Zwängen täglichen Lebens und Arbeitens. Eindringlich prägen sie unsere Vorstellung von der Eigenart eines Raumes und einer Landschaft. Gerade durch die Anpassung an die Bedürfnisse täglichen Lebens und Arbeitens sind sie aber in ihrem Bestand und in ihrer Substanz besonders gefährdet. Deshalb bedeutet ihr – in den letzten Jahren sich überproportional beschleunigendes – Verschwinden nicht nur den Verlust von historischer Bausubstanz, sondern auch von historischem und regionalem Bewußtsein, dem der Verlust von Vorstellungen über spezifische Eigenart und Charakter der Landschaft und des Raumes auf dem Fuße folgen wird.

So erschien es dem Bodenseekreis sinnvoll, die diesen Raum prägende Hauslandschaft wissenschaftlich zu erforschen, mit dem Ziel, charakteristische Häuser an Ort und Stelle zu erhalten und sie in Form einer »Bauernhausstraße« der Allgemeinheit zugänglich zu machen.

Nicht zuletzt aufgrund der starken historischen Ausrichtung lag es nahe, die wissenschaftliche Aufarbeitung und Präsentation dem Amt für Archivwesen, Geschichte und Kultur zu übertragen. Nach einer längeren Anlauf- und Vorbereitungsphase wurde dann Ende 1980 damit begonnen, zunächst systematisch den historischen Hausbestand des Kreises fotografisch zu erfassen und im Landratsamt in einer Diathek zu archivieren. Gleichzeitig wurde die vorhandene Literatur zur Hausgeschichtsforschung bzw. zum ländlichen Bauen in unserem Raum gesichtet und, falls erforderlich, beschafft. Darüber hinaus begann man mit der Sichtung und Sammlung zusätzlicher Quellen, die für die Erforschung unserer Hauslandschaft von Interesse sind. Hierzu gehören Bauakten und Baupläne, Vermessungskarten, Feuerversicherungs- und Gebäudeeinschätzungsbücher, Urbare und Güterbücher, Inventuren und Teilungen.

Oberstes Gebot der Inventarisierung war es, den ländlichen Haus- und Baubestand sowohl in zeitlicher, wie auch in funktionaler Hinsicht umfassend zu dokumentieren. Allein der Bereich der städtischen Architektur im Bodenseekreis wurde vorerst ausgeklammert, obwohl hier vor allem mit den Städten Meersburg und Überlingen ein reicher Bestand vorhanden ist. Umgekehrt wurde bei der Inventarisation der Bauten des ländlichen Raumes darauf geachtet, nicht nur Bauernhäuser, sondern alle ihn prägenden Bautypen und Hausformen zu erfassen. Dazu gehören wichtige wirtschaftliche Funktionsbauten, wie Scheuergebäude, Ställe, Wasch- und Backhäuser, Hopfendarren, Schmieden, Mühlen, Gasthäuser usw. Ebenso wurden öffentlich-repräsentative Funktionsbauten, wie Rathäuser, Pfarrhäuser oder Bahnhöfe mit einbezogen. Auch einzelne Sonderbauten oder -objekte, die für den ländlichen Lebenszusammenhang von Bedeutung sind oder waren, wurden aufgenommen, so z. B. Dorfkapellen, Wegkreuze, Feuerwehrgerätehäuser, Brunnen o. ä.

Was die zeitliche Fixierung betrifft, war man nicht nur bestrebt, die ältesten Haus- und Bauformen zu berücksichtigen. Daher wurden Häuser des 16. Jahrhunderts ebenso dokumentiert, wie solche des 19. oder beginnenden 20. Jahrhunderts. Auch der moderne Aussiedlerhof der 60er Jahre unseres Jahrhunderts fehlt nicht. Aufgrund des weit gesteckten zeitlichen Rahmens wurden bei der Inventarisierung auch Arbeiterwohnhäuser dieses Jahrhunderts, sowie andere Bauten ländlicher Wohnkultur, wie z. B. Villen, berücksichtigt.

Der Titel »Bauernhausstraße« für die Initiative des Bodenseekreises bedeutet daher in gewissem Sinn eine Beschränkung, weil im Zentrum des Interesses die gesamte Bau- und Hauslandschaft des ländlichen Raumes steht. Andererseits hat der Begriff seine Berechtigung, weil es sich beim größten Teil des erfaßten Bestandes aufgrund der jahrhundertelangen landwirtschaftlichen Ausrichtung der Region zwangsläufig um Bauernhäuser oder doch zumindest um landwirtschaftliche Funktionsbauten handelt. Darüber hinaus wird sich der erste Schritt an die Öffentlichkeit zunächst auf die Publikation eines Führers beschränken müssen. Eine Konzentration auf die Bauten mit der größten historischen Repräsentativität, also die Bauernhäuser und ihre Nebenbauten, erscheint daher sinnvoll.

Von Kreisarchivar Kuhn war auf der Grundlage bereits vorhandenen Materials schon 1979 der Baubestand der Gemeinde Kressbronn im östlichen Kreisgebiet exemplarisch für die Hauslandschaft dieses Raumes aufgearbeitet und dargestellt worden. Mit dieser Arbeit lag gleichzeitig eine typologische Beschreibung der diesen Raum prägenden Häuser vor. Seit März 1981 bin ich als Mitarbeiterin des Amtes für Archivwesen, Geschichte und Kultur, trotz weiterer Aufgaben, doch schwerpunktmäßig mit der Fortführung der Arbeit am Projekt »Bauernhausstraße« betraut. Neben der kontinuierlichen Fortsetzung der Inventarisationsarbeit wurde nun am Beispiel der Gemeinde Owingen im Linzgau eine Typologie für den Hausbestand des westlichen Kreisgebietes erstellt. Außerdem hat man einen wissenschaftlichen Beirat ins Leben gerufen, dem Historiker der Universitäten Tübingen und Konstanz, zwei Vertreter des Landesdenkmalamtes sowie ein Bauhistoriker angehören. Dieser Beirat trifft sich in unregelmäßigen Abständen.

Nach diesen umfangreichen Vorarbeiten, die jedoch noch keineswegs als abgeschlossen betrachtet werden, ist das erste Ziel die Publikation eines Führers zur »Bauernhausstraße«. Dazu wurden vier verschiedene Routen durch das gesamte Kreisgebiet zusammengestellt. Diese Routen berücksichtigen die wichtigsten, exemplarisch ausgewählten Objekte. Sie werden im Führer anhand von Kartenmaterial vorgestellt und sollen einen Anreiz zum Besuch der Objekte bieten. Neben dem Verweis auf Einzelbauten wird auch auf ganze Ortskerne, die einen Rundgang lohnen, hingewiesen und mit entsprechenden Ortsplänen eine Orientierung geboten. Die Routenvorschläge sind nicht obligatorisch, sondern dienen als Anregung. Individuelle Impulse, nur Teile der Routen oder Objekte abseits der Routen zu besichtigen, sind eher erwünscht. Ebenso soll das Befahren der Routen mit dem Auto allenfalls eine der möglichen Alternativen sein. Fahrradtouren oder Fußwanderungen wird der Vorzug gegeben.

Neben dem Kartenteil wird der Führer einen Überblick über die historische Entwicklung des Kreises geben, wobei der Schwerpunkt auf wirtschaftlichen und sozialen Aspekten liegen wird, um so die geschichtlichen Hintergründe für die spezifische Eigenart unserer Hauslandschaft zu vermitteln. An ausgewählten Beispielen sollen sodann die für unseren Raum typischen Haus- und Bauformen in ihren räumlichen, zeitlichen, funktionalen, wirtschaftlichen und sozialen Ausprägungen vorgestellt und durch umfangreiches Foto- und Planmaterial veranschaulicht und ergänzt werden. Im abschließenden Teil werden all jene Objekte, die auf der Straße zu besichtigen sind, abgebildet und erläutert.

Die Vorarbeiten für den Führer sind mittlerweile soweit fortgeschritten, daß wohl spätestens Ende dieses Jahres mit der Drucklegung begonnen werden kann. Als Adressat soll primär die ländliche Bevölkerung unseres Kreises, insbesondere auch die Besitzer der in Frage kommenden Häuser, angesprochen werden. Daneben gilt es, das Interesse der kommunalpolitischen Entscheidungsträger, die für die künftige Gestaltung unseres Kreises Verantwortung tragen, zu wecken.

Nicht zuletzt werden Touristen mit Hilfe dieser Informationsschrift ein tieferes Verständnis für die Eigenart unserer Landschaft entwickeln.

Angestrebt wird auch, die Ortstafeln, die im Zentrum jeder Gemeinde beim Rathaus stehen, mit Symbolen für den Standort jener Häuser, die in der »Bauernhausstraße« Berücksichtigung finden, zu versehen. In der in diesem Jahr neu aufgelegten Radwanderkarte des Bodenseekreises sind die wichtigsten Objekte der »Bauernhausstraße« bereits verzeichnet.

Mit der Publikation des Führers soll und kann jedoch die Arbeit an der »Bauernhausstraße« nicht beendet sein. Zur Eröffnung der Straße ist im Landratsamt eine Ausstellung zum Thema geplant. In der Volkshochschule werden danach laufend geführte Fahrradtouren durch Teilbereiche der Straße angeboten. Einzelaspekte sollen in späteren Publikationen genauer aufgearbeitet werden, wie z. B. die Innenausstattung der Häuser, Geräte und Maschinen landwirtschaftlicher Arbeit, repräsentative Sonderbauten, Gewerbebauten, auch Arbeiterwohnhäuser und bürgerliche Wohnkultur auf dem Lande. Als Fernziel wird die Einrichtung von Museen im eigentlichen Sinne des Wortes an verschiedenen Punkten der Route angestrebt. In ihnen soll dann jener Bereich, der bei der bisherigen Konzeption der »Bauernhausstraße« zwangsläufig zu kurz kommen muß, nämlich die Möglichkeit, in die Häuser hineinzugehen, abgedeckt werden.

Wichtige Ziele der Initiative des Bodenseekreises sind die Erhaltung der relevanten Objekte an Ort und Stelle sowie die Vermittlung von Kenntnissen über historische Hausformen im ländlichen Raum und ihre geschichtlichen Hintergründe. Ebenso soll aber bei den betroffenen Gruppen der Wille und die Bereitschaft zur Erhaltung alter Bausubstanz gefördert werden. Die im Rahmen der »Bauernhausstraße« betriebene Öffentlichkeitsarbeit umfaßt deshalb auch eine enge Kooperation mit dem Landesdenkmalamt und mit den Gemeinde- und Kreisbauämtern. Zu den Aufgaben gehört ferner die Beratung der Eigentümer in diesen Fragen. Erwähnt werden soll auch die Mitarbeit an einer vom Bodenseekreis herausgegebenen Bauherrenfibel. Schließlich wurde vom Bodenseekreis ein Denkmalpflegeprogramm geschaffen, im Rahmen dessen jedes Jahr vor allem private Maßnahmen zur Erhaltung historischer Bausubstanz vorwiegend im ländlichen Raum unterstützt werden.

Das Projekt des Bodenseekreises ist – gemessen an den großen Freilichtmuseen – in räumlicher, finanzieller und personeller Hinsicht ein kleines Unternehmen. Dies bringt Nachteile mit sich. Zu den wichtigsten gehören die Tatsache, daß die Häuser vorerst nicht von innen besichtigt werden können, weshalb wichtige Bereiche vor allem der Wohnkultur und Arbeitswelt nicht unmittelbar veranschaulicht werden können. Außerdem können selten Häuser in ihrem ursprünglichen Zustand gezeigt werden, sondern nur mit all jenen Veränderungen und Umbauten, die vielfältige historische Wandlungsprozesse in den Jahren und Jahrhunderten mehr oder weniger notwendig gemacht haben.

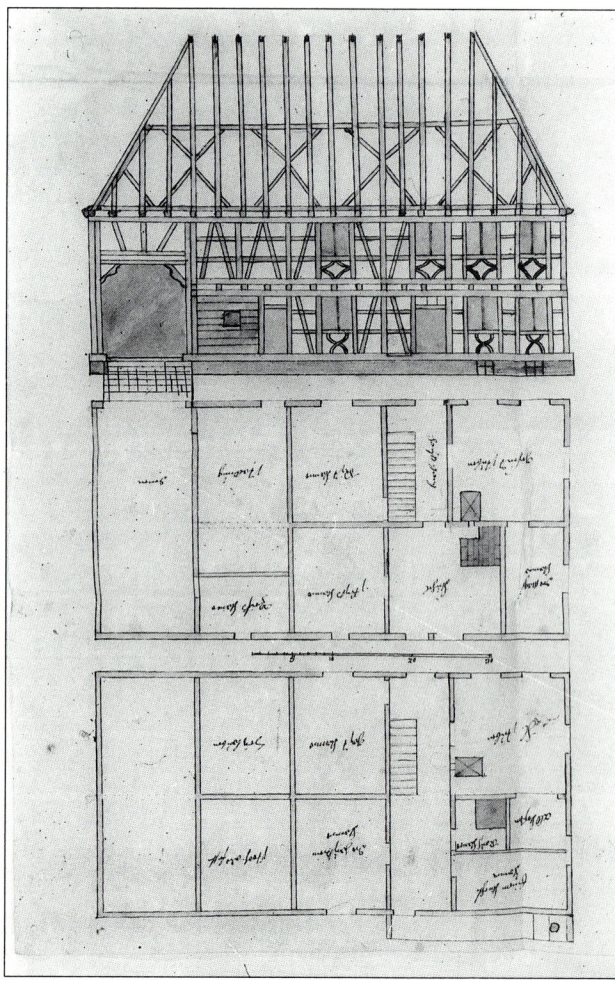

»Bauernhausstraße« im Bodenseekreis

Abb. 73 (oben): Haus des Linzgaus in Betenbrunn, Gde. Heiligenberg
Quergeteiltes Einhaus des 18. Jahrhunderts mit der Grundrißeinteilung in Wohnteil, Tenne, Stall und jüngerem, rückwärtigem Schopfanbau. Charakteristisches Merkmal dieser Häuser ist die Fachwerkkonstruktion mit Zierelementen, wie z. B. den geschwungenen Andreaskreuzen in den Brüstungsfeldern unter den Fenstern oder den Eselsrücken an den Schwellbalken des Obergeschosses.

Abb. 74 (links): Plan zum Bau eines »Kaplaneihauses« um 1760, das sich kaum vom Bauernhaus des Linzgaus unterscheidet. Das Haus ist quergeteilt, auf den Wohnteil folgt hier allerdings erst der Stall und dann die Tenne. Sehr gut zu erkennen sind auf dem Plan die Balkenwände im Stallbereich. Der Grundriß des Hauses unterscheidet sich insofern vom »Linzgauhaus«, als zwischen Hausflur und Stall ein Gefach eingefügt ist, das Kammern für Gäste und die Haushälterin des Kaplans birgt.

Abb. 75 (oben): Eingeschossiges Haus des östlichen Kreisgebietes in Gattnau, Gde. Kreßbronn. Auch diese Häuser sind quergeteilt, in diesem Fall allerdings mit der Grundrißanordnung in Wohnteil, Stall, Tenne und Schopf. Konstruiert waren sie ursprünglich in Bohlenständerbauweise, die aber vielfach später durch Mauerwerk ersetzt und verputzt wurde. Eigentümlich bei diesen Häusern auch der hochliegende Keller, der einen Zugang zur Haustür nur über eine ein- oder zweiläufige Treppe erlaubt.

Abb. 76 (rechts): Plan anläßlich der Vergrößerung eines Hauses im östlichen Kreisgebiet um einen Wagenschuppen, 1865. Der Grundriß des Hauses mit Wohnteil, Stall, Dreschtenne und Wagenschuppen entspricht dem des »Linzgauhauses«. Allerdings sind diese Häuser nur eingeschossig, die Konstruktion bestand ursprünglich aus Balkenwänden, an deren Stelle seit Anfang des 19. Jahrhunderts Mauerwerk oder verputztes Fachwerk trat.

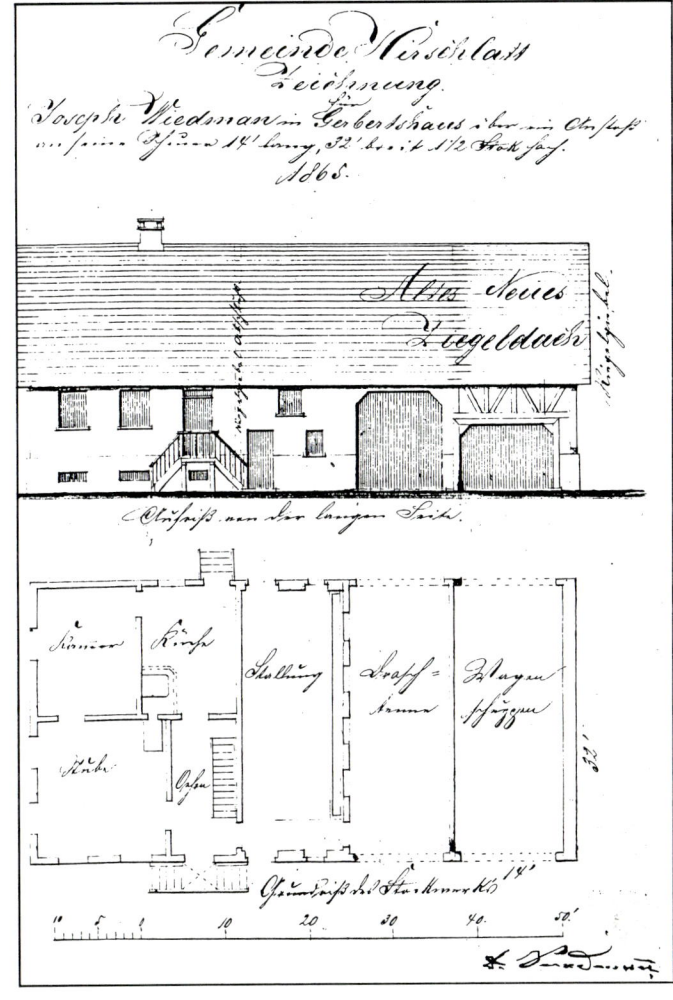

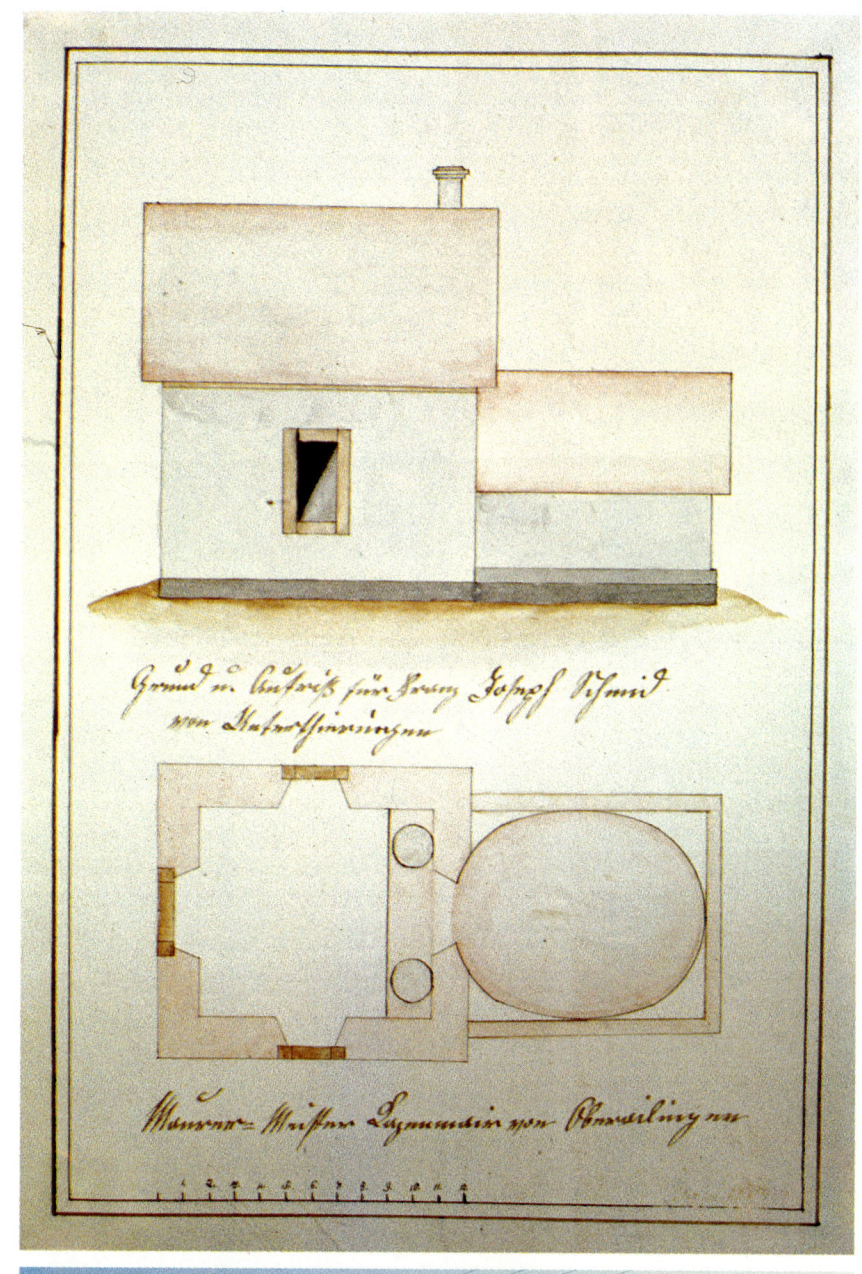

»Bauernhausstraße« im Bodenseekreis

Abb. 77/78 (links): Plan zum Bau einer Brenn- und Ofenküche, 1826, und Backhaus in Retterschen, Gde. Kreßbronn, 1705. Backhäuschen sind in unserem Raum keine Gemeindeeinrichtungen gewesen, sondern waren Bestandteil der Höfe. Sie lassen sich in den Quellen bis vor den 30jährigen Krieg als eigenständige Bauten nachweisen. Meist sind sie aus Bruchstein gemauert, höchstens der Giebel kann aus Fachwerk bestehen. Die Öfen befinden sich in einem kleinen Anbau an der rückwärtigen Giebelseite.

Abb. 79/80 (Seite 117): Hopfendarre in Mehetsweiler, Gde. Neukirch und Plan zur Erweiterung eines Nebengebäudes zur Hopfendarre, 1875. Hopfendarren sind landwirtschaftliche Funktionsbauten, die erst seit dem Ende der 60er Jahre des 19. Jahrhunderts im Raum um Tettnang auftreten. Sie sind Ausdruck des Strukturwandels der Landwirtschaft, der sich besonders in diesem Gebiet mit der Spezialisierung auf Sonderkulturen, wie Hopfen, in der 2. Hälfte des 19. Jahrhunderts vollzieht. Meist sind diese Gebäude mehrfunktional und fungieren, wie auf unserem Plan, gleichzeitig als Back-, Brenn- und Waschküche, Wagen- und Holzschopf. Das Erdgeschoß ist in der Regel massiv, das Obergeschoß besteht aus einem leichten Fachwerk, das ausgemauert oder verbrettert sein kann. Charakteristisch sind auch die schlanken, hohen Fenster zum Einbringen des Hopfens und die schmalen, kleinen Belüftungsöffnungen.

117

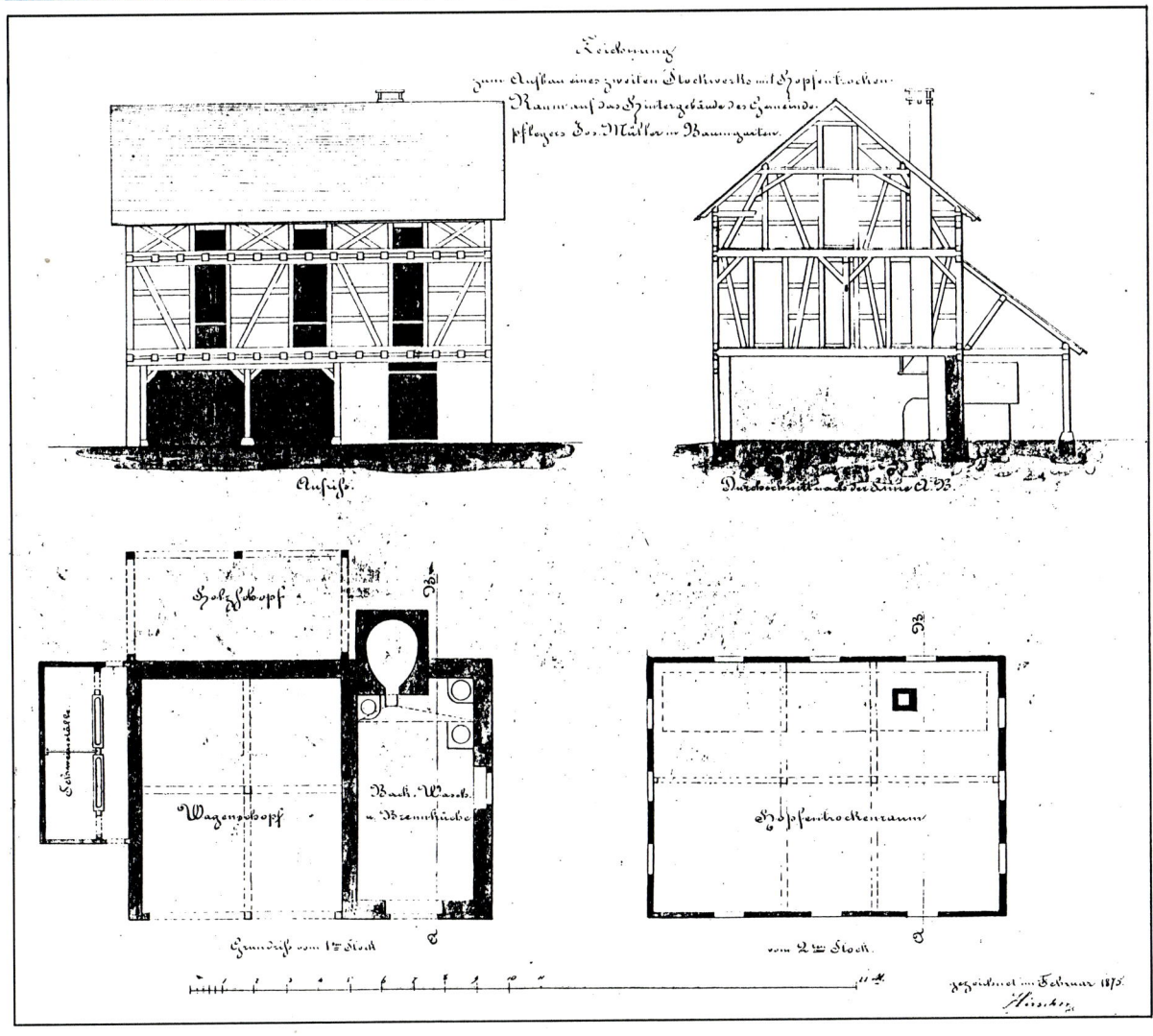

Aber gerade diese Zusammenhänge zu sehen und zu verdeutlichen, bedeutet ja historische Erkenntnis, auch wenn sie für den Ästheten oder sachkundigen Bauhistoriker manche Enttäuschung über den desolaten oder gegen alle Regeln der Kunst verstoßenden modernisierten Zustand vieler Häuser birgt.

Aufgabe der regionalen Freilichtmuseen ist es u. a., jeweils einen oder zwei Vertreter charakteristischer Haustypen der dem jeweiligen Museum zugeordneten Hauslandschaften zu präsentieren, so – häufig letzte – Vertreter eines bestimmten Haustyps zu retten und den überregionalen Vergleich zu ermöglichen. Dies bedeutet, darüber herrscht wohl kein Zweifel, eine Reduktion der tatsächlich vorhandenen und beeindruckenden Vielfalt der Hauslandschaft auch auf kleinstem Raum. So treffen im Bodenseekreis beispielsweise zwei unterschiedliche Hauslandschaften aufeinander. Im Bereich des ehemaligen Landkreises Überlingen, dem sog. Linzgau, prägte spätestens seit der Zeit nach dem 30jährigen Krieg bis in den Anfang unseres Jahrhunderts das zweigeschossige, quergeteilte Einhaus in Fachwerkbauweise das Bild der Landschaft. Im östlichen Teil des Kreises, der sich im wesentlichen mit dem früheren Landkreis Tettnang deckt, waren bis um 1800 eingeschossige, überwiegend quergeteilte Einhäuser in Bohlenständerbauweise verbreitet. Die Bohlenständerbauweise wurde hier seit dem Anfang des 19. Jahrhunderts von verputztem Mauer- oder Fachwerk verdrängt. Seit etwa 1870 hat sich das Erscheinungsbild dieser Häuser dann dadurch völlig verändert, daß man anstelle der alten, eingeschossigen Holzhäuser fast nur zweigeschossige, meist massive Gebäude errichtete.

Nach der gegenwärtigen Konzeption der regionalen Freilichtmuseen soll das Haus des Linzgaus in Neuhausen ob Eck (Kreis Tuttlingen) das Haus des östlichen Kreisgebiets in Wolfegg (Kreis Ravensburg) dokumentiert werden. Durch die Initiative des Bodenseekreises wird es nun möglich – ergänzend zu den Freilichtmuseen – das Gemeinsame und Trennende dieser beiden Hauslandschaften im unmittelbaren Aufeinandertreffen zu zeigen. Der Besucher erlebt, wie diese Häuser den Kulturraum, in den sie gehören, unmittelbar prägen und von ihm geprägt werden. Mit dem Begriff »Sehen lernen« mag deshalb die wichtigste didaktische Intention der »Bauernhausstraße« Bodenseekreis umschrieben werden.

Thomas Naumann
Die Museumsstraße im Naturpark Neckartal-Odenwald

Im Oktober 1980 entstand auf Initiative des Landtagsabgeordneten Manfred Pfaus und des Forstdirektors Herbert Müller der »Förderverein Odenwälder Bauernhaus«. Er ist Träger des ebenfalls im Jahre 1980 in die Wege geleiteten, bisher in der Bundesrepublik einzigartigen Projekts »Museumsstraße«. Der gemeinnützige Verein, bei dem ein Wissenschaftl. Mitarbeiter tätig ist, zählt Städte, Gemeinden, Vereinigungen und Einzelpersonen zu seinen Mitgliedern.

Die Ziele der Museumsstraße sind eng mit der Naturpark-Idee verknüpft. Der badische Odenwald ist ein Teil des Naturparks Neckartal-Odenwald, der seit 1980 existiert und mit 130 000 ha Fläche einer der größten in Deutschland ist. Er umfaßt die Einzellandschaften Bergstraße, Vorderer Odenwald, Hoher Odenwald, Fränkischer Odenwald mit Ausläufern in das Bauland, Kleiner Odenwald mit Ausläufern in den Kraichgau und das Neckartal. Die Landschaft soll dort in ihrem ursprünglichen Charakter erhalten und zu einem naturnahen Erholungsgebiet ausgestaltet werden. In Verbindung damit will die Museumsstraße im Naturpark den Badischen Odenwald als Einheit von Natur- und Kulturraum vermitteln und ihn damit zum anspruchsvollen Hintergrund für den Individualtourismus werden lassen. Die Denkmale der Natur und Kultur sollen so zu Interpretationsmöglichkeiten der Lebenszusammenhänge werden.

Die besondere Aufgabe der Museumsstraße besteht darin, die Sozialgeschichte und Sachkultur der ländlich-bäuerlichen Gemeinschaften im Bereich des Naturparks zu dokumentieren. Es soll gezeigt werden, welche Bedeutung Wald, Feld, Handwerk, Haus und Hof für den Odenwälder hatten. So werden Kulturdenkmale der frühen ländlich-bäuerlichen Lebenswelt (Bauernhöfe, bäuerliche Arbeitsstätten, ländliches Handwerk, religiöse Stätten, dörfliche Gemeinschaftseinrichtungen, Siedlungsformen, Entwicklung der Feldwirtschaft usw.) bewahrt und erfahrbar gemacht. Auch moderne ländliche Betriebe werden als Dokumentation des Wandels aufgenommen. Schautafeln sowie eine begleitende Broschüre unterrichten den interessierten Besucher vor Ort über die kulturgeschichtliche und volkskundliche Bedeutung des jeweiligen Objekts. In den Handwerksbetrieben kann man sich von den Meistern die alten Werkzeuge und Arbeitstechniken zeigen lassen.

Die erste Ausbaustufe des Projekts Museumsstraße (seit 1982) besteht aus zwölf Besuchspunkten. Die Haltepunkte sind:

1. Bauerngarten, Gottersdorf (Stadt Walldürn)
2. Küferei, ebd. (Abb. 81, Seite 119 oben)
3. Dorfkirche der Schönbornzeit, Reinhardsachsen (Stadt Walldürn)
4. Siedlungsform und Flurform, Glashofen-Neusaß (Stadt Walldürn)
5. Rinderzucht und moderner Milchviehbetrieb, ebd.
6. Wallfahrtsweg zum »Heiligen Blut«, Walldürn
7. Landwirtschaftlicher Lehrpfad, Hornbach (Stadt Walldürn)
8. Tabakanbau, Hettigenbeuern (Stadt Buchen)
9. Weidewirtschaft, Rumpfen (Gemeinde Mudau)
10. Dorfbrunnen, Schlossau (Gemeinde Mudau) – (Abb. 82, Seite 119 Mitte)
11. Taglöhnerhaus, Limbach (Abb. 83, Seite 119 unten)
12. Flurformen vor und nach der Flurbereinigung, Lohrbach (Stadt Mosbach)

Die Museumsstraße gliedert sich bei ihrer derzeitigen Ausbaustraße in zwei Teilrouten. Die erste Route von ca. 23 km Länge umfaßt die Haltepunkte in Gottersdorf, Reinhardsachsen, Glashofen-Neusaß und Walldürn. Die zweite Route ist ca. 50 km lang und folgt der Strecke Hornbach, Hettigenbeuern, Rumpfen, Schloßau, Limbach und Lohrbach.

Im Herbst 1984 ist die Übergabe der 2. Ausbaustufe an die Öffentlichkeit geplant. Es werden dann voraussichtlich dazugehören eine Getreidemühle in Hardheim, eine Dorfschmiede in Waldbrunn-Oberdielbach, eine Privatkapelle in Mudau-Mörschenhardt, Darren in Limbach-Scheringen und Walldürn-Altheim, die Bergfeldsiedlung und die Gutleuthäuser in Mosbach, ein Flößerkreuz und die Steinerne Brücke in Eberbach sowie weitere in Planung befindliche Objekte. In der Endstufe soll die Museumsstraße einmal das gesamte badische Frankenland im Neckar-Odenwald-Kreis durchziehen.

In der vom Förderverein »Odenwälder Bauernhaus« herausgegebenen Broschüre über die Museumsstraße findet man neben kulturgeschichtlichen Erläuterungen auch eine genaue Übersichtskarte über die Haltepunkte. Außerdem geben hier die an der Museumsstraße liegenden Gemeinden für den Touristen interessante Informationen. Es ist in jedem Falle sehr zweckmäßig, sich diese Broschüre vor Antritt einer Besichtigungsfahrt zu besorgen. Sie ist erhältlich bei der Geschäftsstelle des Fördervereins »Odenwälder Bauernhaus«, Rathaus, 6968 Walldürn und kann dort entweder direkt oder auf dem Postweg bezogen werden.

Weil die denkmalpflegerisch und didaktisch ideale Lösung einer Museumsstraße, die Bewahrung und Vermittlung eines Kulturdenkmals an Ort und Stelle, nicht immer verwirklicht werden kann, hat der Förderverein schon bald nach seiner Gründung auch den langfristigen Plan verfolgt, ein Freilichtmuseum klassischer Art in den Verlauf der Museumsstraße – sozusagen als große Endstation – einzubinden. Hier sollen beispielhaft Baudenkmale der ländlichen, vorindustriellen Architektur – strukturiert in kleine für die verschiedenen Einzugsbereiche typische Dorfgruppen – aufgenommen und mit der dazugehörigen Inneneinrichtung lebendig präsentiert werden. Der aufgestellte Museumsrahmenplan hat als oberstes Ziel, daß Siedlungs-, Bau-, Wohn- und Wirtschaftsformen ganzheitlich dargestellt werden, und ein so weit wie möglich treffendes Abbild früherer ländlicher Lebenswirklichkeit entsteht.

Standort des geplanten »Regionalen Freilichtmuseums Neckar-Odenwald« mit den Einzugsgebieten Badischer Odenwald, Bauland und Unterer Neckar wird der Walldürner Ortsteil Gottersdorf sein, Baubeginn ist 1984. Die Anbindung des Freilichtmuseums an das Dorf Gottersdorf sowie die beabsichtigte Bewirtschaftung der großen freibleibenden landwirtschaftlichen Flächen zwischen den Dorfgruppen durch Gottersdorfer Landwirte sollen von vorneherein dazu beitragen, daß keine steril-museale Atmosphäre aufkommt.

Ausgehend von der Erkenntnis einer rapide fortschreitenden Zerstörung von baulichem Erbe auf dem Lande, die verbunden ist mit dem Wandel der Kulturlandschaft unter den Zwängen einer modernen, technisierten Landwirtschaft, ausgehend auch von der Tatsache des in den letzten Jahrzehnten rapiden Wandels der ländlichen Lebensgewohnheiten und -zusammenhänge sollen mit der Kombination Museumsstraße – Freilichtmuseum Berührungspunkte zu der bei vielen schon in Vergessenheit geratenen ländlichen Kultur- und Sozialgeschichte ermöglicht werden. Der heutigen Generation können so Kulturtechniken, Lebensgewohnheiten und -anschauungen sowie naturbedingte und soziale Wirklichkeit unserer ländlichen Vorfahren des vorindustriellen Zeitalters – in ungeschönter Weise – vor Augen geführt werden. Die eine oder andere Erkenntnis hieraus wird mit Gewinn auch für das heutige Leben herangezogen werden können.

Museumsbetreuung in Baden-Württemberg

Eduard M. Neuffer
*Landesstelle
für Museumsbetreuung
Baden-Württemberg –
Württembergisches Landesmuseum
Stuttgart
In Verbindung mit dem
Badisches Landesmuseum
Karlsruhe*

Zwei Bereiche sind es gewesen, die die Tätigkeit der Landesstelle im Jahre 1983 weitgehend bestimmt haben und die sich als so arbeitsintensiv erwiesen, daß ihre ohnehin geringen Kräfte schier überfordert waren. Einmal galt es, die aus dem Vorjahr weitergeführte Arbeit am Museumskonzept für das Land Baden-Württemberg fertigzustellen, zum anderen kam mit der verwaltungsmäßigen Abwicklung des Zuschußverfahrens ein völlig neues Aufgabengebiet auf sie zu, für das die personellen Voraussetzungen nicht vorhanden waren. Daher mußte die eigentliche Aufgabe, die Betreuung der Museen, zeitweilig in den Hintergrund treten und manches Problem zwar ungern, aber notgedrungen auf die lange Bank geschoben werden.

Die Liste der von uns besuchten Museen, die unten angefügt ist, sieht auf den ersten Blick hin beeindruckend aus. Man sollte aber nicht übersehen, daß Quantität Qualität nicht ersetzen kann. Es liegt auf der Hand, daß man bei einem Besuch von einer Stunde oder nur wenig mehr kaum ein Problem anders als oberflächlich behandeln kann. Ständige Beratung, Bestandsaufnahmen, Gutachten, Bedarfsanalysen oder Arbeitsvorschläge konnten nur selten in ausreichendem Maße gemacht werden. Eine Rückkopplung der Museumsträger erfolgte nur spärlich, und weil man sich vielfach mit einer einzigen Beratung begnügte, sind wir häufig ungenügend oder gar nicht über den Erfolg unserer Bemühungen unterrichtet. Wenn diese wenigen Bemerkungen auch etwas pessimistisch klingen mögen, so wissen wir doch, daß wir mit dem, was wir in gemeinsamer Arbeit erreicht haben, letztlich zufrieden sein dürfen.

Im Bereich der Bestandsaufnahme der bäuerlichen Haus- und Hofformen wurde das vielfältig gesammelte Material an Fotos, Plänen, Skizzen und Berichten geordnet und inventarisiert, so-daß es für das Jahr 1984 der wissenschaftlichen Auswertung zur Verfügung steht. Dieser Aufgabe unterzog sich Frau V. Bragato.

Die Fertigstellung der Museumskonzeption Baden-Württemberg beanspruchte uns bis zur Jahresmitte. Frau S. Philipps M. A. bearbeitete die überaus große Zahl der Unterlagen der Museen des Landes, während die grafische Ausführung des Kartenbandes vom Berichterstatter übernommen wurde.

Unter dem Titel »Museumsentwicklungsplan. Bestandsaufnahme und Empfehlungen« konnte die Arbeit am 18. Juli 1983 dem Ministerium für Wissenschaft und Kunst übergeben werden. Allen Museumsträgern, die an diesem Werk durch Angaben über ihre Museen mitgewirkt haben, möchte ich herzlich danken.

Das Förderverfahren für die nichtstaatlichen Museen und die Freilichtmuseen des Landes wurde geändert. Neu ist, daß das Ministerium für Wissenschaft und Kunst sich die Bewilligung der Zuschüsse selber vorbehalten hat und daß die verwaltungsmäßige Abwicklung des Zuschußverfahrens der Landesstelle übertragen wurde. Diese enorme Mehrbelastung konnte bisher, wie eingangs bemerkt, personell nicht abgefangen werden. Ohne den engagierten Einsatz von Frau R. Schley, die ein ihr fremdes Arbeitsgebiet neu organisieren mußte, hätte die Landesstelle sich hier sehr schwer getan.

Nach außen hin hat sich für den Museumsträger, der einen Zuschuß zur Einrichtung seines Museums möchte, nicht sehr viel geändert. Von Bedeutung ist wieder, wie schon früher, die Form der Trägerschaft, weil von ihr die vorgeschriebene Mindesthöhe der Zuwendungen, die ihrerseits natürlich entsprechend höhere Eigenleistungen bedingen, abhängt. Die Anträge müssen jetzt jeweils bis zum 30. September eines jeden Jahres für Maßnahmen eingereicht werden, die im Folgejahr ausgeführt werden sollen. Die neuen Vergaberichtlinien, Gegenstand vieler Überlegungen, sind noch nicht endgültig verabschiedet, werden aber bereits seit dem 1. Januar 1984 nach dem Entwurf angewandt. Sobald sie gedruckt vorliegen, können sie den Museumsträgern auf Wunsch auch zugeschickt werden.

Die Förderung der Museen nahm in der Arbeit der Landesstelle einen sehr breiten Raum ein, weil jede Maßnahme beurteilt und mit dem Museumsträger abgesprochen werden muß. Dies bedingt immer einen Ortstermin in dem betreffenden Museum, der beim Verwendungsnachweis wiederholt werden muß.

Im Jahre 1983 wurden vom Ministerium für Wissenschaft und Kunst auf Vorschlag der Landesstelle hin insgesamt 97 Zuwendungsbescheide mit einem Volumen von 5 115 996,83 DM erteilt. Hierin sind Verpflichtungsermächtigungen für das Jahr 1984 in Höhe von 1 315 062,51 DM enthalten, sodaß eine Nettoförderung der Museen in Höhe von 3 800 934,32 DM erfolgte. Die Verteilung dieser Fördermittel erstreckte sich auf 59 Heimatmuseen und andere Museen in nichtstaatlicher Trägerschaft und auf 6 Freilichtmuseen (38 Zuwendungen).

Die Bediensteten der Landesstelle haben 1983 die in der folgenden Zusammenstellung aufgeführten Museen besucht. In ihr wird nur knapp auf die jeweilige Museumssituation eingegangen und die Tätigkeit der Landesstelle stichwortartig erläutert, die sich mit den Begriffen »Beurteilung«, »Beratung« und »Förderung« umreißen läßt. Unter »Beurteilung« wird eine rein gutachterliche Tätigkeit verstanden, die sich auf die gesamte Museumssituation, aber auch auf Einzelprobleme wie Umbaumaßnahmen, Museumskonzept oder Strukturanalyse erstrecken kann. Unter einer »Beratung« verstehe ich eine – auch lang dauernde – Hilfestellung bei der Bewältigung der anstehenden Probleme, seien sie fachlicher, technischer oder konservatorischer Art. Der Begriff »Förderung« umfaßt alles, was mit der finanziellen Förderung einer Museumseinrichtung zusammenhängt, also die Prüfung der Voraussetzungen ebenso wie den Nachweis der zweckentsprechenden Verwendung der zur Verfügung gestellten Mittel.

Konsultationen von Museumsleitern in der Landesstelle sind in dieser Liste nicht berücksichtigt.

Aichtal, Krs. Esslingen: Das Heimatmuseum ist im Ortsteil *Grötzingen* auf dem Dachboden des ehemaligen Helenenheimes untergebracht, das zu einem Kulturzentrum ausgebaut worden ist. Es ist volkskundlich-ortsgeschichtlich orientiert. Es soll um zwei Räume erweitert werden. – Beurteilung, Beratung, Förderung.

Aidlingen, Krs. Böblingen: Die Gemeinde erwägt den Ausbau des Hopfenhauses einer Mühle in *Aidlingen* zu einem Museum. Hier soll das bis jetzt im alten Rathaus nur provisorisch untergebrachte Museum des Bundes der Heimatvertriebenen eine neue Heimat finden. Außerdem möchte man evtl. ein kleines Heimatmuseum einrichten. Die Ortsgruppe des Schwarzwaldvereins will im Ortsteil *Dachtel* ebenfalls ein Heimatmuseum einrichten. – Beurteilung.

Allmendingen, Alb-Donau-Kreis: Die Gemeinde möchte ein Heimatmuseum einrichten. Sie wünscht deshalb ein Grundsatzgespräch über die Voraussetzungen hierzu. – Beurteilung.

Alpirsbach, Krs. Freudenstadt: Das Museum wurde bereits 1982 unter Mitwirkung der Landesstelle eingerichtet und eröffnet. – Förderung.

Altheim, Krs. Biberach: In der Bruderkirche des Klosters *Heiligkreuztal* wird ein kleines Klostermuseum mit sakralen Beständen des ehemaligen Klosters eingerichtet. Eigentümer derselben sind z.T. das Land Baden-Württemberg, z.T. die Kirchengemeinde. Die Konzeption wird von einer wissenschaftlichen Kraft erarbeitet. – Beurteilung, Beratung.

Backnang, Rems-Murr-Kreis: In einem alten Mühlengebäude soll ein Museum für die Heimatvertriebenen untergebracht werden, das jetzt sehr unzulänglich in einem ehemaligen Wohnhaus untergebracht ist. – Beurteilung, Beratung.

Bad Säckingen, Krs. Waldshut: In der Villa Berberich am Kurpark wollte die Stadt ursprünglich ein bäderwissenschaftliches Museum einrichten. Nachdem die Planung hierfür bereits abgeschlossen und das Zuschußverfahren durchgeführt worden war, mußten die Museumspläne der Stadt durch einen unvermuteten bedeutenden Sammlungszuwachs neu überdacht werden. Die Einrichtung des bäderwissenschaftlichen Museums wurde deshalb zunächst verschoben. – Beurteilung, Beratung, Förderung.

Baden-Baden, Stkrs. Baden-Baden: Die neue Stadtgeschichtliche Sammlung im Baldreit erfreut sich eines regen Besuches. Probleme ergaben sich aus den klimatischen Verhältnissen in einigen Räumen. Die römische Abteilung mußte infolge von Neuerwerbungen umgestaltet werden. – Beratung, Förderung.

Bernau, Krs. Waldshut: Die Gemeinde veranstaltete anläßlich des Hans-Thoma-Festes eine Ausstellung von Spitzen, die ihr von einer früheren Thoma-Preisträgerin geschenkt worden waren. Diese Sammlung ist Teil des geplanten Heimatmuseums. – Beratung.

Biberach, Krs. Biberach: In Biberach wird noch eine alte Weißgerberwalk in Privatbesitz betrieben, die sich jedoch nicht mehr lange halten wird. Stadt und Landesdenkmalamt suchen nach Wegen, sie an Ort und Stelle zu belassen und einer neuen Nutzung, evtl. als musealer Betrieb, zuzuführen. – Beurteilung.

Blaubeuren, Alb-Donau-Kreis: Das Heimatmuseum im sogenannten »Badhaus der Mönche« ist vor einigen Jahren nach der Gebäuderenovierung wieder eingeräumt worden. Es ist notwendig, die Präsentation zu überarbeiten, vor allem aber die Bestände zu inventarisieren. – Beratung.

Bopfingen, Ostalbkreis: Der Bund der Heimatfreunde möchte das Museum, das vor einiger Zeit aus dem alten Schulhaus ausgelagert werden mußte, der Öffentlichkeit wieder zugänglich machen. Die Stadt hat hierfür das sogenannte »Seelhaus« vorgesehen, für das bereits Umbau- und Renovierungspläne bestehen. – Beurteilung, Beratung.

Bräunlingen, Schwarzwald-Baar-Kreis: Das vor noch nicht allzulanger Zeit im ehemaligen Elektrizitätswerk eingerichtete Heimatmuseum soll erweitert und in den Kelnhof verlegt werden. Die Umbaumaßnahmen haben in letzterem bereits begonnen. Mit der Ausarbeitung des Konzeptes wurde eine wissenschaftliche Kraft beauftragt. – Beurteilung, Beratung.

Breisach, Krs. Breisgau-Hochschwarzwald: Das Breisgau-Museum für Ur- und Frühgeschichte mußte seine Pforten schließen, weil das Gebäude, in dem es untergebracht war, einem Hotelbau weichen muß. Die Stadt plant, das Rheintor der alten Festung als Museum auszubauen. – Beurteilung.

Calw, Krs. Calw: Als Stiftung besitzt die Stadt eine Sammlung von Gemälden Richard Zieglers. In einem Gebäude am Markt wurden einige Räume als Galerie eingerichtet. – Beurteilung, Förderung.

Crailsheim, Krs. Schwäbisch Hall: Das fränkisch-hohenlohische Heimatmuseum in der Spitalkirche und im Spital konnte um eine weitere Abteilung, das Geigenmuseum, das aus der Sammlung J. Stüber besteht, erweitert werden. – Beurteilung, Förderung.

Dettingen an der Iller, Krs. Biberach: Im Schulgebäude sind zwei Räume als Heimatmuseum eingerichtet worden. Die Exposite stehen sehr beengt beieinander, sodaß eine Umstellung geplant ist. – Beurteilung, Beratung.

Donaueschingen, Schwarzwald-Baar-Kreis: Die vor- und frühgeschichtliche Abteilung der Fürstenberg-Sammlungen wurde unter der Federführung des Landesdenkmalamtes, Außenstelle Freiburg, neu gestaltet. – Beurteilung, Beratung, Förderung.

Durbach, Ortenaukreis: Ein in der Ortsmitte gelegenes altes Fachwerkhaus, das bisher schon von der Gemeinde genutzt worden ist, soll im Keller und Erdgeschoß als Museum eingerichtet werden. Es wird dem Thema der Ortsgeschichte mit dem Schwerpunkt Weinbau gewidmet sein. – Beurteilung, Beratung.

Ehingen, Ostalbkreis: Das Heilig-Geist-Spital ist nach mehrjähriger Umbauzeit fertiggestellt. Nachdem die Handwerker den Bau fast endgültig verlassen haben, konnte mit dem Aufbau der ersten Abteilungen begonnen werden. Die Konzeption ist von einer wissenschaftlichen Kraft erarbeitet worden. Die Restaurierungsarbeiten an sämtlichen Museumsbeständen sind weitgehend abgeschlossen. – Beratung, Förderung.

Emmingen-Liptingen, Krs. Tuttlingen: Der Trachten- und Heimatverein hat im Ortsteil *Emmingen ab Eck* in einem alten Bauernhaus ein Bauernhaus-Museum eingerichtet. Es wurde so eingerichtet, wie es um die Jahrhundertwende ausgesehen haben könnte. Die Eröffnung erfolgte im Sommer 1983. – Beurteilung, Beratung.

Eppingen, Krs. Heilbronn: Die Alte Universität, ein schönes Fachwerkhaus aus dem 15. Jh., in dem bisher schon das Heimatmuseum untergebracht war, soll renoviert werden. Das Museum ist ausgelagert, wird aber später, um die Abteilung »Fachwerkmuseum« erweitert, dort wieder einziehen. Im Archiv des Museums sind die wissenschaftlichen Nachlässe der Professoren Phleps und Mix aufbewahrt. – Beurteilung, Beratung.

Eschach, Ostalbkreis: Im Ortsteil *Seifertshofen* befindet sich ein privates Technik-Museum. In zwei Hallen werden Fahrzeuge, besonders Automobile, gezeigt. Weitere Fahrzeuge, technische Geräte und Flugzeuge lagern im Freien. Deren Aufstellung bereitet Probleme. – Beurteilung.

Esslingen, Krs. Esslingen: Die Stadt hat im neu aufgebauten Salemer Pfleghof, der der Kirchengemeinde gehört, zwei Dachgeschosse gemietet, um dort die Erweiterung des Städtischen Museums unterzubringen. Im Augenblick wird das Museumskonzept von einer wissenschaftlichen Kraft ausgearbeitet. – Beratung, Förderung.

Ettlingen, Krs. Karlsruhe: Im Schloß ist das Albgau- und Albiker-Museum untergebracht. Im Berichtsjahr ist die ständige Karl-Hofer-Ausstellung und die Abteilung Vor- und Frühgeschichte eingerichtet worden. Außerdem mußte die Sicherheitsanlage entsprechend dem Ausbau erweitert werden. Daneben wurde ein Teil der Museumsbestände restauriert. – Beratung, Förderung.

Freudenstadt, Krs. Freudenstadt: Im Ortsteil *Grüntal* soll eine ehemalige Lohmühle, die noch weitgehend intakt ist, als Museum eingerichtet werden. Schwierigkeiten des an und für sich lohnenden Projektes bereiten die Besitzverhältnisse, weil der Eigentümer nicht in der Lage ist, die Kosten aufzubringen. – Beurteilung.

Gärtringen, Krs. Böblingen: Ein Heimatmuseum soll eingerichtet werden. Das Museumskonzept liegt vor. Anleitung zur Inventarisierung durch die Landesstelle. – Beurteilung, Beratung.

Gerlingen, Krs. Ludwigsburg: Das neue Stadtmuseum soll erweitert werden. – Beratung.

Göppingen-Faurndau, Krs. Göppingen: Im Stadtteil *Faurndau* wird das Museum der Rußlanddeutschen eingerichtet. – Beratung.

Gomadingen, Krs. Reutlingen: Im jetzt zum Gestüt Marbach gehörenden ehemaligen Kloster *Offenhausen* will der Förderverein zur Erhaltung der Klosterkirche e. V. in der zuletzt als Scheuer genutzten Kirche ein Gestüts- und Klostermuseum einrichten. Eine Museumskonzeption ist in Arbeit, mit den Bauarbeiten soll 1984 begonnen werden. – Beurteilung, Beratung.

Görwihl, Krs. Waldshut: Das kleine Heimatmuseum ist sehr beengt untergebracht. Die Gemeinde möchte es in einem größeren Gebäude unterbringen und gleichzeitig erweitern. Hierbei soll besonders die früher in Heimarbeit vielgeübte Bandweberei gezeigt werden. – Beurteilung.

Hausen im Wiesental, Krs. Lörrach: Im Hebel-Haus ist ein Heimatmuseum mit einer Hebel-Gedenkstätte eingerichtet. Die Einrichtung des Heimatmuseums soll um ein Tafelklavier aus dem Besitz der Familie Hebel erweitert werden. Außerdem hat man auf dem Dachboden eine landwirtschaftliche Schausammlung aufgebaut. – Beurteilung, Beratung.

Heidelberg, Stkrs. Heidelberg: Das Kurpfälzische Museum befindet sich derzeit in einer völligen Umgestaltung. – Förderung.

Das Erzbischöfliche Bauamt plant die Einrichtung eines liturgischen, kirchlichen Museums im ehemaligen Jesuitenpalais. – Beurteilung, Beratung, Förderung.

Heidenheim, Krs. Heidenheim: In der Innenstadt wurde vor dem Bau der neuen Knotenvermittlungsstelle das dort gelegene römische Bad ausgegraben. Eine Planungsänderung der Bundespost ermöglicht es, die Ruinen unter dem Postgebäude als Museum zu erhalten. Die Einrichtung dieses Museums wird vom Landesdenkmalamt geleitet und von einem Designer ausgeführt. – Förderung.

Herbrechtingen, Krs. Heidenheim: In der Eselsmühle soll ein Heimatmuseum eingerichtet werden. – Beurteilung.

Herrenberg, Krs. Böblingen: Die Vertriebenen aus Altker richten in einem größeren Raum des künftigen Kulturzentrums Herrenberg eine Heimatstube ein. Eine Museumskonzeption liegt vor. Die Landesstelle übernahm die photographische Bestandsaufnahme und gab Anleitung zur Inventarisierung. – Beurteilung, Beratung.

Jungingen, Zollernalbkreis: Das erst vor wenigen Jahren eröffnete Heimatmuseum ist bereits zu klein und soll erweitert werden. Dies läßt sich durch Einbeziehung eines großen Dachbodens erreichen. Der Museumsrundgang muß deshalb neu überdacht werden. Schwerpunkte des Museums bilden Handwerk, Wanderhandel und Feinmechanik. – Beratung.

Karlsdorf-Neuthard, Krs. Karlsruhe: Im Ortsteil *Karlsdorf* plant der Heimatverein, ein Heimatmuseum im alten Rathaus (ehemaliger Torpavillon der Schloßanlage Altenbürg) einzurichten. Es liegt bisher eine Rohkonzeption vor. – Beurteilung.

Karlsruhe, Stkrs. Karlsruhe: Das Museum der Karpatendeutschen soll zusammen mit dem Pfinzgaumuseum der Stadt Karlsruhe im Schloß von *Durlach* eine Heimstatt finden. Die Bestände sind bereits dorthin überführt, nach Abschluß der Bauarbeiten kann mit der Einrichtung des Museums begonnen werden. – Beurteilung, Beratung, Förderung.

Im Stadtteil *Grötzingen* gibt es im Rathaus in einem Raum eine kleine Heimatstube: Sie soll in ein anderes Gebäude verlegt und gleichzeitig vergrößert werden. So soll besonders die Grötzinger Malerkolonie dargestellt werden. Eine Konzeption liegt noch nicht vor. – Beurteilung.

Kirchentellinsfurt, Krs. Tübingen: Im Schloß, das sich in Privatbesitz befand, hat einer der Eigentümer im Laufe der Jahre eine kulturgeschichtlich ungemein interessante Sammlung von Gebrauchs- und Kunstgegenständen, zumeist des Historismus, zusammengetragen. Zu den Sammlungsobjekten zählen auch zahlreiche Embleme und Hinterlassenschaften aus der NS-Zeit, die bisher in einem verschlossenen Raum untergebracht waren, der nur auf Verlangen gezeigt wurde. Auf zahlreiche Proteste hin wurde diese Stube geschlossen. Es soll jetzt eine didaktische Aufbereitung versucht werden. Die Gemeinde, die durch Schenkung Eigentümer des Museums geworden ist, wird sich dieser Aufgabe unterziehen. – Beurteilung, Beratung.

Kirchheim unter Teck, Krs. Esslingen: Das Museum im Kornhaus wird erweitert. Die bisher noch nicht bearbeiteten Abteilungen Geologie, Vor- und Frühgeschichte, Volkskunde und Stadtgeschichte sind in Arbeit und z.T. im Aufbau. – Beratung, Förderung.

Künzelsau, Hohenlohekreis: Von privater Seite wird geplant, in der Ortsmitte ein geologisches Museum einzurichten. Die Baumaßnahmen sind bereits im Gange, die Konzeption ist in Arbeit. – Beurteilung.

Langenenslingen, Krs. Biberach: Das Schloß im Ortsteil *Wilflingen,* das in großen Teilen der Öffentlichkeit als Museum zugänglich ist, mußte wegen Einbruchgefährdung in den Schauräumen und in der Bibliothek gesichert werden. – Beratung, Förderung.

Lauffen, Krs. Heilbronn: In der Kirche des ehemaligen Klosters richtet der Heimatverein zusammen mit der Stadt ein Museum ein. Außer den Beständen an vor- und frühgeschichtlichen Funden werden auch die geologischen aus der Sammlung der Zementfabrik Lauffen in das Museum überführt werden. Im Augenblick ist eine wissenschaftliche Kraft dabei, die Ausstellungskonzeption zu entwickeln. – Beurteilung, Förderung.

Leinfelden-Echterdingen, Krs. Esslingen: Der Besucherterrasse des Flughafens *Echterdingen* ist von privater Seite eine Flugzeugschau angegliedert worden. – Beurteilung.

Leonberg, Krs. Böblingen: Im Dachgeschoß des Alten Rathauses wurde das Stadtmuseum neu konzipiert. Das Konzept hierzu wurde von einer wissenschaftlichen Kraft ausgearbeitet. Die Landesstelle übernahm die laufende Betreuung, die photographische Bestandsaufnahme und gab Anleitung zur Inventarisation. Das Museum wurde im Juni des Jahres eröffnet. – Beurteilung, Beratung, Förderung.

122

Im Ortsteil *Warmbronn* wurde das Haus des Dichters Christian Wagner renoviert und zu einer Gedenkstätte ausgebaut. Die Landesstelle war hier zusammen mit der Arbeitsstelle für literarische Museen, Archive und Gedenkstätten Baden-Württemberg tätig. – Beratung.

In den Ortsteilen *Eltingen, Gebersheim* und *Höfingen* erfolgte die photographische Bestandsaufnahme als Grundlage der Inventarisierung. – Beratung, Förderung.

Leutkirch, Krs. Ravensburg: Das aus dem 15. Jh. stammende Gebäude »Bock« wird von der Stadt renoviert. In ihm soll neben anderen Einrichtungen auch das bis jetzt im Kornhaus untergebrachte Heimatmuseum eingerichtet werden. – Beurteilung.

Lörrach, Krs. Lörrach: Im Museum am Burghof fand eine Ausstellung von Zinnfiguren statt, die aus einer Privatsammlung stammen. Letztere sucht eine neue Bleibe. – Beurteilung, Beratung.

Mauer, Krs. Heidelberg: Das Urmensch-Museum im Rathaus konnte 1982 eröffnet werden. Die Tätigkeit der Landesstelle erstreckte sich mit der Abwicklung des Förderverfahrens bis in das Jahr 1983. – Beratung, Förderung.

Michelbach an der Lücke, Krs. Schwäbisch Hall: Der Landkreis hat die ehemalige Synagoge erworben und wiederherstellen lassen. In ihr soll ein Museum über das Schicksal der jüdischen Mitbürger in Hohenlohe eingerichtet werden. Eine Konzeption hierfür ist in Arbeit. – Beurteilung, Beratung, Förderung.

Münsingen, Krs. Reutlingen: Das Heimatmuseum war nach einem dreisten Einbruch lange geschlossen und die Bestände ausgelagert worden. Es soll jetzt wieder eingerichtet und dabei auch neu konzipiert werden. – Beurteilung, Beratung.

Im Ortsteil *Bichishausen* gibt es in einem Privathaus ein Pferde- und Zweihandgeräte-Museum, das sich vorwiegend landwirtschaftlichen Themen widmet. Die nach Arbeitsbereichen gegliederte Sammlung ist liebevoll, aber verbesserungsbedürftig aufgestellt. – Beurteilung, Beratung.

Niedereschach, Schwarzwald-Baar-Kreis: Das Rathaus im Ortsteil *Fischbach* soll teilweise für das geplante Heimatmuseum zur Verfügung gestellt werden. Pläne für ein solches werden von einem Museumsausschuß ausgearbeitet. Probleme ergeben sich aus der Mischnutzung nicht nur des Gebäudes, sondern auch einzelner Schauräume. – Beurteilung, Beratung.

Oberderdingen, Krs. Karlsruhe: Der Landeswohlfahrtsverband Baden beabsichtigt in Zusammenarbeit mit der Gemeinde im Ortsteil *Flehingen* im ehemaligen Wasserschloß ein Museum einzurichten, das die Entwicklung der Fürsorgeerziehung in Baden zum Thema haben wird. Daneben sollen auch historische, ortsgeschichtlich orientierte Themen dargestellt werden. – Beurteilung, Beratung.

Oftersheim, Rhein-Neckar-Kreis: Die Gemeinde hat in einem aufgegebenen landwirtschaftlichen Anwesen ein Kulturzentrum eingerichtet, das auch ein kleines Heimatmuseum enthält. Jetzt soll unter Einbeziehung des benachbarten Gehöftes das Museum erweitert werden, wobei besonders Tabakbau und -verarbeitung gezeigt werden sollen. – Beurteilung, Beratung.

Pfaffenweiler, Krs. Breisgau-Hochschwarzwald: In einem Neubau neben dem Rathaus hat die Gemeinde ein Heimatmuseum eingerichtet. Ein Schwerpunkt der Ausstellung ist die Gewinnung und Verarbeitung von Sandstein. – Beurteilung, Beratung, Förderung.

Pforzheim, Stkrs. Pforzheim: In den Räumen einer leerstehenden Schmuckfabrik wird das Technische Museum der Pforzheimer Schmuck- und Uhrenindustrie eingerichtet. – Beurteilung, Beratung, Förderung.

Rauenberg, Rhein-Neckar-Kreis: In der ehemaligen Schloßanlage wird ein Winzermuseum, das auch Ortsgeschichte darstellt, eingerichtet. – Beurteilung, Beratung, Förderung.

Reilingen, Rhein-Neckar-Kreis: Die Gemeinde will in einem alten Gasthof ein Heimatmuseum einrichten, das ganz der Ortsgeschichte gewidmet ist. Ein Museumsverein hat bereits viele Bestände hierfür zusammengetragen und entwickelt die Museumskonzeption. – Beurteilung, Beratung.

Rottenburg, Krs. Tübingen: Das wegen des Umbaues der Zehntscheuer zu einem Kulturzentrum seit zwei Jahren geschlossene und ausgelagerte Museum konnte, wesentlich erweitert, wieder eröffnet werden. Gezeigt wird im Augenblick die Vor- und Frühgeschichte mit dem Schwerpunkt römische Provinzialarchäologie. Die Stadtgeschichte soll in einer zweiten Aufbauphase gezeigt werden. – Beratung, Förderung.

Satteldorf, Krs. Schwäbisch Hall: Die Hammerschmiede im Ortsteil *Gröningen* ist renoviert worden und als Museumsschmiede dem Publikum zugänglich. Sie wird von einem Schmied betreut, der seine Arbeit auch dem Publikum vorführt. Es ist geplant, eine Ölmühle und andere technische Einrichtungen dieser Art in der Nähe einzurichten. Das Museum wird als Außenstelle des Hohenloher Freilandmuseums in Wackershofen geführt. – Beurteilung, Beratung, Förderung.

Saulgau, Krs. Ravensburg: In einem Haus aus dem 15. Jh., das restauriert worden ist, wurde eine ständige Galerie eingerichtet. – Beurteilung, Förderung.

Schelklingen, Alb-Donau-Kreis: Das Heimatmuseum soll aus dem jetzigen Gebäude, dessen Räume für seine Zwecke nicht länger ausreichen und die überdies von der Stadtverwaltung benötigt werden, in das ehemalige Spital umziehen. – Beurteilung.

Schiltach, Krs. Freudenstadt: Die Gemeinde hat am Marktplatz ein altes Haus erworben und will dort ein stadtgeschichtliches Museum einrichten. – Beurteilung, Beratung.

Schönaich, Krs. Böblingen: Das Heimatmuseum mit einer Heimatstube der Vertriebenen ist im alten Rathaus untergebracht. Durch Hinzunahme weiterer Räume im Dachgeschoß kann es erweitert und neu geordnet werden. – Beurteilung, Beratung.

Schopfheim, Krs. Lörrach: Die Räumlichkeiten im sogenannten „Hirtenhaus" sind zu klein, um das Heimatmuseum mit seinen ganzen Beständen aufzunehmen. Die Gemeinde hat ein danebenliegendes Gebäude erworben und baut es derzeit zu einem Museum um. – Beurteilung, Beratung.

Schramberg, Krs. Rottweil: Das Stadtmuseum konnte um eine Uhrenabteilung erweitert werden. Die Eröffnung fand im Sommer statt. – Beratung, Förderung.

Schrozberg, Krs. Schwäbisch Hall: Fürst zu Hohenlohe-Bartenstein hat in Schloß Bartenstein ein Militärmuseum eingerichtet. – Beurteilung, Beratung.

Schwäbisch Hall: Unter Einbeziehung der angrenzenden Gebäude will die Stadt das Keckenburg-Museum zu einem Museumseck ausbauen. Die Konzeption wird von einem Wissenschaftler erarbeitet. – Beurteilung, Beratung.

Titisee-Neustadt, Krs. Freudenstadt: Das Museum in *Neustadt* bat um eine Beurteilung seiner Präsentation und um Verbesserungsvorschläge. – Beurteilung, Beratung.

Ubstadt-Weiher, Krs. Bruchsal: Im Ortsteil *Stettfeld* steht ein kleines Bauernhaus, das vom Badischen Landesmuseum als provinzialrömisches Museum ausgebaut wird. – Beurteilung, Beratung, Förderung.

Ulm, Stkrs. Ulm: Die Prähistorische Sammlung der Stadt Ulm, die bisher in einem anderen Gebäude untergebracht war, wird dem Städtischen Museum eingegliedert. – Förderung.

Unterweissach, Krs. Backnang: In einem ehemaligen Laden in der Ortsmitte befindet sich das Heimatmuseum. Die zugehörige Scheune wird ebenfalls museal genutzt. Das Museum soll ausgebaut werden. – Beurteilung, Beratung.

Waldkirch, Krs. Emmendingen: Das Elztäler Heimatmuseum wird in der ehemaligen Probstei, die renoviert worden ist, neu eingerichtet. – Beratung.

Walheim, Krs. Ludwigsburg: Die Gemeinde will in einem jetzt nicht mehr genutzten Schulhaus ein Museum einrichten. Der Schwerpunkt der Darstellung soll auf der römischen Vergangenheit des Ortes liegen. – Beurteilung.

Walldorf, Rhein-Neckar-Kreis: Das Heimatmuseum im Astor-Haus ist bereits seit längerer Zeit eröffnet. Es wurde der Wunsch nach Beurteilung und Verbesserungsvorschlägen geäußert. – Beurteilung, Beratung.

Weikersheim, Krs. Bad Mergentheim: Auf dem Karlsberg bei Weikersheim wurde das Forstmuseum eröffnet. Es ist in Zusammenhang mit dem Tauberländer Dorfmuseum zu sehen und, wie dieses, aus privater Initiative entstanden. – Beurteilung, Beratung, Förderung.

Wertheim, Main-Tauber-Kreis: Das Museum für Stadt und Grafschaft Wertheim konnte im Herbst eröffnet werden. – Beratung, Förderung.

Der Ausbau der Freilichtmuseen im Lande nahm eine erfreuliche Entwicklung. Eines ist fertiggestellt, vier sind im Aufbau und eines ist dem Planungsstadium soweit entwachsen, daß mit seinem Aufbau im Jahre 1984 begonnen werden kann. Drei Planungen, die bereits weit fortgeschritten waren, mußten aus verschiedenen Gründen eingestellt werden.

Die Inanspruchnahme der Landesstelle durch die Freilichtmuseen ist unterschiedlich gewesen. Während einige einen sehr engen Kontakt unterhalten und die Beratung und Diskussion in allen Problembereichen gesucht haben, sind andere wissenschaftlich autark und begnügen sich mit der finanziellen Förderung. Es besteht eine Arbeitsgemeinschaft für Freilichtmuseen des Landes Baden-Württemberg, die aber nicht institutionalisiert ist, sondern in der sich die Freilichtmuseen in lockerer Form zusammengefunden haben, um ihre fachlichen Probleme zu erörtern. Die Landesstelle ist hier, wie auch das Ministerium für Wissenschaft und Kunst und die beiden Landesmuseen, Mitglied. Für das Freilichtmuseum Neuhausen ob Eck gibt es eine wissenschaftliche Kommission, die die Grundlagen für den Aufbau des Museums erarbeitet. Auch hier ist die Landesstelle Mitglied.

Gutach, Ortenaukreis: Das Freilichtmuseum Vogtsbauernhof ist fertiggestellt. Eine an und für sich wünschenswerte Ausweitung, die es erlauben würde, auch die anderen in seinem Einzugsgebiet vorkommenden Hausformen darzustellen, läßt sich aus Mangel an verfügbarem Gelände nicht verwirklichen. Hier sind Bemühungen um einen weiteren Standort im Gange. – In der Leitung des Museums ist ein Wechsel eingetreten. Die Nachfolge des verstorbenen Museumsgründers und -leiters, Prof. H. Schilli, hat Dr. D. Kauß, Kreisarchivar in Offenburg, angetreten. – Im April 1983 fand die Frühjahrssitzung der Arbeitsgemeinschaft der Freilichtmuseen im Zimmerbauerhof, der zum Museum gehört, statt. – Die Landesstelle ist 1983 in Gutach weiter nicht tätig gewesen.

Bad Schussenried-Kürnbach, Krs. Biberach: Das Museum, das bereits seit langen Jahren geöffnet ist und schon eine stattliche Ausdehnung besitzt, geht in seiner ersten Aufbaustufe seiner Vollendung entgegen. Mit der Rekonstruktion des Firstsäulenhauses »Hueb« aus Zollenreute hat es neben dem Haus »Laternser«, ebenfalls einem Firstsäulenhaus, einen zweiten baulichen Akzent bekommen. – Probleme bereitet die Einrichtung der einzelnen Häuser, die bisher mit Hilfe von mehr oder weniger zufällig zusammengekommenen Gegenständen geschehen ist. Der Landkreis hat deshalb eine Einrichtungskonzeption durch eine Wissenschaftlerin in Auftrag gegeben. – Beurteilung, Beratung, Förderung.

Kaisersbach, Rems-Murr-Kreis: Beim Brandhöfle in der Gemeinde Kaisersbach sollte nach Plänen des Landratsamtes ein Freilichtmuseum entstehen. Die Konzeption hierzu ist bereits ausgearbeitet worden, doch konnte das Projekt nicht in Angriff genommen werden. – Beurteilung, Beratung, Förderung.

Neckartenzlingen, Krs. Esslingen: Der Landkreis konnte sich letztlich doch nicht entschließen, das so lange Zeit vorbereitete Projekt eines Freilichtmuseums in Angriff zu nehmen. Die Häuser, die bereits für die als gesichert geltende Einrichtung von der Landesstelle abgebaut und eingelagert worden waren, müssen nun auf andere Freilichtmuseen im Lande verteilt werden, falls sich im zentralen württembergischen Raum nicht ein anderer Standort findet. – Beurteilung, Förderung.

Neuhausen ob Eck, Krs. Tuttlingen: Das Freilichtmuseum wird vom Landkreis zielstrebig und mit großer Energie aufgebaut. Die wissenschaftliche Beratung hat G. Schmid-Biberach übernommen. Eine wissenschaftliche Kommission, die in regelmäßigen Abständen zusammentritt, hat beratende und koordinierende Funktion. Sie ist außerdem für den Aufbau des Museums verantwortlich. Bisher ist ein Gebäude fertiggestellt, zwei weitere sind fast vollendet bzw. stehen im Rohbau. Für ein viertes ist der Grundstein gelegt worden. Das Gesamtkonzept für das Freilichtmuseum ist in Arbeit. – Beurteilung, Beratung, Förderung.

Schwäbisch Hall-Wackershofen: Das Freilichtmuseum konnte im Sommer 1984 eröffnet werden. Sein weiterer Aufbau wird vom Verein Hohenloher Freilandmuseum und von seinem Leiter, H. Mehl, mit Energie weitergeführt. Im Augenblick stehen drei Wohnhäuser und sieben Nebengebäude. Die Umsetzung eines der ersten Raiffeisen-Lagerhäuser und eines großen Gasthofes ist in Angriff genommen worden. – Beurteilung, Förderung.

Walldürn-Gottersdorf, Neckar-Odenwald-Kreis: Der Förderkreis Odenwälder Bauernhaus e. V. in Walldürn will ein kleineres Freilichtmuseum mit Schwerpunkt Bauland einrichten. Das Konzept ist von A. Bedal-Karlsruhe entwickelt worden. Es greift über das vorgesehene Einzugsgebiet hinaus. Damit kann das Freilichtmuseum Gottersdorf Teilfunktionen des nicht zur Ausführung gekommenen Freilichtmuseums Kraichtal übernehmen. Dem Museum soll ein Institut für Hausforschung angegliedert werden. – Beurteilung, Förderung.

Wolfegg, Krs. Ravensburg: Der Ausbau dieses ebenfalls schon länger bestehenden Freilichtmuseums geht in Abschnitten voran. Besonderes Gewicht wird auf die Fertigstellung der Inneneinrichtung der Häuser gelegt. Zwei Häuser aus der Umgebung und eine Zehntscheuer sind zur Umsetzung in die Planung aufgenommen worden. Am Nordrand des Museumsgeländes wird ein Haus in situ saniert. Es soll die zum Museum gehörenden Einrichtungen für Wissenschaft und Öffentlichkeitsarbeit aufnehmen. Das Museum steht unter der wissenschaftlichen Leitung von Kreispfleger H. Dettmer.

Neben den verschiedenen Tätigkeiten in den oben angeführten Freilichtmuseen wurden von der Landesstelle drei Standorte für weitere begutachtet und entsprechende Empfehlungen an das Ministerium für Wissenschaft und Kunst gegeben.

Neu im Arbeitsbereich der Landesstelle ist die Konzentration auf die Inventarisierung der Museumsbestände. Frau K. Förster M. A. ist beauftragt worden, Inventarisierungsrichtlinien auszuarbeiten. Diese werden zusammen mit einer eigens entworfenen Karteikarte, die für fast alle Bestände in einem Heimatmuseum ausgelegt ist, den Museen zur Verfügung stehen. Die Einarbeitung der Museumsleiter durch die Landesstelle ist geplant. Ein Probelauf dieser neuen Karteikarten hat mit gutem Ergebnis im Stadtmuseum in Leonberg stattgefunden. Im Juli 1983 konnte das erste Exemplar der neuen Publikation »museumsmagazin«, das die Landesstelle zusammen mit dem Museumsverband Baden-Württemberg herausgibt, in einer kleinen Feierstunde in Stuttgart der Öffentlichkeit vorgestellt werden. Es ist dem Thema »Fossilien« gewidmet und wurde unter der Federführung von K. D. Adam-Ludwigsburg erarbeitet. Die Redaktion lag in den Händen von Walter Dürr-Schwäbisch Gmünd. Das Heft hat guten Anklang gefunden, und ich möchte allen Beteiligten für ihre immense ehrenamtliche Arbeit daran danken. Das nächste Heft, das die Freilichtmuseen des Landes behandeln wird, wurde in Angriff genommen. Die Fachredaktion übt diesmal H. Mehl-Schwäbisch Hall, die Gesamtredaktion wieder W. Dürr aus.

Im Berichtszeitraum nahm der Berichterstatter an folgenden Tagungen teil:
Berlin, Institut für Museumskunde; Lindau, Bayerischer Museumsverband; Münster, Museumsbetreuer der Bundesrepublik und Wertheim, Museumsverband Baden-Württemberg.

Informationsbesuche an Museen außerhalb Baden-Württembergs fanden statt in Basel, Berlin, Frankfurt, Paris, Sogndal und Zürich.

Zum Schluß dieses Berichtes möchte ich meinen Dank allen meinen Mitarbeitern abstatten, die, oft unter großem persönlichem Einsatz und ohne Ansehen von Dienststunden, ihre Pflicht und mehr als das getan haben. Hilfe und Unterstützung fanden wir bei den Direktoren des Badischen und des Württembergischen Landesmuseums, die häufig genug mit Problemen konfrontiert wurden, die sich als heikel erwiesen. Mein Dank gilt in besonderer Weise dem Ministerium für Wissenschaft und Kunst, das sich mit allen verfügbaren Kräften für die Landesstelle und deren Belange eingesetzt hat. Daß wir so arbeiten konnten, wie es geschehen ist, haben wir zu einem sehr wesentlichen Teil seinen Bemühungen zu verdanken.

Anschrift: Neckarhalde 30 A
7400 Tübingen Tel. (07071) 49131

Thomas Scheuffelen
*Arbeitsstelle für literarische Museen, Archive und Gedenkstätten in Baden-Württemberg –
Schiller-Nationalmuseum Marbach a. N.*

Eine Fülle von Gedenkstätten und Dichtermuseen erinnert heute in Baden-Württemberg an die reiche literarische Tradition dieses Landes. 1980 wurde deshalb vom Ministerium für Wissenschaft und Kunst Baden-Württemberg eine zentrale ›Arbeitsstelle für literarische Museen‹ geschaffen, die ihren Sitz im Schiller-Nationalmuseum Marbach a. N. hat. Eine vergleichbare Einrichtung gibt es in keinem anderen Bundesland. Zu den Aufgaben der Arbeitsstelle gehört die Betreuung der literarischen Museen und Gedenkstätten, ihre fachliche Beratung und Unterstützung in Fragen der Ausstellungskonzeption, der Präsentation und der Sicherheitstechnik sowie Hilfestellung bei Publikationen, aber auch die Anregung zur Gründung neuer Gedenkstätten und die Förderung literarischer Dauerausstellungen. Nicht zuletzt setzt sie sich für die Rettung und Wiederherstellung gefährdeter Dichterstätten ein. In Verbindung mit der ›Arbeitsstelle für literarische Museen‹ wurde 1981 das Mörikehaus in Ochsenwang wieder eingerichtet, 1982 das Wilhelm-Hauff-Museum in Lichtenstein-Honau gegründet und 1983 das Christian-Wagner-Haus in Leonberg-Warmbronn eröffnet.

Das Christian-Wagner-Haus in Warmbronn

Am 14. Oktober 1983 konnte das restaurierte Christian-Wagner-Haus wieder der Öffentlichkeit übergeben werden. Die beiden Stuben im Erdgeschoß, in denen Christian Wagner (1835–1918) sein Leben verbracht hat, sind mit allen Möbeln, Bildern und Büchern als Gedenkstätte erhalten worden. Im Obergeschoß wurden zwei ständige Ausstellungen eingerichtet: vom Stadtmuseum Leonberg die Ausstellung ›Das Dorf des Dichters. Warmbronn im 19. Jahrhundert‹ und von der Arbeitsstelle für literarische Museen die Ausstellung ›Der Dichter Christian Wagner. 1835–1918‹. Im Mittelpunkt dieser Ausstellung stehen die ›Wunder der Sprache‹, Gedichte wie ›Ostersamstag‹, ›Syringen‹, ›Auf der Lichtung‹, ›Blühender Kirschbaum‹. In acht Vitrinen – ›Bauer und Dichter‹; ›Wunder der Sprache‹; ›Das Werk‹; ›Förderer: Richard Weltrich und Hermann Hesse‹; ›Entdeckung durch die Literatur‹; ›Nachgeholte Bildungsreisen‹; ›Neuer Glaube: »Schonung alles Lebendigen«‹; ›Christian Wagner in Warmbronn‹ – wird der Versuch unternommen, etwas von der Einzigartigkeit dieses Werkes zu zeigen, von seinen Voraussetzungen und seinen Wirkungen. Die vielen Verehrer des ›Dichters‹ kommen ebenso zu Wort wie die Literaten, die Wagners Gedichte immer aufs neue entdecken und denen er bis heute seine außerordentliche Wirkung verdankt.

Zur Ausstellung erschien als ›Marbacher Magazin‹ 28/1983 ›Der Dichter Christian Wagner‹, bearbeitet von Harald Hepfer und Friedrich Pfäfflin.

›Mörike in Ochsenwang‹

Zur ständigen Ausstellung im Mörikehaus Ochsenwang wurde von der Arbeitsstelle für literarische Museen das ›Marbacher Magazin‹ 27/1983, ›Mörike in Ochsenwang‹, vorgelegt, das durch Briefstellen, Abbildungen zeitgenössischer Dokumente, vor allem aber durch hier teilweise zum erstenmal veröffentlichte Amtstexte Mörikes Tätigkeit als Pfarrverweser in dem kleinen Albdorf Ochsenwang bei Kirchheim/Teck nachzeichnet. Die ersten Reaktionen auf den während der Ochsenwanger Zeit erschienenen Roman ›Maler Nolten‹ sind hier zusammengestellt, aber auch Zitate aus Briefen an seine Braut Luise Rau oder die in Ochsenwang entstandenen Gedichte, darunter so bekannte wie ›Verborgenheit‹ und ›Zum neuen Jahr‹. Eine Übersicht über die ›Mörikeverehrung in Ochsenwang‹ und eine Chronik ›Eduard Mörike als Vikar und Pfarrverweser 1826–1834‹ sowie eine knappe Zeittafel von Leben und Werk beschließen den Band, der im Mörikehaus Ochsenwang und im Schiller-Nationalmuseum Marbach a. N. erhältlich ist.

Wanderausstellung der Arbeitsstelle für literarische Museen

Unter dem Titel ›Wer den Dichter will verstehen, Muß in Dichters Lande gehen‹ zeigte der Landespavillon Baden-Württemberg, Stuttgart, im Juli 1984 eine Ausstellung der Arbeitsstelle, die am 6. Juli 1984 vom Minister für Wissenschaft und Kunst, Prof. Dr. Helmut Engler, und dem Präsidenten der Deutschen Schillergesellschaft, Dr. Martin Cremer, eröffnet wurde.

Auf 44 großformatigen Bildtafeln wurden insgesamt 36 Dichtermuseen und literarische Gedenkstätten des Landes vorgestellt: Aalen, Heimat- und Schubartmuseum; Bad Mergentheim, Deutschordensmuseum; Bad Mergentheim-Hachtel, Ottmar-Mergenthaler-Gedenkstätte; Bad Säckingen, Hochrheinmuseum; Biberach, Wieland-Museum, Wielands Gartenhaus; Brackenheim, Theodor-Heuss-Gedenkstätte; Calw, Hermann-Hesse-Gedenkstätte; Cleversulzbach, Mörike-Stube im Gasthaus »Zum alten Turmhahn«; Dettingen/Erms, Wilhelm-Zimmermann-Gedenkstätte; Emmendingen, Städt. Heimatmuseum; Ertingen, Michel-Buck-Stube; Hausen im Wiesental, Hebelhaus; Karlsruhe, Oberrheinisches Dichtermuseum; Knittlingen, Faust-Museum, Faust-Archiv; Lauffen a. N., Hölderlin-Zimmer im Museum; Leutkirch, Heimatmuseum; Lichtenstein-Honau, Wilhelm-Hauff-Museum; Lörrach, Museum am Burghof; Löwenstein, Stadt- und Manfred-Kyber-Museum; Ludwigsburg, Städtisches Museum; Mannheim, Städt. Reiss-Museum; Marbach a. N., Schillers Geburtshaus, Marbach a. N., Schiller-Nationalmuseum; Meersburg, Altes Schloß; Meersburg, Droste-Museum im Fürstenhäusle; Oberkirch, Heimatmuseum; Ochsenwang, Mörikehaus; Reutlingen, Heimatmuseum; Schnait, Friedrich-Silcher-Museum; Stuttgart, Archiv der Stadt Stuttgart; Tübingen, Hölderlinturm; Tübingen, Theodor-Haering-Haus; Warmbronn, Christian-Wagner-Haus; Weil der Stadt, Kepler-Museum; Weinsberg, Kernerhaus; Winterbach, J. Palmer-Stube im Heimatmuseum.

Mit dieser Ausstellung wird an die Marbacher Sonderausstellung »... in

---

Abb. Seite 126: Warmbronn,
Christian-Wagner-Haus
Oben und Mitte: Ständige Ausstellung im Obergeschoß
Unten: Gedenkzimmer im Erdgeschoß
Aufnahmen: Mathias Michaelis

Abb. Seite 127: Marbacher Magazin 27/1983 (Mörike in Ochsenwang) und 28/1983 (Der Dichter Christian Wagner)

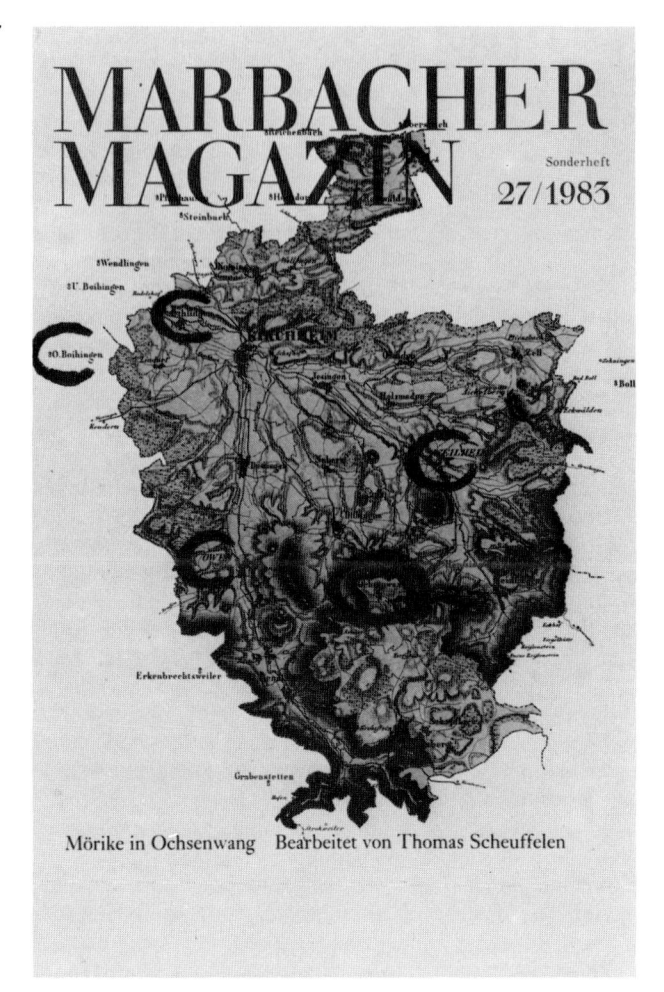

Dichters Lande...« vom Sommer 1981 angeknüpft, in der die Arbeitsstelle zum erstenmal die Dichtermuseen des Landes ausführlich präsentiert hatte. Auch die neue Ausstellung bezieht sich im Titel auf Goethes Wort aus den ›Noten und Abhandlungen zu besserem Verständnis des west-östlichen Divans‹: »Wer das Dichten will verstehen / Muß in's Land der Dichtung gehen; Wer den Dichter will verstehen / Muß in Dichters Lande gehen.«

Diese Wanderausstellung der Arbeitsstelle kann von Städten und Gemeinden in Baden-Württemberg entliehen werden. Interessenten werden gebeten, sich direkt mit der Arbeitsstelle in Verbindung zu setzen:
Arbeitsstelle für literarische Museen, Schillerhöhe 8–10, Postfach 57, 7142 Marbach a. N.

Neue Museen und Gedenkstätten

1984/85 konnten in Verbindung mit der Arbeitsstelle folgende neue Museen und ständige Ausstellungen eingerichtet und der Öffentlichkeit übergeben werden:

Hölderlin-Zimmer im Museum Lauffen a. N.

Im neugegründeten Museum in Lauffen a. N. wurde ein Raum für den in Lauffen geborenen Friedrich Hölderlin (1770–1843) eingerichtet. Am 7. Oktober 1984 konnten dann Museum und Hölderlinzimmer eröffnet werden.

Wilhelm-Zimmermann-Gedenkstätte in Dettingen/Erms

Wilhelm Zimmermann (1807–1878) war von 1840 bis 1847 Pfarrer in Dettingen/Erms und vollendete dort sein Hauptwerk, die dreibändige ›Allgemeine Geschichte des großen Bauernkrieges‹ (1841–43). Im ehemaligen zweiten Pfarrhaus, dem Johann-Ludwig-Fricker-Haus in Dettingen, wird nun an Zimmermann und sein Werk erinnert. Die Gedenkstätte wurde am 17. November 1984 eröffnet. Zugleich legte die Arbeitsstelle das ›Marbacher Magazin‹ 32/1984 über Wilhelm Zimmermann vor.

J. Palmer-Stube im Heimatmuseum Winterbach

Im Heimatmuseum in Winterbach/Remstal wird an die Winterbacher Volkserzählerin J. Palmer (Julie Kern, 1858–1938) erinnert (Eröffnung im September 1984).

Friedrich-Glück-Gedenkstätte in Schornbach

Der Komponist Friedrich Glück (1793–1840), ein »weltberühmter Unbekannter« (Berthold Auerbach), stand immer im Schatten seines erfolgreichen Landsmanns Friedrich Silcher. Friedrich Glück, von dem die zur Volksweise gewordene Vertonung von Eichendorffs »In einem kühlen Grunde« stammt, lebte als Pfarrer in Schornbach im Remstal. Im dortigen Pfarrhaus soll an ihn erinnert werden (Eröffnung 1985).

Hölderlinturm Tübingen

Das Haus, in dem Hölderlin von 1807 bis zu seinem Tod 1843 vom Tübinger Schreinermeister Ernst Zimmer gepflegt worden ist, wurde von der Stadt Tübingen und der Hölderlin-Gesellschaft mit Hilfe der Robert-Bosch-Stiftung von Grund auf restauriert.
Die Arbeitsstelle für literarische Museen hat dort eine neue Ständige Ausstellung, ›Hölderlin in Tübingen‹, eingerichtet, die am 25. Januar 1985 eröffnet worden ist.

Rudolf Kleeberg[1]
Die derzeitige steuerliche Situation der sogenannten Besichtigungsbetriebe

Das BFH-Urteil vom 7. 08. 1979, BStBl 1980 II, S. 633[2] führt ertragsteuerlich zu einer wesentlichen Verschlechterung der steuerlichen Situation sogenannter Besichtigungsbetriebe, da es im Gegensatz zu den früheren, allgemein praktizierten Verwaltungsanweisungen (vgl. Verfügung des Hessischen Ministers der Finanzen vom 4. 07. 1963, zitiert in: von Schalburg/Kleeberg »Die steuerliche Behandlung von Kulturgütern«, 2. Auflage, Seite 113 auf 114), die zur Schau gestellten Kulturgüter, gleichgültig, ob es sich um unbewegliche oder bewegliche handelt, also beispielsweise um ein Baudenkmal oder ein Denkmal der Gartenbaukunst oder aber um eine Gemäldesammlung, als Wirtschaftsgüter des notwendigen Betriebsvermögens in den Gewerbebetrieben einbezieht. Die Rechtsprechung, daß Besichtigungsbetriebe bei Gewinnerzielungsabsicht Gewerbebetriebe darstellen, geht schon auf den Reichsfinanzhof zurück (vgl. von Schalburg/Kleeberg, 2. Auflage, S. 110 bis 115). Es sei bemerkt, daß die Entscheidung des Bundesfinanzhofs vom Eigentümer eines zu besichtigenden Schlosses erstritten wurde und nicht den Absichten der Finanzverwaltung entsprach. Anderseits ist die Finanzverwaltung gehalten, entweder die Rechtsprechung des Bundesfinanzhofs zu praktizieren oder aber in einem neuen Verfahren zu versuchen, eine andere Entscheidung herbeizuführen. In der vorliegenden Frage ist wohl mit letzterem nicht zu rechnen, d. h., die Inhaber von Besichtigungsbetrieben müssen sich mit der Entscheidung des Bundesfinanzhofs abfinden und im Einzelfall bestmögliche Lösungen in steuerlicher Sicht anstreben.

Eine Verallgemeinerung des BFH-Urteils vom 7. 08. 1979 ist sehr problematisch und sollte keinesfalls erfolgen (vgl. dazu Nachtrag zu von Schalburg/Kleeberg, S. 17 bis 20).

Es ist hervorzuheben, daß von der Entscheidung des Bundesfinanzhofs nicht nur private Eigentümer sogenannter Besichtigungsbetriebe betroffen sind, sondern ebenso die Kirchen und die öffentliche Hand, soweit sie im Rahmen gleichartiger Besichtigungsbetriebe eine Gewinnerzielungsabsicht haben beziehungsweise tatsächlich Gewinne erzielen. Der Betrieb eines Museums gehört nicht zur Ausübung der öffentlichen Gewalt, so daß er durchaus steuerlich Gewerbebetrieb sein kann analog einem Besichtigungsbetrieb in privater Hand.

Der Bundesminister der Finanzen hat in zwei Legislaturperioden das Ersuchen des Präsidenten des Deutschen Nationalkomitees für Denkmalschutz, durch eine Rechtsänderung sicherzustellen, daß bei sogenannten Besichtigungsbetrieben die zu besichtigenden Kulturgüter nicht zu einem gewerblichen Betriebsvermögen gehören, abgelehnt; mit anderen Worten, eine Änderung der Rechtslage durch Gesetzesänderung erscheint derzeit nicht erreichbar.

Das BFH-Urteil bringt die Eigentümer sogenannter Besichtigungsbetriebe in eine relativ schwierige steuerliche Situation. Auf der einen Seite sind sie verpflichtet, die Kulturgüter der Öffentlichkeit in zumutbaren Umfang zugänglich zu machen. Soweit es sich um private Eigentümer handelt, sind sie dazu schon verpflichtet, um die teilweise oder volle Steuerfreiheit dieser Kulturgüter sicherzustellen. Gleichzeitig verursacht das Zugänglichmachen für die Öffentlichkeit zusätzliche Kosten, die primär durch Eintrittsgelder gedeckt werden sollen. Etwa verbleibende Überschüsse werden dann regelmäßig für die Erhaltung der zur Schau gestellten Kulturgüter verwendet. Liegt bei dieser Tätigkeit ein Gewinnstreben im steuerlichen Sinne vor, d. h. das Bemühen um eine Erzielung von Überschüssen, dann geht die Tätigkeit über die bloße Vermögensverwaltung hinaus und wird zu einem Gewerbebetrieb. In diesem Fall gehören dann alle zur Schau gestellten Kulturgüter zu einem gewerblichen Betriebsvermögen, mit der Folge, daß sie zwecks Einlage in den Gewerbebetrieb zu bewerten sind und daß später jede Änderung, wie beispielsweise eine Veräußerung oder eine Entnahme aus dem Gewerbebetrieb oder aber der Wegfall des Gewerbebetriebs, d. h. die Betriebsaufgabe, erhebliche ertragsteuerliche Auswirkungen haben können. Dies gilt besonders im Hinblick auf die Schwierigkeit, die ausgestellten Kulturgüter zutreffend zu bewerten (vgl. den Bericht von Dr. Kleeberg anläßlich des Seminars »Steuerpolitik gegenüber dem nationalen Kulturerbe« am 10. 10. 1983 im Rahmen des Jahreskongresses der Internationalen Vereinigung für Steuerrecht in Venedig, der in der Seminar-Serie der IFA 1984 erscheint).

Weiterhin wird bei Vorliegen eines Gewerbebetriebes, der ja die Erzielung nachhaltiger Gewinne voraussetzt, die Steuerbefreiung der ausgestellten Kulturgüter beseitigt, da § 118 BewG immer Dauerverluste auf längere Sicht verlangt.

Aufgrund der derzeitigen Rechtslage lassen sich wohl nachstehende Folgerungen ziehen:

1) Das BFH-Urteil steht im Widerspruch zu der bisherigen Verwaltungsauffassung. In einer Reihe von Einzelentscheidungen hat deswegen die Finanzverwaltung den Eigentümern von Besichtigungsbetrieben Vertrauensschutz bis zum 1. 1. 1981 gewährt, bei denen bislang die ausgestellten Kulturgüter nicht zum gewerblichen Betriebsvermögen eines Besichtigungsbetriebes gerechnet wurden oder bei denen bislang kein gewerblicher Besichtigungsbetrieb angenommen worden war. Mit anderen Worten, der Praktizierung des BFH-Urteils für zurückliegende Zeiträume sind sehr enge Grenzen gesetzt.

2) Dauerverlustbetriebe sind keine gewerblichen Besichtigungsbetriebe, so daß auf diese Betriebe die geänderte Rechtsprechung keine Anwendung finden kann. Es liegt sogenannte Liebhaberei im ertragsteuerlichen Sinne vor. Mehraufwendungen werden wohl regelmäßig im Rahmen einer außerordentlichen Belastung gem. § 33 EStG

---
[1] Der Verfasser, Dipl. Kfm. Dr. Rudolf Kleeberg, ist Wirtschaftsprüfer und Steuerberater in München.
[2] Urteil vom 7. August 1979: Die Gewinne aus «Schloßbesichtigung» gehören zu den Einkünften aus Gewerbebetrieb. Die für die Besichtigung freigegebenen Räume eines Schlosses und die darin ausgestellten Gegenstände sind Grundlage für die gewerbliche Tätigkeit und gehören daher zum notwendigen Betriebsvermögen des «Besichtigungsbetriebs».

bei privaten Eigentümern zu berücksichtigen sein.

3) Die Zurschaustellung von Kulturgütern für die Öffentlichkeit gegen Entgelt bewegt sich dann noch im Rahmen einer bloßen Vermögensverwaltung, wenn keine Gewinnerzielungsabsicht besteht, d. h. wenn streng auf eine bloße Kostendeckung geachtet wird.

4) Werden tatsächlich Gewinne erzielt, beispielsweise wegen hoher Besucherzahlen, so kann die Einbeziehung der ausgestellten Kulturgüter in das gewerbliche Betriebsvermögen nur durch besondere Gestaltungsformen im Einzelfall vermieden werden. Es kann hierbei vor allem daran gedacht werden, das Eigentum an den zur Schau gestellten Kulturgütern vom Inhaber des Besichtigungsbetriebs zu trennen, wobei jedoch die Rechtsprechung des Bundesfinanzhofs zur Betriebsaufspaltung auch zu beachten ist.

Abschließend ist zu sagen, daß an der Richtigkeit des BFH-Urteils auch in dem entschiedenen Einzelfall starke Zweifel fortbestehen, da sich gerade bei sogenannten Besichtigungsbetrieben, die Baudenkmäler zum Gegenstand haben, die Frage, ob nachhaltig Gewinne zu erzielen sind, nicht innerhalb eines Prüfungszeitraums von 3 bis 5 Jahren ermitteln läßt, sondern aperiodisch wiederkehrende große Instandsetzungen oder grundsätzliche Sanierungen mitzuberücksichtigen sind.

Zweifel bestehen weiterhin an der Feststellung des Bundesfinanzhofs, daß bei einem Besichtigungsbetrieb die ausgestellten Kulturgüter, welche nur dulden, daß der Blick des Betrachters mehr oder weniger flüchtig über sie hinweggeht, notwendiges Betriebsvermögen deswegen sind, weil die Durchführung der Besichtigung einen Gewerbebetrieb darstellt. Diese Ansicht steht wohl auch im Gegensatz zur Verkehrsauffassung, die beispielsweise einen Kirchturm immer noch als Bestandteil des Gotteshauses betrachtet, auch wenn er gegen Entgelt bestiegen werden darf und dieser Vorgang steuerlich als Gewerbebetrieb eingestuft wird. Das passive Dulden oder Erleiden einer Besichtigung macht die Kulturgüter nicht zu dem aktiven Teil eines Gewerbebetriebes, verleiht ihnen nicht die Eigenschaft eines gewerblichen Wirtschaftsgutes, das dem Wagen und Gewinnen, also dem unternehmerischen Risiko irgendwie unterworfen ist. Die Besichtigung entspringt einer öffentlich-rechtlichen Verpflichtung des Eigentümers, die Eigenart und Wesen der zur Schau gestellten Kulturgüter nicht berührt. Die Kulturgüter bleiben dabei eine »res extra commercium«. Gewerblichen Zwecken dienen sie erst, wenn sie in den Handel gebracht werden, nicht aber, wenn sie behalten, erhalten und ausgestellt werden.

Manfred Tripps
Diplom-Aufbaustudiengang Museumspädagogik an der Pädagogischen Hochschule Ludwigsburg

Zum Beginn des Wintersemesters 1982/83 wurde nach langen Vorbereitungsarbeiten mit Genehmigung des Ministeriums für Wissenschaft und Kunst Baden-Württemberg an der Pädagogischen Hochschule Ludwigsburg im Rahmen des Diplomaufbaustudiengangs Erziehungswissenschaft – Studienrichtung Erwachsenenbildung – ein Wahlpflichtbereich »Kunst- und Museumspädagogik« eingerichtet. Er umfaßt ein in der Regel viersemestriges, auf ein vorausgegangenes, mit einer überdurchschnittlichen Note abgeschlossenes wissenschaftliches Studium und zweijährige Berufsbewährung aufbauendes Rahmenstudium, sowie – je nach angestrebter Spezialisierung im Museumsdienst – die vier wahlweisen Studienschwerpunkte »Gesellschaft«, »Technik«, »Natur« und »Künste«. Um eine möglichst praxisnahe, am Bedarf der Museen orientierte Ausbildung zu gewährleisten, wird zudem ein dreimonatiges Praktikum an einem Museum des gewählten Studienschwerpunktes verlangt, über das ein ausführlicher Praktikumsbericht vorgelegt werden muß. Zusätzlich ist, um neben den in Museen verlegten Lehrveranstaltungen auch in der Hochschule praxisnah arbeiten zu können, Professor Dr. phil. Manfred Tripps, ehemaliger Direktor des Leopold-Hoesch-Museums der Stadt Düren und Senatsbeauftragter für Kunst- und Museumspädagogik, beauftragt, eine PH-Galerie aufzubauen, die den Diplomanten als weiteres praktisches Übungsfeld dienen soll. Das Aufbaustudium schließt ab mit dem akademischen Grad eines Diplom-Pädagogen (Kunst- und Museumspädagogik). Anschließende Promotion zum Dr. der Erziehungswissenschaften (Dr. paed.) ist nach Erfüllen weiterer Voraussetzungen (überdurchschnittlicher Abschluß der Diplom-Prüfung, hervorragende Bewährung im Beruf als Museumspädagoge u.ä.) möglich. Über die Zulassung entscheidet der Promotionsausschuß. Ziel der Pädagogischen Hochschule Ludwigsburg ist es, als wissenschaftliche Hochschule den Museen gezielt ausgebildete Museumspädagogen an die Hand zu geben und zugleich eine Möglichkeit zu bieten, den bisher als Berufsfeld, insbesondere bezüglich seines Ausbildungsgangs, noch ungeordneten Beruf des Museumspädagogen über ein ordentliches, zweckdienlich ausgerichtetes, mit einem berufsqualifizierenden akademischen Grad abschließendes Studium gezielt anzugehen. Und dies sowohl was die Interessen der historischen bzw. volkskundlichen, der naturwissenschaftlichen, der kunsthistorisch/kunstwissenschaftlichen als auch der technikhistorischen Museen anbelangt. Auskünfte über Zulassung und Zulassungsvoraussetzungen erteilt das akademische Prüfungsamt an der Pädagogischen Hochschule Ludwigsburg, Reuteallee 46, Postfach 220, 7140 Ludwigsburg.

Buchbesprechung

Peter Fiebig, Karl Pellens, Werner Schnatterbeck: Schüler im Museum. Freiburg i. B. 1983. 148 S. (Donaueschinger Beiträge zur Lehrerfortbildung 6.)

In dem Band sind die Referate und Berichte einzelner Arbeitsgruppen der Tagung »Museumspädagogik mit schulpraktischen Beispielen« der Staatlichen Akademie für Lehrerfortbildung Donaueschingen vom 24. bis 26. 2. 1982 zusammengefaßt. Schnatterbeck betont in seinem Einführungsreferat die inzwischen wohl hinlänglich bekannte – aber nicht bei allen betroffenen Museumsleitern und Lehrern auf die entsprechende Resonanz stoßende – Notwendigkeit zur Zusammenarbeit zwischen Museum und Schule. Als eine Möglichkeit dieser Zusammenarbeit skizziert er den Museumspädagogischen Modellversuch in Biberach an der Riß. Weitere Anregungen, wie diese auch ohne den großen personellen und finanziellen Rahmen eines Modellversuches aussehen kann, sind dem Beitrag von Karl Pellens und den Erfahrungsberichten einzelner Lehrer zu entnehmen.

Vor allem auf die Einbindung des Museumsbesuches in den Geschichtsunterricht geht Pellens ein. Seine zehn Beispiele sollen zwar vorrangig Lehrern Hilfestellungen bei einem gezielten Museumsbesuch geben, enthalten aber auch Hinweise für Museumsleiter, wie die Kreativität und Sachkenntnis von Lehrern und Schülern für eine Verbesserung der Sammelkonzeption sowie die Erschließung und Präsentation des Sammlungsgutes genutzt werden kann.

Auch die Berichte über Ablauf und konkrete Erfahrungen mit Klassenbesuchen in verschiedenen Museen stehen in direktem Zusammenhang mit dem Unterrichtsfach Geschichte. Deutlich wird hier, daß ein unzulänglich vorbereiteter Museumsbesuch im Klassenverband weder als sinnvolle Bereicherung des Unterrichtes angesehen werden kann, noch den Schülern die Museen so nahebringt, daß sie diese auch in ihrer Freizeit besuchen. Beispiele, wie die notwendigen Hilfestellungen zum Lernen des Sehens und Verstehens abgefaßt und gestaltet sein können, finden sich im Anhang an jeden Bericht. Die Darstellung der Planung und Durchführung einer Ausstellung über das Leben der Soldaten im Römischen Reich, die auf das Rezeptionsvermögen von Schülern abgestimmt war, sowie die Erfahrungen mit einem Museumsführer für Kinder durch das Hus-Haus in Konstanz ergänzen die Unterrichtsbeispiele.

Insgesamt ist dieser Tagungsband nicht nur ein hoffentlich viele Lehrer erreichender Beitrag zur Integration des Museumsbesuches in den Schulunterricht, sondern enthält auch Anregungen, wie mit einem geringen Kostenaufwand die Betreuung der jugendlichen Einzelbesucher im Museum verbessert werden kann. Sigrid Philipps

Personalia

Matthäus Häussler
1905–1984

Am 14. Juni 1984 verstarb nach längerem schwerem Leiden im Alter von 79 Jahren in Ulm Rektor a.D. Matthäus *Häussler*. Mehrere Jahrzehnte lang wirkte er als Lehrer im schwäbischen Oberland und war ab 1964 bis zu seiner Pensionierung als Rektor der Ludwig-Uhland-Schule Langenau tätig. Seine Lebensaufgabe als Schulmann und Erzieher hat er mit voller Hingabe erfüllt.

Neben seinem Hauptberuf galt schon seit vielen Jahren seine Freizeitbeschäftigung der Heimatkunde und Heimatpflege. Schon bald nach seinem Amtsantritt in Langenau – seinem Geburtsort – hat er sich mit dem langjährigen Leiter des Heimatmuseums Langenau, Herrn August Heckel, freundschaftlich zusammengefunden und mit ihm zusammen erfolgreich für den weiteren Ausbau, die Gestaltung und Repräsentation des Museums gesorgt.

Häusslers entscheidender Einflußnahme ist es zu verdanken, daß die Räumlichkeiten des Museums durch den Zugewinn des Pfleghofgebäudes erheblich erweitert werden konnten, so entstanden vor einigen Jahren in engster Mitarbeit und auf Initiative einer Gruppe Langenauer Frauen und Männer, deren Heimat in der »Schwäbischen Türkei« in Südungarn lag, die *ungarischen Heimatstuben* als Verbindungsglied zwischen der Heimat der Väter, der Wahlheimat im Südosten und der Heimat nach dem 2. Weltkrieg.

In den Räumen im Erdgeschoß des Pfleghofes, der einst zum ehemaligen Langenauer Kloster (später Kloster Anhausen/Brenztal) gehörte, wurden auf Betreiben Häusslers außerdem Darstellungsmöglichkeiten für die umfangreichen Sammlungsbestände aus vor- und frühgeschichtlicher Zeit entwickelt. Die prähistorischen Exponate aus der Alt- und Jungsteinzeit, den Metallzeiten, der Römer- und der Alemannenzeit fanden einen ihrer Bedeutung für Langenau entsprechenden Platz.

Matthäus Häussler hat sich ferner darum bemüht, die vielerlei Möbel und Einrichtungsgegenstände bäuerlicher und bürgerlicher Herkunft ihrem Wert entsprechend den Besuchern vorzustellen. Dadurch erhielt das »wohl am besten gelungene und reichhaltigste ländliche Heimatmuseum unseres Württemberger Landes« (Dr. Walter Veek, 1940) eine weitere Aufwertung.

Unvergeßlich sind die Führungen durch die Museumsräume, die Matthäus Häussler auch noch durchführte, als er von seiner Krankheit schon stark gezeichnet war. Sein umfangreiches humorgewürztes Wissen über die Museumsgegenstände begeisterte die Besucher – ob Schüler oder ältere Museumsfreunde – und rissen sie mit. Ähnliches gilt auch für Häusslers Niederschriften zur Heimatgeschichte, die er hinterlassen hat.

Matthäus Häussler hat sich durch seinen fast zwei Jahrzehnte währenden Einsatz für das Langenauer Heimatmuseum und für die Stadt Langenau große Verdienste erworben. Die Lücke, die sein Tod riß, ist groß; wir werden ihn sehr vermissen. Hans Pflüger

Museumsberichte

Buchen
Bezirksmuseum (Verein Bezirksmuseum Buchen e. V.)

Die Bildung eines Seniorenkreises von ehrenamtlich Tätigen für die Museumsaufsicht sicherte regelmäßige Öffnungszeiten (Mai bis September, Samstag und Sonntag 14–17 Uhr, sonst nach Voranmeldung). Neben der Präsentation und Aufarbeitung der Sammlungen ermöglichte ein erweiterter Arbeitskreis die Ausrichtung einer Reihe von *Ausstellungen:*

1980: Die Buchener Faschenaacht; Die Hollerbacher Malerkolonie; Der schwedische Hofkapellmeister und Komponist Joseph Martin Kraus (1756–1792); Krippen aus drei Jahrhunderten.
1981: Leben und Werk des Historien- und Genremalers Wilhelm Emelé (1830–1905); Gedächtnisausstellung zur 450. Wiederkehr des Todestages des Theologen Konrad Koch, genannt Wimpina.
1982: Photographie auf dem Land um die Jahrhundertwende (Karl Weiß); Altes Spielzeug.
1983: Inkunabeln der Lithographie; Auf der Stör. Bemalte Möbel aus dem badischen Odenwald.

Weitere Veranstaltungen:

Jährlich eine Exkursion, zwei bis vier Vorträge und Konzerte. 1980: 2. internationales J. M. Kraus-Symposion. Ein drittes fand 1982 in Stockholm statt, das vierte richtete wieder das Bezirksmuseum Buchen vom 21. 6.–24. 6. 1984 in Buchen aus. Thema: J. M. Kraus und Italien.

Veröffentlichungen:

Museumszeitschrift »Der Wartturm«, vierteljährlich (24. Jahrgang). Schriftenreihe »Zwischen Neckar und Main«

(bisher 21 Hefte). Kataloge und Begleitschriften zu den Ausstellungen. Mappe mit (bisher 19) Informationsblättern. Buchen in alten Ansichten. Zaltbommel 1980 (2. Auflage). Redaktion und Mitarbeit an »700 Jahre Buchen«. Buchen 1980. Museumsprospekte und Postkarten.

Neuerwerbungen:

Komplette Schusterwerkstatt; Photoatelier Karl Weiß (Aufnahme- und Laborgeräte, 10000 Negativplatten); Linotype-Setzmaschine sowie weitere Geräte aus einer Druckerei; Komplex von 66 antiken Fundmünzen; Hausmadonna (gegen Anfertigung einer handgeschnitzten Kopie); Stiftungen und Nachlässe verschiedener Kraus-Forscher; Künstlerischer und schriftstellerischer Nachlaß von Alexandra Röhl (1899–1976); Die historische Bücherei »Zwischen Neckar und Main« wurde mit 1600 Zugängen auf dem laufenden gehalten.

Restaurierungen:

Sämtliche Hinterglasbilder, 7 Ölgemälde, Tabernakelschrank, Kachelöfen, Gotisches Astkreuz von 1480, Hl. Blut-Bildstock, Badischer Grenzpfahl »Republik Baden«.

Durch das Ausbleiben von Zuschüssen wurden Eigenmittel und Rücklagen stark angegriffen. Großherzige Spenden aus der Bevölkerung halfen.

Einrichtung und Inventarisierung:

Beleuchtung und Lichtschutz wurden wesentlich verbessert; durch den Einbau neuer Fenster im »Steinernen Bau« wird in Zusammenhang mit dem angestrebten Einbau einer neuen Heizungsanalge auch die Klimatisierung besser in den Griff zu bekommen sein. Die Inventarisierung mittels Karteikarten und Photos ist für einige Bereiche beinahe abgeschlossen. Der Photoklub »Blende 8« in Buchen-Grötzingen, der hierfür seine weitere Unterstützung zusagte, wurde mit der Herstellung eines Filmes über Anbau, Ernte und Verarbeitung von Grünkern beauftragt.

Planungen:

Die Sanierung des Karl-Trunzer-Hauses im Museumskomplex ist für 1984 vorgesehen. Sie wird uns weitere Räume für die Schausammlung und Sonderausstellungen bringen, ferner klimatisierte und gesicherte Lagerräume. Werkstätten, Photolabor und Geschäftszimmer samt Museumsarchiv werden ausreichenden Raum erhalten.

Öffentlichkeitsarbeit:

Presse, Rundfunk und Fernsehen schenkten den Aktivitäten des Vereins Bezirksmuseum jederzeit die erwünschte Aufmerksamkeit. Der Schulbesuch wurde gefördert durch die Möglichkeit von Unterricht im Museum (demnächst wird hierfür ein eigener Raum im Trunzerhaus mit Medieneinrichtung zur Verfügung stehen) sowie durch Schulung von Führungspersonal. Dankbar sei vermerkt, daß die Stadt Buchen durch Gewährung einer Pauschale für Schulklassen aus dem Gesamtbereich des Mittelzentrums Buchen den Besuch fördert.   Helmut Brosch

Freudenstadt
Das Heimatmuseum im Stadthaus

Der 1974 gegründete Heimat- und Museumsverein hat schon 1976 mit seiner Sammlung in den Vitrinen des Ludwig-Schweizer-Saales des Stadthauses den Grundstock zu einem Heimatmuseum gelegt. »Museum« wagten wir die heimatgeschichtliche Sammlung noch nicht zu nennen; so konnte auch damals nur die bescheidene Hoffnung ausgesprochen werden, daß eine Erweiterung schließlich doch noch zu einem Heimatmuseum führen werde.

Doch das Museum hatte im Stadthaus, das nach der Zerstörung des alten Schwarzwaldmuseums im Schickhardtbau durch die Kriegsereignisse des Jahres 1945 – auch durch finanzielle Zuwendungen des Landes – zum künftigen Museum vorgesehen war, endgültig Fuß gefaßt. War da nicht oben unter dem Dach noch ein gewaltiger Bühnenraum, den schon der Architekt des Hauses, Prof. Ludwig Schweizer, gern genutzt hätte? War dieser Bühnenraum als Lagerraum für die Museumsstücke, die Stadtarchivar Dr. Rommel gesammelt hatte, nicht einfach zu schade?

Zäh und zielbewußt verfolgte der Museumsverein den Plan, diesen Raum in das »lebende Museum«, dessen »Museumssaal« Tagungen, Vorträgen und Veranstaltungen bereits diente, einzubeziehen. Bürgermeister und Gemeinderat machten mit und gaben die Genehmigung, einen repräsentativen Treppenaufgang zum Dachstock neu zu gestalten. Ein besonderer Förderer unserer Museumsidee war Stadtoberbaurat Günter Seifert, der nicht allein den Aufgang vorbildlich löste (mit einer prächtigen Holzverkleidung, die von jedermann besonders bewundert wird), sondern auch durch einen Umgang (teilweise durch Beseitigung der Bühnendecke) einen freien Blick auf das Dachgebälk eröffnete. Eine Punktbestrahlung unterstreicht die Tiefenwirkung dieses Museumssaales, der den Werkstoff des Schwarzwaldes, das Holz, zeigt. Der Dekorationskunst von Dekorateur Paul Klumpp verdankt das Museum, daß die Bauernmöbel, die aus einem Flößerhaus im Lauterbad stammen, zusammen mit Flößer- und Teuchelgeräten, einem Floßmodell, einer Nagelschmiede, einer Seilerei und einer Branntweinbrennerei ein Ensemble bilden, das völlig aufeinander abgestimmt ist. Auf dem Umgang wartet noch die geologische Sammlung Dr. Seemann auf ihre Aufstellung in verschiedenen Vitrinen, eine wissenschaftliche Arbeit, die ihre besonderen Schwierigkeiten hat.

Der letzte »Pfiff« des Museums ist erst vor wenigen Wochen fertiggestellt worden: ein großes Stadtdiorama, gestaltet von Architekt Frieder Jäckle.

Von einem erhöhten Standpunkt aus übersieht man die von Herzog Friedrich von Württemberg gegründete Stadt auf ihrem Bergsattel, die schon zur Zeit ihrer Gründung keine Grenzstadt war, sondern wie heute hinüberwies in das Rheintal mit dem Straßburger Münster, das ja bei der Gründung eine erhebliche Rolle spielte. Nachdrücklich hatte sich der Stadtgründer in jenen Jahren um den Erwerb des Bistums Straßburg bemüht; so lag Freudenstadt im Zentrum eines Staates, der von Mömpelgard an der burgundischen Pforte über das Elsaß bis Stuttgart reichte. Nach dem Willen des Herzogs sollte die neue Stadt mit dem Hintergrund der Bergwerke und Bergindustrie im Christophstal eine große Handelsstadt werden, die für ihn die Qualität einer heimlichen Hauptstadt hatte. Daß dieser Traum mit dem Tod des Herzogs zu Ende war, daß wechselvolle Schicksale die Stadt heimsuchten, erfährt der Betrachter zudem durch eine in das Diorama geschickt eingebaute Tonbildschau, die besonders auch die Entwicklung Freudenstadts zum »Kurort ersten Ranges« schildert. Da die Eisenbahn zu dieser Entwicklung nicht unerheblich beigetragen hatte, lag es nahe, eine Modellbahn in das Diorama einzufügen. Lustige Puppen – »der erste Kurgast«, »der Verschönerungsverein«, »Sportler und Wanderer« – machen das Diorama auch für Familien mit Kindern zu einer besonderen Attraktion.

So ist also mit der Fertigstellung dieses Dioramas das Tüpfelchen vom i auf das Freudenstädter Heimatmuseum bürgerliche und bäuerliche Gebrauchsgegenstände des vorigen Jahrhunderts, darunter auch Trachten. Schließlich bewahrt das Museum auch die Erinnerung an die Glashütte mit der damit aufkommenden Fabrikarbeiterschaft, an die Ziegelhütte und an den Ruhesteinvater Euting und – leider – auch an die Zerstörung der Stadt im Jahre 1945.

So ist es dem Heimat- und Museumsverein gelungen, in einer Arbeit, die sich über Jahre erstreckte und an der Männer wie Dr. Erich Jäckle und Eugen Drißler entscheidend beteiligt waren, ein Heimatmuseum zu schaffen. Es erhebt nicht den Anspruch, über den üblichen Rahmen der Heimatmuseen hinauszuragen; dem Heimat- und Museumsverein ging es lediglich darum, die Geschichte dieser Stadt so darzustellen, daß der Beschauer davon einen Eindruck gewinnt. G. Hertel

gesetzt. Wer heute das Stadthaus betritt, begegnet schon in der großen Halle dem Gemälde des Gründers der Stadt, Herzog Friedrich. Im repräsentativen Foyer versetzt die Wappentafel von Kunstmaler Kälberer den Beschauer in die alte, im 2. Weltkrieg zerstörte prachtvolle Herzogskirche. Stiche von Mömpelgard, Horburg, Reichenweier und Freudenstadt weisen – mit entsprechenden Texten versehen – auf die engen geschichtlichen Zusammenhänge im Land am Oberrhein, zu dem Freudenstadt gehört. Ein Stadtplan Schickhardts zeigt die geniale Idee dieses herzoglichen Baumeisters.

Farbskizzen des Festzuges zur 300-Jahrfeier der Stadt im Jahr 1899 zeugen vom europäischen Glaubensstreit, in dem der württembergische Herzog in enger Verbindung mit König Heinrich IV. von Frankreich gegen die Habsburger stand; diese vertrieben einen wesentlichen Teil der ersten Freudenstädter Ansiedler um ihres Glaubens willen aus Kärnten, der Steiermark und aus Krain; vertriebene Protestanten und Bergleute ziehen in diesem Festzug mit.

Der Ostsaal beherbergt die Werke Freudenstädter Künstler: bildhauerische Arbeiten von David Fahrner, Gemälde und Grafiken von Heinrich Feigenbaum, der mit besonderer Liebe zum Detail das alte Freudenstadt bewahrt hat, sowie Gemälde der Kunstmaler Hoffritz, Kälberer und Kaltmaier. Der dahinter zum Ludwig-Schweizer-Saal führende Aufgang bot sich geradezu an, Fotos von Ausgrabungen des verdienstvollen Kreisarchivars Dr. Wein in lehrhafter Weise anzubringen. Die Vitrinen im Saal selbst sind nach der Disposition von Dr. Wein geordnet: nach Mineralogie und Erdgeschichte folgt eine Darstellung der Besiedlung unseres Schwarzwaldraumes mit Funden aus dem kulturträchtigen Alemannenort Iflingen. Die Schwarzwaldklöster Reichenbach, Alpirsbach und Kniebis konnten bei dieser Siedlungsgeschichte nicht übergangen werden. Das Waldgeding, das mit seinen Freiheiten in die Germanenzeit zurückreicht, erfährt hier mit Tieren des Schwarzwaldes (freie Jagd auf Bär und Wildsau) genauso seine Darstellung wie der Wald und seine Nutzung. Der Jagd und dem Rotwild ist eine eigene Vitrine gewidmet, ebenso dem Kniebis, ursprünglich Paß des alten Schwabenwegs im staufischen Herzogtum, dann – nach Friedrichs, des Stadtgründers Tod – umkämpfte Grenze, wo Schweden, Franzosen und Österreicher sich Gefechte lieferten, an die heute noch Schanzwerke erinnern. Das und der Ausbau Freudenstadts zur Festung durch den Enkel des Stadtgründers war in den Vitrinen darzustellen.

Das 19. Jahrhundert sah die Freudenstädter als Aufständische unter der schwarz-rot-goldenen Revolutionsfahne von 1849, leitete aber auch unter Stadtschultheiß Hartranft über zur Entwicklung zur weltberühmten Kurstadt. Von den Freudenstädter Handwerkern, den Nagelschmieden und Tuchmachern zeugen Ausstellungsstücke, und auch die verhängnisvolle Zeit von »Thron und Altar« kann der Historiker nicht übergehen. Personen und Geschlechter, Bergbau und Münzprägung füllen einige Vitrinen, ebenso finden wir

Friedrichshafen
Galerie Bodenseekreis

Ein Neuling unter den Kunstsammlungen Südwestdeutschlands ist die „Galerie Bodenseekreis« im Landratsamt in Friedrichshafen. Entstanden aufgrund einer Umwidmung öffentlicher Mittel für Kunst am Bau und im Laufe weniger Jahre durch weitergehende Förderung auf den heutigen Bestand von rund 150 Bildern und Kleinplastiken angewachsen, versucht sie einen Überblick über das Kunstschaffen des 20. Jahrhunderts in der Region Bodensee-Oberschwaben zu geben. Trotz gewisser Einschränkungen – so sind aus Kostengründen einige moderne Klassiker nicht oder ungenügend vertreten – wird dieser Anspruch weitgehend eingelöst. Weil der Bodenseeraum Rückzugsgebiet, Alterssitz und bevorzugte Landschaft für Neusiedler war und ist, beschränkt sich die Sammlung nicht auf die Repräsentation einheimischer Künstler, sondern bezieht namhafte Vertreter der deutschen Kunstszene ein, sofern sie wesentliche Schaffensperioden in der Region erlebt haben. Gezeigt werden Bilder und Plastiken u.a. von: Ackermann, Balet, Beck, C. G. Becker, Bissier, Bräckle, Broer, Caspar, Dethleffs-Edelmann, Dix, Domes, Ficus, Frey, Froeschlin, Geyer, Grieshaber, Hämmerle, Heckel, Henning, Hentschel, Herburger, Hoepffner, Holderried-Kaesdorf, Juvan, Kiess, Litzenburger, Lotter, Mahler, Muche, Müller-Oerlinghausen, Näher, Sigel-Klieber, Sommer-Leypold, Schenkel, Schobinger, Straube, Stuckert, Thorbecke, Valentien und Waibel. Die

Galerie ist zugänglich während der Öffnungszeiten des Amtes: Montag bis Freitag 8 bis 16 Uhr, Eintritt frei. Im Laufe dieses Jahres erscheint ein Katalog mit ca. 100 Seiten Text und Abbildungen.

Ausstellungen des Landratsamtes Bodenseekreis

Im Foyer des Amtsgebäudes und in anderen Galerien und Museen des Bodenseekreises veranstaltet das Landratsamt in Friedrichshafen regelmäßig kunst- und kulturgeschichtliche Ausstellungen mit regionaler Thematik. Größere Projekte der Vergangenheit waren Ausstellungen über die »Kultur der Grafen von Montfort«, über »Votivbilder am See« und Gegenwartskunst »Kunst der Moderne I«. Dieses letzte Thema wurde 1983 ergänzt durch »Kunst der Moderne II«, ferner durch Einzelausstellungen z. B. für Claus Dietrich Hentschel und den Fotografen Toni Schneiders. Im laufenden Jahr 1984 fanden und finden die folgenden Ausstellungen statt: »Heinrich Lotter – Landschaftsbilder«, »Horst J. Beck – Werkübersicht«, »Eckhard Froeschlin – Radierungen, Zeichnungen, Malerei«, »Dix – Landschaften« und »Hans Dieter«.

Gerstetten – Gussenstadt
Ortsmuseum

Das Ortsmuseum stand 1983 erstmals in seiner 70-jährigen Geschichte ganz im Zeichen der Sonderausstellung »Alt-Gussenstadt in Bildern«. Nachdem die Sammlung in den vergangenen Jahren durch zweimaliges Erweitern und Neugestalten im großen und ganzen ihr endgültiges Gesicht erhielt, stand man vor der Frage: Wie läßt sich das Interesse bei der einheimischen Bevölkerung und auswärtigen Gästen wieder wecken? Der Stiftungsrat des Ursulastifts als Museumsträger entschloß sich daher, über die Dauer des Öffnungshalbjahres 1983 (1. Mai bis Mitte Oktober) mit einer Ausstellung die Sammlungen wieder in Erinnerung zu rufen.

Ausgezeichnetes Fotomaterial, meist aus dem Besitz des Museumsgründers Georg Thierer und aus dem ersten Jahrzehnt unseres Jahrhunderts, stand zur Verfügung; davon konnte ein Fachlabor ohne Schwierigkeiten entsprechende Großfotos, aufgezogen auf Spanplatten, herstellen.

Wie wohl überall, war auch hier der Ort nach dem Kriege mancher Veränderung unterworfen. Der ländliche Charakter blieb zwar erhalten, doch spätestens beim Betrachten der verschiedenen ausgestellten Bilder merkte der Ortskundige, daß auch in seiner Heimatgemeinde die Zeit nicht stillgestanden ist.

Eine breite Hauptstraße durchzieht heute den Ort; früher war diese schmal und beidseitig mit Dunglegen umsäumt. Wo diese nicht mehr nötig waren, entstanden an deren Stelle blühende Vorplätze. Nicht zuletzt aufgrund dessen errang die Gemeinde 1981 die Silbermedaille im Wettbewerb: »Unser Dorf soll schöner werden.« Den Ortsmittelpunkt bildete die Ende der 50er Jahre zugeschüttete Roßhülbe. Der Bahnbau Amstetten-Gerstetten im Jahre 1906 stellte endlich auch hier den langersehnten Anschluß an die Bahnlinie Stuttgart-Ulm her. Ein Foto, aufgenommen kurz danach, zeigte die Ankunft des aus Lok, Pack- und 2 Personenwagen bestehenden Dampfzuges im Gussenstadter Bahnhof; in Positur das Zug- und Bahnpersonal.

Wo immer es möglich war, begleiteten die Bilder entsprechende Gegenstände. Zum Foto der Kirche St. Michael gesellten sich das alte schmiedeeiserne Turmkreuz, zum Schul- und Rathaus alte Schulbücher und die Glocke des Büttels. Feuerwehrutensilien lockerten die Darstellungen tapferer Wehrmänner ebenso auf wie frühe Kinderbücher die Aufnahme des ersten Dorfkindergartens im ganzen damaligen Oberamt Heidenheim.

Wohlwollende Aufnahme fand die Ausstellung bei den beiden Tageszeitungen, die in Wort und Bild zur Eröffnung am 1. Mai halbseitig in ihren Ausgaben berichteten.

Über 1500 Besucher konnten angesprochen werden; für ein kleines Ortsmuseum, das jährlich knapp 6 Monate und nur an Sonn- und Feiertagen geöffnet ist, eine erfreuliche Resonanz. J. K.

Göppingen
Städtisches Museum im Storchen, Naturkundliches Museum und Dokumentationsraum für staufische Geschichte

Dem Bericht über die Aktivitäten der Städtischen Museen im Jahre 1983 sei ein Hinweis auf zwei allgemeinere Veränderungen vorausgeschickt: Ende März verließ Stadtarchivar und Museumsleiter Dr. Dieter Kauß Göppingen, um im Ortenaukreis eine neugeschaffene Stelle als Kreisarchivar und wissenschaftlicher Leiter des Vogtsbauernhof-Museums in Gutach anzutreten. Zu seinem Nachfolger wählte der Göppinger Gemeinderat den Volkskundler Karl-Heinz Rueß.

Außerdem sind die Verwaltungsräume von Archiv und Museen aus dem Rathaus ausgelagert worden. Sie befinden sich jetzt im »Alten Kasten« in der Schloßstraße. Das neue Domizil bietet (einmal vollständig ausgebaut) mehr Platz und zeichnet sich auch durch seine räumliche Nähe zum Heimatmuseum im »Storchen« aus.

Städtisches Museum im »Storchen«

Die aufwendigste bauliche Maßnahme im zurückliegenden Jahr diente der Verbesserung der Sicherheit im Heimatmuseum. Während der Sommermonate wurde eine Brand- und Einbruchmeldeanlage installiert, die sämtliche Räume des Museums überwacht. Damit sind die denkbar besten Maßnahmen getroffen, um möglichen Schaden durch Diebstahl oder Feuer zu verhindern.

Auch für den in den letzten Jahren eingeleiteten Einbau neuer Wandvitrinen standen wieder Mittel zur Verfügung, sodaß nun die Sammlung »Kunst und Kunsthandwerk des Kreises« angemessen untergebracht ist. Zuletzt wurden die Werke des in Eislingen geborenen Schabkünstlers und Kupferstechers Johann Jakob Haid sowie die Holzbildhauerarbeiten der aus Wiesensteig stammenden Brüder Johann Baptist und Philipp Jacob Straub neu ausgestellt. Von Johann Jakob Haid besitzt das Museum eine fast vollständige Sammlung seiner Schabkunstblätter sowie zwei mehrbändige botanische Werke, für die Haid einen Großteil der kolorierten Kupferstiche entwarf.

In der Spielzeugabteilung im Dachgeschoß hat sich ebenfalls eine Teil-Neugestaltung ergeben. Anlaß war die Auslagerung des Märklin-Blechspielzeugs; dieser Sammlung steht nun ein eigener Raum zur Verfügung.

Spektakuläre Neuerwerbungen sind nicht zu vermelden. Es ist aber gelungen, die bestehenden Sammelschwerpunkte durch einige Neuerwerbungen sinnvoll zu ergänzen. Im Bereich der Graphik sind dies Schabkunstblätter von Haid und Alte Ansichten des Kreises; im kunsthandwerklichen Sektor kamen zwei Birnkrüge der Göppinger Fayencemanufaktur, Perltaschen aus heimischer Produktion und einige Schalen und Vasen aus Ikora-Glas hinzu, die die Württembergische Metallwarenfabrik am Ende der 20er Jahre dieses Jahrhunderts auf den Markt brachte.

Ein beachtlicher Teil der Aktivitäten

entfiel auf die Vorbereitung und Durchführung von Sonderausstellungen. Als Publikumsmagnet erwies sich wiederum die zur festen Einrichtung gewordene Weihnachtsausstellung, die sich »Großmutters Puppenstuben« zuwandte und das Interesse von fast 12 000 Besuchern weckte. Danach präsentierte der in Dürnau lebende Glasgraveur Helmut Rotter seine kunsthandwerklichen Arbeiten: Objekte mit figürlichem und ornamentalem Dekor sowie Zeichnungen. Zwei Ausstellungen waren jungen Künstlern aus dem Kreis vorbehalten. Vom 23. März bis 1. Mai zeigte der auch als Liedermacher und Sänger bekannte Harald Immig Aquarelle unter dem treffenden Titel »Poesie in der Landschaft«. Vom 15. Oktober bis 16. November war Hansjörg Fuchs im Museum zu Gast, der in seinen realistisch gemalten Dorf-, Stadt- und Industrielandschaften die oft nur vordergründige Idylle in Frage stellt und die Zerstörung von Natur und Kultur thematisiert. Während der Sommermonate machte die Bildpostkarten-Ausstellung »Gruß aus Göppingen – Die Stadt in alten Ansichtskarten« mit dem Stadtbild, den Straßen, Plätzen und festlichen Ereignissen zu Beginn unseres Jahrhunderts bekannt. Die alten Postkarten stammten aus den Beständen des Stadtarchivs und aus den Alben dreier privater Sammler.

Städtisches Naturkundliches Museum

Zu den erwähnenswerten Ereignissen im Naturkundemuseum gehören zwei Sonderausstellungen. Mit Beginn der Museumssaison im April stellte Alfred Gènevè, Stuttgart, seine Mineralien- und Fossiliensammlung aus. In der zweiten Jahreshälfte lief die Ausstellung »Fossile Korallen aus Nattheim«. Die über hundert verschiedenen Korallenarten, die in zwei Räumen vorgestellt wurden, sammelte und präparierte Karl Schaal aus Heidenheim. Aus seiner anfänglichen Freizeitbeschäftigung ist eine der repräsentativsten Korallensammlungen hervorgegangen.

Dokumentationsraum für staufische Geschichte

Im 1977 eröffneten Dokumentationsraum am Fuß des Hohenstaufen informiert eine ständige Ausstellung über die Geschichte des Berges und die Kunst und Kultur der Stauferzeit. Deren Kernstück, die Sammlung spätstaufischer Skulpturen (Kopien), konnte nun durch eine Statue Friedrichs II. von Capua erweitert werden. Daneben finden für die Dauer von jeweils zwei Jahren Wechselausstellungen zu speziellen Themen staufischer Geschichte statt. Im Frühjahr 1983 wurde die Ausstellung »Stauferstätten im Stauferland« neu eröffnet. Diese gibt mit farbigen Großfotos und knappen, erklärenden Texten einen Überblick über noch vorhandene staufische Bau- und Kulturdenkmale in der umliegenden Region. In der acht Monate dauernden Museumssaison '83 besuchten den Dokumentationsraum über 22 000 Personen.

Gundelsheim
Siebenbürgisches Museum

Vor den Leitern der ost- und südostdeutschen Museen wurde im September 1983 in Regensburg vom Bundesinnenministerium (Dr. v. Köckritz) eine Grundsatzkonzeption für den Ausbau der Museen der großen ostdeutschen Regionen entwickelt. Darin heißt es wörtlich: »Diese Museen sollen als Landesmuseen eine umfassende Präsentation der ostdeutschen Kulturlandschaften bieten und dazu nicht nur einen Eindruck von den Menschen, ihren Lebens- und Arbeitsbedingungen, der Industrie, der Technik, des Handwerks und der Landwirtschaft vermitteln, sondern auch einen Einblick in Geschichte, Geistesleben, Kunst, Volkskunst und Brauchtum gewähren.« Diese Ausführungen entsprechen ganz dem Konzept, das sich das Siebenbürgische Museum gegeben hat: Präsentation aller Lebensäußerungen der Siebenbürgischen Sachsen, vergleichbar mit der Darstellung des Lebens der binnendeutschen Stämme in einem Landesmuseum. Zur Verwirklichung dieses Zieles, für das sich der auf der Vorstandssitzung im Mai 1983 neu bestellte Leiter des Siebenbürgischen Museums, Dr. Horst Moeferdt, Dischingen, besonders einsetzte, muß vordringlich dafür gesorgt werden, daß neben den schon bestehenden Abteilungen (Tracht, Stickerei, Keramik, Kunstgewerbe) Platz für die Darstellung der übrigen Bereiche geschaffen wird. So steht das Problem der Erweiterung der Museumsfläche im Vordergrund der derzeitigen Bemühungen; ein Plan zur Einbeziehung schon vorhandenen Raumes in den Museumsbereich liegt vor.

Eine nach strengen Maßstäben durchzuführende Erweiterung der Museumsarbeit wäre aber kaum mehr möglich gewesen ohne die Einstellung eines fachlich ausgebildeten Kustos. Erfreulicherweise ergab sich im August 1983 die Möglichkeit, die Kunstschichtlerin Frau Katrin Mönch mit diesem Amt zu betrauen. Sie wirkt seitdem mit viel Umsicht und Sachverstand an der weiteren Ausgestaltung des Museums mit.

Sonderausstellungen sorgen dafür, daß das kulturelle Leben der Siebenbürger Sachsen einem breiteren Publikum bekanntgemacht wird.

Heidelberg-Zeigelhausen
Textilmuseum Berk

Das vielfältige kulturelle Angebot der Universitätsstadt Heidelberg wurde vor ca. 5 Jahren durch das Textilmuseum Berk in dem idyllisch gelegenen Vorort Ziegelhausen bereichert. Dort hat der Heidelberger Textilfabrikant Max Berk im Jahre 1978 in Eigeninitiative und eigener Trägerschaft ein Textilmuseum eingerichtet.

Max Berk hatte im Jahre 1973 die zum Verkauf stehende alte evangelische Barockkirche mit dem Pfarrhaus erworben. Zunächst waren für den Erhalt dieser unter Denkmalschutz stehenden Gebäude umfangreiche Sanierungsarbeiten erforderlich. Das heutige Museum präsentiert sich von außen nach wie vor wie eine Kirche; auch der Kirchturm blieb erhalten. Innen jedoch wurde der kleine Sakralbau äußerst geschmackvoll durch Freilegung der Tragbalken und des Dachstuhls umgestaltet. Die ehemalige Kirche wirkt mit ihrer über drei Geschosse reichenden Ausstellungsfläche ausgesprochen heimelig. Die Ausstellungsfläche liegt unter Einbeziehung eines Teils des alten Pfarrhauses bei ca. 500 qm.

Das Museum selbst gliedert sich in drei Ausstellungsbereiche: Zunächst zeigt die Technikabteilung alte Produktionsmaschinen, Druckpressen, Nähmaschinen, Spinnmaschinen, Spinnräder und als Prunkstück einen alten Webstuhl aus Vorarlberg aus der Zeit um 1850. Daneben bietet die Darstellung einzelner Produktionsmethoden und der Faserentstehung für den Fachmann oder Lernenden der Textilbranche interessante Details.

Im Vordergrund steht jedoch die auch räumlich dominierende Ausstellung textiler Gebrauchsgegenstände, Seidenstickereien, Kleider, Kostüme. Hinzu kommt eine Reihe kunstvoller Trachten aus Siebenbürgen, die teilweise aus dem 18. Jahrhundert stammen. Besonders bewundernswert an mehreren Gewändern die beeindruckende Silberdrahtstickerei.

Beim weiteren Rundgang begegnet der Besucher festlichen Gewändern so-

134

wie einer indischen Sammlung alter Textilien. Herrlich bestickte Bänder, sog. Pachtipati und Torans schmücken die dicken alten Originalbalken des Dachstuhls. Vom indischen Brauttuch über Perlenarbeiten mit Spiegelchen, farbigen Stickereien bis hin zu reinseidenen Saris erhält der Besucher einen kleinen Einblick in die indische Textilhandwerkskunst.

Einen besonderen Platz nimmt die sehr schöne Sammlung von Patchwork-Quilts aus England und den USA ein, die durch einige wertvolle deutsche Stücke ergänzt ist.

Die Exponante stammen zum Teil aus den in vielen Reisen vom Museumsgründer Max Berk selbst gesammelten textilen Kostbarkeiten, daneben aus Leihgaben von Freunden und Sammlern und einer Vielzahl interessanter Zukäufe. Erst vor einigen Monaten gelang es, eine aus über 500 Teilen bestehende wertvolle Kostümsammlung mit Stücken aus den letzten drei Jahrhunderten zu erwerben.

Das Ausstellungsangebot wird schließlich abgerundet durch regelmäßige Sonderausstellungen. Hier werden Werke bekannter in- und ausländischer Textilkünstler in breiterer Fächerung gezeigt. Daneben erhält regelmäßig der künstlerische Nachwuchs die Chance, seine Werke in die Öffentlichkeit zu bringen.

In den Sommermonaten zeigte das Textilmuseum vom 21. 07. bis 10. 10. 1984 Tapisserien der schwedischen Künstlergruppe EUFEMIA.

Das Textilmuseum Berk ist jeweils geöffnet mittwochs, samstags, sonntags von 13.00 bis 18.00 Uhr. Bei rechtzeitiger telefonischer Voranmeldung, unter Tel.Nr. 06221-800317, ist man aber auch jederzeit bereit, Sondertermine für Besuchergruppen zu vereinbaren. Klaus Siebler

Karlsruhe
Badisches Landesmuseum 1982/83

Die erste größere Ausstellung 1982 war schon am 14. November des Vorjahres eröffnet worden: »Neuerwerbungen zeitgenössischen Kunsthandwerks«; sie stellte Arbeiten von 163 Keramikern, Glaskünstlern, Gold- und Silberschmieden, Drechslern und Textilkünstlern des In- und Auslandes vor und zog bis zum 2. 5. 1982 – 24391 Besucher an.

Die anschließende, vom 29. 5. bis 29. 8. 1982 gezeigte Ausstellung »Ägyptische Kunst – Farbfotos von Kurt Flimm« hatte 14389 Besucher. Kurt Flimm, Jahrgang 1941 und Architekt in Karlsruhe, war 1965 zum ersten Mal nach Ägypten gereist und hatte danach, fasziniert von der Eigenart dieses Landes und seiner großartigen Tempel und Grabanlagen, auf mehr als dreißig Reisen einen Schatz von Tausenden von Farbfotos erstellt, der heute an Qualität und Umfang einmalig sein dürfte.

Vom 16. 10. bis 28. 11. 1982 folgte dann die Ausstellung »Bildhauer des 20. Jahrhunderts arbeiten in Porzellan«, die wohl wegen der progressiven Exponate nur 9255 Besucher interessierte. Diese Ausstellung gab nämlich keinen Rückblick auf die Geschichte der Porzellanplastik in unserem Jahrhundert, sondern zeigte ausschließlich jüngst entstandene Werke der bedeutendsten deutschen Bildhauer der Gegenwart. Kleinplastiken in Stein, Bronze und Kunststoff sowie Zeichnungen derselben Künstler halfen dem Besucher, einen besseren Einblick in das gestalterische Umfeld der Prozellanarbeiten zu bekommen. Zur Ausstellung erschien ein Katalog, von dem 164 Exemplare verkauft wurden.

Viel größere Resonanz bei Funk, Fernsehen, Presse und Publikum fand die Weihnachts-Ausstellung »Christbaumschmuck – einst und jetzt«, zu der sich in nur sechs Wochen (vom 28. 11.1982 bis 9. 1. 1983) 14420 Besucher einfanden. Mit 19 verschiedenartig geschmückten Weihnachtsbäumen, mit alten Photographien und Stichen sowie erläuternden Texten wurde für Jung und Alt die Entwicklung des Christbaumschmuckes sinnenfällig und verständlich.

Als letzte Ausstellung des Jahres wurde am 4. 12. 1982 »Le Fil d'Ariane« eröffnet: »Faden der Ariadne« nennt sich eine Werkstatt für geistig Behinderte in Montreal, die vor 12 Jahren durch private Initiative ins Leben gerufen wurde. Die Initiatorin dieser Werkstatt hatte erkannt, daß die Behinderten nicht nur Vorbilder reproduzieren können, sondern daß sie in eigenen Entwürfen darzustellen vermögen, was sie sprachlich oft nur schwer oder gar nicht ausdrücken können. Realisiert werden diese Ideen mit farbigen Garnen, aus denen, je nach Motiv, Stickereien, Knüpf- oder Webarbeiten gefertigt werden.

Ergänzend zu den großen Veranstaltungen gab es 1982 zwei kleinere Ausstellungen: Von Mitte April bis Ende Juni wurden im »Landesschaufenster« »neue römische Funde aus Rheinzabern« vorgestellt. Dabei handelte es sich um Dachziegel mit Legionsstempeln, reliefverzierte Sigillata mit dazugehörigen Formschüsseln und Punzen, Gefäße mit Tonschlickerbemalung und ein Fünf-Götter-Relief, das die Wünsche an die Schutzgottheiten des Kunsthandwerks zum Ausdruck bringt.

Ab Mitte Oktober 1982 (bis 20. Februar 1983) wurde unter dem Titel »25 Jahre Anschauungsmaterial für den Kunstunterricht« mit einer kleinen Ausstellung Einblick in die Arbeit der »Geschäftsstelle für den Kunstunterricht an den Schulen« gegeben. Am Beispiel einer Anschauungsgruppe aus dem Werkbereich Keramik wurde versucht, Kontinuität und Wandel der Aufgabenstellung dieser wichtigen pädagogischen Einrichtung des Badischen Landesmuseums zu skizzieren.

Neugestaltet wurde im Berichtsjahr die Glassammlung Heinrich Heine: die rund 250 gläsernen Kostbarkeiten präsentieren sich jetzt in schaufensterartigen holzvertäfelten Einbauvitrinen, die nach Entwurf von Karlsruher und Münchner Firmen mit variabler Beleuchtung ausgestattet sind und die Exponate in Augenhöhe des Betrachters optimal zur Geltung bringen.

Im Münzkabinett kann man seit Anfang November eine einzigartige Spezialsammlung von 200 griechischen Elektron-Münzen bewundern, die in der Zeit von ca. 630 bis 326 v. Chr. in Phokaia (Westküste Kleinasiens) und Mytilene (Insel Lesbos) geprägt wurden. Eine eigens konstruierte Spezialvitrine erlaubt es dem Besucher, sich die kleinen Münzen mit Hilfe eines elektronisch gesteuerten Paternoster-Systems in Augenhöhe fahren zu lassen.

Die Jugendstilsammlung ist seit 1. Dezember bereichert um eine Vitrine mit 12 Kinderfiguren von Konrad Hentschel (1872–1907), die als Leihgaben aus Privatbesitz zur Verfügung gestellt wurden. Diese Porzellanfiguren, 1903/04 in Meißen entstanden, gehören zu den berühmtesten und zugleich realistischsten Kinderdarstellungen des Jugendstils.

Zahlreiche Kunstwerke des Badischen Landesmuseums wurden wieder als Leihgaben auf bedeutenden Ausstellungen des In- und Auslandes gezeigt, unter anderem in Bonn, Brüssel, Krems, New York, München, Nürnberg und San Francisco.

Die Gesamtbesucherzahl des Badischen Landesmuseums betrug 1982 184814 und im Zweigmuseum Schloß Bruchsal, das wegen des Abbaus der großen Barockausstellung erst im April wieder geöffnet werden konnte, 72170.

Von den 608 Schulklassen mit 15206 Schülern, die das Badische Landesmuseum 1982 besuchten, nahmen 115 mit

3340 Schülern Führungen durch Wissenschaftler des Museums in Anspruch. Von den 171 Gruppen und Vereinen mit 4732 Teilnehmern hatten 40 mit zusammen 1182 Personen Führungen bestellt.

An den 44 öffentlichen Führungen nahmen 1398 Personen teil. Zu den Kinderveranstaltungen (15 Führungen, 6 Bastelnachmittage, 2 Puppenspiele und eine mehrtägige Ferienspielaktion »Das Leben im Barock«) kamen 710 Kinder. Die 10 Filmveranstaltungen für Erwachsene zogen 707 Personen an. Fünf Konzerte im Barock- und Vortragssaal hatten 727 Besucher, sieben Lichtbildervorträge 817 Zuhörer.

Das Badische Landesmuseum erwarb 1982 zahlreiche Kunstwerke aus allen Sammelgebieten, von denen die wichtigsten diesmal die Kunst der letzten 100 Jahre betreffen:

Aus dem »Museum für mechanische Musikinstrumente«, das Jan Brauer in Baden-Baden aufgebaut hatte, konnten zwei Hauptstücke des Instrumentenbauers Welte, Freiburg, erworben werden. Bei dem einen handelt es sich um ein Walzen-Orchestrion mit acht auswechselbaren Walzen, das 1874 für den amerikanischen Industriellen Mellon in Pittsburgh hergestellt wurde. Das andere ist eine Philharmonie-Orgel mit 260 Pfeifen und 7 Registern, die für das legendäre Luxusschiff Titanic in Auftrag gegeben worden war und nur deshalb deren spektakulären Untergang im Jahre 1912 entging, weil sie nicht rechtzeitig für die Jungfernfahrt fertig wurde.

Aus einer bedeutenden Privatsammlung französischer Keramik des Historismus und des Jugendstils konnten 21 erlesene Werke von Meistern wie Chaplet, Doat, Grittel, Parvillée und Cazin erworben werden, die bisher im Badischen Landesmuseum noch nicht vertreten waren.

Ein weiterer Glücksfall eröffnete dann die Möglichkeit, aus einer noch umfangreicheren Privatsammlung mit Keramik vom Historismus bis zur Gegenwart 222 Stücke so gezielt auszuwählen, daß fast alle wesentlichen Lücken im Museumsbestand dieses Zeitraums mit Keramiken erster Qualität geschlossen werden konnten. Neben diesen ungewöhnlichen Sammlungskäufen sind noch sieben kleinere Erwerbungen erwähnenswert.

Zunächst ein Wiener Halsschmuck aus Goldfiligran, der Entwürfen von Josef Hoffmann nahesteht und den Bereich des Wiener Jugendstils im Badischen Landesmuseum um eine neue, interessante Facette bereichert.

Gewichtiger ist ein fast lebensgroßer bemalter und vergoldeter Frauenkopf in Meißener Prozellan, der den symbolistischen Titel »Erwachen« trägt. Von dem bekannten Porzellanbildhauer Paul Börner um 1911 geschaffen, dürfte dieses eigenartige Werk zusammen mit der früher erworbenen Mädchenbüste von Alfons Mucha einen beherrschenden Akzent in der bedeutenden Jugendstilabteilung des Museums bilden.

Von Andreas Moritz (geb. 1901), dem bedeutendsten deutschen Silberschmied seiner Generation, dessen Lebensweg vielfältig mit Karlsruhe und dem Oberrhein verbunden ist, gelang es endlich, eine charakteristische Arbeit zu erwerben. Es handelt sich dabei um eine Kaffeekanne aus Sterlingsilber mit Stielgriff, die um 1932 entstanden ist und in ihrer streng geometrischen Form dem Ideal der »Neuen Sachlichkeit« verpflichtet ist.

Schließlich ist noch der Erwerb von vier der äußerst seltenen Keramiken Hans Copers (1920–1980) hervorzuheben, einem zwar in Chemnitz geborenen, aber hauptsächlich in England tätigen Künstler, der zu den bedeutendsten und eigenwilligsten Keramikern des 20. Jahrhunderts zählt.

1982 sind folgende Wissenschaftler aus dem Dienst des Badischen Landesmuseums ausgeschieden: Hauptkonservator Dr. Jürgen Thimme, der Leiter der Antikenabteilung (Ende September); Anton Rommel, der Leiter der Restaurierungswerkstätten (zum Jahresende); die Volontäre Beate Plück M.A. und Gabriele Kleiber M.A. (Anfang Juni bzw. zum Jahresende) und die Diplom-Bibliothekarin Anita Kohlmüller (Ende Juni).

Als neue Volontäre kamen im Juni Almut Heinke M.A. (für die ausgeschiedene Volkskundlerin Beate Plück) und im Dezember der Restaurator Stefan Knobloch. An die Stelle von Anita Kohlmüller trat Anfang November die Diplom-Bibliothekarin Karin Johann.

Abb. oben: Andreas Moritz: Silberne Kaffeekanne mit Stielgriff, um 1932

Die erste im Jahr 1983 eröffnete Ausstellung mit dem langen Titel »Der großherzoglich badische Hofjuwelier Nikolaus Trübner (1849–1916) – Silberarbeiten und von ihm in Silber gefaßte Jugendstilgläser der Gebrüder Daum in Nancy« machte vom 26. Februar bis 8. Mai mit dem Werk eines Künstlers bekannt, der, jetzt im Schatten seines berühmten Maler-Bruders Wilhelm stehend, Ende des 19. Jahrhunderts maßgeblich am Ruhm des badischen Kunstgewerbes beteiligt war. Die 30 ausgestellten Goldschmiedearbeiten – vornehmlich aus Privatbesitz – die historistische Formen teilweise virtuos mit Jugendstilelementen verbinden, hatten damals großen Erfolg nicht nur bei nationalen Kunstgewerbeausstellungen, sondern auch bei den Weltausstellungen, wo Trübner sich offenbar von den Gläsern der Gebrüder Daum faszinieren ließ.

Zur Ausstellung erschien ein informatives Führungsblatt; die Besucher wurden nicht gezählt.

Zur zweiten Ausstellung des Jahres »Meister der reinen Form: der Gold- und Silberschmied Andreas Moritz (1901–1983)«, kamen vom 16. April bis 12. Juni 5976 Besucher. Moritz darf als der bedeutendste deutsche Silberschmied der letzten dreißig Jahre angesehen werden und hat als Lehrer an der Akademie der bildenden Künste in Nürnberg seit 1952 eine ganze Generation von jungen Kunsthandwerkern angeregt. Er ging bei seinen Gefäßen und Geräten ebenso wie bei seinem Schmuck auf geometrische Grundformen zurück, deren elementare Klarheit jedem sofort einleuchtet.

Aus 300 Einzelobjekten, die der Künstler 1977 dem Germanischen Nationalmuseum in Nürnberg gestiftet hat, konnte das Badische Landesmuseum 100 Werke aus den verschiedensten Schaffensperioden sowie typographische Arbeiten und Entwürfe für Edelsteinschalen zeigen.

Zur Ausstellung erschien ein achtseitiges Führungsblatt mit Abbildungen.

Die folgende Sommerausstellung (2. Juli–21. August) »Tendenzen moderner deutscher Keramik – Beispiele aus Privatsammlungen in Baden-Württemberg« ergänzte in wünschenswerter Weise einen der Sammlungsschwerpunkte des Badischen Landesmuseums. An 220 Gefäßen, Gefäßplastiken, Reliefs und Objekten aus sieben Privatsammlungen ließ sich die reiche Entwicklung der deutschen Keramik in den letzten zwei Jahrzehnten hervorragend veranschaulichen, denn fast alle bedeutenden lebenden deutschen Keramiker waren in der Auswahl mit erstklassigen Stücken vertreten.

9617 Besucher sahen die Ausstellung, 335 kauften den interessanten, von den Sammlern mitfinanzierten Katalog.

Die bedeutendste Ausstellung des Jahres wurde vom 10. September bis 20. November »Caroline Luise, Markgräfin von Baden (1723–1783)« anläßlich der 200. Wiederkehr ihres Todesjahres gewidmet.

Neben dem Landesmuseum trugen die Staatliche Kunsthalle, die Landesbibliothek, die Landessammlungen für Naturkunde und das Generallandesarchiv mit wesentlichen Leihgaben dazu bei, Leben und Werk dieser bedeutenden deutschen Frauengestalt der Aufklärungsepoche an ihrer ehemaligen Wirkungsstätte, dem Karlsruher Schloß, anschaulich werden zu lassen. Caroline Luise, geborene Prinzessin von Hessen-Darmstadt und seit 1752 Gemahlin des Markgrafen Carl Friedrich von Baden, erregte wegen ihrer umfassenden Kenntnisse auf dem Gebiet der Naturwissenschaften, der Medizin und der Malerei die Bewunderung ihrer Zeitgenossen in ganz Europa. Die von ihr aufgebaute Galerie von Meisterwerken des 17. und 18. Jahrhunderts sowie eine große Sammlung naturkundlicher Objekte bilden heute den Grundstock der Staatlichen Kunsthalle und der Landessammlungen für Naturkunde. Von dem Katalog, der sich auf die grundlegende, 1980 erschienene Biographie von Jan Lauts stützen konnte, wurden 1102 Exemplare verkauft; die Besucherzahl blieb mit 13 121 unter den Erwartungen.

Caroline Luise hatte auch eine große Sammlung französischer Zeichnungen zusammengebracht, über deren Verbleib seltsamerweise nichts bekannt ist; so war es eine gute Idee der Staatlichen Kunsthalle – gewissermaßen im Geiste Caroline Luises – wieder eine derartige Sammlung aufzubauen. Was da seit 1964 zusammenkam, wurde unter dem Titel »Französische Meisterzeichnungen aus der Karlsruher Kunsthalle« parallel zur Caroline-Luise-Ausstellung im Gartensaal des Badischen Landesmuseums präsentiert und erwies sich als Leckerbissen für Kenner. Von dem gehaltvollen Katalog, der mit DM 34,-- für den Normalbesucher zu teuer war, wurden 193 Exemplare verkauft.

Am 10. Dezember wurde die Ausstellung »Tausend Jahre Petershausen. Das ehemalige Benediktinerkloster in Konstanz« eröffnet, die bis zum 26. Februar 1984 3192 Besucher anzog.

Für die Stadt Konstanz und das Badische Landesmuseum, zu deren kostbaren Schätzen das figurengeschmückte Portal der romanischen Klosterkirche von Petershausen seit 1867 gehört, lag es nahe, das tausendjährige Jubiläum eines der bedeutendsten Klöster im süddeutschen Raum mit einer Ausstellung zu würdigen.

1802 war das 983 gegründete Petershausen aufgehoben, 1832 die romanische Klosterkirche abgebrochen worden, aber es haben sich neben dem berühmten Portal und der nicht minder berühmten Chronik des 12. Jahrhunderts auch prachtvolle illuminierte Codices, wertvolle Urkunden, Karten, Baupläne und Inkunabeln des Buchdrucks erhalten, die dem Ausstellungsbesucher die Blütezeit des Klosters lebendig machten. Von Gegenreformation und Barock, die Petershausen nach einem gewissen Niedergang in der Spätgotik einen Neuaufschwung brachte, zeugten reizvolle kunsthandwerkliche Arbeiten sowie Skulpturen, unter denen Heiligenfiguren von Hans Marinck hervorragten.

Zur Ausstellung erschien ein Aufsatzband, der wichtige Quellenauszüge und neue Forschungen zu Petershausen enthält.

Mit der einen Tag nach »Petershausen« eröffneten, letzten Ausstellung des Jahres »Ebbe Weiss-Weingart. Schmuck 1946–1983« wurde nochmals wie zu Jahresbeginn eine führende Persönlichkeit der neueren Goldschmiedekunst gewürdigt.

Seit ihrer Auszeichnung auf der IX. Triennale in Mailand 1951 – damals war sie 28 Jahre alt – hat es kaum eine große Ausstellung gegeben, bei der Ebbe Weiss-Weingart gefehlt hätte: von der Weltausstellung 1958 in Brüssel bis zur Ausstellung der Bundesrepublik Deutschland in Moskau 1974, ganz zu schweigen von ausschließlich dem zeitgenössischen Schmuck gewidmeten Ausstellungen in aller Welt. Die Künstlerin – 1977 mit dem Ehrenring der Gesellschaft für Goldschmiedekunst ausgezeichnet – will sich bis heute nicht auf einen »persönlichen Stil« festlegen lassen, sondern experimentiert unablässig und phantasiereich mit allen möglichen neuen Techniken – z. B. Negativschnitt, Tiefenätzung, galvanischen Bädern und Flammspritzen – und ungewöhnlichen Materialien wie Kunststoffen, Muschelschalen, Kreuzsteinen oder verkieseltem Palmholz. Zur Ausstellung erschien ein reizvoller Katalog mit vielen Farbabbildungen, von dem 256 verkauft wurden. Die Besucherzahl betrug bis zum Ende der Ausstellung am 29. Januar 1984 6645.

Im sogenannten Landesschaufenster, einer großen Vitrine im Lapidarium, die Neufunden vorbehalten ist, war vom 9. Juni bis 15. Dezember ein Teil der römischen Bronzegefäße und eisernen Werkzeuge zu sehen, die seit 15 Jahren bei Baggerarbeiten im südpfälzischen Neupotz zutage gekommen sind und in ihrer Gesamtheit den erstaunlichsten römischen Metallfund dieser Art nördlich der Alpen darstellen. Die bronzenen Kessel, Becken, Kannen, Teller, Tassen, Servierplatten, Kellen und Siebe gaben ein eindrucksvolles Bild von der Formschönheit des kaiserzeitlichen Koch- und Serviergeschirrs.

In einer zweiten Vitrinen-Ausstellung wurde von März bis Mitte Juni im Barocksaal ein prunkvolles Hausaltärchen vorgestellt, das die Stadt Augsburg dem Türkenlouis (1655–1707) geschenkt hatte. Es wurde dann 1780 für St. Blasien erworben und gelangte später mit weiteren Schätzen dieses Klosters ins Kärntner Benediktinerstift St. Paul. Das Hausaltärchen war zusammen mit vielen anderen Kostbarkeiten in den Werkstätten des Badischen Landesmuseums gründlich restauriert worden, um in der Jubiläums-Ausstellung »Das Tausendjährige St. Blasien« seinen ursprünglichen Glanz entfalten zu können.

Im August und September konnten die Karlsruher im Treppenhaus des Schlosses die großen Bronzetüren von Klaus Ringwald begutachten, die anschließend ihren endgültigen Platz im Portal des Villinger Münsters gefunden haben.

Im Zweigmuseum Schloß Bruchsal wurde vom 27. November 1983 bis 19. Februar 1984 von der Stadt Bruchsal und dem Badischen Landesmuseum die umfangreiche Ausstellung »Bemalte Bauernmöbel aus Baden« gezeigt.

Mit 130 »Käschte« (Schränken) und »Tröge« (Truhen), Himmelbetten, Wiegen und »Trögle« war hier die erste große Zusammenschau bemalten Möbels aus Baden geboten, wobei es sich zumeist um Stücke handelte, die der Repräsentation dienten und vor allem als Heiratsgut für Bauerntöchter hergestellt worden waren:

Der Gegensatz zwischen dem Mobiliar des alemannischen Teils Badens und dem des badischen Franken wurde sichtbar gemacht, geographische Gliederung und zeitliche Entwicklung herausgearbeitet: Als begleitende Dokumentation erschien in der Reihe »Zeugnisse der Volkskultur« der Band »Alte Bauernmöbel – Bemaltes Mobiliar aus Baden«, der bei der Volkskundlichen Abteilung des Badischen Landesmuseums bezogen werden kann.

Beim Stichwort Dokumentation sei auf eine wichtige Veröffentlichung des Badischen Landesmuseums hingewiesen, die die Ägyptische Abteilung betrifft: das neue Bildheft »Das Leben im alten Ägypten – dargestellt auf den Wänden eines Grabes des 3. Jahrtausends v.Chr.«. Schon 1897 hatte der deutsche Consul in Cairo diese bedeutenden Reliefplatten bei einem Beduinen für das Karlsruher Museum erworben, und heute weiß man, daß der Grabbesetzer li-nefret um 2400 v.Chr. das hohe Amt des Vorstehers einer der Pyramiden von Giza bekleidet hatte. Die Reliefs, die nicht nur die Vergnügungen der Oberschicht zeigen, sondern auch Einblick in das tägliche Leben der Bauern und Handwerker geben, enthalten u.a. die frühesten bekannten Darstellungen von Arbeiten in einer Bierbrauerei.

Die Gesamtbesucherzahl des Badischen Landesmuseums betrug im Berichtsjahr 180 096 und im Zweigmuseum Schloß Bruchsal 92 080. Bestbesuchte Ausstellung war »Markgräfin Caroline Luise von Baden (1723–83). Zur 200. Wiederkehr ihres Todestages« mit 13 121 Besuchern.

Von den 629 Schulklassen mit 14 696 Schülern, die das Badische Landesmuseum 1983 besuchten, nahmen 127 mit 3044 Schülern Führungen durch Wissenschaftler des Museums in Anspruch. Von den 192 Gruppen und Vereinen mit 5671 Teilnehmern hatten 91 mit zusammen 1742 Personen spezielle Führungen bestellt.

An den 66 öffentlichen Führungen nahmen 2443 Personen teil. Zu den Kinderveranstaltungen (10 Führungen, 2 Puppenspiele, 3 mehrtägige Spielaktionen und die dreizehntägige Aktion »Alte Handwerksberufe« des Stadtjugendausschusses) kamen 6691 Kinder. Die 6 Filmveranstaltungen für Erwachsene zogen 273 Besucher an. Zu 6 Lichtbildervorträgen kamen 520 Besucher und zu je 2 Konzerten mit Werken barocker und zeitgenössischer Komponisten 395 Zuhörer.

Das Badische Landesmuseum erwarb 1983 wieder zahlreiche Kunstwerke aus allen Sammelgebieten, von denen die wichtigsten hier in der Reihenfolge ihrer Entstehung genannt seien.

Eine wesentliche Bereicherung für das Münzkabinett ist ein Ensemble von 475 Pfennigen aus der Stauferzeit. Es enthält Emissionen aus vielen Münzstätten des gesamten deutschen Reiches, darunter zahlreiche bisher völlig unbekannte Münztypen, auch aus dem Oberrheingebiet mit Lothringen, dem näheren Sammelgebiet des Museums. Die wissenschaftliche Auswertung dieses Münzfundes verspricht viele neue Erkenntnisse über die Münzprägung der Stauferzeit, insbesondere der Zeit des dritten Kreuzzuges.

Schwerpunkt der Mittelalter-Sammlung des Badischen Landesmuseums ist der Oberrhein, und so darf es als Glücksfall bezeichnet werden, daß ein großes spätgotisches Relief erworben werden konnte, dessen Provenienz aus dieser Region sehr wahrscheinlich ist. Das Relief, von einem bedeutenden Künstler aus Nußbaumholz geschnitzt, gestaltet mit dem Tod Mariä ein vielfiguriges Thema, das in der deutschen Skulptur der ersten Hälfte des 15. Jahrhunderts sehr verbreitet war. Die beginnende Individualisierung der Köpfe wie die teilweise sich schon eckig brechenden Falten der Gewänder legen bei unserem Werk eine Entstehung am Ausgang der idealisierenden Epoche des »weichen Stiles«, also um 1435–40, nahe.

Einer der bedeutenden Elfenbeinschneider der Barockzeit war Bernhard Strauss aus Markdorf am Bodensee. Er arbeitete in der 2. Hälfte des 17. Jahrhunderts in Augsburg, und seine Werke zieren heute die großen Museen in München, Wien, London und Leningrad. So lag es nahe, die kleine, aber exquisite Elfenbeinsammlung des Badischen Landesmuseums um eine Arbeit dieses berühmten »Landeskindes« zu bereichern. Es handelt sich bei dem Werk, das sich bislang in einem englischen Schloß befand, um eine der für den Künstler charakteristischen Humpenwandungen mit bacchantischen Umzügen, deren Figuren und Tiere mit äußerster Eleganz und Lebendigkeit dargestellt sind.

Die kleine Museums-Sammlung historistischen Kunsthandwerks hat Zuwachs bekommen durch ein kostbares Diadem aus der Zeit um 1890, das zugleich mit den ehemaligen Großherzögen von Baden verbunden ist. Auf einem alten Photo trägt nämlich die Großherzogin Hilda (1864–1952) dieses aus 367 Brillianten, Platin und Gold bestehende Prunkstück, und man könnte vermuten, daß es anläßlich ihrer Hochzeit mit dem Erbprinzen Friedrich am 29. 09. 1885 angefertigt worden sei.

Aus dem »Museum für mechanische Musikinstrumente« von Jan Brauer, das nach und nach vom Badischen Landesmuseum übernommen wird, ist ein weiteres Hauptstück des Instrumentenbauers Welte, Freiburg, ausgewählt worden. Es handelt sich um eine als Salon-

Abb. oben: Bernhard Strauss: Humpenwandung mit bacchantischem Umzug, Elfenbein
Augsburg, 2. Hälfte 17. Jahrhundert

orgel konzipierte Philharmonieorgel mit 38 Registern und einigen tausend Pfeifen, die sowohl automatisch als auch manuell bespielbar ist. Das riesige fünf Meter breite Instrument bildet akustisch und optisch das Rückgrat des Welte-Raumes, der im Zweigmuseum Schloß Bruchsal ab 1. Juni 1984 für die Öffentlichkeit geöffnet ist.   O. Schroeder

Kirchberg an der Jagst
Erzgebirgisches Heimatmuseum

Das 1976 neueröffnete Erzgebirgische Heimatmuseum mit Archiv, Bücherei und Forschungsstelle des Erzgebirgsvereins e.V. ist das einzige Museum dieser Art in der Bundesrepublik Deutschland und West-Berlins. Untergebracht im 3. Stockwerk des alten Lateinschulgebäudes der Stadt, wird es geleitet vom Gründer des Museums, Werner Martin Dienel. Er ist zugleich Leiter des 1931 errichteten Sandelschen Museums, das er 1973 im freigewordenen Schulhaus völlig neu gestaltete. Für seine Verdienste im Museumswesen und in der Heimatforschung wurde der aus dem Erzgebirge stammende, in Hohenlohe seit drei Jahrzehnten als Lehrer tätige ehrenamtliche Museumsleiter im Frühjahr 1983 mit dem Bundesverdienstkreuz ausgezeichnet.

Hatte in den ersten Jahren nach Neueröffnung das Sandelsche Museum im Durchschnitt jährlich nur etwa 300 Besucher aufzuweisen, so verzeichnen seit 1976 beide Museen jährliche Besucherzahlen von über 6000.

Höhepunkt der jährlichen Museumssaison sind jeweils die Adventstage mit dem Kirchberger Weihnachtsmarkt. Sonderausstellungen wie Vorführungen des Figurenschnitzens und des Klöppelns, ein Museumscafé mit einem Angebot an Christstollen nach Dresdner Art und der Verkauf original-erzgebirgischer Volkskunstartikel in einem »Museums-Striezelmarkt« gehören zum festen Programm der Adventssaison. Ferner waren Sonderausstellungen bisher den Themen »Sudetendeutsche Weihnachtskrippen«, »Historisches Kinderspielzeug«, »Backmodel und Springerle« sowie erzgebirgischen »Weihnachtspyramiden« und »Räuchermännchen« gewidmet.

Im Dezember 1983 wurden »Erzgebirgische Schwibbogen« und Bilder und Texte zum Leben und Werk des erzgebirgischen Orgelbauers Gottfried Silbermann gezeigt. In enger Zusammenarbeit mit dem Sandelschen Museum galten Ausstellungen 1982 dem »Leben und Werk J. W. v. Goethe«, 1983 »Martin Luther« und dem Thema »Drittes Reich«. Ferner veranstalten die Museen jährlich eine Kalenderschau.

Dank jüngster Stiftungen und Neuerwerbungen konnte die bergbaugeschichtliche Abteilung des Erzgebirgischen Heimatmuseums um weitere historische Bergmannsleuchter (geschnitzte Figuren) bereichert werden. Die letzte große Neuerwerbung, ein über 100 Jahre alter Porzellan-(Kachel-)Ofen aus Meißen, bildet ein weiteres prachtvolles, aus Sachsen stammendes Schaustück.

Das Sandelsche Museum erhielt im Dezember 1983 als Stiftung zwei komplett eingerichtete, mit zahlreichen Sammlungsstücken ausgestattete Biedermeier-Zimmer (Wohn- und Schlafstube). Die beiden Stifter, der in Kirchberg/Jagst lebende Schriftsteller G. Harro Schaeff-Scheefen und seine Ehefrau Caroline Schaeff, wurden in Anerkennung ihrer kulturellen und pädagogischen Verdienste wie in Würdigung ihrer beachtenswerten Stiftung im Sommer 1983 gemeinsam zu Ehrenbürgern der Stadt Kirchberg/Jagst ernannt.

Der Museums- und Kulturverein Kirchberg an der Jagst e.V. hat unter seinem Vorsitzenden, dem Museumsleiter, 1980 die Wiederherstellung des verfallenen, über 250 Jahre alten Orangeriegebäudes im Hofgarten in die Wege geleitet. Die mit Mitteln des Landesdenkmalamtes Stuttgart, des Landkreises Schwäbisch Hall und der Stadt Kirchberg/Jagst geförderten Renovierungsarbeiten wurden im Dezember 1983 abgeschlossen. Seitdem steht den Museen ein weiteres historisches Gebäude zur Verfügung, das vor allem Sonderausstellungen und museumspädagogischen Veranstaltungen dienen soll.

Kirchheim unter Teck
Kornhaus-Museum

Im Oktober 1981 konnte die erste, völlig neu gestaltete Abteilung des Museums der Stadt Kirchheim unter Teck der Öffentlichkeit übergeben werden. Im 2. Obergeschoß des ehemaligen Kornhauses können seitdem die Zeugnisse traditioneller Handwerkskultur (Schlosser, Schreiner, Bäcker, Ziegler, Töpfer, Uhrmacher, Schmied, Schuhmacher, Zinngießer), vier Stilzimmer (Barock, Empire, Biedermeier, Historismus) sowie bäuerliches Heimhandwerk (Spinnen und Weben) besichtigt werden. Auf dieser Etage befindet sich auch der Bereich Museumsverwaltung.

Der Eröffnung vorausgegangen war 1977 die Schließung des gesamten Gebäudes und damit auch des alten Heimatmuseums. Das ganze Haus mußte saniert und umgebaut werden. Für das Museum bedeutete dies die Auslagerung des gesamten Bestandes. Der Umbau dauerte knapp zwei Jahre und kostete 3,5 Millionen DM. Im März 1979 konnte das Gebäude wieder bezogen werden. Seitdem findet der Neuaufbau des Museums zu einem Regionalmuseum statt.

Für das Museum, das seit 1953 nur relativ notdürftig in den drei oberen Geschossen des alten Kornhauses untergebracht war, bedeutete diese bauliche Veränderung sowie der anschließende personelle Ausbau einen bedeutenden Fortschritt. Wichtig war der Einbau einer Heizung, die nun eine ganzjährige Öffnungszeit des Museums ermöglicht. Hinzu kamen moderne technische Einrichtungen. Dazu gehören eine das ganze Gebäude umfassende Alarmanlage, ein Aufzug sowie sanitäre Anlagen in drei Stockwerken. Die Einrichtungen sind außerdem so angelegt, daß das Museum jetzt auch problemlos von Behinderten besucht werden kann.

Die Verwaltung des Museums besteht entsprechend den heutigen Erfordernissen aus dem hauptamtlichen Museumsleiter, einer Verwaltungsangestellten, einem Museumshandwerker (für Magazin, Werkstatt und Ausstellungswesen) sowie einem Hausmeister. Es müssen insgesamt 6 Geschosse mit 1800 qm nutzbarer Fläche betreut werden.

Für Wechselausstellungen und Vorträge sind zwei Geschosse, das Erdgeschoß und das 1. Obergeschoß vorgesehen. Im Erdgeschoß befindet sich eine 200 qm große Galerie für Wechselausstellungen moderner Kunst. Sie ist von einer beim Umbau neu angelegten Fußgängerpassage aus erreichbar und komplett einsehbar. Die Passage ist in Form eines Arkadenganges gebaut worden. Im ersten Obergeschoß finden Wechselausstellungen traditioneller Kunst, Vorträge, Festveranstaltungen sowie Jubiläumsausstellungen von Vereinen und Institutionen statt. Die zur Verfügung stehende Fläche beträgt hier 360 qm. Träger dieses Ausstellungswesens sind zwei Gruppen engagierter Kirchheimer Bürger, ein sog. Kunstbeirat und ein Kulturring. Das Museum gibt hier Hilfestellung, soweit erforderlich.

Im Keller des Kornhauses befindet sich das Magazin des Museums, die Werkstatt sowie technische Einrichtungen des Museumsgebäudes. Auf etwa 180 qm werden hier zahlreiche Gegenstände einer über 60jährigen Sammeltradition aufbewahrt. Spätere Planungen sehen die Auslagerung des heutigen Magazins und die Nutzung des Raumes als Dauerausstellungsraum vor. Nur ein kleiner Bereich soll noch für Magazinzwecke verfügbar bleiben, als Zwischenlager für besondere Zwecke. In den beiden zur Zeit der Abfassung des Berichts noch nicht eröffneten und im Aufbau befindlichen Dachgeschossen sind folgende Themen in Vorbereitung: Volkskunde (bäuerliches Wohnen), Geologie der Jurazeit, Höhlenfunde aus Höhlen der schwäbischen Alb, Vor- und Frühgeschichte (Steinzeiten, Metallzeiten, Römerzeit, Alemannenzeit) und die Stadtgeschichte vom Mittelalter bis zur Jetztzeit. Der Besucher wird durch diese Bereiche in einem historischen Rundgang geführt. Die Eröffnung dieser beiden Geschosse ist in zwei Abschnitten 1984/85 vorgesehen. R. Laskowski

Anm. d. Red.: Die Abteilungen Volkskunde, Geologie, Höhlenfunde, Vor- und Frühgeschichte wurden am 15. Juli 1984 eröffnet. Ein Bericht folgt in *museumsmagazin* 3, 1985.

Abb. Seite 140 und 141: Kornhaus-Museum Kirchheim unter Teck
Seite 140 oben: Blick in das 1. Obergeschoß, Barockzimmer und Handwerk
unten: Empirezimmer mit Möbeln aus dem Kirchheimer Schloß und aus dem neuen Schloß in Stuttgart, 1790–1820
Seite 141: Aufsatzsekretär, Kirchheimer Werkstatt, wohl Isaak Roos, um 1720
(Aufnahmen: Susanne Schneider)

Leinfelden-Echterdingen
Deutsches Spielkarten-Museum
Zweigmuseum des Württembergischen Landesmuseums Stuttgart

Seit August 1982 ist das Deutsche Spielkarten-Museum Zweigmuseum des Württembergischen Landesmuseums. Die Kosten des Museums trägt die Stadt Leinfelden-Echterdingen. Die erste Ausstellung in der neuen Trägerschaft »Skat – Geschichte eines Spiels« wurde am 25. 11. 1982 eröffnet. Bis September 1984 ist die Ausstellung noch in Leinfelden-Echterdingen zu sehen, dann wird sie vom Altonaer Museum in Hamburg übernommen, anschließend vom Museum für Kunst- und Kulturgeschichte der Stadt Dortmund.

Das Deutsche Spielkarten-Museum hat seine Ausstellungen bisher ausschließlich der Spielkarte, also dem Spielinstrument gewidmet, das im Laufe seiner vielhundertjährigen Geschichte so manche Veränderung erfahren hat. Mit der Ausstellung »Skat – Geschichte eines Spiels« ist – wie der Titel schon sagt – nicht mehr die Karte, sondern das Spiel Thema der Ausstellung geworden. Skat bot sich für den Versuch, die Geschichte eines Spieles zu behandeln, sofort an. Einmal besitzt das Museum viel eigenes Material, kurioses und ernstes, albernes und seriöses. Skat ist zudem ein junges Spiel, heute gut 150 Jahre alt. Somit ist der Zeitraum überblickbar: von der Französischen Revolution bis heute.

Um die Geschichte eines Spieles darzustellen, müssen bei möglichst vielen Besuchern die Regeln bekannt sein. Auch hier hat eine Skat-Ausstellung die besten Voraussetzungen. Da Geschichte immer auch aus Berichten besteht, wurde – in Zusammenarbeit mit dem Bucher-Verlag – zu der Ausstellung ein Buch geschrieben, das im Museum erhältlich ist. So konnte das, was in den Vitrinen gezeigt wird, knapp erläutert werden.

150 Jahre deutscher Geschichte werden anhand des Skatspiels in der Ausstellung anschaulich: in der Zeit des Biedermeiers finden wir Bürger und Bauern um den kleinstädtischen Wirtshaustisch vereinigt. Deutschnationale Töne und heiße Debatten über die einheitliche Spielregel im Vereinigten Deutschland beherrschen die nächste Phase. Was Debatten nicht schaffen, erreicht der erste Weltkrieg: eine einheitliche Regel wird allgemein akzeptiert. Die Altenburger und Stralsunder Spielkartenfabriken förderten als weitaus größter deutscher Spielkarten-Hersteller in der Weimarer Republik das Skatspiel. Die Zeit des Nationalsozialismus hat auch die Familien der Skater betroffen, Schwarze Listen wurden ausgelegt, jüdischen Spielern wurde die Teilnahme an Veranstaltungen verboten. Mit der Aufteilung Deutschlands nach dem zweiten Weltkrieg wurde auch das Skatspiel in zwei Staaten aufgeteilt. Doch der Spieltisch hat seinen verbindenden Charakter behalten. Die Skatturniere, die Skatwitze unterscheiden sich kaum in West und Ost. In der Gegenwart steht den Skatern der Computer ins Haus. Er kann zwar passen, kann auch gut spielen: aber er kennt keine Sprüche, und wenn er verliert, gibt er keinen aus.

Die Ausstellung ist durch vielseitige Unterstützung möglich geworden; viele Leihgaben stammen aus der Skatsammlung Rudolf Schleichs in Hanau; den Skat-Computer schenkte das Kaufhaus Horten, Stuttgart, dem Spielkarten-Museum.

Durch eine Fotovision (Fotovision Mayer, Altoberndorf), werden die Gegenstände der Ausstellung in den Zusammenhang der Skatgeschichte gestellt. Das Museum hofft, durch die sehr vereinfachte Darstellung auch dem Besucher, der nicht Skat spielt, den Zugang zum Thema zu erleichtern. Auf jeden Fall ist die ca. 20 Minuten lange Multivision ein Gang durch die deutsche Geschichte vom Biedermeier bis heute, denn die Entwicklung des Skatspiels erklärt sich nur durch das historische Geschehen.

Ab Ende September wird die neue Ausstellung »Tarocke mit Französischen Farben« zu sehen sein. Hinter diesem Arbeitstitel verbirgt sich eine Kartengruppe, die in der Mitte des 18. Jahrhunderts in Mitteleuropa entstanden ist. Auf den 21 Tarockkarten, einer eigenen Trumpfreihe neben dem Vierfarbspiel, wurden die verschiedensten Bildserien wiedergegeben: Tiere und Militaria sowie Jagdszenen im 18. Jh., Veduten, Literarisches und Musikalisches in der Biedermeierzeit, Revolutionäre Karikaturen 1848, großbürgerliche in der 2. Jahrhunderthälfte. Zu dieser Ausstellung soll ein Inventarkatalog dieser Kartengruppe erscheinen. Eine Multivision ist ebenfalls geplant. – Die ausgestellten Karten werden in Baden noch heute zum Cego-Spiel benutzt; auch in Österreich, in Frankreich, Belgien und Dänemark spielt man mit diesen Tarockkarten.   M. Dietrich

Lörrach
Museum am Burghof
»Zinnoptikum«, Kulturgeschichte in Zinnfiguren

Es ist Herrn Schulrat Noe vom Schulamt in Lörrach zu danken, daß eine private, einzigartige Zinnfigurensammlung in den Sommermonaten 83 als Sonderausstellung im Museum am Burghof gezeigt wurde. Seitens des Schulamtes wurde sowohl der Besuch dieser Ausstellung durch die Klassen empfohlen, als auch dazu eine kleine für den Unterricht gedachte begleitende Broschüre herausgegeben. So erfreute sich diese Sonderausstellung eines sehr regen Besuchs nicht nur von Schulklassen, sondern auch in zunehmendem Maße von erwachsenen Museumsbesuchern. Deswegen ist diese Sammlung unter ihrer Bezeichnung »Zinnoptikum«, Kulturgeschichte in Zinnfiguren, nun in eine Etage des Museums als Dauerausstellung übergesiedelt.

Was ist nun das Bemerkenswerte an dieser ausgestellten Sammlung? Vielleicht gab es in den letzten 200 Jahren, vielleicht niemals sonst, kein Kinderspielzeug von so außerordentlichen Möglichkeiten des Lehrens und Lernens beim Spielen wie die Zinnfiguren; doch sie sind heute kein Kinderspielzeug mehr. Ihre Zeit in den Kinderstuben ist vergangen. Sie bestanden beileibe nicht ausschließlich aus Soldaten, wenngleich deren beachtlicher Anteil an der Gesamtzahl nicht bestritten werden kann. Vielleicht halten sich die Formenzahlen des Zivils und des Militärs die Waage.

Dieses »Zinnoptikum« ist nun eine Einzeltypensammlung jener zivilen Typen, d. h. aus den Formen ist jeweils nur ein Abguß in die Sammlung aufgenommen worden. Begrenzt ist sie außerdem in etwa auf den mitteleuropäischen Raum und umfaßt die Zeitspanne von den ersten Lebewesen auf der Erde bis in die Jetztzeit. Begrenzt ist sie außerdem auf die Figurengrößen um 30 mm.

Aus dem Bestand dieser Sammlung sind nun Szenen aufgestellt, die die Figuren einzeln sichtbar machen, sie im Rahmen der Serien zeigen, für welche sie herausgegeben wurden, aber auch unter Vermeidung von ablenkenden Zutaten ein prägnantes Bild der jeweiligen kulturgeschichtlich interessanten Begebenheiten o. ä. abgeben. Jeder Szene sind genaue Angaben über die Herkunft, also Namen der Offizine, aus denen die Figuren stammen, jene des Zubehörs und, soweit bekannt, die Namen derjenigen, welche die Figuren farbig faßten, beigegeben. Es gibt nirgendwo eine Dauerausstellung oder ein Museum, wo über die ausgestellten Zinnfiguren derartig genaue Angaben gemacht werden. Weiterhin findet sich zu jeder Szene ein kurzer, erläuternder Text. Szenen und Texte ergeben den hohen Informationswert, der die Schulklassen in das Museum führt. Hier sehen sie z. B. das Leben in der Steinzeit in Zinnfiguren-Szenen dargestellt – auf der gleichen Museumsetage dann die Fundstücke aus dieser Zeit im Original. Diese finden nun größeres Interesse, man kann sie nun in die Vorstellungswelt einbinden.

Außer der Belehrung vermittelt das »Zinnoptikum« aber allen Besuchern großes Vergnügen. Diese kleinen, meistens aus Schieferformen gegossenen, flachen, mit einem Fußplättchen versehenen Figürchen sind in sich schon so hübsch, daß viele Menschen nur ihretwegen in das Museum am Burghof in Lörrach kommen. Daß die Figuren dazu außerdem z.T. aus bis zu 150 Jahren alten Formen stammen, z.T. heute nicht mehr erreichbar, hinsichtlich ihrer Liebhaberbemalung aber echte Unikate sind, macht sie museumswürdig.

Mit dem 2. Weltkrieg ist die Produktion der Zinnfiguren als Spielzeug beendet worden, nicht nur, weil man den Zinnsoldaten als militaristisches Spielzeug ablehnte, sondern auch, weil die Herstellungskosten zu hoch wurden. Mit dem Zinnsoldaten starben aber leider auch seine zivilen Zinn-Zeitgenossen und damit das, wie erwähnt, belehrendste Kinderspielzeug. Sammler nahmen sich seit 1918 der Zinnfiguren an und erweiterten das Angebot an Formen, sorgten für noch größere historische Genauigkeit und ebneten die Wege in die Hände erwachsener Liebhaber, welche nun ein weites Spektrum historischer und historisierender Tätigkeiten damit begannen.

Kaum ein großes Museum verzichtete auf die Verwendung von Zinnfiguren zur Darstellung bestimmter historischer Ereignisse. Meistens sind das Darstellungen von Schlachten. Weniger jedoch Themen wie z. B. »Neandertaler im Winterlager«, »Wildpferdjagd im Solutréen«, »Hausbau in der Jungsteinzeit«, »Gießerei in der Bronzezeit«, »von der Jagd heimkehrende Germanen« oder Szenen aus dem Nibelungenlied, aus dem Mittelalter usw. Rund 120 Szenen mit etwa 5000 Figuren bilden das »Zinnoptikum«. Etwa halbjährlich werden etwa 1/8 davon gegen andere Szenen ausgetauscht, sodaß im Ausstellungsgut eine gewisse Abwechslung angeboten wird.

Ludwigsburg
Städtisches Museum

Das Ludwigsburger Museum, das sich seit der Eröffnung der Schausammlung im November 1978 »Städtisches Museum« (und nicht mehr »Heimat-Museum«) nennt, nimmt weiterhin die Aufgabe wahr, die es bis zu diesem Termin durchgeführt hatte, nämlich 8 Ausstellungen pro Jahr im Treppenhaus des Kulturzentrums aufzubauen.

Die Dauerausstellung (Vorgeschichte, Stadtentwicklung, Manufakturen und »Große Ludwigsburger«) wird durch eine mittelgroße Wechselausstellung, die bisher stets rund ein Jahr stand, ergänzt (»Barocke Planung der Stadt Ludwigsburg«, »Ebner-Blätter zeigen Württemberg«). Im Augenblick verdeutlicht die »Kunst im bunten Rock«, was man in Württemberg beim Militär für darstellungswürdig hielt. Es handelt sich um Graphiken, die nicht nur hohe Qualität (Johann Baptist Seele) dokumentieren, sondern auch köstliche Menschlichkeit (Reinhold und Louis Braun).

Im Zugang zum Museum (durch den Sängersaal) wurden 3 Wandvitrinen installiert, die neben den neuesten Ankäufen auch kleinere graphische Zyklen aufnehmen (»Triumpfbögen«, »Szenen aus der württembergischen Geschichte mit den Augen des 19. Jahrhunderts gesehen«, »Festzüge in Ludwigsburg«, »Politische Karikaturen«, »Ridinger Wilddarstellungen« usw.).

Personell wurde das Museum um den Aufseherposten in der Dauerausstellung aufgestockt. Herr Franz Albrecht, als Lehrer ausgebildet, wirkte jahrelang im Einzelhandel und in der Industrie im kaufmännischen Bereich. 29 Stunden arbeitet er jetzt wöchentlich im Museum. Sein pädagogisches Können und Mitdenken heben ihn über einen üblichen Aufseher hinaus und zeichnen ihn als vorbildlichen Führer und Erklärer der Ludwigsburger Geschichte aus.

Auf der Stelle der Sekretärin sitzt seit 3 Jahren (nachdem Frau Helga Schmidt ins Vorzimmer des Kultur-Abteilungsleiters versetzt wurde) Frau Lore Könninger. Nach einer kaufmännischen Ausbildung heiratete sie und betreute ein Gemeindehaus in einem Ludwigsburger Stadtteil. Frau Könninger arbeitet »mit 2 rechten Händen«, viel Engagement und Herz bei allem, was im Museum anfällt, fleißig mit, denkt mit, plant mit und beruhigt aufgeregte Gemüter.

Am 30. 6. 1984 wird die Stelle des Museumsleiters neu besetzt werden. Bis dahin hoffe ich noch, die Sammlung der »Württembergica« zum größten Teil durchgearbeitet, d.h., alles inventarisiert und karteimäßig erfaßt zu haben. Die kleineren Gebiete des Militärs und der Kartensammlung liegen noch vor mir. Mein Nachfolger sollte dann die fotographische Dokumentation durchführen.

Nach gut 18 1/2 Jahren Tätigkeit im Ludwigsburger Museum, die mir sehr viel Freude bereiteten (trotz manchen Kummers), habe ich nun vor, mich »zur Ruhe zu setzen«, um fachlich noch das ausarbeiten zu können, wozu ich in der täglichen Turbulenz nicht kommen konnte. Etliche Themen weiß ich, die zur Bearbeitung reif sind.

In der Familie der Museumskollegen und -interessenten habe ich in den letzten Jahren eine geistige Heimat gefunden. Darüber bin ich sehr froh und möchte allen danken. H. Gengnagel

Marbach am Neckar
Schiller-Nationalmuseum

In Deutschland erinnerte man sich im Jahre 1983 der 50. Jahrestage des 30. Januar 1933, des 27. Februar und des 10. Mai. Mit einer großen Ausstellung, die zwischen 14. Mai und 31. Oktober 1983 in Marbach gezeigt wurde und die anschließend – zwischen dem 14. November und dem 17. Dezember – im Foyer der Theater der Stadt Bonn noch einmal aufgebaut worden ist (weitere Einladungen konnten nicht angenommen werden), mit einer Sonderausstellung also unter dem von Brecht entlehnten Titel ›Klassiker in finsteren Zeiten. 1933–1945‹ sollte die politische Inanspruchnahme der deutschen Klassiker durch die Nationalsozialisten dargestellt werden. Aber auch die Verfolgten und Vertriebenen, die Emigranten und diejenigen, die gegen Hitler aufstanden, beriefen sich im Namen eines »anderen Deutschland« auf die deutschen Klassiker. Die so oft in Zweifel gezogene Wirkung des »Dichterworts« ließ sich auf unerwartete und unmittelbare Weise belegen.

»Indem die Ausstellung diese Facetten hervorbringt«, schrieb Günther Rühle in der ›Frankfurter Allgemeinen‹ über Ausstellung und Katalog, »beginnt sie eine neue Art historischer Betrachtung der Jahre 1933 bis 1945. Sie gibt ihr Material nicht preis an die einseitige, gewohnte Perspektive der Gut-Böse-Abrechnung und verzichtet doch nicht auf Bewertung. Wie sie den Mißbrauch herausstellt, bewahrt sie auch die Achtung vor den Menschen. So haben sie – diese und jene – in finsterer Zeit mit den Klassikern gelebt: das ist die eigene Humanität der Ausstellung.«

Die Ausstellung und der in 4500 Exemplaren erschienene Katalog, von dem zum Zeitpunkt der Niederschrift dieses Berichts eine zweite Auflage in Herstellung geht, wurde von Bernhard Zeller unter Mitarbeit von Friederike Brüggemann, Eva Dambacher, Hildegard Dieke und Friedrich Pfäfflin erarbeitet. Albrecht Bergold, Ludwig Greve, Jochen Meyer, Hans-Dieter Mück, Friedrich Pfäfflin, Hans-Ulrich Simon, Alexandra Stimpfig, Joachim W. Storck, Reinhard Tgahrt, Werner Volke, Monika Waldmüller und Bernhard Zeller haben die einzelnen Kapitel des Katalogbuches geschrieben.

Die Jahresausstellung wurde von drei thematisch abgestimmten Kabinett-Ausstellungen eingerahmt, zu denen jeweils Kataloge in der Reihe der ›Marbacher Magazine‹ vorgelegt wurden:

Zwischen dem 14. Oktober 1982 und

31. Januar 1983 wurde das von Friedrich Pfäfflin eingerichtete Kabinett ›Jean Améry. Unterwegs nach Ouadenaarde‹ gezeigt, das einem aus Österreich emigrierten deutschen Schriftsteller galt, der nach 1945 nicht nach Deutschland zurückgekehrt ist. Er blieb in Belgien; er verharrte im immerwährenden Exil, obwohl er ausschließlich in deutscher Sprache schrieb. Seine Heimat war die deutsche Sprache. Der in 3200 Exemplaren erschienene Katalog ist vergriffen.

Zwischen dem 18. Februar und dem 19. Juni wurde das Kabinett ›In den Katakomben. Jüdische Verlage in Deutschland. 1933–1938‹, bearbeitet von Ingrid Belke, aufgebaut. Die Ausstellung und das in 3500 Exemplaren erschienene ›Marbacher Magazin‹ gingen den Fragen nach, warum in Deutschland bis zur sogenannten »Reichskristallnacht« jüdische Verleger tätig sein konnten – und unter welchen Bedingungen sie arbeiteten. Die Ausstellung war vom 6. September bis 18. Oktober 1983 in der Deutschen Bibliothek in Frankfurt/Main noch einmal zu sehen.

Das vom 1. Juli bis 31. Dezember 1983 in Marbach eingerichtete Kabinett galt der Zeitschrift ›Das Innere Reich‹, die 1934 mit dem Anspruch gegründet worden war, Deutschland und der Welt zu beweisen, daß nicht die »deutsche« Literatur emigriert sei, sondern die »Literaten«, während die »Dichter« im Lande geblieben seien. Die Zeitschrift, die bis 1944 erschien, bot manchem der neuen jungen Autoren einen Ort zur Veröffentlichung. Sie war weder nationalsozialistisch, noch konnte sie für sich in Anspruch nehmen, unpolitisch zu handeln. Neben dem ›Marbacher Magazin‹, bearbeitet von Werner Volke, das in 3000 Exemplaren gedruckt wurde, kam als Beiheft das von Adelheid Westhoff erstellte ›Verzeichnis der Beiträge‹ heraus.

Außerhalb des Schiller-Nationalmuseums wurden 1983 neben der schon genannten Ausstellung in Frankfurt zwei Kabinette gezeigt: In der Universitätsbibliothek Kiel war vom 10. Februar bis zum 9. März die Ausstellung ›Wilhelm Lehmann. 1882–1892‹ zu sehen. In Verbindung mit der »Arbeitsstelle für literarische Museen, Archive und Gedenkstätten in Baden-Württemberg« wurde zum 14. Oktober 1983 die Ständige Ausstellung ›Der Dichter Christian Wagner‹ in seinem Geburts-, Wohn- und Sterbehaus in Leonberg-Warmbronn eingerichtet, zu der das von Harald Hepfer und Friedrich Pfäfflin bearbeitete ›Marbacher Magazin‹ 28/1983 herauskam (Auflage: 5000 Exemplare), während das für die Ausstellung ›Mörike in Ochsenwang‹ von Thomas Scheuffelen bearbeitete ›Marbacher Magazin‹ zu der schon 1981 eröffneten ständigen Ausstellung in Ochsenwang nachgereicht wurde (Auflage: 7650 Exemplare). *Friedrich Pfäfflin*

Neckargmünd
Heimatmuseum

Die Stadt Neckargmünd ist eine Stadt mit neuen Perspektiven, aber auch mit einer großen historischen Vergangenheit. Sie feiert 1988 ihr tausendjähriges Bestehen. Dies war Grund genug, die Herausforderung zu sehen, tiefer in die Vergangenheit vorzudringen und, so weit als möglich, auch Beweise anzutreten.

Die Stadt ist geprägt von der Landschaft des vorderen Neckartales, von ihren Bürgern und deren Tätigkeiten in Schiffahrt, Handwerk, Handel und Gewerbe, von den Wechselfällen der Geschichte und dem Bemühen einzelner um Heimatverbundenheit, auch in der Verantwortung künftigen Generationen gegenüber. Und so hat die Stadt seit April dieses Jahres wieder ein Heimatmuseum, das zunächst in einem Hintergebäude in vier Räumen des ehemaligen Gasthofes Zum Pflug untergebracht ist, aber die berechtigte Aussicht hat, demnächst in das alte historische Rathaus an der Hauptstraße umziehen zu können. Die Bevölkerung der Stadt nimmt regen Anteil an dem Geschehen um das Museum und ist auch immer wieder bereit, sich von alten Stücken zu trennen oder dafür auch etwas in die Tasche zu greifen, um den mit der Museumsaufgabe betrauten Kultur- und Heimatverein sinnvoll zu unterstützen.

Von urgeschichtlichen Funden ausgehend, spannt sich der historische Dokumentationsrahmen vom Känozoikum (500 000 Jahre) über das ausgehende Pleistozän (Eiszeit, 200 000 Jahre), das Neolithikum (Jungsteinzeit), die Zeit der Römer bis hin zur Stadtgeschichte (etwa um 900 beginnend, um dann immer dichter in seiner Belegkraft und Aussage zu werden).

Oberndorf a. N.
Heimat- und Waffenmuseum

Der Herbst des Jahres 1982 brachte dem Museum eine ganz beachtliche Bereicherung seiner Schaustücke. Unter finanzieller Mithilfe der Mauserwerke und einiger Spender gelang es der Stadtverwaltung, das Mauserauto vom Typ »Tourer M 7« in vorzüglicher Erhaltung zu erwerben.

Der Versailler Vertrag untersagte einst den Mauserwerken die Fabrikation von Kriegswaffen. Man versuchte daher ab 1919 eine Umstellung auf den zivilen Bereich und fertigte Meßwerkzeuge, Nähmaschinen und Rechenmaschinen, Haarschneidemaschinen, Hämmer, Äxte, Kochtöpfe, sogenannte Einspurautos und verschiedene Autotypen, darunter unseren Tourer.

Er besitzt einen 1,5 Liter-Reihenmotor mit 28 PS, erreicht eine Höchstgeschwindigkeit von 85 km/h, hat bereits Ballonreifen und kostete 1926 9550.- Reichsmark. Mauser stellte Motoren und Chassis her, während die Firma Trautz in Heilbronn die Karosserie montierte.

Dieser Wagen wechselte viermal seine Nummer: 1926 trug er die Bezeichnung des damaligen Oberamts Oberndorf III K 282; als 1938 das Oberamt im Kreis Rottweil aufging, WT 27 1452; nach dem 2. Weltkrieg FW 27 3628 (Franz. Zone Württ.); ab 1957 schließlich RW- AA 914. 1959 wurde das Fahrzeug nach den USA verkauft.

Eine in Amerika lebende Oberndorferin berichtete vor etwa einem Jahr, sie habe bei einem Besuch des Oldtimer-Museums in der Spielerstadt Reno/Nevada ein Mauser-Auto entdeckt.

Unverzüglich begannen die Verhandlungen mit Reno. Und siehe da! Man wurde handelseinig. Per Luftfracht gelangte das Fahrzeug nach Echterdingen und schließlich auf einem Transporter in seine Heimat, wo es nach einer Überholung mit einem Kran durch ein Fenster an seinen jetzigen Standort gehievt wurde.

Einen Neuzugang auf einem ganz anderen Gebiet kann unser Museum verzeichnen. Es handelt sich um die Bronce-Totenbüste des hier geborenen Komponisten Sigfrid Karg-Elert (1877–1933). Leider ist er in deutschen Landen noch wenig bekannt, im Gegensatz zu England oder den USA. Das »noch« bezieht sich auf das beginnende Interesse des ausübenden Musikpublikums und auf die immer häufiger gespielten Werke. Schließlich war er, der Spätromantiker, einst ja Lehrer, Senator, später Professor am Konservatorium in Leipzig. Und zu seinen Bewunderern gehörte kein Geringerer als Albert Schweitzer, der sogar in Lambarene Elerts Orgelkompositionen spielte.

Geschichtlich bemerkenswerte Neuerwerbungen gelangen auf dem Gebiet des Waffensektors. Im Jahre 1933 ließ das Kaiserhaus Äthiopiens von Mauser

144

das System des Mod. 98 jagdlich umarbeiten. Als Geschenk an einen englischen Offizier wanderte diese Großwildbüchse nach England, und auf vielerlei Umwegen kam sie dann in unser Museum. Sie trägt das Kaiserwappen des Negus Negesti Haile Selassi.

Eine weitere interessante Neuerwerbung ist ein Burengewehr Mod. 1893 Mauser. Nach Burenart schnitzte der Besitzer seinen Namen kunstvoll in den Schaft. Man liest: Feldcornett L. M. DU BLESSIS. Die Familie DU BLESSIS sind späte Verwandte des berühmten französischen Staatsmannes Kardinal Richelieu.

Durch Neuerwerbungen von portugiesischen Gewehren und Karabinern des Systems Mauser können wir nun die gesamte Entwicklung der berühmten Portugal-Mauser zeigen.

Zum Schluß möchte ich der Stadtverwaltung Oberndorf, insbesondere dem Kulturamtsleiter, Stadtoberamtsrat Lehmann, auch an dieser Stelle herzlich danken für die Beschaffung eines Kopiergerätes, das Vergrößerungen und Verkleinerungen ermöglicht. Dadurch werden wir in die Lage versetzt, Beschriftungen selbst auszuführen und sogar Photos in durchaus zufriedenstellender Qualität zu kopieren.   F. Feederle

Reichenau
Heimatmuseum

Im Juni 1982 eröffnete die Gemeinde Reichenau ihr neues Heimatmuseum. Es befindet sich im Zentrum der Insel in einem stattlichen Fachwerkhaus an der Ergat in Mittelzell. Bürger und Feriengäste haben die Möglichkeit, sich anhand von Ausstellungsstücken und erklärenden Texten einen Einblick in die Geschichte der Insel und Gemeinde zu verschaffen.

Die Anfänge des Gebäudes gehen vermutlich bis ins 12. Jahrhundert zurück. Das Gebäude diente nach seiner Erstellung als Sitz des Ammanns, der Richter über die Marktleute war und vom Abt des Klosters eingesetzt wurde. Nachdem sich Bürger und Bauern vom Kloster unabhängig zu machen begannen, soll das Gebäude als eine Art Rathaus der Bürgergemeinde gedient haben. Mitte des 15. Jahrhunderts setzte man dem bereits bestehenden Stein-

---

Abb. oben und Mitte: Ausstellungsräume im Heimatmuseum Neckargmünd
Abb. unten: Mauserauto vom Typ »Tourer M 7« 1959 vor dem Verkauf nach den USA (heute im Heimat- und Waffenmuseum Oberndorf a. N.)

haus zwei Fachwerkgeschosse auf. Das Fachwerk zählt zu den ältesten in ganz Süddeutschland. Zu Beginn des 19. Jahrhunderts kam das Gebäude in den Besitz einer Landwirtsfamilie, die es bis in die dreißiger Jahre unseres Jahrhunderts nutzte. Danach bekam das Gebäude wieder die ursprüngliche Funktion und wurde zum Rathaus umgestaltet. Von 1978 bis 1981 ist das Haus nun endgültig und vorbildlich restauriert worden.

»Leben und Arbeiten auf der Reichenau« ist der Themenschwerpunkt des neuen Museums. So wird der Museumsbesucher im Erdgeschoß und im Keller mit alten Geräten und Schautafeln über die Entwicklung der Landwirtschaft und des Weinbaus auf der Insel informiert. Nur wenigen ist noch bekannt, daß die Reichenau bis vor 60 Jahren eine Weinbauinsel war. Durch die Verbesserung der Transportmöglichkeiten (Eisenbahn, Motorisierung, Straßenbau) bekam der Reichenauer Wein im Bodenseegebiet immer stärker Konkurrenz von Weinen aus anderen Regionen. Nach einigen klimatischen Rückschlägen begann dann in den dreißiger Jahren die Umstellung auf den heute vorherrschenden Gemüsebau. Auf der Insel gibt es zur Zeit noch 12 ha Reben.

In der »Galerie« des Museums im hinteren Erdgeschoß finden wechselnde Ausstellungen statt. Diese Sonderausstellungen sollen immer neuen Anreiz zum Besuch des Museums bieten.

Im 1. Obergeschoß vermitteln die Uniformen der historischen Bürgerwehr, eine Reichenauer Tracht und Figuren der Reichenauer Fasnacht einen Eindruck vom Brauchtum auf der Insel Reichenau. Über das künstlerische Schaffen auf der Reichenau wird im Leseraum informiert. Eine Bauernwohnung mit Küche, Schlafzimmer und Wohnstube zeigt bäuerliche Wohnverhältnisse um die Jahrhundertwende. Inmitten dieser Museumsräume hat das Fremdenverkehrsamt Platz gefunden. Der Feriengast nimmt so zwangsläufig von der Existenz des Museums Kenntnis und verliert eventuell vorhandene »Schwellenängste«. Die Museumsfreunde begrüßen es auch, daß der große Bürgersaal im 2. Obergeschoß nicht nur Museumszwecken dient. Die Gemeinde nützt den Raum zu Repräsentationszwecken, und an Fasnacht sollen hier auch künftig die Narren das Zepter führen. Mit dieser Mehrfachnutzung soll verhindert werden, daß das Museum zu einer leblosen Kultstätte wird, um die man einen respektvollen Bogen schlägt.

Das Museum zeigt im Bürgersaal Fotografien zur baulichen und landschaftlichen Entwicklung der Insel im 19. und 20. Jahrhundert. Bilder und Dokumente zur Geschichte des Ortsteils »Waldsiedlung« auf dem Festland sind im Ratssaal zu sehen. Hier und in zwei weiteren Räumen des Museums bietet ein Projektionssystem weitere Informationen zur Geschichte der Reichenau.

In der großen Diele des 2. Obergeschosses stellen Modelle die drei noch vorhandenen Reichenauer Kirchen im Urzustand vor. Der Besucher erhält hier Informationen zur Geschichte der berühmten Reichenauer Abtei. Allerdings möchte das Museum damit in keiner Weise der Ausstellung in der Schatzkammer des Münsters Konkurrenz machen. Den Abschluß des »Historiker-Stockwerks« bildet die Abteilung Ur- und Frühgeschichte. Sie stellt frühgeschichtliche Funde auf Reichenauer Gemarkung vor und bietet mit Zeittafeln und Karten eine ergänzende Information.

Im Dachgeschoß des Hauses erwartet den Besucher schließlich eine der größten ornithologischen Sammlungen am Bodensee. Vögel und auch Fische sind hier in Nachbildungen ihrer natürlichen Lebenswelt zu sehen. Zahlreiche Modelle informieren über Schiffs- und Bootstypen am Bodensee. Besondere Aufmerksamkeit verdient die detailgetreue Nachbildung einer Reichenauer Bootsbauerwerkstatt, die die Herstellung eines Boots vom Trocknen des Holzes bis zur Fertigstellung zeigt. Bilder und Arbeitsgeräte informieren über die Fischerei auf der Reichenau. Nicht fehlen darf auch der Hinweis darauf, daß zur Gemeinde Reichenau auch weite Waldgebiete auf dem Festland gehören. Ein Modell des Bodensee-Untersees zeigt die Seetiefen und die Lage der Insel im See.

Die Einrichtung des Museums hat der »Förderkreis Heimatmuseum Reichenau e.V.« besorgt, in dem sich über hundert Reichenauer Bürger und auswärtige Museumsfreunde zusammengeschlossen haben. Aus diesem Förderkreis haben sich Arbeitsgruppen gebildet, die unter wissenschaftlicher Beratung die einzelnen Räume gestaltet haben. So ist ein Museum entstanden, bei dem die Gestaltung und Einrichtung weitgehend von »Laien« vorgenommen wurde.

Schramberg
Stadtmuseum

Das Stadtmuseum Schramberg befindet sich seit 1979 im Aufbau. Im Juni 1982 wurden die ersten beiden Abteilungen der Dauerausstellung – Strohflechterei und Steingutherstellung – der Öffentlichkeit vorgestellt. Die Uhrenabteilung wurde im Mai 1983 eröffnet.

Das Stadtmuseum sieht seine Aufgabe vor allem darin, der Bevölkerung ein zusätzliches Bildungs-, Kultur- und Freizeitangebot in Form von Dauerausstellungen zur Schramberger Stadt- und zur Industrialisierungsgeschichte, von Sonderausstellungen zu stadtgeschichtlichen und überregionalen Themen sowie museumspädagogischen Aktionen anzubieten. Die Ausstellungsgegenstände wurden zusammen mit Bild- und Textinformationen ausgestellt, um den Besuchern Gelegenheit zu geben, anhand der Ausstellungen etwas über die Geschichte der Ausstellungsgegenstände und damit der Stadt Schramberg zu erfahren.

Die Dauerausstellungen beschäftigen sich mit der Geschichte Schrambergs. Schramberg ist eine verhältnismäßig junge Stadt. Marktflecken war Schramberg zwar schon seit dem 16. Jahrhundert, zur Stadt erhoben wurde es jedoch – im Gefolge der Industrialisierung – erst 1867. Da die Industrialisierung die entscheidende Phase in der Entwicklung der Stadt Schramberg war und die Lebensweise ihrer Bewohner wesentlich geprägt hat, steht dieses Thema im Mittelpunkt der Dauerausstellung. Die Auswirkungen der Industrialisierung auf die Stadtentwicklung, die Wechselwirkung zwischen technologischem Wandel einerseits und sozialen und wirtschaftlichen Verhältnissen andrerseits werden anhand von Schramberger Industrieprodukten, Maschinen, Fotos und Dokumenten veranschaulicht.

Die Themen der Dauerausstellung ergeben sich aus den in Schramberg vorherrschenden Industriezweigen.

Da die Steingut-, Strohwaren- und Industrieuhrenherstellung die Stadtentwicklung zu verschiedenen Zeiten unterschiedlich stark beeinflußt haben, wurden diese Industriezweige schwerpunkthaft dargestellt.

Am Beispiel der Steingutherstellung werden vorrangig die Anfänge der Industrialisierung Schrambergs aufgezeigt, denn die 1820 von Isidor Faist gegründete Steingutfabrik (seit 1883 Villeroy & Boch Schramberg, seit 1912 SMF) war der erste Industriebetrieb in Schramberg. Der Marktflecken Schramberg bot

Abb. oben: Steingut aus der Produktion der Steingutfabrik Villeroy & Boch, Schramberg um 1900, im Stadtmuseum Schramberg

für die damalige Zeit günstige Voraussetzungen für die Steingutproduktion: Tonvorkommen als Rohstofflieferant, Wasserkraft und Holz als Energielieferanten waren am Ort ebenso vorhanden wie genügend Arbeitsuchende. Neben der Darstellung der Geschichte der Steingutfabrik und ihrer Produkte seit 1820 gibt die Ausstellung auch einen Einblick in die Herstellungstechniken und die Arbeitsbedingungen.

Der zweite Ausstellungsbereich zeigt die Armenbeschäftigung und Heimarbeit am Beispiel der Schramberger Strohmanufakturen. Die Strohflechterei war eine staatlich geförderte Maßnahme zur Eindämmung der Armut im Schwarzwald im 19. Jahrhundert. Auch die erste Strohmanufaktur in Schramberg wurde 1834 als Armenbeschäftigungsanstalt gegründet. Noch 1885 beschäftigten die beiden Schramberger Strohmanufakturen Haas und Wolber zusammen neben 250 Fabrikarbeitern 3000 Heimarbeiter. Neben der Darstellung der Voraussetzungen, die zur Gründung der Armenbeschäftigungsanstalt führten, der Entwicklung der Strohwarenindustrie und der Strohwarenherstellung in Heimarbeit, verdeutlicht die Ausstellung auch anhand von Werkzeugen und Maschinen, Rohmaterial und Fotos die einzelnen Arbeitsschritte zur Fertigung verschiedener Strohwaren.

Mit der Gründung der Uhrenfabriken Junghans, Mayer und Hamburg-Amerikanische Uhrenfabrik in der zweiten Hälfte des 19. Jahrhunderts wurde die industrielle Uhrenproduktion zum bedeutendsten Arbeits- und Wirtschaftszweig Schrambergs. Bereits um die Jahrhundertwende arbeiteten allein in den Schramberger Uhrenfabriken 4000 Beschäftigte. Eine Abteilung des Stadtmuseums stellt daher die fortschreitende Industrialisierung Schrambergs und die damit verbundenen Auswirkungen auf Stadtentwicklung und Arbeits- und Lebensverhältnisse der Bevölkerung am Beispiel der Entwicklung der Schramberger Uhrenindustrie dar.

Außer der industriellen Uhrenproduktion in Schramberg ist auch die hausgewerbliche Uhrenherstellung, die im 18. und 19. Jahrhundert eine wichtige Erwerbsquelle im Hochschwarzwald war, Gegenstand der Ausstellung. Die hausindustrielle Uhrenproduktion war in Schramberg allerdings nur in geringerem Maße vertreten, so daß eine Anbindung an die Stadtgeschichte nur bedingt gegeben ist. Die Schwarzwalduhrenabteilung zeigt die Entstehungsbedingungen der Hausindustrie im Schwarzwald, die Arbeits- und Lebensbedingungen der Uhrmacher und Schildmaler, das Vertriebssystem, die technische Entwicklung und die Veränderung der äußeren Form der Uhren, die Absatzkrise und den schließlich erfolgenden Übergang zur industriellen Uhrenproduktion.

In der Uhrenabteilung ist außerdem die Arthur-Junghans'sche Kunstuhr zu sehen, die als Werbeobjekt der Uhrenfabrik Junghans auf der Weltausstellung in Paris 1900 ausgestellt war. Das Bildprogramm dieser fast fünf Meter hohen Kunstuhr – erbaut vom Nürnberger Hofuhrmacher Gustav Speckhart – mit Themen aus dem Alten und Neuen Testament zeigt eine achtteilige Figurenfolge der Leiden Christi. Die Darstellungen der »technischen Errungenschaften des 19. Jahrhunderts« (Eisenbahn, Dampfschiff und Fabrikanlagen) unterhalb des Zifferblattes sowie die drei Allegorien der Elektrizität, des Telefons und des Telegrafen auf der Spitze der Kunstuhr stehen in offensichtlichem Wi-

Abb. Seite 148:
Neugotische Kunstuhr,
erbaut 1897–1900
von dem Nürnberger
Hofuhrmacher
Gustav Speckhart
und Bildhauer
Heinrich Blab

Abb. Seite 149 oben:
Abteilung
Strohflechterei
im Stadtmuseum
Schramberg

Abb. Seite 149 unten:
Schüler der
6. Klassenstufe
bei der Besichtigung
der Steingutabteilung
(Tonschneider
mit Transmission)
im Stadtmuseum
Schramberg

derspruch zu dem neugotischen Gehäuse und dem biblischen Bildprogramm und lassen diese Uhr als Kuriosität des Historismus erscheinen.

Da das Stadtmuseum Schramberg nicht wie viele andere Museen eine lange Sammeltradition aufzuweisen hat, sondern erst seit 1979 systematisch Ausstellungsgegenstände – vor allem im Hinblick auf die Schramberger Stadtgeschichte – zusammengetragen werden, war es von Anfang an in starkem Maße auf Mitarbeit und Sachspenden der Bevölkerung angewiesen. Um die Bevölkerung am Museumsaufbau teilhaben zu lassen und zur Mitarbeit anzuregen, veranstalteten die Museumsmitarbeiter während der Aufbauphase mehrere »Tage der offenen Tür« mit »Ausstellungen über die künftigen Ausstellungen«. Regelmäßig einmal wöchentlich stattfindende Führungen durch das Museumsdepot boten weitere Möglichkeiten, das Museumskonzept zu erläutern und ehrenamtliche Mitarbeiter zu gewinnen. Zahlreiche Schramberger Bürger haben daher durch ihre Sachspende selbst aktiv zum Gelingen der Ausstellungen beigetragen. Von den bisher vorhandenen rund 2000 Museumsobjekten und 1200 Fotos sind über die Hälfte Sachspenden der Bevölkerung. Dementsprechend groß ist das Interesse der einheimischen Bevölkerung an den Ausstellungen des Stadtmuseums. Die Museumsspender – überwiegend Senioren – gehören in der Regel zu den Mehrfachbesuchern, die das Museum als Ort der Freizeitgestaltung nutzen. Im Jahre 1983, als der größte Teil der Dauerausstellungen eröffnet war, hatte das Stadtmuseum rund 22000 Besucher. Der Anteil der Touristen unter den Museumsbesuchern ist zur Zeit mit 20% verhältnismäßig gering.

Um auch Kindern den Museumsbesuch zu erleichtern, wurden seit 1981 mehrere Tellermalaktionen durchgeführt, wodurch das Museum auch Kinder als »Stammbesucher« und Museumsbenutzer gewinnen konnte. Im Herbst 1983 wurde die erste größere museumspädagogische Aktion in Zusammenarbeit mit der Schule durchgeführt. Schüler der 6. Klasse erarbeiteten sich im Stadtmuseum das Thema »Industrialisierung Schrambergs« und stellten ihre Ergebnisse im Museum aus.

Ebenfalls im Herbst 1983 konnte die erste stadtgeschichtliche Sonderausstellung – »Schramberg 1933« – eröffnet werden, die unter ehrenamtlicher Mitarbeit Schramberger Bürger zustande kam. Das Begleitheft zur Ausstellung ist so angelegt, daß es im Schulunterricht als Quellengrundlage für die Erarbeitung der Geschehnisse der Zeit der Machtergreifung eingesetzt werden kann. Ehrenamtliches Engagement beschränkt sich im Stadtmuseum jedoch nicht nur auf die Übermittlung von Sachspenden und Mitarbiet bei Sonderausstellungen, sondern wird auch bei der »Tagesarbeit« des Museums geleistet: so wird das Uhrendepot von drei ehemals in den Schramberger Uhrenfabriken tätigen Uhrmachern ehrenamtlich betreut. Gisela Lixfeld

Stuttgart
Württembergisches Landesmuseum – Volkskundliche Sammlung
Flick-Werk. Bilder einer Ausstellung

»Flick-Werk. Reparieren und Umnutzen in der Alltagskultur« hieß eine Ausstellung, die vom 15. 10. 1983 bis 8. 1. 1984 im Württembergischen Landesmuseum zu sehen war – erarbeitet von der Volkskundlichen Sammlung in Zusammenarbeit mit einer Projektgruppe des Ludwig-Uhland-Instituts der Universität Tübingen*. Dazu ist ein reich bebildertes Beiheft erschienen, das ausführlich die sozialen und ökonomischen, psychologischen und ästhetischen Gesichtspunkte dieses spezifischen »Umgangs mit Sachen« thematisiert.

Die Ausstellung zeigt in mehreren Kapiteln (bäuerliche Lebenswelt, Handwerk, Hausarbeit, Ästhetik, Nachkriegszeit und Dritte Welt) die Geschichte und die Techniken des Reparierens oder Umnutzens der unteren Klassen und Schichten in den letzten 200 Jahren, vor allem in Württemberg.

Die Fülle der Ausstellungsobjekte, die zu je einem Drittel aus der Volkskundlichen Sammlung, aus Heimatmuseen und aus privater Hand kamen, demonstrierte eine Vielfalt an kreativen, aber auch dürftigen Wiederherstellungen alter und neuer Funktionen von Hausrat, Arbeitsgerät, Kleidung und Wäsche. Wichtig war uns auch, die Gesamtinszenierung und das Verhältnis von Objekt, Schrift und Bild in ein gleichgewichtig-gleichberechtigtes Verhältnis zu bringen.

* Eine ausführliche Dokumentation der Ausstellung mit einer Auswertung ihrer Resonanz in den Medien, des Besucherbuchs und einer Befragung der Ausstellungsbesucher wird demnächst im Korrespondenzblatt der Tübinger Vereinigung für Volkskunde veröffentlicht.

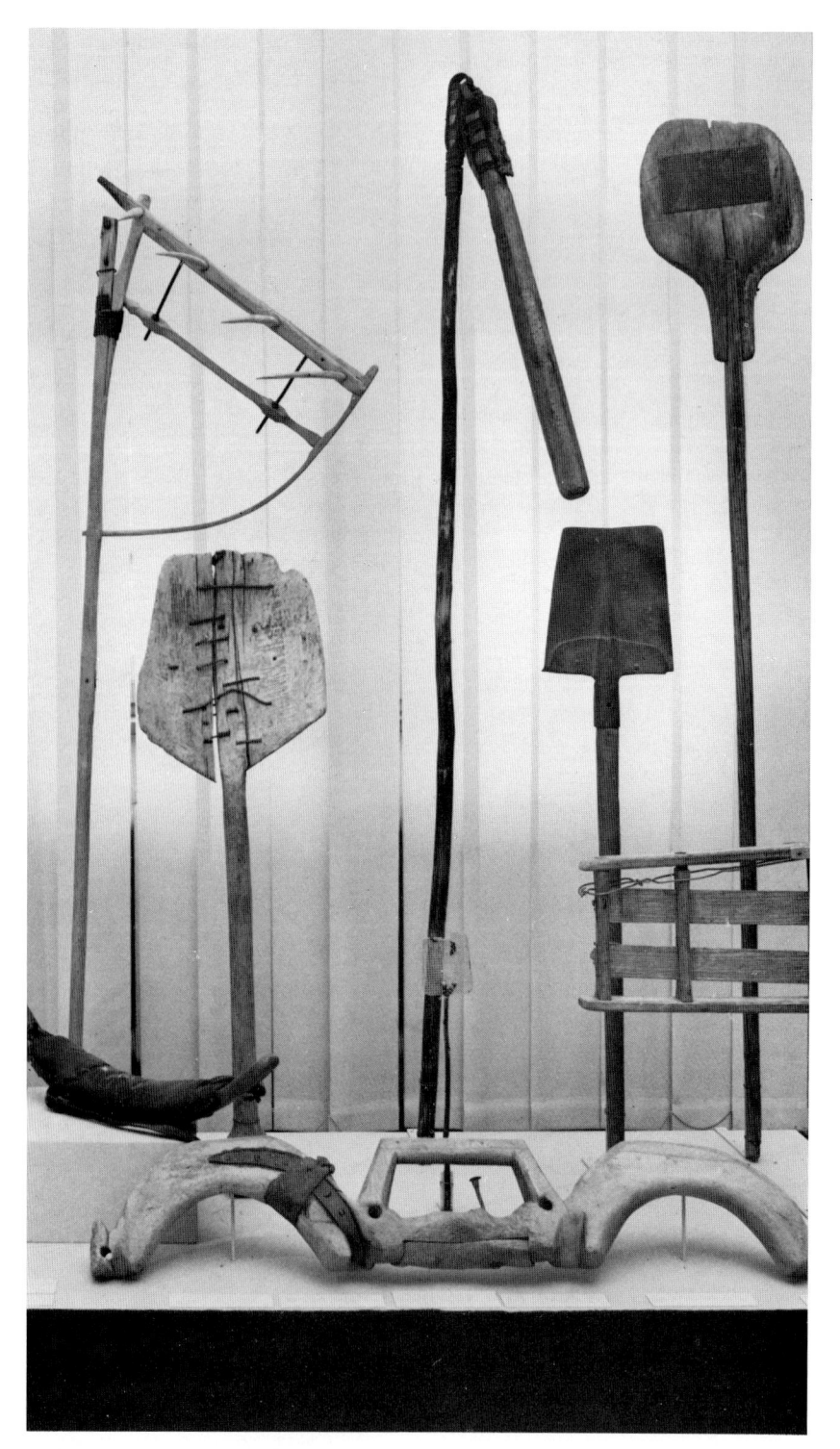

Abb. oben: Bäuerliches Arbeitsgerät

Als historischen Einstieg wählten wir die kleinbäuerliche Lebenswelt im vorigen Jahrhundert.

Die relative Statik der Produktionsweise führte damals zu wenig Änderungen im Gerätebestand. Mangelndes Bargeld und Selbstversorgung machten eine lange Nutzung der Arbeitsgeräte notwendig; man durfte und brauchte nichts wegwerfen. Stirn- und Doppeljoch, Haberrechen und Worfschaufel veranschaulichten ganz unterschiedliche Arten der Reparatur. Sie wurden vom Fachmann oder eigenhändig ausgeführt.

Das wenig angesehene Flickgewerbe (Korb- und Kesselflicker, Hafenbinder und Scherenschleifer) hat mit den einfachsten Mitteln versucht, die Gebrauchsfähigkeit der Gerätschaften wieder herzustellen. Wanderarbeiter und Störhandwerker zogen von Hof zu Hof und boten ihre Dienste an. Die industrielle Fertigung des Arbeitsgeräts und die Veränderungen in der landwirtschaftlichen Produktionsweise entzogen dem Landhandwerk zum Teil seine Arbeitsgrundlage und erzwangen seine Umstellung – die Dorfschmiede wurde vielleicht zu einem Reparaturbetrieb für Landmaschinen.

Abb. oben: »Kruschtkammer«

Die »Kruschtkammer«, hier idealtypisch inszeniert, war auf vielen Bauernhöfen selbstverständlich. Auch wenn nicht immer ein bestimmter Raum diese Funktion erfüllte, so gab es meist einen Platz in der Scheune oder an anderer Stelle, an dem Kaputtes und Ausgedientes aufbewahrt wurde.

Ein Schränkchen und eine Kommode, endgültig aus dem Wohnbereich verdammt, bewahren Schrauben, Nägel und Werkzeug, die Eisenbahnschwelle wird zum Amboß. Latten und Ziegel, alte Säcke, Seile und Ketten können bei der nächsten Reparatur evtl. verwendet werden.

Selbst als der ökonomische Zwang zur Sparsamkeit (z. B. bei der nächsten Generation) wegfiel, wurden Rohstoffe und Gerätschaften gepflegt und geschont; etwas wegzuwerfen galt lange Zeit als anstößig.

Abb. unten: Schusterwerkstatt

Bis zum Aufkommen der Schuhindustrie um die Jahrhundertwende wurden neue Schuhe vom Schuhmacher angefertigt und Reparaturen vom Flickschuster oder eigenhändig ausgeführt.

Die industrielle Schuhproduktion hatte für die Schuhmacher zur Folge, daß ihre Anfertigungen weniger gefragt waren und sie sich auch auf Reparaturen einstellen mußten. Nach dem Zweiten Weltkrieg kam eine andere, weitreichende Änderung: Die Schuhe wurden nicht mehr repariert, sondern einfach weggeworfen. Während 1950 für die Reparatur von Schuhen halb soviel Geld ausgegeben wurde wie für die Neuanschaffung, war es 1982 nur noch ein Sechzehntel.

Aufnahmen Seite 150–153: Frankenstein/Jordan, Württembergisches Landesmuseum

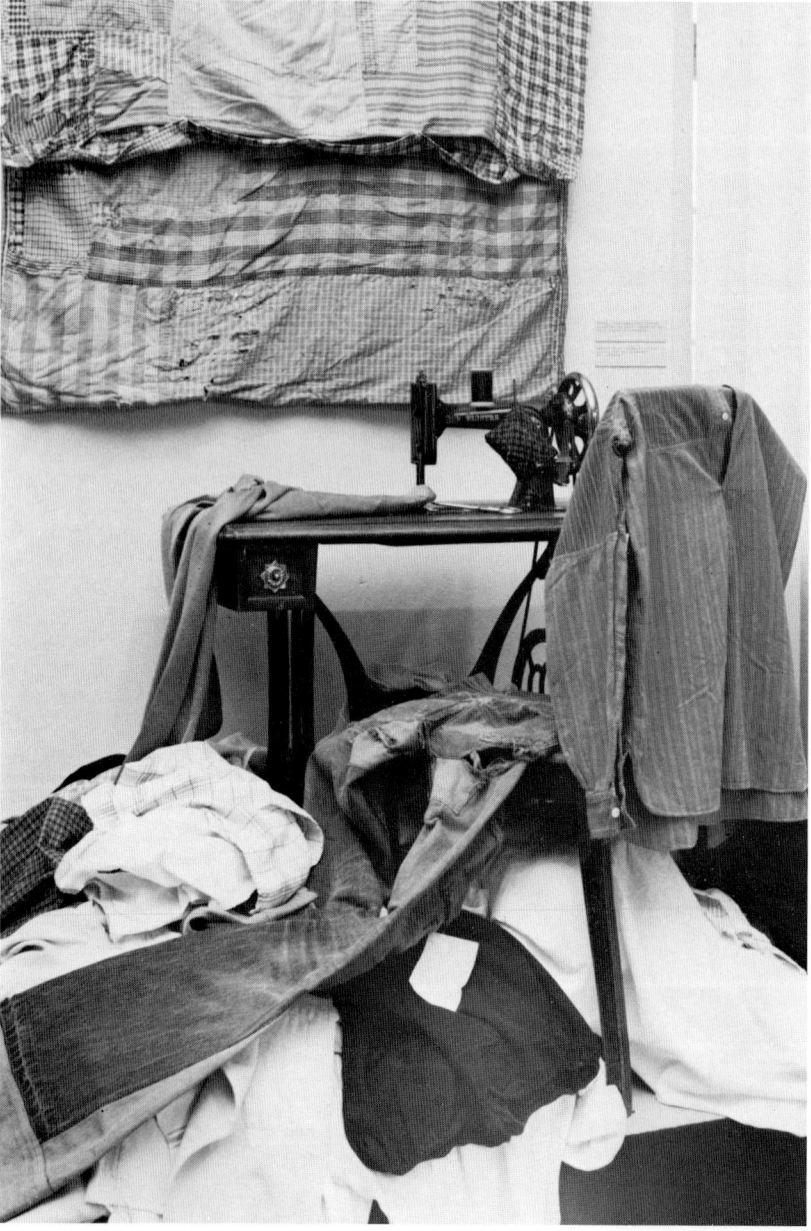

Abb. oben: Hafnerware

Haushaltsgeschirr aus gebranntem Ton war relativ stoßempfindlich. So war es üblich, Mostkrüge, Schüsseln und Sauerkrauthafen sowohl prophylaktisch als auch zur Reparatur vom Hafenbinder mit einem Drahtgeflecht versehen zu lassen. Das Drahtgeflecht konnte den gesprungenen Krug noch zusammenhalten; die Blechverkleidung am Boden des Sauerkrauthafens verbesserte die Hitzebeständigkeit. Oftmals ist es schwierig, die Prophylaxe von der Reparatur zu unterscheiden.

Abb. unten: Nähmaschine

Die Versorgung der Wäsche (Nähen, Flikken, Stopfen, Ändern) war, sofern sie nicht professionell erfolgte (manchmal selbst da), ein Arbeitsbereich der (Haus-)Frauen.

Bei Kleidung und Wäsche war vor allem in kleinbürgerlichen Kreisen die Unsichtbarkeit der Flickarbeit eine moralische Norm, die vielen Frauen mühsame und immer wiederkehrende Arbeiten auferlegte. Dabei ging es nicht nur um das handwerkliche Geschick, sondern auch um weibliche »Charakter«eigenschaften wie Häuslichkeit und Fleiß. Gegen Ende des 19. Jahrhunderts veränderte die Nähmaschine die Flickarbeiten. Angepriesen als Gerät der Arbeitserleichterung, führte sie aber auch in diesem Bereich zu einer Intensivierung der Frauenarbeit, denn viele Frauen konnten sich die Maschine – wenn auch auf Raten – nur leisten, wenn sie sie auch zum Gelderwerb benutzten.

Der Bettbezug an der Wand, hinter der Nähmaschine, steht für die Zeit, als Näh- und Flickarbeit von Hand ausgeführt wurde. Er wurde etwa in den 1890er Jahren in einem Kleinbauernhaus in Lenglingen hergestellt und bis in die zweite Hälfte dieses Jahrhunderts benützt. Soweit erkennbar, wurden 16 in Material, Farbe und Größe unterschiedliche Flicken aufgesetzt. Der ursprüngliche Zustand ist kaum noch feststellbar, an manchen Stellen liegen bis zu vier Stoffschichten übereinander.

Die Form der Inszenierung kann an diesem Beispiel erläutert werden: Auf dem Podest sollte die Nähmaschine den Übergang von der Hand- zur Maschinennäherei zeigen und gleichzeitig einen Bereich der (Haus-)Frauenarbeit, in der »Flick-Werk« zum tagtäglichen Allerlei gehört(e). Bewußt vermieden wir die Darstellung eines »Kleinmilieus«, bei dem der »reale« Arbeitsplatz an der Nähmaschine nachgestellt worden wäre. Die Enge, das Dunkle und Feuchte einer kleinen Arbeiterwohnung, in der die Frau neben der Kinderbetreuung vielleicht noch als Lohnnäherin arbeitete und die familiale Flickerei erledigen mußte – diese Situation kann so in ihrer Komplexität museal nicht dargestellt werden, will man nicht ein verkürzendes, idyllisierendes Bild der Geschichte vermitteln. Durch den überdimensionalen Wäscheberg wurde ein stilisierter Ausdruck der mühsamen und nie endenden Flick-Arbeit gefunden. Den Besuchern konnte so das Ausschnitthafte der musealen Präsentation deutlich werden, die sich immer nur der historischen Realität annähern kann, ohne sie zu erreichen.

Abb. oben: Jeans und Umnutzen nach 1945

War geflickte Kleidung früher ein Zeichen der Armut, kann sie heute ein Attribut jugendlicher Subkulturen sein, deren Konsumverweigerung im industriell gefertigten »Lumpenlook« schon wieder kommerzialisiert wird. Die Jeans sind auffällig, zuweilen auch schön geflickt; sie wurden bis vor kurzem oder werden noch heute getragen. Der bewußt eingesetzte Flicken ist ein Zeichen gegen kleinbürgerliche Normen des Versteckens von Not und ein Zeichen gegen die Wegwerfmentalität im Spätkapitalismus.

In der Vitrine im Hintergrund des Fotos wurden Gegenstände ausgestellt, die vor allem während und nach dem Zweiten Weltkrieg umgenutzt, d.h. aus ihrem ursprünglichen Funktionszusammenhang herausgenommen und einem neuen Verwendungszweck zugeführt wurden. Die Not, die früher in unteren Klassen und Schichten das Reparieren und Umnutzen bestimmte, weitete sich in gesellschaftlichen Krisenzeiten auf andere Schichten aus. So wurde aus der Übungshandgranate ein Kartoffelstampfer für Viehfutter, aus dem Stahlhelm ein Gülleschöpfer, aus der Granatkartusche eine Blumenvase, aus Tarnstoff eine Aktentasche.

Auch in den Ländern der Dritten Welt besteht heute neben dem normalen Produktionsbereich ein informeller Sektor, in dem »Aus Alt mach Neu« zur Überlebensstrategie geworden ist. Abfallprodukte werden sowohl in Selbsthilfeprojekten als auch in den Projekten der »angepaßten Technologie« zu lebensnotwendigen Gütern verarbeitet. In haitischen Öllämpchen sind deutsche Bierdosen wiederzuerkennen, Altglas wird nach einem schwedischen Verfahren eingeschmolzen und in neue Formen gebracht, aus alten Autoreifen werden Kindersandalen.

Abb. unten: Bohrmaschine mit Schublade

Die Notwendigkeit, durch Umnutzen und Reparieren den Gegenständen eine lange Lebensdauer zu geben, modifiziert sich in der zweiten Hälfte des 20. Jahrhunderts für die meisten Menschen. Gesellschaftlich notwendig wird nun das Gegenteil: Die kurze Verweildauer eines Objektes beim Verbraucher ist die Voraussetzung für eine schnelle Warenzirkulation; Konsum wird groß geschrieben. Manchmal lohnen sich fachmännische Reparaturen kaum noch, da der Neukauf nicht viel teurer ist. Reparieren (Instandsetzungsarbeiten wie Malen und Tapezieren hinzugezählt) ist eine Freizeitbeschäftigung geworden, bietet Entspannung und ist Kompensation, ähnlich der »Self-made-Bewegung« im Handarbeitsbereich. Stolz und Freude über das gelungene Produkt sind für beide Gruppen neben der Geldersparnis ein wichtiges Antriebsmoment.

Die Bohrmaschine auf dem Sockel, die »geschrumpfte Kruschtkammer« in der Schublade unter einer Neonleuchte, bilden den Mittelpunkt eines nach zwei Seiten offenen Raumes, mit dem betont werden sollte, daß heute Reparieren oder Umnutzen eine qualitativ andere Bedeutung haben kann.

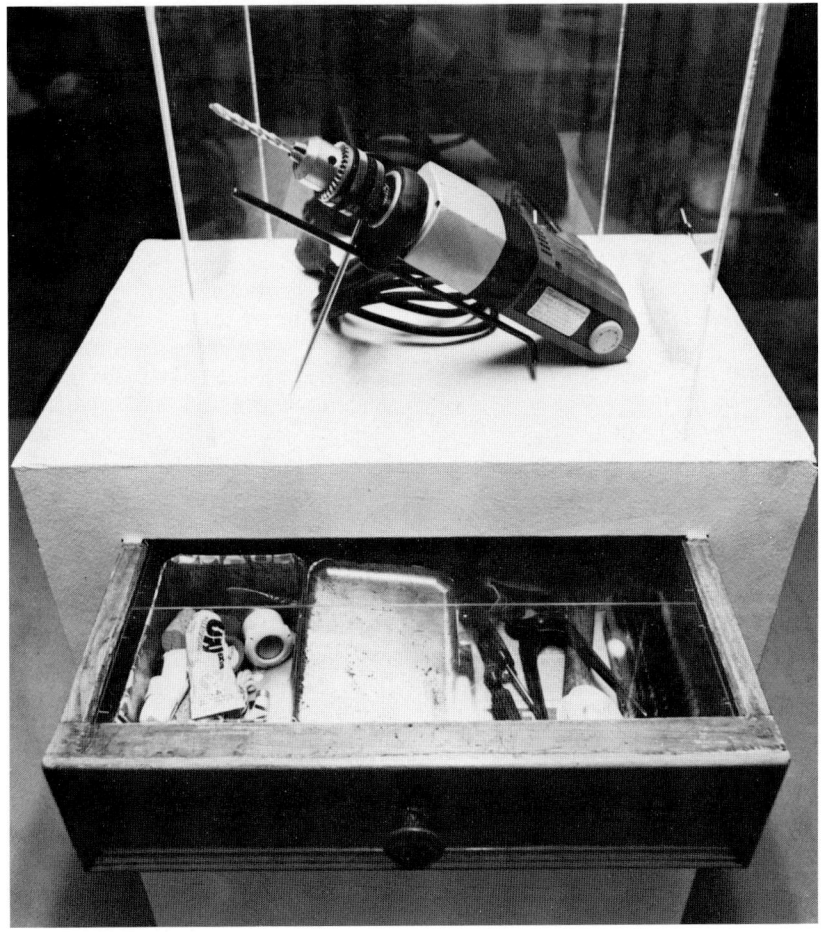

Zweifellos ist es notwendig, bei der Konzeption einer solchen Ausstellung sich den Fragen der Wertung und Bewertung von Flick-Werk zuzuwenden, denn auch die Faszination des Geflickten, die Kreativität des Notbehelfs muß geklärt und darf nicht verklärt werden. Dennoch bekommen manche dieser Objekte, deren Geschichtlichkeit sichtbar und spürbar ist, durch die museale Präsentation eine Aura, die ihrer eigentlichen Bedeutung nicht gerecht wird. Der geflickte Stiefel mit der genagelten Holzsohle verändert durch die Vitrinenglasscheibe seine Ausstrahlung, die Mühsal des Tragens und Ertragens verschwindet hinter einer neugewonnenen Originalität und Einzigartigkeit. Diese Diskrepanz zwischen museal vermittelbarer Einsicht in historische Zusammenhänge und der wirklichen Geschichte kann zwar durch Zusatzinformationen, Bildquellen und Inszenierungen (wie geschehen) verringert, aber nie aufgelöst werden.

Das Betrachten der Vergangenheit sagt genausoviel über das Gegenwärtige wie über das Vergangene aus. Die Knappheit der Ressourcen heute, Umweltverschmutzung, vergiftete Wälder und der Versuch, mit diesen Zerstörungen umzugehen, lenkt den Blick zurück auf vergangene Zeiten, in denen scheinbar »ökologischer« gelebt wurde, die Dinge des täglichen Bedarfs bis zum »Geht-nicht-mehr« benutzt, verwendet, umgenutzt, weiterverwendet wurden. Die Gefahr liegt in der Mystifizierung dieser Vergangenheit. Besucherreaktionen, die aus verschiedenen Blickwinkeln bestätigen, wie »toll« und vernünftig es früher gewesen sei, vergessen, daß die Menschen früher nicht aus Einsicht so gehandelt haben, sondern dieses Verhalten aus der schieren Not geboren war. In der Vergangenheit kann man nicht leben, sie kann uns aber Einsichten vermitteln, die unser Handeln heute bestimmen. Gudrun König

Trossingen
Heimatmuseum

Am 7. März 1982 ging für die Mitglieder des Arbeits- und Förderkreises ein langgehegter Wunsch in Erfüllung: In einer Feierstunde wurde das zweite, in aufgerichteter Stellung aufgebaute Skelett von Plateosaurus trossingensis der Öffentlichkeit vorgestellt. Dr. Wild vom Staatlichen Museum für Naturkunde in Stuttgart brachte den Anwesenden die Geschichte und Lebensweise dieser Saurierart nahe. Es wird vermutet, daß die Tiere nicht in der Trossinger Umgebung, sondern in einem Hochland östlich der heutigen Baar lebten und nach ihrem Tod in jene Vertiefung geschwemmt wurden, aus der im Jahr 1912 das erste Exemplar geborgen werden konnte.

Im Frühjahr 1982 wurde den Museumsbesuchern wieder eine Sonderausstellung geboten. Hobbykünstler aus Trossingen hatten Gelegenheit, ihre Batik- und Töpferarbeiten, Holzschnitzereien, Bauernmalerei, Kupferdrucke und Gipsarbeiten zu zeigen.

Ein buntes Bild bot sich auch an den Pfingstsamstagen 1982 und 83 im Konzerthaus bei den Heimatabenden, die von Mitgliedern des Fördervereins gestaltet wurden. Das Haus war ausverkauft, die Zuschauer sangen eifrig mit, und viele von ihnen waren sogar in ererbten Trachten gekommen.

Unsere Trachtengruppe, die sich einmal in der Woche zu Tanzübungen trifft, kümmert sich außerdem um die Inventarisierung der vorhandenen historischen Männer- und Frauentrachten und arbeitet ferner an der Erweiterung des Trachtenfundus. Neue Schürzen aus geeignetem schwarzem Baumwollstoff wurden angeschafft, da das alte Material vielfach brüchig wurde.

In der Vorweihnachtszeit konnte die Ausstellung »Altes Spielzeug« besichtigt werden. Der Verein hatte viele alte und teilweise sehr wertvolle Spielsachen als Leihgaben bekommen: Puppenstuben und -küchen, Kaufläden, Dampfmaschinen, Schaukelpferde, Soldaten und Modelleisenbahnen. Dabei war auch ein Bahnhof aus der Frühzeit des Eisenbahnspielzeugs zu sehen. Aus lackiertem Blech gefertigt, konnte das Gebäude innen mit Kerzen beleuchtet werden.

Als Geschenk einer Trossinger Familie erhielt unser Museum Puppenspielzeug aus der Zeit um 1935. Darunter eine Puppenküche, in der von der Kaffeemühle an der Wand bis zum Volksempfänger alles vorhanden ist.

Nach der Winterpause trat der Verein im März mit einem vielbeachteten Lichtbildervortrag »Alt-Trossingen« an die Öffentlichkeit. Gezeigt wurden Dias von historischen Aufnahmen. Die ältesten stammen aus dem Jahr 1864, ein nach Amerika ausgewanderter Trossinger hatte sie bei einem Besuch in der Heimat aufgenommen.

Der Verein macht es sich auch zur Aufgabe, von Zeit zu Zeit Dialektvorträge zu veranstalten. Der »Schwäbische Kalender« von Sebastian Blau, mit Akkordeonmusik und Gesang vorgetragen, erfreute an einem Abend im März seine Zuhörer.

Das große Relief im Erdgeschoß des Auberle-Hauses, das Stadt und Markung Trossingen im Maßstab 1:2500 darstellt, brachte ein Tuttlinger Ingenieurbüro auf den neuesten Stand.

Durch Verlegung der Werkstatt wurde im Dachgeschoß Platz für eine Sammlung gußeiserner Öfen und Herde gewonnen. Diese befanden sich z. Teil schon lange im Magazin, einige andere konnten gekauft werden, auch beim Sperrmüll wurde man fündig. So entstand ein Querschnitt durch die schwäbische Ofengeschichte vom bäuerlichen Kastenofen aus dem Jahr 1794 über Formen des Historismus und des Jugendstils bis hin zu schlichten Gebrauchsformen der Dreißigerjahre. Vertreten ist auch ein Schneiderofen zum Anwärmen der Bügeleisen und ein bemalter Emailleherd, der vor etwa 60 Jahren für Zirkuswagen hergestellt wurde.

In die musikgeschichtliche Abteilung gelangte ein Portrait des ersten Dirigenten des Trossinger Handharmonika-Orchesters, Hermann Schittenhelm, sowie eine Mund-Äoline, um 1830 in London hergestellt. Die Mund-Äolinen waren Vorläufer der heutigen Mundharmonikas. Durch die Öffnung an der Vorderseite des etwa 9 cm hohen Instruments werden die Stimmzungen angeblasen, die Tonhöhe kann durch Drücken der seitlichen Knöpfe reguliert werden.

Die Sammlung von Zeichnungen und Gemälden des aus Trossingen gebürtigen Malers Karl Demetz konnte um ein Bild erweitert werden. Es zeigt einen pferdebespannten Garbenwagen bei Gewitterstimmung. Im Juni 1973 gründeten 34 Trossinger Bürger den »Arbeits- und Förderkreis Heimatmuseum«. Heute, nach zehn Jahren, zählt unser Verein 250 Mitglieder. In einer Feierstunde am 25. September wurde eine Festschrift vorgestellt, die alle Bestrebungen um unser Museum dokumentiert, das noch im Herbst 1983, sechs Jahre nach seiner Eröffnung, den 50 000. Besucher erwartet. K. M. Ruff

Tübingen
Städtische Sammlungen, Theodor-Hearing-Haus

Seit der letzten Berichterstattung im »museumsmagazin 1« wurden im Theodor-Haering-Haus folgende Sonderausstellungen durchgeführt:

1982: Das Spiel in alten Bildern, Szenen aus dem 16.–19. Jahrhundert (in Zusammenarbeit mit dem Sportinstitut der Universität Tübingen); Alte Weihnachtskrippen.

1983: Tübingen 1933–1945 – Zeitgenössische Fotos aus den Städtischen Sammlungen; Udo Beylich, Aquarelle und Graphiken; Zur Geschichte der Naturwissenschaften in Tübingen – zum 120jährigen Fakultätsjubiläum; Kelten, Römer, Alemannen – zur Vor- und Frühgeschichte Tübingens und seiner Umgebung; Gerard Petitdidier, Elsäßische Landschaften; Das Ammertal – vom Wandel einer Kulturlandschaft; Fächer aus vier Jahrhunderten – aus einer Privatsammlung.

1984: Friedrich Schmidt, Ölbilder und Aquarelle; Ammerbuch – Zeichnungen von Huegette Rosenau 1983/84.

Die Herstellung von Katalogen für die laufenden Sonderausstellungen wurde nach einer zehnjährigen Unterbrechung wieder aufgenommen Der Katalog Nummer 21 erschien zur geplanten Ausstellung »Heinrich Seufferheld – Das graphische Werk« (Juli–September 1984, in Zusammenarbeit mit dem Kunsthistorischen Institut der Universität Tübingen).

Im Sommer des vergangenen Jahres wurden unter der Leitung von Kulturamtsleiter Dr. W. Setzler zehn stadtgeschichtliche Führungen durch Tübingen angeboten, gedacht für interessierte Einheimische und Gäste.

Trotz Ferienzeit nahmen weit mehr Interessenten als erwartet an den Führungen teil, die kostenlos angeboten wurden. Die zehnte und letzte Führung fand ihren Abschluß in den Räumen des Theodor-Haering-Hauses.

In der Zwischenzeit konnten über einhundert Neuerwerbungen verzeichnet werden. Besonders hervorzuheben sind einundzwanzig Radierungen von Heinrich Seufferheld für die eingangs erwähnte Ausstellung, neun kolorierte Zeichnungen von Luise v. Martens (Stadtansichten von 1853), Grafik zeitgenössischer Tübinger Künstler und eine umfangreiche Sammlung Tübinger Studentica. G. B.

Ulm
Naturkundliche Sammlungen der Stadt

Mit vier Emblemen stellen sich die Naturkundlichen Sammlungen der Stadt Ulm vor: Bergkristall, Ammonit, Turmschnecke und Fischreiher charakterisieren die einzelnen Abteilungen, die seit dem 21. Mai 1979 in neu eingerichteten Räumen in der Kornhausgasse 3 untergebracht sind.

Bis zum Jahresende 1983 bestaunten bereits über 50 000 Besucher die Sammlungen.

Vom Flur aus, in dem ein 25 Zentner schweres, fossiles Korallenriffstück von Gerhausen steht, die Blockbilder der Schwäbischen Alb und der Werdegang des Blautales bei Blaubeuren nach Georg Wagner und Adolf Koch hängen, vermitteln der »Stammbaum des Lebens« sowie eine »Geologische Uhr« die gewaltigen Zeiträume, die unsere Erde schon hinter sich hat.

Betreten wir den Raum »Gesteine und Mineralien«. Systematisch geordnet und klar beschriftet, werden sie in zahlreichen kleinen und einigen stattlichen Exemplaren vorgestellt. Wandvitrinen beinhalten Schmucksteine, Kristallmodelle, den Aufbau eines Atoms und das Periodensystem der Elemente; auch die Kalk- und Zementindustrie des Blautales ist mit Proben und Schaubildern vertreten.

Einen besonderen Anziehungspunkt bilden die in die Wand eingelassenen Vitrinen, in denen über hundert Mineralien – mit UV-Licht angestrahlt – zu fluoreszieren beginnen.

Im Raum »Erdgeschichte 1« veranschaulichen Versteinerungen von Pflanzen und Tieren die geologische Entwicklung des süddeutschen Raumes. Aus den verschiedenen Schichten des Jura stammen die Ammoniten, z. T. als »Leitfossilien« auf Übersichtstafeln, der kleine Seeigel mit der »Laterne des Aristoteles«, die zwei Meter lange Fischechse, der Schmelzschuppenfisch und die Seelilien aus dem Schwarzen Jura von Holzmaden, Originale und Nachbildungen berühmter Fossilien aus den Solnhofer Plattenkalken, Korallen und Schwämme von der Schwäbischen Alb.

Im Raum »Erdgeschichte 2« stellt sich Tertiär und Quartär des Ulmer Raumes übersichtlich ausgestellt vor mit Turmschnecken, Haifisch- und anderen Fischzähnen, Austern (u. a. von Ermingen und Ballendorf), Heringen von Illerkirchberg, der »Ulmer Palme« von Burlafingen, den Funden aus dem Meteorkrater des Steinheimer Beckens, den Nashornknochenresten vom Tunnelbau durch den Zigeunerfelsen, den Grabungsfunden vom Elchinger Kreuz, den Stammabschnitten von subfossilen Auwaldeichen sowie den Mammutbakkenzähnen von Jungingen und vom Braunland.

Der zoologische Teil der Sammlungen ist bei den jüngsten Besuchern der beliebteste. Viele lebensnah präparierte Tiere, vor allem Vögel der Heimat, sind hier in großen Vitrinen – nach Lebensräumen gruppiert – ausgestellt.

Auf Wunsch wird im Magazin, das auch das Herbarium und die Bücherei beherbergt, die Schönheit und Vielfalt tropischer Schmetterlinge gezeigt.

Die Naturkundlichen Sammlungen der Stadt Ulm wollen das Interesse an der Geschichte der Erde und die Achtung vor dem Leben in der Natur wachhalten.

Da hier die Naturkundlichen Sammlungen erstmals vorgestellt werden, darf deren Werdegang in diesem Zusammenhang in kurzen Zügen geschildert werden:

Geschichte der Sammlungen

Das Naturalienkabinett »Grieb« war der Anfang vor dem 1. Weltkrieg; die Stadt Ulm kaufte diese Sammlung, die magaziniert in den Markthallen und in der Wagnerschule einen vieljährigen Dornröschenschlaf hielt.

1923 Umzug und Einrichtung im Erdgeschoß des Steuerhauses (Weinhofschule); Januar 1924 Eröffnung der Naturaliensammlung unter den Konservatoren Knorr, Mangold und Nieß.

1936 übernahm Dr. Schäfle die Betreuung unter Mitarbeit von Schlichthärle, Klein und Igel.

17. 12. 1944 ausgebombt mit Ausnahme von in den Keller des Schwörhauses verlagerten wertvollen Teilen.

Magazine für die Restsammlung, für neue Stiftungen und die von Karl Müller 1950 erworbene Fossiliensammlung waren der Keller Marktplatz 9 und die Albrecht-Berblinger-Schule.

Im Kepler-Gymnasium, Kellergeschoß des C-Baues, wurde in 3 Räumen mit 170 m^2 im April 1958 eingezogen. – Karl Igel wurde die Betreuung übertragen. Die Naturaliensammlung wurde im Mai 1960 der Öffentlichkeit zugänglich gemacht und dabei vermerkt, daß die Kellerunterbringung nur eine vorläufige ist.

1961/62 Planung der Unterkunft im Büchsenstadel.

Der Verwaltungsausschuß des Gemeinderats beschließt am 21. 7. 1965 die Nutzung des Ochsenhäuser Hofes als Sammlungshaus.

Die Unterbringung in drei Obergeschoßräumen der Weinhofschule ist in den folgenden Jahren geplant.

Am 3. 6. 1977 beschließt der Verwaltungsausschuß die Unterbringung im Trakt Kornhausgasse 3 der Friedrich-List-Schule – endlich grünes Licht. Der Bauausschuß genehmigt die Baumaßnahme des Hochbauamts in Höhe von DM 216 000,--.

Seit 7. 9. 1978 neue Bezeichnung: Stadt Ulm – Naturkundliche Sammlungen.

Am 5. 10. 1978 wurde mit dem Beginn des Umzuges begonnen; 24 Fuhren mit Möbelwagen waren notwendig, und Schulklassen des Kepler-Gymnasiums halfen mit.

In einer Feierstunde eröffnete der Herr Oberbürgermeister Dr. Hans Lorenser die Sammlungen am 21. 5. 1979.

Die Besucherzahlen zeigen eine steigende Tendenz:

Jahr	Gesamt-zahl	davon Schüler
1965	3439	1500
1970	3920	1881
1975	4913	2775
1979	10 195	4972
1980	10 758	5630
1981	10 887	5914
1982	9916	4994
1983	9934	5379

Bemerkenswert an dieser Tabelle ist, daß der Anteil der Schüler an den Besucherzahlen annähernd 50% beträgt – ein Zeichen für die Bedeutung der Sammlungen für die Schulen.

Die Naturkundlichen Sammlungen der Stadt Ulm mit ihrem vielfältigen Besucherspektrum sind nach dem Urteil vieler Fachleute zu einer Bildungsstätte von Rang in Ulm geworden. Eine Diplomarbeit der Universität Stuttgart über die Korallenfauna des oberen Weißen Jura anhand von Belegstücken aus den hiesigen Sammlungen zeugt von der überregionalen Bedeutung.

Anerkennung fand der Leiter der Sammlungen mit folgenden Ehrungen: Verdienstmedaille des Bundesverdienstordens; Medaille der Universität Ulm; Ehrenmitgliedschaft im Verein für Naturwissenschaft und Mathematik in Ulm e. V.

Abb. oben: Naturkundliche Sammlung der Stadt Ulm, Abteilung Zoologie
Aufnahme: Presse-Foto Rueß, Ulm/Donau

Sonderausstellungen und Ausleihungen

Bis 1980 wurden 10 Sonderschauen gezeigt. Viel beachtet war die Ausstellung »Farben- und Formenfülle tropischer Schmetterlinge« während der Landeskunstwochen im Oktober 1982. Für die am 14. 4. 1983 vom Garten- und Friedhofsamt ausgerichtete Baumausstellung im Kornhaus wurde ein Kasten mit Holzschädlingen – Ulmensplintkäfer – zur Verfügung gestellt.

Sammlungsgegenstände werden immer wieder in Schaufenstern Ulmer und auswärtiger Firmen und in der Ausstellung »Leben-Wohnen-Freizeit« gezeigt, wobei unser Murmeltier die Runde in den hiesigen Apotheken macht.

Mitarbeiter

Mit der Universität Ulm, dem Verein für Naturwissenschaft und Mathematik in Ulm und dem Schwäbischen Heimatbund, Ortsgruppe Ulm, wird bestens zusammengearbeitet.

Als ehrenamtliche Mitarbeiter sind besonders zu nennen: Dipl.-Ing. Baudirektor i. R. Karl Britting, der jeden Nachmittag in den Sammlungen sein handwerkliches Können und seine großen geologischen Kenntnisse einsetzt, viele Besucher führt, ist zur rechten Hand des Leiters geworden; seine Tätigkeit ist mehr als hoch einzuschätzen.

Fernmeldeamtmann i. R. Johann Kapinus, unser »Azubi i. R.«, der 1982 seinen 80. Geburtstag feierte, schreibt mit sicherer Hand und großer Geduld Etiketten und besorgt den Zeitungsausschnittdienst; er will geistig fit bleiben und bedankt sich immer wieder dafür, daß er hier arbeiten darf.

Es sei mir erlaubt, meiner am 10. 10. 1982 heimgegangenen Frau Anna zu gedenken, welche die ganzen Jahre hindurch mit großer Gründlichkeit die Ausstellungsstücke gereinigt hat.

Mit großem Einfühlungsvermögen umsorgen die beiden Aufsichtsdamen Helga Vorwalter und Christa Neiss unsere Besucher und achten peinlich darauf, daß alle Vitrinen auf Hochglanz sind; sie führen das Tagebuch mit Statistik und betreuen das Besucherbuch.

Das Hausmeisterehepaar Keller ist sehr besorgt um die Sauberhaltung der Ausstellungsräume.

Zukunftspläne

Wir hoffen, daß eines Tages die Naturkundlichen Sammlungen in den oberen Stockwerken des Traktes Kornhausgasse 3 erweitert werden können. Geplant sind die Anschaffung von elektronischem Gerät zum Abhören von Vogelstimmen, die Durchführung von Sonderausstellungen, die Herausgabe eines Führers durch die Sammlungen und eines Informationsordners für die Schulen mit Veröffentlichungen zu einschlägigen Themen. Karl Igel

Waiblingen
Städtisches Museum

In den zurückliegenden Monaten gab es im Städtischen Museum Waiblingen einschneidende Veränderungen. Im Raum »Waiblingen als Kaiserpfalz« wurde eine völlige Neugestaltung der bisherigen Sammlung vorgenommen. Neue Exponate ergänzen sinnfällig die Darstellung einer bedeutsamen Epoche unserer Stadt. Das war jedoch nur durch die Erweiterung der Schauflächen für neue Bild- und Texttafeln möglich geworden.

Ein wichtiges Ereignis für das Museum war die feierliche Übergabe einer Nachbildung der Grabkrone von Kaiserin Gisela von Schwaben, der Erbin der Kaiserpfalz Waiblingen und Ahnfrau der »Heinriche von Waiblingen«, durch Domkapitular Dr. Seldmair und den Direktor des Pfälzischen Museums in Speyer, Dr. Gönner, am 28. Januar 1984. Diese Krone fand in einer Sondervitrine an exponierter Stelle einen würdigen Platz. Im Mittelpunkt der Übergabefeierlichkeiten stand ein Vortrag des Schwäbisch Haller Historikers Professor Dr. Gerd Wunder über die Kaiserin Gisela. –

In zwei neuen Vitrinen in der volkskundlichen Abteilung konnten die jüngsten Funde von der Baustelle an der ehemaligen Realschule untergebracht werden. Damit war es möglich, eine Lücke in der musealen Dokumentation einer weniger bedeutsamen stadtgeschichtlichen Epoche – des 16. Jahrhunderts – zu schließen. –

Eine Neugestaltung wurde in der Abteilung »Handwerk« vorgenommen. Als Schwerpunkte wurden hier herausgestellt: die umfangreiche (wahrscheinlich größte museale) Sammlung an Feierabendziegeln, die komplette handwerkliche Ausstattung eines Waiblinger Gerbers (Waiblingen war wie Backnang eine Gerberstadt, die jedoch den Wandel zur industriellen Fertigung nicht durchmachte) und die zahlreichen Schaustücke der lokalen Innungen.

In unserem Museum ist man daran gegangen, auch die fünf durch die Gemeindereform eingegliederten Teilorte zu integrieren, was durch künstlerische Darstellungen der bedeutsamsten Bauten dieser Gemeinden am Museumseingang und durch Exponate zum Ausdruck kommt.

Die Bemühungen, das Interesse am Museum durch eine gezielte Öffentlichkeitsarbeit zu wecken, hatten Erfolg. In den letzten fünf Jahren stieg die Besucherzahl von etwa 800 auf über 3000 an.

Im kommenden Jahr sollen durch bauliche Veränderungen im Obergeschoß neue Ausstellungsflächen gewonnen werden, die den Abteilungen »Römer« und »Alemannen« zugute kommen.

Durch Stiftungen kam in den letzten Monaten die Verbundenheit der Bevölkerung mit dem Museum sichtbar zum Ausdruck. Besondere Erwähnung verdienen geometrische Meßinstrumente aus dem 19. Jahrhundert und eine Regimentskasse aus dem 30jährigen Krieg. Theodor Stein

Waldkirch
Elztäler Heimatmuseum

Aus dem umfangreichen Geschäftsbericht des Elztäler Heimatmuseums für das Jahr 1983 bringen wir nachstehend einige Auszüge, welche die vielfältige Arbeit in diesem der Öffentlichkeit noch nicht zugänglichen Museum erkennen lassen. Mit der Eröffnung ist in den nächsten Monaten zu rechnen.

Die große Weihnachtskrippe

Im Jahre 1969 standen in einem Freiburger Ladengeschäft eine große Zahl gekleideter Krippenfiguren zum Verkauf. Wir interessierten uns dafür. Der Verkäufer wies uns darauf hin, daß es sich bei den 106 Figuren um etwa ein Drittel des ursprünglichen Bestandes handeln würde. Bei einem flüchtigen Überblick sahen wir, daß beispielsweise die hl. Familie fehlte. Es waren auch keine Schafe und Kamele dabei, doch die drei Könige mit einem zahlreichen Gefolge. Auch Hirten und Hirtenfrauen fanden sich hinreichend viele, und auch an Priestern und Tempeldienern war kein Mangel. Fabrikant Anton Hummel (Waldkirch) machte den Erwerb möglich. Zunächst bot sich in dem 1966 eröffneten Heimatmuseum in der Merklinstraße keine Möglichkeit, den erworbenen Schatz den Besuchern zu zeigen. Nachdem wir eine hl. Familie aus dem Bestand hergestellt hatten, stellten wir wenigstens einige Stücke aus. 1978 erhielt das in der Merklinstraße nur provisorisch untergebrachte Museum in der früheren Propstei des St. Margarethenchorherrenstifts eine neue und bleibende Unterkunft. Der Bestand an fertigen Weihnachtskrippen und Einzelfiguren hatte sich inzwischen vermehrt, so daß die Voraussetzungen für eine eigene Krippenabteilung gegeben waren. Eine volle Zimmerbreite wurde für die Aufstellung der geplanten großen Krippe vorgesehen. Der Aufbau mußte allerdings erst noch hergestellt werden. Was schon da war, waren orientalische Häuser aus einer ausrangierten Krippe.

Der Museumsleiter nahm die Gelegenheit wahr, bei einem Besuch in Bethlehem das Hirtenfeld und die umgebende Landschaft zu fotografieren. Die Aufnahmen dienten sodann als Grundlage für den gemalten Hintergrund durch Restaurator Wilfried Siegel. Das Bild gelang überraschend gut. Nun kam der Geländebauer an die Reihe. Der Hausmeister und Museumsschreiner Joachim Quade löste diese Aufgabe so, als hätte er solche Arbeiten schon öfters getan. Die Straße in Bethlehem, auf welcher die Aufnahmen entstanden waren, bildet nun, mit einigen baulichen Änderungen, die künftige Via Triumphalis für den Zug der Könige zur Geburtsgrotte. Steinmaterial aus Bethlehem wurde dabei verwendet. Alles war gut gelungen. Der Restaurator hatte die Arbeit des Landschaftsbauers wirkungsvoll unterstützt, es fehlte nur noch an einem, um dem kleinen Kunstwerk den letzten Pfiff zu verleihen: die Pflanzenwelt. Palmen, wie sie auf allen orientalischen Bildern vorkommen, gibt es in der fraglichen Gegend kaum, hingegen viele Laubbäume. Mit der Herstellung von Zypressen hatten wir keine Not. Mit dem Kleinzeug an Hecken aber wollte es nicht klappen. Kurzentschlossen fuhr der Restaurator auf den Kandel (1243 m), um in den Hochlagen bärtige Flechten zu suchen. Mit Juniperus zusammen kam sodann auch das noch fehlende Baummaterial in die Krippenlandschaft.

Die Aufstellung der Figuren konnte beginnen. Allerdings gab es daran einiges zu verbessern. Fehlende Lanzenspitzen ersetzte Quade. Zur Wiederbeschaffung von Federschmuck für die Soldaten des Mohrenkönigs war eine Frauenhand nötig. Frau Eleonore Gärtner löste mit einer handvoll feinster Daunenfedern diese Aufgabe. Dann noch da und dort einige Nadelstiche an den Kostümen, und das königliche Paradieren konnte nach strenger Ordnung und in barocker Darstellungsweise beginnen. Alles, was mit dem biblischen Geschehen zu tun hat, erscheint auf der Krippe in der heiligen Dreizahl. Dem Zug voran drei Reiter mit einer Sonnenfahne, dem Zeichen des Sol invictus, dem neugeborenen König. Die etwa 20 cm hohen Figuren sind sehr sorgfältig gearbeitet. Arme und Füße sind aus Holz, während die Köpfe teils aus Holz, Wachs oder Ton gearbeitet sind. Ein beredtes Zeichen für die minuziöse Sorgfalt selbst kleiner Dinge sind die Schwerter der Krieger. Die ca. 5 cm großen Schwerter lassen sich aus der Scheide ziehen. Ein Königsschwert trägt auf der Klinge Blautauschierung, darauf goldene Sterne.

Nur in einem sind wir beim Bau dieser Krippe von der herkömmlichen Tradition abgewichen. Nach neueren Forschungen soll der »Morgenstern« in einer Konjunktion von Jupiter und Saturn bestanden haben. So haben wir am Firmament das Sternbild der Fische mit den beiden Sternen abgebildet, so wie es am 4. Dezember des Jahres 7 v. Chr. zu sehen war. Jupiter galt in der Antike als der Königsstern. Darauf weist auch die hl. Schrift bei Matthäus 2,2 deutlich hin.

Eine Apotheke

Unter dem wenigen, was uns nach Kriegsende unter den geplünderten Beständen des Städtischen Heimatmuseums erhalten geblieben war, befanden sich vier bemalte Apothekengefäße aus Glas und ebensoviel aus Holz gedrechselte Dosen. Sie stammten aus der alten Waldkircher Stadtapotheke. Im Laufe der Zeit kam durch Zuerwerb einiges dazu. Bei der Neuaufstellung kam uns Apotheker Heiner Schmitt, der Besitzer der 1759 errichteten Apotheke, helfend entgegen. Er steuerte vieles aus seinen alten Beständen bei. Was daraus wurde, ist zwar keine der berühmten und prunkvollen Apotheken, wie sie große Museen zu zeigen haben, aber in ihrer bürgerlichen Einfachheit ein getreues Abbild, wie eine Apotheke in einer vorderösterreichischen Kleinstadt einmal ausgesehen hat. Schränke und Rezepturtisch wurden nach alten Vorbildern in eigener Werkstatt hergestellt. Bei der Herstellung einer stilgerechten Schranke konnten alte Lamperien aus dem 18. Jahrhundert wiederverwendet werden.

Forschungsergebnisse

Das Elztäler Heimatmuseum hätte am 20. September 1983 der Öffentlichkeit zugänglich gemacht werden sollen. Da erlitt der Museumsleiter am 15. Juli einen Herzinfarkt, den er nach langem Krankenhausaufenthalt leidlich gut überstanden hat. Unter diesen Umständen ließ sich der Plan nicht verwirklichen. Hingegen fand am 20. September der Festakt zur Feier der Vollendung des 75. Lebensjahres des Museumsleiters Hermann Rambach mit seiner Ernennung zum Ehrenbürger der Stadt Waldkirch statt. Bei diesem Anlaß wurde dem Jubilar eine gedruckte Festschrift mit dem Titel »Forschen und Bewahren« übergeben, zu der zahlreiche Autoren beigetragen hatten. Die Schrift enthält Beiträge aus der Arbeit des Museums, so von Manfred Hermann (Ebringen): »Zur gotischen Plastik in Waldkirch« und von Hermann Brommer (Merdingen): »Johannes Lechner. Über einen Waldkircher Goldschmied der Barockzeit«. In engem Zusammenhang mit dem Museum stehen die Beiträge von Prof. Dr. Schwieneköper (Freiburg): »Das Zisterzienserkloster Tennenbach und die Zähringer«, von Josef Weber (Elzach): »Die Elzacher Fasnet und ihre Narrengestalten«, von Engelbert Strobel (Karlsruhe): »Aus der Waldkircher Geschichte seit der Gründung Badens«, Karl Kurrus (Freiburg/Endingen): »Die Burg Koliberg und das Lehen von St. Margarethen« und von Bernd Sulzmann (Ettenheim): »Die Walker-Orgeln im Breisgau«. Auf Bitten der Herausgeber, Heinrich Lehmann und Dr. Willi Thoma vom Waldkircher Verlag, hat auch der mit der Festschrift Geehrte zwei Beiträge zur Verfügung gestellt: »Die Margarethe. Vom Prälatensitz zum Heimatmuseum« und »Zur Geschichte des Elztäler Heimatmuseums«. Dem Band ist auch eine Bibliografie der Veröffentlichungen des Jubilars von 1936 bis 1983 beigegeben.

Die Berichte werden der Redaktion von den Museumsleitern bzw. deren Beauftragten, die zur Darstellung ihrer Arbeit bereit sind, zur Verfügung gestellt. Insofern ist die Auswahl zufällig. Für den Inhalt der Berichte bleiben die einzelnen Berichterstatter verantwortlich, auch dann, wenn eine Überarbeitung durch die Redaktion stattfand. Die Aufnahmen entstammen den Archiven der jeweils berichtenden Museen.
Aufgenommen werden nur Berichte von Museen, die dem Museumsverband Baden-Württemberg angehören. Anträge auf Mitgliedschaft können an die Geschäftsstelle gerichtet werden.

Berichte aus der Arbeit des Museumsverbandes Baden-Württemberg konnten in diesem Band aus Platz- und Zeitgründen nicht erscheinen. Über die Tagungen 1983/84 soll in *museumsmagazin* 3/85 berichtet werden.